俞辛焞著作集

第四卷

满洲事変期の中日外交史研究

俞辛焞　著

南开大学出版社

天　津

はしがき

　外交と軍事は、戦前日本の対外政策の両輪である。戦前の日本の対外政策において重要な位置を占めている満洲事変の研究は、外交と軍事の双方を有機的に融合して研究すべきである。だが、従来の研究はどちらかと言えば、関東軍と陸軍中央を中心としたその軍事的側面の研究が主であり、かなりの研究成果を上げている。そこで、本書は、満洲事変期の日本外交、特に事変期における日本外務省の対応と役割を中心として、これに対する中国の南京政府の外交的対応を共に考究し、事変をめぐる中日外交を検討の対象とする。

　満洲事変は、その前史として一九二八年六月張作霖の爆死を起点とし、一九三三年五月の塘沽協定を終点と見るのが学界での通説になっている。一九二八年から一九三〇年までの中日外交に関してはすでに数冊の専門著書が出版され、充分な研究がなされている。そこで、本書はその時期に対する記述を省略することにし、一九三一年春から一九三三年三月日本の国際連盟脱退までの中日外交を主に究明することにする。

　満洲事変は、一九三三年五月の塘沽協定で一応結着したが、「満洲国問題」はその後の中日戦争と太平洋戦争にまでつながり、日本の戦争外交の一構成部分になった。そこで、本書では、一九三三年以後から一九四五年八月の終戦までの「満洲国問題」

をも日本軍事・外交史の角度から検討することにした。

　外交という語は、狭義の意味では、国家の交渉による対外関係の処理という意味をもち、外務省を中心としたその交渉の具体的業務の処理をさすが、広義の意味においては、一国の非軍事的外交政策、外交交渉等をさすものであると思う。本書では、広義の外交即ち外交政策・外交交渉の意味での中日外交史を検討することにする。

　本書は、出来得る限り確実な基本資料を利用して、先ず日本と中国の外交の事実を明確に究明し、先学の研究成果もとり入れて、自己の外交論理をたてることにする。

　満洲事変の名称の問題であるが、日本は事変初期から満洲事変と呼び、これが社会的習慣になっている。当時中国では、東三省事件或は瀋陽（奉天）事件とよび、中国共産党の文献では満洲事変とよんでいた。だが、新中国では、満洲事変を九・一八事変と、上海事変を一・二八事変とよぶようになった。これは名称の問題なので、日本で出版される本書では、日本の習慣を尊重して満洲事変・上海事変の名称を使用するようにした。

　満洲事変は、すでに五十五年前の歴史となり、中国と日本では過去の歴史的事件として研究している。満洲事変はこの五十五年前の不幸な時代の産物であり、またその不幸な時代の変化に拍車をかけた。私は、事変の時代に生れ、事変が建てたかいらい満洲国で少年時代をすごした。人間には自分が生きたその時代の思い出がある。私の少年時代の思い出は、その不幸な「満洲国の時代」と切り離すことが出来ない。だが歴史は前に進み、中国と日本は共に歴史発展の新しい時代に入った。この新しい時代に、歴史としての満洲事変とその中日外交史を中日双方の史料を使いながら、中国と日本で研究・交流し、また中国と日

本との外交的対応の比較研究をすることが出来るようになった
のは、その不幸な時代が歴史に与えた教訓から得た中日不再
戦・中日友好の賜物であると思う。中日両国国民は、今後も満
洲事変の研究から限りない歴史の教訓を探り出し、新しい中日
友好関係を築くために努力するであろう。私が満洲事変期の中
日外交史を研究し、本書を世に出すその目的もここにあった。
この著書が、近代中日関係史の研究と中日両国国民間の相互理
解と交流の発展の一助になれば、望外の幸せである。

　満洲事変と「満洲国問題」には、中日両国の数十万、数百万、
数千万の人がかかわっている。今日の日本人残留孤児の問題も
満洲事変とその時代が今の世代にのこした問題である。歴史と
しての満洲事変研究も、史料の不充分等の原因により、不明確
な点がかなり残っている。特に、軍部と内閣・外務省の内在的
関係および事変に対する中国側の対応に対しては、より一層の
研究が必要である。本書は、この領域の研究の完成を意味する
ものではなく、新しい研究の出発点であると考えて、敢て出版
させていただくことにする。この著書を世に問い、中日両国の
学界と国民の御批判と御意見を心から仰ぐ次第である。

　本書は、私の中国での研究と日本での研修の成果をまとめた
ものである。私は、南開大学と早稲田大学、愛知大学との学術
交流協定にもとづき、両大学でこのテーマを研究する光栄をえ
た。この意味から、本書は中国両国間の学術交流の賜物である
ともいえる。本書の出版に当り、早稲田大学と愛知大学に感謝
の意を表する。同時に、私を日本史研究に導いて下さった呉廷
璆教授と、本書の執筆について御指導、御協力下さった大畑篤
四郎教授、江口圭一教授と他の日本の友人に厚くご恩礼申し上
げる。

　最後に、学術著書出版の厳しい情勢の下で、本書の出版を快諾下さった東方書店の安井正幸社長と出版部の馬場公彦氏に謝意を表する。

一九八六年二月

俞辛焞

目　　次

序　　論

　満洲事変期の中日外交は、日本の対中国、対国際連盟・列強の外交と、中国南京政府の対日本、対国際連盟・列強の外交で構成される。

　序論では、先ず事変期の日本外交とそれに対する南京政府の対応を総合的に述べ、最後に中日外交を簡明に比較することにする。

　満洲事変期の日本外交は、日清、日露、中日、太平洋戦争期の外交と比較して、特異性があった。この特異性は、満洲事変そのものが日本の戦争史において特異的な形態で勃発した戦争であり、また国際連盟という国際的組織が存在した特異な時代に勃発した戦争であったからであった。故にそれに対応する満洲事変期の日本外交も他の戦争期の外交と異なった特異性を持つのも当然なことである。

　特異性とは、絶対的なものでなく、比較・相対的なものであり、その特異性の中には普遍性・共通性が含まれており、その普遍性・共通性から新しい特異性が生じ、また存在する。満洲事変期の日本外交の特異性も日本外交の普遍的、共通的なものの中での特異であり、従来の、或はその後の外交とまったく別の外交というものではない。

　近代日本外交の普遍的共通性とは戦争外交である。戦前の日

本は軍国主義国家であり、国の国内政治、経済、文化、教育等あらゆる分野で軍事と軍部が重要な位置を占め、対外政策においても軍事と軍部が優先的な地位を占めていて、その対内政策は軍事のために奉仕するようなものであった。これがいわゆる軍国主義の特徴であった。故に、対外問題を処理する外交が、民主主義国家においては国の外交政策を遂行する一手段にすぎなかったものが、軍国主義日本においては逆に戦争遂行のための一手段であった。これが民主主義国家と比較した軍国日本の外交特徴であり、また近代日本外交の普遍的共通性であった。

　戦争外交は、戦前外交、戦中外交、戦後外交と三つの時期に分けることが出来る。満洲事変期の日本外交もこの三つ時期に区分して叙述する。その時期区分は、一九三一年九月十八日以前を事変前とし、九月十八日から翌年の三月一日のかいらい満洲国の樹立までの時期を事変中とし、その以後から一九三三年三月国際連盟の脱退までを事変後とする。軍事的時期区分は一九三三年五月の塘沽停戦協定により満洲事変が一応終結するまでを含む。しかし、主な軍事行動は一九三二年二月のハルビン占領で一応終り、次には、「満洲国」の樹立と承認問題に取りかかるので、外交的時期区分としては一九三二年三月「満洲国」樹立以後を戦後外交というのが適当だと思う。

　事変前外交は、両戦間期、特にワシントン会議後の外交の継続であり、その外交的任務は、先ず平和的外交手段で日本の植民地的、侵略的目的を達成しようとし、もし外交的手段でこの目的を達成することが出来ない場合には戦争に訴えようとし、戦争のために外交的準備をするものである。だが、満洲事変は特異な形態で勃発した戦争であり、陸軍中央の一部中堅層の慫慂の下で、関東軍が戦争挑発のイニシアチブを取って、謀略的な手段で挑発した戦争であった。この戦争は、日清、日露、太

平洋戦争のように、閣僚・軍部の首脳会議と御前会議の最終決裁を経て、統帥権を発動して勃発した戦争ではなかったために、その戦争挑発の政策決定過程は日本の戦争史において異常であった。

外務省は事変の挑発行動には直接参入しておらず、また戦争挑発のための外交的準備もしていなかった。外交的準備もなしに戦争に突入したのが満洲事変の一特色であった。

だが、これは事変前外務省がなんの役割も果していないということではない。事変前に万宝山事件と中村事件が発生した。この両事件は満洲事変勃発の間接的な導火線であった。　この両事件の処理に当って、外務省は積極的に対応した。万宝山事件は、日本が満蒙において土地商租権を獲得して、満蒙における日本の植民地的権益を拡大しようとした事件であった。経済外交をその外交理念の一特徴としている幣原外相は、この権益の獲得のために、中国側の断乎たる抵抗と反対により一時動揺して警察官を撤退させようとした長春・吉林の領事に、強硬な態度で最後まで努力するよう数回打電した。中村事件は、中村震太郎大尉が興安嶺の軍事的地形偵察のために該地に出動して、現地の駐屯軍に射殺された事件であったが、外務省の出先機関はその特務活動について強弁し、またこの事件を利用して満蒙における日本の権益を拡大しようとした。

外務省と幣原外交のこのような努力は、関東軍の最高目的——武力による満蒙の占領とは相違があったが、関東軍の軍事行動による植民地権益の拡大とは一致し、外交交渉で完全に解決されなかった万宝山の土地商租権問題も事変により解決され、満蒙における日本帝国の「国益」を拡大する共通性があった。外務省が主導的に処理した万宝山・中村両事件において、幣原外交は輿論で「軟弱外交」だと非難されたが、外務省と幣原外

交の両事件に対する強弁と中国側に対する対応は、満洲事変挑
発の輿論を造成し、その社会的基盤を造った。これは、外務省
と幣原外交が万宝山・中村両事件を通じて武力行使の問題では
関東軍と相違がありながらも、また共通点と接近点があったこ
とを示した。満洲事変初期、外務省と幣原外交は、対外的には
関東軍および陸軍中央とほぼ一致する行動を取った。その原点
がここにあった。

　だが、外務省と幣原外交が、事変のために列強の諒解を得る
とか、或は特定の列強と同盟関係を締結するとか、或は外交的
に中国を孤立させる等の外交的措置をとらなかったのは事実で
あった。これがまた事変の産みおとした「満洲国」がその国際
的承認を得られなかった外交的一原因でもあった。

　このように事変前の日本外交は、事変と共通的な関係をもち
ながらも、直接的開戦外交がなされなかったことに、その外交
の特徴があったといえる。

　では、日本の事変中の外交はどうであっただろうか。

　満洲事変中の外交の一特徴は、一方では戦争をしながら、一
方ではまた活発な外交活動を展開したことである。これは、日
本の外交史においても珍しいことである。従来の日清、日露戦
争と後の太平洋戦争等においては主に開戦外交或は終戦外交で
あり、戦中の外交活動は比較的に少なかった。これに対し、満
洲事変中の外交がそれほど活発に展開されたのは、両国は戦争
状態でありながら、まだ断交していないことと、当時国際連盟
という国際的な組織とその規約及び不戦条約、九ヵ国条約等が
存在していたからであった。このような特徴は、両大戦間期の
特定な国際関係から発生する現象であった。

　事変中における外交は、国際連盟・列強と中国と日本との三
角的外交関係で展開された。日本の対中国、対国際連盟・列強

の外交は、中国との直接交渉或は列強との直接交渉の問題が
あったが、主に国際連盟を舞台として展開された。日本は事変
に対する第三国の干渉を排除するために直接交渉を主張したが、
中国は日本の侵略を国際連盟と列強に訴え、その力を借りて日
本を制裁し、事変を解決しようとした。故に、国際連盟と列強
を中心として、日本と中国との外交的攻防戦が展開されるよう
になった。

　この外交的攻防戦において、日本と中国は侵略と被侵略の関
係であったから、根本的には真っ向から対決したが、その中間
的或は中心的地位に立った国際連盟と列強は、日本または中国
に対し二重の外交政策を取った。その二重の外交政策とはなに
か。国際連盟は世界の大小五十数ヵ国からなる国際的機構では
あるが、主に大国列強の利益を代表する機構であるといっても
過言ではない。故に、国際連盟との関係は主に列強との関係で
あったといえる。列強と日本は皆帝国主義国家であり、中国を
侵略し、中国での植民地的権益を保護拡大しようとする共通性
を持っており、またそのために相互に同情・協力し、相手の既
得権益を保護することを支持する一面をもっている。だが、他
面では、日本と列強は中国侵略において各自の権益と勢力範囲
拡大のために相手を排斥し、相互に争奪をする。この争奪のた
めに、時には相手国の侵略に反対し、制限を加えることがある。
この両面的関係が列強と日本との二重関係である。列強と中国
との関係は、基本的には侵略と被侵略の関係であり、日本の中
国に対する侵略を同情・支持する一面性を持っている。だが、
他面では、日本の中国に対する急進的な侵略を牽制するために、
または中国を日本と争奪するために、中国の日本に対する抵抗
を利用し、中国の反侵略の部分的要求を考慮せざるを得ない一
面性もある。これは国際連盟・列強の中国に対する二重の外交

政策である。このような中日双方に対する国際連盟と列強の二重の外交政策が、日本と中国との侵略と反侵略の簡単な外交関係を複雑化し、事変中の日本外交もこのような複雑化された三角・二重の関係で展開されたのである。先ずこのような基本的な関係を念頭において、事変中のまたは事変後の中日外交を考察する必要がある。このような観点は、本書が満洲事変期の中日外交を考究する一つの中心的な枠組みとなるものである。

　事変中における日本外交の特徴の一つは、事変初期に拡大と不拡大の二重外交が存在したことである。このようなことは、日本の戦争史或は外交史においても珍しいことであった。では、なぜこのような珍しい現象が生じたのか。二十年代、特に政党内閣の時代、日本の対中国外交は二重外交であった。これはワシントン体制の牽制の下に、また政党内閣の新しい政治体制の下で発生したものであり、この二重外交が事変前の中村事件にまで引き続いた。もし、満洲事変を挑発する政策決定が正式な政策決定過程を通じて決定されたならば、この二重外交は外務省と関東軍・陸軍中央との調整を経て統一され、一つの外交政策として事変に対応するようになったと思われる。だが、満洲事変はこのような政策決定過程をたどっていないために、二十年代の、または中村事件に対する二重外交がそのまま満洲事変に延長され、事変の拡大と不拡大の二重の政策が生じた。これは当然なことであった。

　この二重外交において不拡大方針を堅持したのは幣原外交であった。この時期の幣原外交というものは、幣原外相個人の外交理念或は外交原則を代表すると同時に、この時期の若槻内閣の対外政策を代表する外交でもあった。この幣原外交には、二重性があった。幣原外交は、対内的には不拡大方針を主張し、関東軍の軍事的拡大を牽制・制限しながら、対外的には日本帝

国を代表する外交として、関東軍の謀略的軍事行動について全面的に強弁し、その軍事的行動に外交的、国際的保障を与えるために終始一貫努力した。だが、従来の幣原外交に対する研究と評価においては、主に事変初期の対内的牽制の役割を重視し、幣原外交が、国際連盟・列強と中国に対する外交において演じた役割を見逃す傾向があったと思われる。本書は、幣原外交の対内的役割を承認すると共に、その対外的役割を重視し、満洲事変中の幣原外交を全面的に考究したいと思う。

　満洲事変中における幣原外交の独自的な外交的主張は、南京政府或は張学良との直接交渉であった。この直接交渉は、事変初期の幣原外交の不拡大方針と対照的なものであった。幣原外交は、関東軍の事変初期の軍事的「勝利」を利用して、南京政府或は張学良と直接交渉し、いわゆる三百余件の植民地的懸案を解決し、事変を収拾しようとした。これには幣原外交の非軍事力による植民地的権益の擁護拡大の外交的理念があると同時に、また第三国と国際連盟の事変への干渉を排除しようとする幣原外交の理念に反する反協調主義的目的が含まれていた。故に、この直接交渉にも二面性的要素があったといえる。

　一国の外交政策は、国益の保護・伸張という基本的目標では終始不変であるが、この目標を達成するための具体的外交政策は固定不変なものでなく、多様且つ変化するものである。対外政策は、対内政策に比較して流動性が大きい。日本の対外政策も同様である。幣原外交も固定不変なものでなく、満洲事変の進行に伴って十一月中旬転換した。幣原外交のこの転換は、撤兵、拡大、かいらい政権等三つの問題に対するその対応から証明することが出来る。

　満洲事変中における事変解決の焦点とポイントは関東軍の満鉄附属地への撤兵にあった。もし、関東軍が撤兵すれば、事変

は外交交渉で一時解決される可能性があったと思われる。不拡大方針を主張した幣原外交は、九月三十日の国際連盟理事会の関東軍撤退の決定に賛成し、直接交渉で事変を解決しようとした。だが、十月九日前後からは、撤退に生命財産の安固確保→五項目大綱協定の締結→事態の緩和→治安維持会の成立等の先決条件をつぎつぎと付け、関東軍の不撤退に外交的口実を造り、その不撤退に協力をしたのであった。

　拡大問題では、不拡大→「平和」的拡大→軍事的拡大へと転換した。九月二十一日吉林を占領した関東軍は、政府の不拡大方針と国際連盟理事会の撤退決議の牽制の下で、一時公然とした軍事行動を停止し、張海鵬等の旧軍閥勢力を利用して北進した。これはいわゆる「平和的」拡大であった。幣原外交はこの行動に賛成し協力した。十一月上旬と中旬の嫩江とチチハルへの軍事的侵攻問題においては、初めは反対したが、最後にはチチハルの占領に賛成した。

　内政不干渉を唱えた幣原外交は、事変初期においてはかいらい政権を建てることに反対し、それに関与することさえも賛成しなかったが、その後には変化し、かいらい政権の基盤である地方の治安維持会成立への弁護→治安維持会成立への賛成→張学良政権の駆逐へと転換した。

　以上のような変化は、主に十一月中旬のチチハル侵攻をめぐる時期に起こり、その後の錦州侵攻の時期には関東軍の軍事行動と幣原外交のバランスがよく取られ、ほぼ一致するようになった。故に、幣原外交は、チチハル侵攻の時期に転換したといえる。

　幣原外交のこの転換は、幣原外交の研究と評価において、また満洲事変期の日本外交において重要な出来事であった。当時オーストリア駐在の公使であった有田八郎も撤兵問題における

幣原外交の変化を認めていた。また、南京政府も事変初期から
日本の二重外交に対し了解があり、幣原外交を評価し、それに
期待を抱いていたが、チチハル占領後には二重外交は終焉し、
幣原外交も転換したと判断した。日本の満洲事変史或は幣原外
交の研究においても、このような変化或は転換を認める見解が
ある①。これらの事実は、幣原外交がその終焉の1ヵ月前に、
すでに事変初期の外交から転換したことを証明するものである
と思う。

　幣原外交がこのように転換したのは、その内在的本質と客観
的情勢の認識に起因する。幣原外交は一九二四年の加藤内閣時
代から満蒙におけるあらゆる懸案を解決して、満蒙における日
本帝国主義の植民地的権益を拡大しようとした。これは幣原外
交の本質であり、この本質は関東軍・陸軍中央とも一致するの
であった。だが、事変初期にはこの権益拡大を軍事的一挙占領
で解決するのか、またはこの権益をかいらい政権の樹立までお
しすすめるのかの問題で意見の相違があった。しかし、この相
違は目的達成の程度及び手段の相違にすぎなかった。故に、対
内的にはトラブルがありながらも、対外的には関東軍の侵略的
軍事行動について強弁し、それに有利な国際輿論と国際環境を
つくりだすために終始一貫して必死の努力をした。このような
一致が幣原外交の転換の内在的原因であり、最後に関東軍と陸

---

①　臼井勝美氏は「幣原外相は十一月十二日、満州問題についての政府方針をイタ
リー、アメリカ、中国に駐在する各国大公使に伝え、さらに十五日には理事会への対策
を芳沢代表に訓令するが、この一連の方針に見られた幣原外相の見解は、従来の幣原外
交路線が明らかに変貌をきたしたことを示す」と、その著書『満州事変・戦争と外交と』
（中公新書、1974年）124ページに明記している。
　　元外交官であった斎藤鎮男氏は、「幣原外相は、第三次外相時代においてもその外
交原理を変えようとしなかったが、外交問題の具体的処理に当っては、これまでの彼の
態度が中国情勢の進展に伴い漸次変貌を遂げつつあったことも看取される。その変貌は、
国際連盟における満蒙問題に関する訓令においてみることができる」（重点は斎藤）と、
その著書『日本外交政策史論序説』（新有堂、1981年）52ページで述べている。

軍中央とほぼ一致する基礎的条件となったのである。

　幣原外交の転換は、また客観的情勢に対する認識の変化とも関係があった。幣原外交は日本の米英に対する経済的依存、世界的軍事バランス等を考慮し、対米英協調の範囲で満蒙問題を解決し、ソ連の軍事的干渉を懸念していた。だが、列強とソ連は日本に対し妥協的であり、経済的制裁と軍事的干渉の手段をとろうとはしなかった。故に、幣原外交にとっては、その協調外交の本質を制約する客観的情勢の認識に変化が起こり、この変化が幣原外交転換の客観的原因となった。

　幣原外交の転換は、客観的な外交活動の変化である。当時幣原喜重郎自身の主観的な考えはどうであり、またその外交行動と理念との関係はどうであったかは、まだ確実な史料が欠如しているので、後の研究にまかすことにする。

　上海事変期、芳沢外交は、対内的にも対外的にも初めから軍部と一致協力し、外務省と軍部は一体になって行動した。芳沢外相は陸海軍大臣と共に上海への出兵を決定し、列強の介入と協力を主動的に要求した。軍部も列強の介入を同様に要望した。これは、上海事変期の芳沢外交が満洲事変期の幣原外交の列強介入反対と異なっていたことを示す。これは上海事変の特異性から出て来る現象であった。上海事変は「満洲国」の樹立から列強の目をそらし、その成立に列強が干渉するのを牽制するのが主な目的であった。故に、列強の植民地的権益が集中している特定の上海で事変を挑発して、列強を事変に巻き込み、その視線を上海に集中しようとした。このため、上海事変では二つの相互矛盾した政策を取った。一は事変を挑発して日本と列強との矛盾を激化させる。二は列強を事変に巻き込み、それと協調または妥協する。一は軍部がとった政策であり、二は外務省が主にとった政策であった。この両政策は方法・手段としては

相互矛盾的なように見えるが、列強の目をそらすための目的では一致していた。

　列強は日本の予定通り上海事変に巻き込まれ、一時「満洲国」の樹立から目をそらされ、「満洲国」は列強の特別な抵抗なしに樹立された。だが、上海事変は日本と列強との矛盾を激化させ、「満洲国」の国際的承認の獲得には逆の役割を果した。

　次に、事変後の外交を究明することにする。

　「満洲国」は日本の植民地であるから、国家主権のない植民地としては外交問題がありえないのである。だが、「満洲国」は植民地でありながら、また独立国家の形式をとった。故に、「満洲国」をめぐる外交問題がまた提議されるようになった。

　事変後の対「満洲国」外交は、一は植民地体制の確立であり、二は日本の「満洲国」承認と国際連盟・列強のそれに対する承認の獲得問題であった。この外交は先ず内田外相の時代から始まり、一九四五年の終戦期までつづいた。事変後の外交がこれほど長くつづいたことは、日本の戦争史または外交史においても唯一の現象であった。

　事変後の対満外交の特徴の一つは、その二面性にあった。裏においては、外務省は軍部と共にその植民地体制の確立・調整に懸命でありながらも、表においては逆にその植民地的かいらい政権のいわゆる「独立性」を飾るために必死であった。この二面性的政策を拓務省は「羊頭をかかげて狗肉を売るもの」だと皮肉った。これは過言でなく、事実であった。

　植民地体制の確立においては、表では独立国家として「満洲国」を承認しながらも、その裏では各種の条約を締結し、「満洲国」における植民地体制を法的に確立・保障するための措置をとった。だが、「満洲国」の植民地政策の進展に伴って、その表裏二面のバランスがくずれ、裏の植民地かいらい性がますます

露骨化し、表の独立的形式が、その植民地化政策を妨げるようになった。故に、そのいわゆる独立性を飾る必要がなくなり、外務省も「満洲国」の植民支配から徐々に排斥され、一時軍部と拓務省とその支配権の争いをしたが、終に一九四二年「満洲国建国十周年」行事と大東亜省の成立により、ほぼ完全に排除された。これは、対「満洲国」の植民地政策の進展と日本外務省の「満洲国」支配における地位が反比例的な関係にあったことを示す。これは植民地政策の必然的結果であった。

「満洲国」の国際的承認を獲得することは、独立国家に対する承認というよりも、寧ろ日本の満蒙侵略と日本植民地としての「満洲国」の列強による承認を獲得するものであった。これは、日本と列強が満蒙を争奪するために出て来る現象であった。

「満洲国承認問題」は、日本の外交において重要な地位を占め、一九四〇年までは対中国外交において第一義的なものであった。だが、「満洲国承認」の具体的方針は、先ず国際連盟・列強の承認→中国の承認→列強の承認→中国の承認へと変化し、その具体的承認の仕方も先ず公式的公然な承認→存在の黙認→公式的公然な承認→存在の黙認へと数回転換した。これは国際情勢と戦局の変化に伴って変化または転換したものであり、承認獲得の失敗から失敗を重ねた結果でもあった。

日本外交における「満洲国問題」は、国際情勢と戦局の変化に伴ってその位置付がまた変化した。中日戦争において第一位的であった「満洲問題」が、日米交渉においては解決すべき問題の一番最後の第八位になり、一九四四年太平洋戦争の後半期には如何にその現状を維持するかに転換し、一九四五年夏には終戦外交の一環として「満洲国問題」が利用され、対米・対ソ外交の「お土産」として、「満洲国」の国際管理、中立化或は北満鉄道と旅順のソ連への譲渡等に変化し、戦局の変化に伴って

「満洲国」の位置付が変化した。

　以上のような満洲事変の事変前、事変中、事変後の日本外交の段階性から、対満洲外交の連続性と必然性を見出すことが出来る。満洲事変は、勃発→不拡大→拡大→かいらい満洲国の樹立→その承認→国際連盟の脱退へと段階的に進展しながらも、その前後の緊密な連結から連続性と必然性が生じた。これに伴って、日本外交もそれに相応しい段階性を経て外交の連続性と必然性を持つようになった。満洲事変期、日本には三つの内閣と三人の外相が就任、交替した。この交替は、事変の段階性に相応しいものであり、その相応しさから、交替の連続性と必然性が生じた。幣原外交は一九三一年十二月十三日終焉し、その後の日本外交において一時忘却されたが、その後の芳沢、内田外交に、外交の連続性として継承された。もし、事変前、事変中における幣原外交とその転換というものがなかったならば、後の芳沢・内田外交もありえないし、国際連盟と列強の外交においてもそのような連続性というものもありえなかったと思われる。だが、この連続と継承は単純な連続と継承ではなく否定の中で継承し、また継承しながら否定するのであった。犬養内閣が芳沢外相を選択したのは、幣原外交に対する否定でもありまたその継承でもあった。斎藤内閣が内田外相を選択したのは幣原・芳沢外交に対する否定でもありまたその連続・継承でもあって、最後に、内田外相の焦土外交において完璧なものになり、その頂点に到達したと思う。これは歴史発展における否定の否定法則が、満洲事変期日本外交での現われであり、日本外交史の発展・変化の一法則だともいえる。

　では、満洲事変期の日本外交の連続性・必然性と外交的選択の余地はどういう関係にあっただろうか。満洲事変は偶然にある日突然に起こったことではない。満洲事変の勃発はその歴史

的必然性があったのである。日露戦争、特に第一次世界大戦以来の三百余件のいわゆる懸案が外交的交渉で解決出来ないから、世界的経済危機の有利な時期を利用して、軍事的方法で解決しようとしたものであった。これは関東軍の石原莞爾・板垣征四郎らが主となって、正式な政策決定過程を経なくて偶然的に選択したようにみえるが、この偶然的な選択には歴史的必然性があったのである。歴史的必然性というものは宿命論ではない。人間が勇気と洞察力と決断をもってすれば、人間が歴史を支配出来るとマキャベリはその名著「君主論」でいっている。石原、板垣はこのような洞察力と決断をもって満洲事変の歴史的選択をし、その選択は歴史的必然性による選択であった。故に、満洲事変自身は歴史の宿命でなく、必然的な原因により発生したものなのである。だが、この歴史的選択を何時、誰がするかには偶然性が存在するのである。満洲事変そのものが必然性があったから、事変の一構成部である外交もその必然性の中で自己選択をしたのである。幣原外交の不拡大方針とその方針の転換も、そうせざるを得ない客観的情勢と各方面の力関係等にもとづくものであったと思う。例えば、事変初期に幣原外交が不拡大方針を選択したのも、当時陸軍参謀本部の首脳らの不拡大方針というものがあって、そのような選択がとられ、チチハル占領期に転換の選択をするのも、その客観情勢と力関係の影響があったからであると思う。たとえ、幣原外相が独自の外交的選択をしようとしても、客観情勢と力関係がその選択を不可能にし、逆に別の選択をおし迫り、それに追従せざるを得ない必然性があった。また、「満洲国」を承認するか否か、国際連盟を脱退するか否か等にも二つの選択の余地はあるのである。個人として、または一部の集団として、「満洲国」の不承認、国際連盟不脱退等を主張し、その選択をしようとする余地はあるので

ある。だが、余地は余地で、選択の結果ではない。結果は「満洲国」の承認、国際連盟の脱退であった。これは個人的な選択でなく国策としての選択であり、この国策の選択は客観情勢と各方面の力関係の矛盾と闘争の総合的結果であって、この総合的結果がいわゆる満洲事変期の日本外交の連続性であり、必然性であったといえる。例えば、「満洲国」を承認する時期になぜ内田康哉を外相に選択したのか、国際連盟脱退の時になぜ松岡洋右を国際連盟総会の日本全権代表として選択したのか。当時霞が関には色々な外交官がいたが、その中でこの二人を選択したのは、この二人がその時期の日本外交の任務遂行に相応しい人物であったから、日本の国策として選択せざるを得ない必然性があった。故に、選択は必然性によっての選択であり、必然性はその時代の人にこのような選択をせまったのである。

　以上のように、満洲事変の進行過程において、特に事変の各段階において、外務省は外務省としての自己選択をする余地はあったと思うが、その選択は外務省独自のものでなく、日本帝国の国益のための国策として、それに相応しい選択をしたのである。このような選択は満洲事変の進展に相応しい選択であった。故に、この選択は必然性・連続性と融合されたものであり、分離したものではない。このような必然性は個人の歴史への創造に参加するのを拒否するものでもない。政策の選択は、個人または集団によって選択され、国策の選択も個人または集団によって決定される。問題はこの人またはこの集団の主張が国策として選択されるか、或はあの人、あの集団の主張が国策に選択されるかによって、この人或はあの人、この集団或はあの集団が歴史の創造に参加するかということである。満洲事変期の日本外交もこのような必然性と選択の関係の法則によって選択され、連続されたのであった。

　このような必然性と選択性により、満洲事変期の政策決定過程はどうなっていったか。政策の決定は、各種の政策からどの政策を選択するかの問題である。政策の選択には先ず上司・中央が選択するか、或は下部の方が先に選択して上司・中央の批准を得てそれが国策となるのか、この二つの方式がある。この二つの方式は、共に国策の選択・決定においては正常なものである。満洲事変の場合は、特に関東軍が先行して政策を選択し、中央がそれを批准する形式で国策が決定された場合が多い。これは「無責任の体制」というより、正常な決定過程だといえる。若しこれを「無責任の体制」というならば、それは先ず関東軍の選択を批准或は黙認した中央の国策に対する無責任であり、次に関東軍の国策に対する無責任であるといえる。

　だが、このような形式での政策決定は、錦州侵攻の時期から変化し始め、「満洲国承認問題」では、日本政府の決定によって着々と進められ、中央の決定・命令によって下部が行動するような形式になった。外務省の事変に対する対応も初めは関東軍の先行的行動に追従して行くようなものであったが、錦州侵攻の時からは変化し、上海事変と「満洲国承認問題」では主動的に率先して行動したといえる。

　満洲事変における外務省自身の命令・指導系統は終始外務省が主動的立場にたって、その出先機関と国際連盟の日本代表を指揮した。これは軍部の系統と異なっていた。

　中国の南京政府は満洲事変と日本の外交にどう対応しただろうか。

　情勢判断は、外交政策を決定する前提条件である。被侵略者側である南京政府は満洲事変、上海事変、熱河作戦をどう判断していただろうか。満洲事変は謀略的手段により挑発された事変であったから、南京政府はそれに対する事前の判断はなかっ

た。七月、張学良は関東軍が東三省でなにかを策動しているが、これはソ連に対するものか或は中国に対するものか疑問を持ち、明確な判断をすることが出来ぬと蒋介石に打電したことがある。七月、中村事件発生後、顧維鈞は日本がこの事件を利用して武力で瀋陽を占領する可能性があると判断し、同月張学良にその判断を上申したが、張学良はそれに耳を傾けなかった。張学良はただ緊張した日本との関係を緩和する措置を取り、事変に対する対応策は講じなかった。

　満洲事変勃発当時、南京政府はこれは局部的な軍事衝突事件であり、日本が東三省を占領しようとするその目的についてはまだ判断がつかなかった。十一月下旬関東軍がチチハルを占領した後に事変のこの目的を把握した。判断がこのように遅れたのは、当時日本の二重外交特に幣原外交とも深い関係があった。南京政府は事変初期における日本の二重外交に対し明瞭な認識があり、それに期待を抱いていたが、二重外交はチチハル占領で終焉したと判断した。これは正しい判断であった。

　上海事変に対しては、これは満洲事変の継続であり、主に首都南京と長江流域を占領するための軍事行動だと判断し、「満洲国」の樹立から列強の目をそらすためのその特異性は見抜けなかった。故に、満洲・上海両事変の内在的関係を知らずに対応したため、戦略的に錯誤があった。

　熱河作戦に対する判断は正確だった。この作戦は国際連盟がリットン報告書にもとづいて満洲事変と「満洲国」問題に対する最終報告書を起草・採択する時期に発動したため、作戦と国際連盟との関係を判断し、それに相応しい対応策を講じた。

　南京政府は以上のような判断にもとづいて、満洲事変には無抵抗・不交渉、上海事変には一面抵抗・一面交渉、熱河作戦には抵抗・不交渉（最後には交渉）の方針で対応した。このよう

な多様な対応は、情勢判断とも関係があるが、他の要素とも関係があった。この対応において、抵抗はあったが、基本的には無抵抗或は消極的な抵抗であった。上海事変においては、表では積極的に抵抗するようにみえたが、実は交渉の条件をつくるがための抵抗でおり、抵抗のための抵抗ではなかった。錦州侵攻・熱河作戦に対しては、政策・方針としては抵抗しようとし、一部抵抗もしたが、抵抗らしい抵抗は出来なかった。交渉は主に停戦に関する交渉であり、清朝の李鴻章の交渉とは部分的共通性がありながらも相違があったと思われる。満洲事変に対し、後に外交部長になった顧維鈞は事変初期から日本との直接交渉を主張し、南京政府も十一月十七・八日頃、満蒙の鉄道問題を中心に日本と直接交渉をしようとした。だが、それは実現されなかった。この交渉は停戦交渉でなく、政治・経済問題を含む交渉の性質を持っていた。

　南京政府の満洲事変に対する外交の特徴は、国際連盟と米国に依頼・依存したことにある。南京政府は国際連盟理事会の決議により関東軍を満鉄附属地に撤退させようとし、国際連盟総会の最終報告により日本を制裁し、かいらい満洲国を解散させようとしたが、その目的を達することが出来なかった。南京政府は国際連盟に対し失望するにつれて、米国に期待を抱き、九ヵ国条約により満洲事変を解決しようとした。だが、米国はその期待に応ずる対策を講じようとしなかった。

　南京政府は国際連盟と米国に依頼・依存しながらも、最後にはその依頼・依存によって満洲事変が解決されるとは信じなかった。これは、南京政府が国際連盟と列強に対する一定の認識をもっていたからである。南京政府はその二重政策に対し、たまには、それに相応しい対策を講じた。リットン報告書に対する評価はその一例である。報告書は国際連盟と列強の中国に

対する二重的政策を端的に表した。これに対し、南京政府は中国に公正な部分に対しては評価し、不公平な部分即ち日本に偏る問題に対しては修正をするよう要求した。

　南京政府は「満洲国問題」が短期間内に解決されるとは信じておらず、長期的外交政策によって、または日本国内政治勢力の変化にたよって、または国際情勢の変化によって最終的に解決しようとした。この裏には「敗北論」があった。南京政府は軍事的に日本と対抗したら必ず負けると判断し、抵抗は無駄だと考え、出来得る限り自分の軍事的勢力を保存しようとした。張学良、蔣介石共にこうであった。特に張学良はそうであった。これは「敗北論」だといわざるをえない。

　この「敗北論」と自己勢力の保存には、歴史的または現実的な理由があった。一九一一年辛亥革命で清朝が倒された後、特に一九一六年袁世凱が死去した後、中国国内には軍閥が林立し、軍閥混戦の時代に入った。一九二六、七年の北伐により、新興軍閥である蔣介石が形式的に一時この軍閥勢力を統一したが、軍閥内部の対立と混戦は絶えなかった。これらの軍閥は半封建的軍閥であり、地方割拠の勢力であった。彼らは各自の分割地盤を確保するために、なによりも自分の軍事的勢力を保つのが重要であった。数字的には日本軍より数十倍になる中国側軍隊は、対外の侵略者に対決するためのものでなく、先ずその勢力の地盤を確保するのであった。このために、張学良・蔣介石も自分の総力を挙げて日本に対決し、決戦しようとはしなかった。もし決戦で敗れたら、自分の支配地盤が皆崩れる可能性があったからであった。満洲事変における南京政府の無抵抗或は消極的な抵抗には、このような半封建的軍閥の意図があったのである。

　次に、現実的な問題とは、共産党の革命根拠地と工農紅軍に

対する「囲剿」作戦であった。一九二七年四月、蒋介石はクーデターで共政党を弾圧し、第一次国共合作を破壊した。この後、国共両党は対立的国内戦争に入った。国民党は一九三〇年十二月、十万の軍隊を動員して第一次「囲剿」作戦を開始し、一九三一年四月二十万の軍隊を動員して第二次作戦をし、同年七月三十万の軍隊を動員して第三次作戦を開始した。満洲事変はこの最中に勃発した。このため、国民党の南京政府は対共作戦を重視し、日本に対しては無抵抗政策を取った。上海事変の時にも約五個師団を上海に、三十個師団を対共包囲に配置し、上海停戦協定が成立すると、すぐ六十万の軍隊を出動させて第四次「囲剿」作戦を開始した。一九三三年五月塘沽協定により満洲事変が一応結着すると、十月には百万の軍隊を動員して第五次対共産党の「囲剿」作戦を実施した。この事実は、国民党の南京政府が日本の侵略に対し無抵抗或は消極的な抵抗をした、その階級的本質を説明するものである。

　当時外務省も軍閥・国民党内部及び対共産党の「囲剿」作戦等の南京側の内部事情を分析し、「此際日本ト兵火ヲ交ユルカ如キハ策ノ得タルモノニアラス」[1]と判断していた。関東軍もこのような南京側の内情を洞察して事変の挑発にのりきったと思う。

　中国共産党は、一方国民党の「囲剿」に抵抗すると同時に、一九三一年九月二十二日、日本の「満洲」侵略に反対する決議を採択し、その宣言を発表した。根拠地の中央工農紅軍革命委員会も宣言を発表し、労働者、農民、学生、市民は蹶起して日本の侵略に抵抗すると同時に、帝国主義に投降する国民党の支

---

[1] Checklist of Archives in the Japanese Ministry of Foreign Affairs, Tokyo, Japan, 1865-1945, microfilmed for the Library of Congress. S483リール、S1、1、1、0—17、1964ページ。

配に反対する闘争を展開するよう呼びかけた。上海事変の時にも、共産党は上海事変に対する決議を発表し、日本の侵略に断乎として反対し、停戦交渉と協定にも反対するよう呼びかけた。

　中国共産党は日本の侵略に抵抗するために、一九三三年一月に根拠地の中央工農民主政府と工農紅軍革命委員会の名義で国民党の南京政府に内戦の停止を呼びかけた。一九三五年、共産党は「八・一宣言」を発表し、抗日統一戦線を国民党に呼びかけた。共産党のこのような努力と国民党内部の張学良・揚虎城等の愛国的行動により、一九三六年十二月の西安事変を契機として、共産党と国民党の抗日民族統一戦線が結成された。こうして、中国国内の対立と内戦は一時中止され、統一した力で日本の侵略に対応するようになった。

　最後に、満洲事変期の中日外交を簡単に比較することにする。

　一、外交政策の決定過程において、日本は軍の発言力が相対的に強かったのに対し、南京政府では国民党の絶対的な意見によって外交政策が定められた。南京政府は国民党の一党支配下の政府であり、党と政府が一体になっていた。故に、国民党の最高権力組織である中央政治会議がその直轄機構である特別外交委員会の上申と報告等にもとづき外交政策を決定し、時には直接にジュネーブの中国代表に訓令を発した。南京政府の外交部は、特別な権限がなく、具体的外交活動を指導し、国民党の決定を具体的に執行する機関であった。

　二、外交と軍事のバランスにおいて、日本は事変前、事変中において軍事行動が相対的に先行し、外交はその後を追従したのに対し、南京政府においては終始外交が先行し、軍事的無抵抗或は消極的抵抗により、外交に相応しい軍事行動がとれず、軍事と外交のバランスが完全に崩れていた。故に、外交活動は活発であったが、軍事的保障がなかったため、所期の目的を完

全に達成することが出来なかった。

三、日本は侵略的外交であり、中国は反侵略の外交であった。故に、中国の外交は正義の外交であり、国際連盟において主導的地位を占め、攻撃的態勢をとり、多数国の同情と支持をえた。日本の外交は不正義の外交であり、国際連盟において守勢的態勢をとり、多数国の非難を浴びた。これは軍事的態勢と逆であった。軍事的には、日本は終始攻撃的態勢であり、中国は守勢的態勢であった。

四、第三国の対応において、日本は第三国の満洲事変に対する干渉に反対し、あらゆる方法でその干渉を排除しようとしたのに対し、南京政府は終始第三国の介入を希望し、第三国と国際連盟に依存して事変と「満洲国問題」を解決しようとした。

五、国際連盟と列強に対する対応において、日本と中国は正反対であった。国際連盟と列強は、日本に対しても二重政策、中国側に対しても二重政策をとった。国際連盟と列強が日本に対し同情・支持した点に対し、日本は賛成して受入れたが、中国はこれに真っ向から反対した。国際連盟と列強が日本の侵略を牽制するために中国に対し「同情」・「支持」した点に対し、中国は賛成評価して受入れたが、日本は真っ向からそれに反対した。中国と日本の国際連盟と列強の二重政策に対する対応は、真っ向から対立したと言える。

六、中国と日本は侵略と被侵略の関係でありながらも、日本政府と南京政府は一時直接交渉を通じて事変を解決しようとした。だが、これは実現されなかった。

七、一国の外交はその国の国内政治、経済の延長だとも言われる。満洲事変期の日本と中国の外交は、おのおのの国の政治・経済情勢と密切な関係があった。事変期において、日本は挙国一致の体制をとったのに対し、中国は国内の分裂と国内戦の状

態に陥っていた。経済的には、日本は近代化されたのに対し、中国は非近代的な半封建国であった。これは、中日双方の国力の差として現われ、日本は強国、中国は弱国であった。これがまた侵略と被侵略の要素のほかに、中日双方の外交的対応を決定する重要な要素の一つになった。

　八、満洲事変と「満洲国問題」に対する中国と日本の双方の外交は、事変から中日戦争・太平洋戦争を経て、最後には中国の勝利の外交になった。

第一章　万宝山事件と中日交渉

　満洲事変勃発前、満蒙においては一連の事件が起こったが、万宝山事件はその中の一つの事件であった。では、万宝山事件はどのような性格を持った事件であり、外務省とその出先機関はこの事件に対する外交交渉においてどのような役割を果し、またその役割は日本の満蒙政策においてどういう意義を持ち、満洲事変とは一体どういう関係があったのであろうか。

　本章では、万宝山事件と土地商租権、朝鮮人農民の二重国籍問題などの関係を検討して万宝山事件の性格を解明し、外務省とその出先機関の中国側との外交交渉の過程と東北当局・南京政府の対応を二つの段階に分けて述べ、その交渉過程を通じて幣原外交の本質と特徴を究明し、最後に万宝山事件→朝鮮における華僑排斥事件→中国における反日・日貨ボイコット運動の相互関係の分析を通じ、万宝山事件と満洲事変との関係を考究したいと思う。

一　万宝山事件と土地商租権問題

　万宝山は、長春北東六十六華里に位置し、吉林省長春県第三区に属し、該区の区政府と第三公安分局等がここにあり、九十二世帯一千一百余名の人口を擁した小さな町であった。万宝山

の西南二、三十里のところに伊通河があり、河の西岸に三姓堡、馬家哨口、宮荒屯等の村落があり、さらにその周辺に未開墾の荒蕪地数万垧があった。この土地の所有者は毎年政府に地税を納めていたが、その財政的負担が重かったため、一部の朝鮮人農民を雇用して水田を開発しようとした。第三区区長曹彦士は、一九三一年三月県政府にこの件を報告し、県政府もこの荒蕪地の開発の必要性を痛感し、その具体対策を検討していた。

　日本はこの機会を利用して、万宝山地方における土地商租権を獲得し、この一帯に朝鮮農民を大量に移住させ、数万垧の水田を開発しようとした。中国国民党吉林省党務指導委員会の調査によれば①、日本側は伊通河両岸に十七本の水路を開掘し、一水路に付き一千垧の水田を開発し、計二万垧の水田を作り、二、三万人の朝鮮人農民を移居させようと計画していた。日本はまた満鉄線を馬家哨口にまで延長し、朝鮮人農民の居住を口実に、領事館と警察署までも配置しようとした。万宝山地方に対する開墾問題は、この長期計画の一部分であり、日本が満蒙における土地商租権を中国側に認めさせ、満蒙における日本の植民地的権益を伸張させようとしたものであった。

　だが、当時中国側は日本人に満蒙における土地商租権を許可していなかった。そのため、日本人が直接中国の地主より土地を借りることは不可能であった。このため、日本側は中国人の売国奴郝永徳を利用した。郝永徳は日本側と共同で密かに御用会社－長豊稲田公司を設立し、この公司の名義で万宝山地主の地主張鴻賓、蕭翰林等十二名との間に四月十六日に荒蕪地五百垧の租地契約を締結した②。郝永徳はこの土地を自分が経営・耕作するのではなく、直ちに朝鮮人の土地経営者李昇薫等九人

① 羅家倫編『革命文献』第三十三輯、570－1頁。
② 羅家倫編『革命文献』第三十三輯、505－7頁。

に転貸し、彼らと十年間の契約を締結した①。李昇薫等は吉林
省各地から朝鮮人農民百八十余名をこの地域に転居させ、四月
十八日からまず荒蕪地と伊通河を連結する水路を掘り始めた。
だが、この水路用地は二つの契約に含まれていなかった。全長
二十華里にわたる水路用地が当地の四十一名の農民の土地を無
断に占有するようになったから、当地の農民たちは四月末から
朝鮮人農民の掘削工事を阻止しようとしたが、朝鮮人農民は日
本官憲の支持の下で水路開掘工事を続行した。五月下旬、中国
側農民は直接省政府に歎願した。二十五日、長春県公安局は中
国警察を派遣して工事中止を勧告したが、朝鮮人農民等は引き
続き工事をつづけた。中国警察は朝鮮人監督を拘禁した。六月
一日長春県政府は職員を派遣して、同県の警察と協力して、平
和的手段で、朝鮮人農民の退出を命じた。しかし朝鮮人農民は
退去しなかった。中国警察はその首領八名を県公安局に連行し
た。六月三日長春県公安局長は馬隊五十名と警官十名を率い、
連行した八名の首領らをつれて水路開拙工事が行われている馬
家哨口に行き、工事中の朝鮮人農民を駆逐した。日本側は現地
に派遣されていた日本領事館の警察官十名の支援の下で、朝鮮
人農民が引き続き工事をするように命じた。このようにして、
中国農民と朝鮮人農民、中国官憲と日本官憲が対立するように
なり、七月一日には日本領事館警察官の発砲により所謂万宝山
事件が起こったのである。

　万宝山事件は、日本が満蒙における土地商租権問題を解決す
るために起こした事件であるが。これがなぜ朝鮮人農民の水田
耕作問題として現れたのか。この問題を究明するには、まず在
満蒙朝鮮人の土地商租権とそれに関連する二重国際問題を究明

----

　　①　羅家倫編『革命文献』第三十三帽、507－9頁。

しなければならない。これを究明しなければ、事件の本質を理解することが出来ず、また万宝山問題に関する外交交渉の全過程と、万宝山事件と満洲事変との関係をも解明することが出来ないのである。故にまず朝鮮人農民の満蒙における土地商租権と二重国籍問題を究明することにする。

　朝鮮人農民の土地商租権問題は、朝鮮人農民の満蒙移住の歴史とつながっている。朝鮮人農民が満蒙地方に移居し始めたのは、十九世紀の中葉頃からである。初期には春耕秋帰の者が多かったが、本格的に移居し始めたのは日本帝国主義が、朝鮮を植民地として併合した一九一〇年前後からである。一九三一年頃まで移居した朝鮮人の総数は約百万に達し、その内六十万は間島地方に、四十万は他の地方に散在していた。この移住民の大多数は農業特に水田耕作に従事し、一部は独立運動に従事する愛国主義者で、極く一部は日本の満蒙侵略の手先であった。

　朝鮮人農民の満蒙地方への移住は、元来は前近代社会における歴史的関係と国際法の不明確による自然的往来に属するものであったが、日清戦争後からは徐々に日本の朝鮮に対する植民地支配と満蒙侵略政策の一環として、その性格を改めてきた。日本は一九〇八年朝鮮に東洋拓殖株式会社を成立し、一九一〇年までの二年間に一万一千町歩の朝鮮農民の土地を奪取した。朝鮮併合後には、いわゆる土地調査を通じてまた一〇二万五千町歩の土地を奪取し、東洋拓殖会社も一九二〇年には十万町歩の土地を所有するようになった。これにより多数の朝鮮人農民が没落し、土地を失なった小作農が増加した。彼等は生存のため、土地を求めて、祖先の故地を離れ図們江と鴨緑江を越えて、満蒙地方に移住して来た。これは日本の朝鮮に対する植民地政策の産物であったが、同時にまた日本の満蒙政策の一構成部分として日本に利用されるようになったのである。例えば、一九

二一年五月奉天総領事赤塚正助が編纂した『在満朝鮮人問題』
と題する報告書は、「要スルニ在住鮮人ハ支那官民ヨリ居住ノ脅
威ヲ感スル如キ迫害ヲ受ケズ、比較的安穏ナル生活ヲ為シ居リ
テ彼等ニ相等ノ財的援助ヲ与フレバ将来見ベキ発展ヲ遂ゲ、帝
国ノ北満発展ハ極メテ有用ナルヲ有スルモノナルヲ信ズ」①と
述べている。これは、日本帝国主義にとって朝鮮人の満蒙移民
が期待され、日本の満蒙政策の一環としてなされたことを示し
ている。

　朝鮮人農民の満蒙移住は自然的に土地問題にかかわり、土地
問題は国籍問題につながり、朝鮮と中国東北当局、或は日本と
中国との国際的関係が複雑にからみあって、中日間の紛争の口
実になり、問題をひき起こすようになった。

　それでは、まず移住した朝鮮人農民の土地問題を考察して見
る。朝鮮人農民は、稲作に特別な技術を持っていたので、一般
的に水田の開発が可能な地域に定着し、低湿地にして未開墾の
荒蕪地を開墾して、水稲栽培に従事していた。しかし開墾した
土地は中国人地主の所有であるので、朝鮮人農民は中国人地主
の小作農または雇用人として動くようになった。稲作は畑より
その収益が高いので、中国人地主も経済的有益さから、移住し
た朝鮮人農民を歓迎する傾向があった。だが、朝鮮人農民の希
望は自分の土地を持つことであり、これは農民の自然的な理想
であった。同時に、この理想が満蒙における日本の土地政策に
利用されるようになったのである。

　日露戦争後、日本は満蒙政策を積極的に遂行しつつ、一九〇
五年十一月朝鮮と「日韓協約」を締結して、朝鮮に統監府を設
置し、朝鮮の外交権を掌握した。日本は一九〇九年九月清国政

---

① 満州移民史研究会編『日本帝国主義下の満洲移民』、龍渓書舎、1976年、498頁。

府と「間島に関する日清協約」を締結した。協約は、「清国政府ハ従来ノ通図們江北ノ墾地ニ於テ韓民ノ居住ヲ承准」し、「図們江北雑居区域内ニ於ケル韓民所有ノ土地、家屋ハ清国政府ヨリ清国人民ノ財産同様完全ニ保護スヘシ」、同時にこの地区に居住する「韓民ハ清国ノ法権ニ服従シ清国地方官ノ管轄裁判ニ帰ス清国官憲ハ右韓民ヲ清国民ト同様ニ待遇ス」[①]と規定していた。これは朝鮮人が法的に中国に帰化したこと、帰化した朝鮮人には中国側がその土地所有権を承認し且保護を与えるとのことであった。だが、一九一〇年八月日本帝国主義が朝鮮を併合すると、朝鮮は日本の半植民地から完全な植民地になり、朝鮮人は日本植民地の奴隷となったが、国際法的には日本帝国のいわゆる「臣民」になっていたのである。

　一九一五年に至り、日本は第一次世界大戦の機会を利用して、中国に対し二十一ヵ条を押しつけ、五月二十五日『南満洲及東部内蒙古に関する条約』を締結し、「日本国臣民ハ南満洲ニ於テ各種商工業上ノ建物ヲ建設スル為又ハ農業ヲ経営スル為必要ナル土地ヲ商租スルコトヲ得」、「南満洲ニ於テ自由ニ居住往来シ各種ノ商工業其ノ他ノ業務ニ従事スルコトヲ得」[②]と規定した。この条約の第八条は、「満洲ニ関スル日支現行各条約ハ本条約ニ別ニ規定スルモノヲ除クノ外一切従前ノ通リ実行スヘシ」[③]と規定し、一九〇九年の間島協約に対しては、何等の例外的規定はしていない。そのために、この条約は間島地方に居住する朝鮮人には適用されないはずのものであったが、日本は朝鮮人が日本国の「臣民」になったから、一九一五年の条約にもとづき南満においても土地商租権を持つことが出来るはずだと主張し

---

① 外務省編『日本外交年表並主要文書』上、原書房、1976年、325頁。
② 同上書、407頁。
③ 同上。

た。これは強引な解釈というべきである。

　中国人民は、五四運動以来、反日反帝闘争を展開し、一九二七年からは国権回復運動をくりひろげ、不平等条約の改正・徹廃を日本と列強に要求し、南満における日本の土地商租権を認めなかった。この問題につき、日本は一九一五年から中国側と三回にわたって交渉したが、何等の結果も見ることが出来なかった。こうして、土地商租権問題は日本にとって、当時満蒙における三百余件の懸案の中でも最大な問題として解決を迫られた外交問題になっていた。

　このような情況の下で、日本は朝鮮人を利用し、朝鮮人が土地を取得するために帰化することを支持した。帰化して土地を獲得した一部の朝鮮人はまたこの土地を日本の土地会社または個人に抵当譲渡した。このようにして朝鮮人の土地問題は、日本の満蒙政策につながり、二重国籍問題が生じるようになった。

　満蒙における朝鮮人の二重国籍問題に対しては、特別な規定をした条約はないが、前でも述べたように、朝鮮人の日本人への土地抵当譲渡問題があったために朝鮮人の二重国籍問題に関する是非が論議されるようになった。当時中国の国籍法では、中国の国籍を取る資格のある者は「本来無国籍者或いは、中国の国籍を取得すると同時に本国の国籍を喪失した者」[1]であると規定しているが、朝鮮人は日本帝国主義の植民地の下ではいわゆる「日本臣民」の国籍を脱離することは不可能であった。日本が在満蒙の朝鮮人国籍問題に対し、日本に有利な時には朝鮮人が帰化して中国の国籍を取るようにし、また朝鮮人のいわゆる「日本臣民」としての国籍が日本にとって有利な場合にはいわゆる日本の国籍を適用した。これは、朝鮮人の二重国籍が

---

　①『最新六法全書』、新陸書局、1967年、317－20頁。

日本の満蒙政策にとって有利であったからであった。故に二重
国籍問題は日本の満蒙侵略政策と直接関連した問題になってし
まった。

　中国側は日本の満蒙政策の一環としての朝鮮人の二重国籍問
題に対応するために、在満蒙の朝鮮人が完全に帰化して中国国
籍を取得するように願っていた。七月上旬、万宝山事件後朝鮮
における華僑排斥事件視察のため平壌に視察に来た日本駐在中
国公使汪栄宝は、朝鮮の民族主義的団体である新韓会幹部と会
談した時に、「新興中国が平素から恥辱の念に堪えなかった、領
事裁判制度と治外法権の撤廃の為に尽力している今日、朝鮮人
が二重国籍を持っていることは侵略行為と看做すことが出来る。
そのことが紛争の種になったのであり、完全に中国に帰化すれ
ば万事は解決される」①と語った。これは万宝山事件と二重国
籍との関係を説明し、万宝山問題を根本的に解決する方法を指
摘したものである。南京政府外交部も一九二八年五月一日に吉
林省主席に二重国籍に関する次のような訓令を下した②。

　　　「近来各国居留民の中で、東三省に居住する者の多数が中
　　国の権利を享受せんとして、帰化入籍を請願するが、入籍
　　後も依然とその原有国籍を離脱せずにいるので、交渉事件
　　発生の場合には煩雑を免れ得ず困難を経ることになる。こ
　　の紛争と煩雑を除去するには制限を加えざるを得ない。今
　　後に於いて万一帰化入籍を申請する者に対しては、原有国
　　籍を離脱せしめ単一国籍を取得させるべく努力すること」
　これは朝鮮人の二重国籍問題を指すものであった。

　東北当局は日本の満蒙政策の一環となった朝鮮人農民の移住、
国籍、土地所有権問題に対し、一九二八年から積極的な対策を

---

　①『朝鮮日報』、1931年7月19日。
　② 玄圭煥『韓国流移民史』、上巻、語文閣、1967年、239−40頁。

講じ始めた。奉天省政府は二八年三月に「日鮮人土地耕作取締に関する訓令」、二九年四月に『移住朝鮮人取締に関する訓令』、同年七月に「朝鮮人土地耕作取締に関する訓令」を発し、具体的措置を取り始めた。

　このようにして、在満蒙の朝鮮人農民は．日本の満蒙政策と中国の反日政策との板挟みになるようになった。万宝山事件は一見朝鮮人農民の問題のように見えるが、実は日本の満蒙侵略と中国の反侵略闘争との産物であり、これが万宝山事件の本質であった。この点を説明した上で、外務省とその出先機関の万宝山事件に対する外交政策と中国側の対応を理解することが出来るようになると思う。

二　東北当局との交渉

　万宝山問題が日本の満蒙外交の一環として中国外交の舞台に登場したのは、一九三一年の五月下旬からであった。五月二十五、二十六日中日双方とも万宝山に警察官を派遣したために、双方農民間の紛争は中日両国間の外交問題にエスカレートした。

　万宝山問題に関する外交交渉は、前期即ち七月中旬以前には主に東北駐在の外務省出先機関と東北当局との間に三つのルートを通じておこなわれた。長春領事田代重徳は主に長春市政籌備処と、吉林総領事石射猪太郎は吉林省政府と、奉天総領事林久治郎は東北の権力者である張作相と遼寧省政府と交渉をし、日本側は攻撃的な外交態勢で、中国側は自衛的な態勢で消極的に対応した。

　万宝山の借地契約に、外務省の出先機関が参与していたか否かは、まだ確実な史料がないが、長春領事田代重徳は四月七日幣原外相に長春朝鮮人居留民会の斡旋で郝永徳と朝鮮人李昌徳、

金斗千等九人が十年間の借地契約を締結したことを報告している。この契約が郝永徳と李昇薫等との契約をさすのか又は別の契約をさすかは不明であるが。当時長春領事館が朝鮮人農民の借地問題を知っていた事は事実である。だから、五月二十五日長春県公安局が警察官を現地に派遣した時、田代は二十六日すぐ土屋書記官と四名の警察官を派遣し、「本官ハ極力本件農場経営ノ目的ヲ達成セシムル方針ニテ中国側トノ折衝ニ機宜ノ措置ヲ講スル所存ナリ」①とその堅い決心を幣原外相に表明した。領事館の警察官が満鉄附属地以外に出動した事は中国の国家主権に対する公然の侵犯であり、違法的行為であった。これは偶然のことでなく、予め用意があった行動であるといわざるを得ない。

　中国側も、初期においては、断乎たる態度で日本に対応した。

　五月三十一日と六月三日、中国側は警察馬隊を馬家哨口一帯に出動させ、朝鮮人農民の水路工事を中止させた。長春領事館は六月一日に六名の警察官を増援し、双方の対立が激化した。田代領事は六月三日長春県県長を訪問し、中国側が馬隊を派遣する目的に対し質問したが、県長は朝鮮人農民の水路工事を阻止する堅い決意を表明した。当日、長春市政籌備処も長春領事館に抗議文を提出し、借地契約の無効性を強調すると同時に、水路工事に従事する朝鮮人農民を取締る態度を示し、工事による経済的損失を賠償するよう要求した②。

　このような態勢に直面した田代領事は、六月四日幣原外相に「此際鮮農現地保護ノ方針ヲ抛棄シ直ニ派遣員ヲ撤退シ其結果立退ヲ余儀ナクサレタル鮮農ニ対スル善後策ヲ別ニ講スルコト

---

① Checklist of Archives in the Japanese Ministry of Foreign Affairs, Tokyo, Japan, 1865-1945, microfilmed for the Library of Congress(以下Microfilmと称略). S483リール、S1、1、1、0−18、8頁。

②『上海新聞報』、1931年7月9日。

トスルカ或ハ之迄ノ行懸上中国側ノ反省ヲ喚起セシムル手段ト
シテ水路工事ノ完成迄此上警察官ヲ増援シ先方ノ実力阻止ニ対
抗シ我方ノ威力ヲ示スコトトスルカノ外手段ナシト思考セラ
ル」①。との二つの意見を上申した。同日午後、田代領事は長
春県県長馬仲援と交渉したが、県長は「本件ハ法規上不備ノ点
アリテ地方法官タル自分トシテハ如何トモスヘカラサル」②と
回答したため、田代はまた「少数ノ警察官ヲ以テシテハ徒ラニ
犠牲者ヲ出スニ過キサルヲ以テ己ムヲ得スー時工事ヲ中止セシ
メ当方ノ指示ヲ俟ツヘキ」③だと幣原外相に上申した。六月五
日、吉林総領事石射も中国側が警察官を撤収したから日本も警
察官を撤退する方がよいと提議した。この事実は、外務省出先
機関がその目的達成に対し一時動揺を生じていたことを示す。
それは、一に中国側の強硬な態度と実力的反抗に基因し、二に
は田代領事も承認しているように「本件ノ最モ難関トスル点ハ
鮮人対地主間ノ契約ニ欠陥アリ水路用地中ニハ契約未了ノ地域
スラアリシ為地主側ノ反感ヲ買ヒ加フルニ附近部落民モ浸水ヲ
懸念シ居ル関係上之ニ雷同シ紛擾漸次拡大シツツアル」④現実
を完全に無視することが出来ない、三には郝永徳と地主との借
地契約第十三項には「この契約は県政庁の批准の日から効力が
発生する。若し県敢庁の許可を得られない場合は無効である」⑤
と書き付けてある。前にも述べたように。東北当局が二八年以
来朝鮮人農民の借地契約を取締る時期に、県政府がこの契約を
批准するはずがなかった。日本領事館もこの事実を知っていた
と思う。

---

① Microfilm、S483リール、S1、1、1、0−18、14頁。
② 同上Microfilm、23頁。
③ 同上Microfilm、26頁。
④ 同上Microfilm、11頁。
⑤ 羅家倫編『革命文献』第三十三輯、506頁。

　だが、満蒙における外務省出先機関の指導的地位にあった奉天総領事林久治郎は依然として強硬な態度で中国側に対応した。林総領事は森岡正平領事を派遣して、張作相に「長春県公署ノ承認ヲ経タル契約ニ基キ正当ニ土地開墾ニ従事セル鮮人ニ対シ枝葉問題ヲ口実トシテ俄ニ武力ヲ加ヘ追放スルカ如キハ甚タ不隠当ナレハ現地派遣ノ軍憲ヲ即時撤回セシメ争議ハ平和的ニ依リ交渉解決方即時長春県長及吉林省公署ニ電訓アリタシ」①と強要した。張作相は中国側の一方的撤退に反対し、双方の同時撤退を要望した。張作相はこの要望を六月五日吉林省政府に指示し、吉林省交渉署主任施履本はこの意を石射総領事に伝え、日本警察が中国内地に立入り朝鮮人を保護するのは条約違反になると抗議して、同時撤退を要望した。

　幣原外相は林総領事の方針を支持し、六月五日林に、「今後モ現地ノ事態ヲ注視セラレ右貴電ノ方針ニ依リ此上トモ張作相ヲ鞭撻セラレ本件ノ円満解決ヲ見ル様尽力」②するよう、と訓令した。幣原外相は、万宝山問題を日本の主張通りに解決するためには、警察官の撤退は不必要だと考えた。幣原外相のこのような強硬な方針と指示は、在満蒙の外務省出先機関に直接的な影響を与えた。一時動揺していた田代領事もその態度を一変し、幣原外相に「本件ハ一種ノ試金石トシテ満洲ニ於ケル輿論モ意外ニ硬化シ居リ他方問題ノ発生地ハ当地ヲ去ル僅ニ四邦里内外ノ地点ニシテ日本官憲ノ力ノ及ヒ得ル範囲ニ於ケル邦人ノ正当ナル事実ニ対シテハ飽迄保護スヘキ方針ニテ進ムニ非サレバ邦人ノ満洲発展ノ退嬰的傾向ヲ益々助長セシムルノミト思考セラルル」と述べ、「工事ヲ一気呵成ト成就シテ既成事実ヲ作リ粘リ強ク交渉ヲ進ムルノ外ナシト存セラル」決心を表明し、日本警

---

① 羅家倫編『革命文献』第三十三輯、17頁。
② Microfilm、S 483リール、S 1、1、1、0－18、31頁。

察を「今直ニ現地ヨリ引揚ケシムル事不可能ナリ」と幣原外相
の意向に賛成した①。林総領事も一層強硬な態度で張作相に対
応した。張作相は副官を奉天日本総領事館に派遣して、中国警
察官が六月四日現地から撤退したから、日本警察官も撤回する
よう要求した。この要求は公正且衝突を避ける措置であったが、
林総領事は「作相ニ於テ鮮農ヲ退去セシメサル旨保証ヲ与フル
ニ於テハ即時引揚クルモ可ナリ」とし、「何レノ途鮮農ヲ同地方
ヨリ退去セシムルカ如キハ本官ノ絶対ニ承認シ得サル所ナル
旨」②を述べ、日警の撤退に条件を付け、朝鮮人農民を当地に
居住させて、土地商租権を必ず獲得するとの決心を表明した。

　このようにして、日警撤退問題が外交交渉の焦点になった。
これは武力衝突を避ける意味もあるが、実は警察の実力で中国
側に土地商租権を認めさせようということであった。故に中国
側もまず日警の撤退を強く要求したのであった。六月八日、長
春市政籌備処処長周玉柄は田代領事を訪問し、「日本警察官
モ至急撤退方取計ハレタク」③と希望したが、田代は賛成し
なかった。

　このような情況の下で、周玉柄処長は、「彼我双方ヨリ現地ニ
調査班ヲ派シ実状共同調査ノ上其結果ニ基キ何等カノ解決案ヲ
見出シタキ」④意見を提議した。これは事実を確実に調査して
公正且速かに万宝山問題を解決する積極的な提案であり、中国
側の問題解決の誠意を示したものであったのだが、田代は「一
応熟慮ノ上何分ノ回答ヲ為ス」⑤べき旨を述べ、この案に応じ
なかった。その理由は「調査班ヲ出ストスルモ鮮人退去ヲ前提

---

① Microfilm、S483リール、S1、1、1、32-5頁。
② 同上Microfilm、37頁。
③ 同上Microfilm、38頁
④ 同上。
⑤ 同上Microfilm、39頁。

トスル解決案ナラハ到底応諾シ難キ」①ためであった。だが、外交官としてこのような提案を完全に拒否することは強硬姿勢をあまりに歴々と現わすことになるから、田代は翌日午後長春市政籌備処を訪問して、共同調査に賛成する意を表した。この賛成は万宝山問題を解決するというよりも、寧ろ所謂調査を通じて既成事実を中国側に承認させようとしたものであった。田代領事が提出した次のような調査条件がそれを証明する②。

　一、当方の根本方針は鮮人をして現地に於ける事業を遂行
　　　せしむることなる点を重ねて念を押す
　二、調査班到達後日警は撤退するが、これは中国側の要求
　　　により撤退したのでなく、必要の場合には又再派遣する
　三、伊通河の堰止工事に依リ生ずる現実を調査する
　四、短期間調査し朝鮮人農民の耕作を保障する

　「上海新聞報」の報道によると、中日双方は現地調査の前に水路問題を解決する臨時協定辦法を制定し、まず中日双方の警察官を即時撤退し、次に朝鮮人農民は工事を中止し、調査の結果にもとづいて居留又は退去の問題を決定する、としている③。長春市政籌備処は六月九日長春領事館にこのことを再確認する覚書を提出した④。

　九日、中日双方は各自の調査員を現地に派遣した。調査員は九、十両日現地調査をした⑤。調査の結果、双方は統一的な調査報告を作成するのではなく、各自の調査報告書を作成したようである。長春市政籌備処外事課長郭承厚と長春県農会幹事長

---

①　Microfilm、S483リール、S1、1、1、38頁。
②　同上Microfilm、42頁。
③　『上海新聞報』、1931年7月19日。
④　羅家倫編『革命文献』第三十三輯、514頁。
⑤　中国側の調査員は長春市政籌備処外事課長郭承厚、長春県農会総幹事呉長春、長春公安局督査長梁学貴。日本側は長春領事館書記官土屋波平、警部中川義昭、満鉄長春地方事務所渉外主任龍谷保。

呉長春の報告書は、借地契約、地主と農民の反対理由、調査結果に対する意見等の三つの部分からなり、まず借地契約は県政府の批准を得ていないので無効であると指摘し、次にこの工事の当地農民に与える七項目の被害を列挙し、違法的工事を断乎許可しないと断言した。六月十一日長春市政籌備処はこの調査結果を長春領市館に通告した①。

　当日夜、田代領事は市政籌備処長を訪問した。周処長は、水路敷地の所有権を恣に侵害したこと、水路により各農田が中断され耕作に不便なこと、堰止工事により水害があり、河川の航行をさまたげること等をもう一度強調した。田代領事は、「水路敷地ニ付テハ鮮人ハ完全ニ地主ノ諒解ヲ取付ケアルモノト信シ善意ニ工事ニ着手シ故意ニ所有権ヲ侵害シタルモノニアラサル」、故に「所有権侵害云々ノ理由ノ下ニ事業ノ根本ヲ破壊セラルルコトハ到底承認シ難キ所」②だと弁解し、中断された農田には橋梁を架ければ解決出来るといい、工事を続ける強硬な態度を示した。

　このような状況の下で、長春市政籌備処は翌日改めて日本側に従来の主張を慎重且つ具体的に説明し、日本側に譲歩的態度を示した。周玉柄処長は水路用地は絶対に侵占することは許可しないが、朝鮮人農民の具体的生活困難状況により、開墾する水田を畑に変え、それによる損害は郝永徳が賠償する案を提議した③。これは中日の妥協案であったが、日本側は賛成しなかった。林総領事は十五日張作相に、「鮮人側ヨリ地主ニ対シ関係工事ニ依ル損害ニ付相当ノ補償ヲ約束スル代リ支那側ニ於テハ鮮

---

① 『上海新聞報』、1931 年 7 月 9 日。
② Microfilm、S 483 リール、S 1、1、1、0—18、52 頁。
③ 『上海新聞報』、1931 年 7 月 9 日。

人ノ水田経営ヲ認ムル」①よう要求した。奉天省主席臧式毅にも同様な要求を提出した。張作相と臧式毅はこの要求に賛成しなかった。

　日本側が特に水田の稲作に固執したのは、水路用地の熟地に対する土地商租権獲得の問題の外に、米を主食とする日本人を対象とした満蒙政策と密接な関係があった。満蒙には関東軍、満鉄職員と他の日本人が約二十三万人居住し、その人達の米は地元で供給しなければならず、また元奉天総領事であった赤塚正助が述べたように、「満洲ヲ以テ米産地トナスノ結果ハ一朝有事ノ際ハ国家ノ為大ナル功献ヲ齎スヘキコトハ言ヲ俟タサル」②ことであった。故に、日本側は飽迄も水田耕作を主張したのであった。

　このため、外務省の満蒙出先機関は、賠償的方法でもその水田耕作の目的を違することが不可能な場合には、既成事実を作り、強制的に中国側にこの既成事実を認めさせる方針を取ることになった。六月十七日、田代領事は「不取敢種蒔ヲ敢行セシメ一方官憲側ニ対スル交渉ハ……根強ク継続シ行ク所在ナリ」③と幣原外相に報告した。奉天の森岡領事も当領事館を訪問した吉林省政府の交渉署主任施履本に、「支那側ニテ飽迄遷延的態度ヲ執ラルルニ於テハ已ムヲ得ス一両日中ニテモ工事ヲ敢行セサルヲ得サルヘシ日本側トシテハ鮮人ヲ同地方ニ居住セシムルコト絶対ニ必要ニシテ之カ為ニハ水田ヲ経営セシムルノ外ナキ」④といった。施は水田を畑に変え、それによる損害は中国側で賠償する案をもう一度提案したが、森岡は「御話ノ提案ハ絶対ニ

　① Microfilm、S483 リール、S1、1、1、0－18、68頁。
　② 満州移民史研究会編『日本帝国主義下の満洲移民』、龍渓書舎、1976年、497頁。
　③ Microfilm、S483リール、S1、1、1、0－18、80頁。
　④ 同上Microfilm、86頁。

承認スルヲ得ス」①と反対した。六月下旬、朝鮮人農民は一部の水田に種をまき、二十六日には伊通河の堰止を決行し、水を水田に導いた。田代領事はこの工事を断行するため、十二名の警察官を現地に派遣し、長春市政籌備処には双方農民の衝突を避けるために派遣したと弁解した。

　外務省の出先機関がこのように強硬な方針で工事を進めたのは、幣原外相の指示とも関係があった。六月十二日、幣原外相は林総領事に、中国側が「斯クノ如キ態度ヲ持続スル限リ日本政府トシテハ支那側ノ要望殊ニ法権問題等ニ対スル考ヘ方ヲ変ヘサルヲ得サルニ至ルヘキノミナラス最近此等事件続発ノ結果頓ニ硬化シツツアル我カ輿論ノ趨向（……）ヲ制スルニ由無ク自然政府ニ於テモ自ラ正当ト信スル所ニ従ヒ機宜ノ措置ヲ講スルノ已ムナキニ立到リ其ノ結果極メテ重大ナル局面ヲ生スヘキ次第ヲ懇々警告」②するように指示し、強硬な態度で交渉するよう訓令した。

　次に、日本外務省出先機関も中国側がこの既成事実に対し「一応黙認スルカ如キ風アルヤニ認メラルル」③と判断したからであった。六月二十六日奉天の森島総領事代理は張作相と二時間ほど交渉したが、張作相に対する彼の印象は「日本側カ強ヒテ工程ヲ続行スルニ於テハ支那側ニ於テハ已ムヲ得ス実力的阻止ニ出サルモ之ニ対シ不愉快ナル感情ヲ抱クト共ニ右ニ依ル輿論ノ反対ニ対シテハ責任ヲ負ヒ難シトノ意味ニ察セラルル」④と幣原外相に報告した。当時、張作相は日本との正面衝突を避けることを重視し、又この意見を吉林省政府に訓令した。施履本交渉署主任は、二十九日石射総領事と会見した時に張作相のこ

① Microfilm、S 483リール、S 1、1、1、0—18、88頁。
② Microfilm、S 483リール、S 1、1、1、0—18、56—7頁。
③ 同上Microfilm、99頁。
④ 同上Microfilm、104—5頁。

の意見を伝え、長春市政籌備処々長にもこの意見を伝達したことを石射に通告した。これは中国側の譲歩的で軟弱な態度を日本側に示したもので、石射は三十日幣原外相に、「日本側ニテモ退ケヌトノコトニテアレハ交渉ハ交渉トシテ継続シツツモ結局自然解決ニ委スルヨリ外ナシ支那側ハ作相ヨリ言明モアリ現場ニ於テ衝突ヲ起ス如キコトハ絶対ニ避ケル方針ナリト言ヘリ当面的ニハ支那側ハ泣寝入リトシ問題ヲ後日ニ争フコトニ腹ヲ決メタルモノト思ハルル」①と報告した。東北当局の上層部指導部に対する外務省出先機関の以上のような分析と判断は正しかったと思う。だが、万宝山地方の地主・農民と下層部の指導者たちは上層部とは異なり、実力で対応しようとした。六月二十四日の夜、中国農民四十余名は警察の保護の下で水路約三十間を埋没した。二十五日、朝鮮人農民はそれを復旧した。長春領事館は五名の警察官を増援し、朝鮮人農民は二十六、二十七両日伊通河の堰止工事を完成し、二十八日四十天地（土地面積の単位）に種播をしようとした。長春市政籌備処は長春領事館に、朝鮮人農民のこのような行動は「地主・農民の合法的固有権利を侵害し、将来生ずる一切の紛争と損害は貴方の方が完全に負ふべきだ」②と抗議し、水路のため分断された農地は耕作に不便だから、中国農民が埋めて原状に回復することを通告した。

　現地における双方の衝突は避けられない状況になった。

　外務省出先機関は日本警察の実力をバックとして、七月一日朝五時頃から朝鮮人農民を駆りたて、二十八日水害のため一時中止した伊通河の堰止工事を断行した。これに憤激した中国人地主と農民四百余名は、六時半頃一挙に堰止の堤防を破壊し、

　①Microfilm、S 483リール、S 1、1、1、0−18、110−1頁。
　②『上海新聞報』、1931年7月21日。

九時二十分水路を埋め始めた。これは中国農民が自分の耕地と国家主権を護る正戦の行動であったが、現地の日本警察官は農民に対し発砲し、農民の正当な行動を弾圧した。中国農民等は水路に避難し、一時現地から撤収した。これがいわゆる万宝山事件である。。

　日本警察官が発砲した後、田代領事は外交交渉で中国農民を弾圧しようとした。同日、田代は長春市政籌備処の外事課長郭承厚に弾圧の要求を提出した。課長は「到底農民ヲ鎮圧スルノ見込ナシ」①と拒否した。田代は「此際警察ヲ増派シ暴民ノ妨害ヲ極力阻止スルト共ニ堰止ヲ完了セシムルノ外ナシ」②と幣原外相に報告し、二、三日間に三十名の警官を万宝山に増援した。現地の中川義治警部は伝書鳩を飛ばして関東庁に一千名の軍隊の出動を要望した③。

　田代領事は、一面においては警察の実力で対抗し、一面では依然として外交交渉でその目的を達成しようとした。七月二日田代は土屋波平書記官をまた市政籌備処外事課に派遣して、郭承厚外事課長に、「貴方ニ於テ地方民側ノ暴動ヲ制止スルニ於テハ当方ニ於テモ武力行動ヲ中止セシムヘキニ付至急取計アリタキ」④と述べたが、郭課長は「農民ノ行動ハ自己ノ所有地ヲ保護スル為ニシテ官憲トシテハ策ノ施スヘキ途ナク成行ニ任スノ外ナシ寧ロ日本警察官カ現場ニ居ルカ為農民ノ反感高マルモノニテ警察官カ撤退スレハ自然問題ハ消滅スヘキニ付至急撤退セシメラレタシ」⑤と言明した。土屋は「目下ノ形勢ニテハ警官ノ撤退ハ絶対ニ不可能ナルノミナラス更ニ多数警官軍隊ノ救援

① Microfilm、S483リール、S1、1、1、0－18、114頁。
② 同上Microfilm、115頁。
③ 遼寧省档案館史料。
④ Microfilm、S483リール、S1、1、1、0－18、133－4頁。
⑤ 同上。

隊ヲ出動セシムルヤモ知レス」①と脅迫したが、郭課長は「日
本側カ警察官ヲ撤退セサル限リ円満解決ノ方法ナク農民カ堰止
工事ヲ阻止シ水路ヲ埋没スルハ正当ナ処置ナリ事態悪化スルモ
日本側ノ責任ナリ」②と反論した。これに対し土屋書記官は、「然
ラハ日本側カ必要ナル自衛手段ヲ議スルモ已ムヲ得サルニ付御
承知アリタシ」③と脅迫した。中国側はこの脅迫に屈せず、同
日午後また郭課長を領事館に派遣して、日本側が「警察官ヲ増
援スルハ農民ヲシテ益々憤激セシメ事態ヲ悪化セシムルノ虞ア
ルニ付速ニ撤退シ且鮮農ノ耕作ヲ停止セシメラレタシ」④と要
求した。

　万宝山地方の農民の実力的抵抗と長春市政籌備処の断乎たる
対応に直面した田代領事は、一時また動揺し、七月三日幣原外
相に「不祥事件ノ発生ヲ防止スル為ニハ最近ノ好機会ヲ捉ヘテ
一斉ニ撤退スルノ要アリト思考セラルル」⑤と上申した。これ
は、万宝山の農民の実力と市政当局の断乎たる交渉で日本の経
済的侵略を阻む可能性があったことを示すものであった。

　だが、幣原外相は七月三日一層強硬な態度で中国側に対応す
るよう指示した。幣原外相は吉林の石射総領事に中国側が「暴
民ヲ指嗾シ又ハ消極的ニ其暴行ヲ容認スルカ如キ態度ヲ示シ居
ルハ極メテ遺憾トスル所ニシテ事態此儘ニシテ移推スルニ於テ
ハ我方トシテモ勢ヒ自衛手段ニ出ツルノ外無キニ至ルベキモ如
斯ハ我方ノ本意ニ非サルヲ以テ至急地方官憲ニ対シ直ニ暴民ノ
行動ヲ鎮圧スル」⑥ように申入れることを訓令した。長春領事

　① Microfilm、S483リール、S1、1、1、0−18、135頁。
　② 同上。
　③ 同上Microfilm、135頁。
　④ Microfilm、S483リール、S1、1、1、0−18、135−6頁。
　⑤ 同上Microfilm、126頁。
　⑥ 同上Microfilm、129頁。

田代にも同様の訓令を発した。この訓令を受け取った田代領事
は、七月六日幣原外相に「交渉上飽迄鮮人ヲシテ水田事業ヲ遂
行セシムヘク意気込ミ置クコト有利ナルヘシト存シ堰止工事ノ
完成、埋没水路ノ復旧ニ努力」[①]する決意を表明し、その動揺
的態度を一変した。

中国側は、双方の衝突により一時停止された外交交渉を回復
して、和平的方法で万宝山問題を解決しようとした。吉林省政
府は、七月四日交渉署主任施履本を吉林総領事館に派遣し、石
射総領事にこの意を表した。これに対し石射総領事は、「平和的
交渉ヲ開始スルハ差支ナシ……但シ今日トナリテハ交渉永引ク
トキハ其間ニ鮮人ハ農期ヲ失スル虞アリ」として、交渉回復の
条件として、（一）「支那側ニ於テ鮮農ノ投資ヲ賠償シ及鮮農ノ
今後一年間ノ最低生活費ヲ支給スルコト」、（二）「鮮農ノ引続キ
現場居据リヲ保護スルコト」、（三）「来年迄ニ鮮農ト反対地主等
トノ間ニ完全ナル諒解成立シ関係地主ヨリ願出アルトキハ其水
田小作ヲ許可スルコト」等三項目を提出した[②]。この条件は、
日本側が中国側に万宝山の既成事実を皆承認させようとするの
と同様なものであった。五日、施履本は石射総領事に（一）、（二）
の条件に対しては基本的に賛成し、（三）に対しては「省政府ノ
法令ニ違反セサル場合ニ之ヲ許可ス」[③]とし、原則を堅持しな
がらも部分的問題では、日本側と妥協して問題を解決しようと
した。しかし、石射は第三の条件をも承認することを要求し、
妥協しようとしなかった。

七月上旬、万宝山事件の捏造・拡大報道により、朝鮮各地で
華僑排斥事件が起った。日本側はこの事件を利用して、中国側

① Microfilm、S483リール、S1、1、1、0−18、138頁。
② 同上Microfilm、141頁。
③ 同上Microfilm、142頁。

に圧力を加え、万宝山問題を即時に解決しようとした。石射は
七月七日吉林軍参謀長熙洽と会見し、「朝鮮ノ騒擾ニ鑑ミ万宝山
問題ノ急速解決ノ愈必要ナル所以」①を力説した。

　こうした情況の下で、双方の外交交渉は一時中止され、また
万宝山の農民も実力を行使せず、朝鮮における華僑排斥事件も
一時平穏化するような情況になった。日本側はこの間隙を利用
して、埋められた水路工事の復旧事業を完成し、十一日通水を
した。その結果、堰止提防のため伊通河の水位が高くなり、附
近の農地に侵水があり、予想通りの水害があった。当地に駐在
していた中川警部もこの事実を田代領事に報告し、田代も幣原
外相にこのことを報告した。幣原外相は、「最初ヨリ隣地中国農
民ニ損害ヲ及スコト無ク万一損害アリタル場合ハ之カ賠償ヲ為
スヘシトノ立前ヲ取リ来ラレタル関係上中国側ニ余リ目立チタ
ル損害ヲ与フルコトアリテハ今後ノ交渉上ニモ面白カラサルニ
付本年度ノ収穫望無キ趣ニモアリ此ノ際堰止ノ一部ヲ放水シテ
水面ヲ降下セシムル等折角完成シタル工事ヲ無ニセサル範囲内
ニ於テ附近民国ヘノ侵水ヲ出来得ル限リ防止スル様現地ノ実情
ニ応シ適用ノ措置ヲ講セシムルコト寧ロ我方ノ立場ヲ鞏固ナラ
シムル所以ナリト思考セラル」②と訓令し、部分的な譲歩措置
で完成した提防と水路を維持、保護しようとした。だが、田代
領事は万宝山農民のこの損害に対し賠償しなかった。これは、
先に被害の損失に対し賠償するといったのも、土地商租権を獲
得する一手段にすぎなかったことを暴露するものであった.

　五月下旬以来外務省出先機関と長春、吉林、瀋陽の地方当局
との外交交渉は、結局万宝山問題を解決することが出来ず. 万
宝山問題は朝鮮における華僑排斥事件と共に南京国民政府との

　① Microfilm、S483リール、S1、1、1、0−18、170頁。
　② 同上Microfilm、311−2頁。

交渉に移された。

三　南京政府との交渉

　万宝山問題は土地商租権問題であり、且朝鮮人の二重国籍問題でもあった。この問題は国家主権確保に関連することだから、もとより地方当局が単独に処理する問題ではなかった。長春市政籌備処は六月二十八日吉林駐在の南京政府外交部特派員辦事処に、事情重大なる問題であるから南京政府外交部が本案件の事実を調査確認し、南京駐在の日本公使館と厳重な交渉をして、本件を根本的に解決するよう外交部に申し入れることを要望した①。

　南京政府は、七月一日万宝山における日本警察官の発砲により朝鮮の華僑排斥事件が発生したため、万宝山問題を一層重視し、七月初に吉林省の関係当局に万宝山問題の資料と所謂契約書等を南京に報告するよう訓令した。吉林省政府と吉林駐在の外交部特派員辦事処は七月十一日南京の外交部に万宝山関係の文書を送り、正確且系統的にその過程を報告した。長春市政籌備処も同日外交部副部長王家楨に同様の文書を送り、王は七月十四日それを受け取った。

　当時張学良は北平の協和医院に入院中であり、東北の問題は張作相が処理していた。吉林省政府が万宝山の文書を南京政府に送った後、張作相は七月十日錦州から吉林省政府に「万宝山問題ハ既ニ中央及東北政務委員会ニ報告シタルコトナルヲ以テ中央ノ訓令ナクシテハ省政府ニ於テ地方的ニ解決談ヲ進メ難シ」②と指示し、南京において交渉する意を伝えた。吉林省交

① 羅家倫編『革命文献』第三十三輯、531頁。
② Microfilm、Ｓ483リール、Ｓ1、1、1、0-18、211頁。

渉署主任施履本は、同日午後張作相の意見を石射吉林総領事に
伝えた。石射総領事はその翌日幣原外相に、「本件ヲ之以上省政
府ニ交渉スルモ効果無キニ付一旦打切リトセリ」①と打電した。

　南京政府は、七月十三日中央政務委員会を開き、万宝山問題
を朝鮮の華僑排斥問題と共に中央において日本側と交渉する方
針を決定した。南京政府は国民党の政権であり、国家の主な問
題は国民党の中央が決定し、政府が具体的に執行するように
なっていた。国民党の最高政治組織である中央政治会議は、緊
迫した外交問題を処理するため外交組を設置して、十四日の夜
万宝山問題と朝鮮の華僑排斥事件を検討し、日本側との交渉の
準備をした。

　だが、外務省は万宝山問題を南京政府と交渉することに反対
し、引き続き東北の地方当局と交渉しようとした。幣原外相は
七月十一日上海の重光葵代理公使に、「双方ノ間ニ何等カノ地方
的ヲ協定シ速カニ現在ノ事態ニ調整ヲ加ヘ度キ所存ナル処……
成ル可ク速カニ東三省当局ニ対シ日本側ト接洽シテ本件協議開
始方適当ノ訓令ヲ発セラレ度キ旨」②を南京政府に申し入れる
よう訓令した。幣原外相が南京政府との交渉に反対した理由は、
一に南京政府は中央政府であるけれども、東北当局はそれと相
対的に独立性を持っているため、南京政府が東北問題を処理す
る権限が大きくない。二には南京政府は二七年以来治外法権廃
止、不平等条約改正、国権回復等を主張し、いわゆる革命外交
を提唱していたから、南京政府との交渉は容易ではない、三に
南京政府は中央政府だから国際法的立場から万宝山問題を解決
しようとするので、日本に対しては大変不利であったと考えた
からである。

---

① Microfilm、S483リール、S1、1、1、0−18、250頁。
② 同上Microfilm、244−5頁。

　重光葵代理公使は翌日幣原外相の訓令に従い、その趣旨を外交部の王正廷部長に申し入れた。予想通り王部長は法的角度から万宝山問題を提出し、「満洲ニ於ケル朝鮮人問題ノ根本ハ朝鮮人二重国籍ト日本ノ附属地外警察権行使ニ依ル二重警察ノ問題ニアリ日本ハ朝鮮人ノ希望スル帰化ヲ認メス右鮮人ニ対シテ警察保護ヲ延長スル結果茲ニ両国警察ノ衝突スルハ当然ナリ二重国籍又ハ帰化問題ハ中央政府ノ問題ニシテ即チ朝鮮人問題ニ付テハ中央ニ於テ交渉ヲ開始シタキ所存ナリ」[①]と述べた。南京政府は朝鮮人の二重国籍問題と附属地外の警察権問題は中央が直接日本側と交渉し、万宝山の借地契約等の問題はハルビン駐在の外交特派員鍾毓が中央を代表して吉林で吉林総領事石射と交渉するようにしようとした。重光代理公使は王部長のこの意見に反対し、「此種鮮人問題ニ付テハ事情ニ通スル地方官憲ヲシテ之ニ当ラシムルコト然ルベキ」[②]だと強調した。その理由の一つは、重光がいったように「本件ハ法権問題等ニ関聯シ早晩持上ル問題ニシテ満洲ニ於ケル鮮人問題ノミヲ中央ニテ取上ケ交渉スルハ今回ノ暴動事件トモ関聯シ徒ラニ民国側ノ宣伝ニ材料ヲ与ヘ我方ニトリ極メテ不利益ト思考セラレタ」[③]からであった。

　七月十二日東京から帰任した奉天総領事林久治郎は、七月十五日張作相と臧式毅を訪問し、「中日両国の共存共栄を計るため此際何等根本的解決を計る便法を相互に研究するを得策と考ふる」[④]と提案した。これは万宝山問題の交渉を南京に移行することを阻むための一手段であった。張作相は、万宝山事件と朝鮮事件は因果の関係があるから万宝山事件は地方的に解決する

① Microfilm、S 483リール、S1、1、1、0－18、281頁。
② 同上Microfilm、282－4頁。
③ 同上。
④ 林久治郎『満洲事変と奉天総領事』、原書房、1978年、106－7頁。

ことが出来ない、日本側が地方当局と初歩的交渉をしたとして
も、最終的には必ず中央の指示によらなければならないと述
べ①、林総領事に「吉林ニ於テ石射総領事ト在哈爾賓特派交渉
員鍾毓トノ間ニ非公式ニ本件ノ辨法ヲ研究セシムル事」②を正
式に伝えた。

　翌日、林総領事は石射吉林総領事と田代長春領事を奉天に呼
んで、鍾毓特派員と交渉する対策を相談しようとした。だが、
石射は鍾毓との交渉に反対し、万宝山問題は朝鮮事件により「既
ニ吉林省丈ノ地方問題トシテノ域ヲ脱シ東三省ニ於ケル鮮人ノ
待遇ナル根本問題ト不可分的ニ関係附ケラルルニ至リ」③、「吉
林省丈ノ取次役タル鍾毓トノ間ニ東三省全体ヲ拘束スル如キ話
合ヲ非公式ニ纏ムルコト望ミ難」④と主張した。彼はこの立場
から、七月十七日幣原外相に、「今日トナリテハ本問題丈ノ曲リ
成リノ解決ハ我方ノ目的トスル全満鮮人ノ待遇ナル根本問題ノ
解決ニ却テ有害ニアラサルヤヲ恐ルル処政府ノ御方針ハ何処迄
モ本問題ノミヲ単独ニ解決スヘシトノ御意向ナリヤ」⑤と質問
し、万宝山問題を突破口に、全満蒙における土地商租権を一挙
に解決する欲望を示した。

　だが、幣原外相は七月二十一日石射に対し、「在満鮮人問題ニ
関スル根本的解決ヲ図ラムトスル趣旨ニハ非スシテ過渡的辨法
ヲ協定セムトスルモノ」と返事し、「本件ノ円満解決ヲ見ル様速
カニ話合ヲ進メラレ」るよう指示した⑥。幣原は在満蒙の朝鮮
人問題は土地商租権及び法権的問題に連関する複雑な問題だか

---

①『晨報』、1931年7月16日。
② 同上 Microfilm、274頁。
③ 同上Microfilm、291頁。
④ 同上Microfilm、292頁。
⑤ Microfilm、S 483リール、S1、1、1、0−18、292頁。
⑥ 同上Microfilm、319−20頁。

ら一朝に解決する問題ではなく、「法権問題交渉ニ際シ満蒙ニ関
スル特殊事項ト一併シテ解決スルカ又ハ帰化問題ト関聯シテ之
ヲ調整スルノ外無キモノト認メ」①次のような臨時処置を以て
解決しようとした②。

一、「共存共栄ノ実ヲ与フルコトヲ原則トスルコト」

二、「事端ノ発生ヲ防止スル為夫々出先官憲及地方官憲ニ
　　右原則ヲ充分徹底セシメ之依リ各自国民ヲ指導セシム
　　ルコト」

三、「右ニ不拘不幸ニシテ鮮人ニ関スル問題発生シタル場合
　　ニハ該問題ノ性質ニ応シ平和裡ニ合理的処理ヲ為スヘク
　　互ニ実力ニ訴フルカ如キコトハ絶対ニ之ヲ避クルコト」

四、「右平和的処理ニ当ラシムル機関トシテ一ノ共同調停
　　委員会ヲ組織シ双方ヨリ委員ヲ任命シ問題発生都度現地
　　ニ移動シテ調査ヲ行ヒ（一）ノ原則ニ依リ公正ナル裁決
　　ヲ為サシムルコト」

　幣原外相のこの臨時処置の中心は、「共存」である。所謂「共
存」とは朝鮮人農民が満蒙各地において土地を商租して営農す
ることを認めさせることであり、以て日本人の土地商租問題を
も解決するとのことであった。中日戦争、太平洋戦争における
「共存共栄」のスローガンの侵略的本質は歴史がすでに結論を下
したものであるが、それを満洲事変前に幣原外相が提出したこと
は、幣原外交の侵略性を歴々と現わすものであった。幣原外相は
林総領事に、「貴官ハ至急張作相ニ面会シ本問題ニ関シ隔意無キ
意見ノ交換ヲ遂ケタル上前記方針ヲ骨子トスル地方的暫行辦法
ノ協定ヲ見得ル様鋭意先方ヲ誘導セラレ度シ」③と訓令した。

---

① Microfilm、S483リール、S1、1、1、0－18、287頁。
② 同上Microfilm、288－9頁。
③ 同上Microfilm、289頁。

　石射総領事は鍾毓特派員との交渉に反対したが、中国側の要求と幣原外相の指示により会談を避けることが出来なかった。石射は奉天に赴き、林、田代、森島、柳井領事等と交渉対策を検討した。北京「晨報」の報道によれば、五項目の対策を決定したといわれている[①]。

　七月十八日、石射は鍾毓特派員と奉天で予備的会談を行なった。鍾毓は交渉開始の前提条件として万宝山から日警が撤退するよう要求した。これに対し石射は、「日本警察ノ出動ハ支那側カ誘致シタルモノナル事ヲ説明シタル上若シ支那側ニ於テ問題解決迄鮮農ノ現住及工事ノ現状ノ保護ニ付責任ヲ負ハルルナラハ右撤退ヲ考量スヘシ」[②]と述べた。これは中国側が万宝山の既成事実を完全に承認した後に日警を撤退させるとの意味である。故に、日警の撤退問題が又交渉の焦点になった。焦点の本質は日本側が万宝山でつくった既成事実を承認するか否かの問題であった。

　石射と鍾毓との交渉は中間において数回中止されたので、その交渉過程を三つの段階に分けて考察する。

　第一段階の交渉は七月二十一日から始まり、石射と鍾毓は吉林で二十一日、二十三両日交渉した。交渉の焦点は日警の撤退問題であった。石射は日警を撤退する条件として次のような条件を提示した。

　　一、中国側が万宝山事件の損害を賠償する

　　二、万宝山の朝鮮人の生命財産を保証する

　　三、朝鮮人は吉林省内で自由に居住する

　　四、万宝山の水田は朝鮮人に租借して耕作させ、契約上の不備点は中国側で補足し、水路のための損失は、日本側で出来得る限り方法を講ずる

---

　　①『晨報』、1931年7月23日。
　　② Microfilm、S483リール、S1、1、1、0－18、325－6頁。

これに対し、鍾毓は、

　　一、日警がまず撤退する

　　二、朝鮮人も退去する

　　三、中国人と朝鮮人が私的に締結した契約は無効

　　四、双方調査員の現地調査

　　五、農地の現状回復

の五つの要求を提示し、日警の無条件撤退を要求して石射の前提条件に対し反対の意を表した。こうした情況の下で、石射は一時撤警する意見を幣原外相に報告し、「支那側ハ何処迄モ無条件ニテ日本警察ヲ引カシメタリトノ外形ヲ執リ度キ肚ナルヲ以テ寧ロ我方ハ支那ト関係ナク自発的ニ至急警官ヲ引クコトトシ現地ノ鮮人ヲ圧迫シ工事ヲ破壊スルカ如キコトアラハ何時ト雖モ再ヒ警官ヲ派遣スヘキ旨支那側ニ声明スルコト得策ナラスヤ」①と述べた。だが、幣原外相はこの意見に賛成しなかった。

　こうして交渉は一時中止され、鍾毓特派員は二十七日ハルビンに帰り、二十九日奉天で林総領事と交渉した。林は日本側の前提条件を受け入れなければ撤警は不可能だとのべた。

　この時期、南京では、王正廷外交部長と重光葵代理公使との間で交渉が行われた。南京政府外交部は七月二十二日重光代理公使に万宝山問題に対する抗議文を提出し、万宝山事件の経過と中国側の立場を大要次のように表明した②。

　　一、一九〇九年の間島協約は図們江以北の延吉・汪清・和竜・琿春四県に限り、長春県の万宝山は決して右墾地居住の区域に非ず

　　二、李昇薫等が万宝山に赴き耕作せるに付ては、何等条約上の根拠無し、郝永徳との小作契約未だ地方官庁に呈請

----

① Microfilm、S483リール、S1、1、1、0－18、329頁。

② 羅家倫編『革命文献』第三十三輯、552－4頁。

　　　せずして俄に鮮民百八十余名を入境せしめ、水路を掘り、
　　　堰を築き、附近の民田に損害を与へたり
　　三、此種の行為は条約に根拠を有せざるのみならず、明らか
　　　に秩序を紊し、公共の危険及毀棄の刑事上の嫌疑を有
　　　す、公安維持の責任を有する地方官憲之を制止せるは当
　　　然のことなり
　　四、然るに、長春領事は朝鮮人農民を取締り衝突を防止す
　　　る事を理由とし、多数の警官を同地に派遣し、七月一日
　　　の衝突を起せり
　　五、右衝突を以て、日本新聞は中国官憲が鮮農を圧迫せる
　　　旨故意に誇大報道せる為、朝鮮各地に於て華僑惨殺の重
　　　大事件を醸せり
　　六、朝鮮人等に対し直に同地立退き方命令あり度し
　　七、今回日本警官が恣に内地に入り干渉せるは、中国の領
　　　土統制権を蔑視せるものあり、この不法行為に対しては、
　　　同領事館に於て相当の責任を負ふべきものなり、派遣警
　　　官は全部直ちに撤退すべし
　　八、李昇薫と郝永徳間の契約は根本より之を取消すべし
　そして、最後に吉林の外交特派員と貴国領事との間に公平に
調停処理せられるよう希望した。この抗議は万宝山問題に対す
る中国側の正当な立場を事実と法的面から明確に明示し、万宝
山問題解決の正しい方針を示した。
　南京政府外交部のこの抗議に対し、幣原外相は、「諸般ノ関係
上充分慎重ニ回答スルヲ要スル」①とし、即時に覚書を出すこと
を避けたが、七月二十八日石射総領事に、「貴官ハ鐘特派員ノ態
度ニ対シ見切ヲ附ケラルルカ如キコト無ク林総領事及田代領事

---

　①　Microfilm、S483リール、S1、1、1、0－18、347－8頁。

トモ連絡呼応シ根強ク交渉ヲ進メラレムコトヲ切望ス」①と訓令
し、撤警問題に関しては、「中国官民ノ実力圧迫ノ虞全ク去リ又
撤退ニ依リ今日迄築キ上ケタル同地鮮人ノ地位ヲ覆ヘスカ如キ
憂無シトノ見込立チタル上ハ成ルヘク早キ機会ニ於テ自然的ニ撤
退スルヲ可トスヘキモ撤退ニ当リテハ今後交渉ニ依リ本問題ノ解
決ニ至ル迄鮮農ノ居住ヲ妨害シ又工程ヲ破壊セサルコトニ付中国
側ニ充分責任ヲ負ハシムル」②ようにし、依然として既成事実の
承認を撤警の前提条件として主張し、「東三省ノコトハ東三省ノ手
ニテ解決セシムル様絶エス仕向クルヲ要スル」③よう指示した。

　幣原外相の指示により、石射総領事は鍾毓外交特派員と第二
段階の交渉を始めた。八月二日、石射は鍾毓・施履本と交渉し
た。石射は、（一）「問題解決迄鮮農ノ居住ヲ妨害シ又工事ヲ破
壊セサルコト」、（二）「之ニ反セル行為アリタルトキハ我方ハ自
衛ノ必要ニ応シ何時ト雖モ警察ヲ派出スヘキコト」④を主張し、
この主張を中国側が受け入れば、日本側は自発的に撤警すると
した。ただし、（一）の条件を中国側が承諾するとのことを新聞
上に公然と表明するよう要求した。これに対し、鍾毓外交特派
員は、「（一）ハ交換条件ニアラス又新聞ニ出サレテハ困ルトテ
之ヲ了承シ（二）ハ支那側トシテ之ヲ承認シ得サルモ斯ノ如キ
必要ヲ生セシメサル様措置ス」⑤として、妥協的態度を示した。
これに対し石射は、「撤警ノ時期ニ付テハ貴方トノ御協議ニ基キ
前項ノ（一）ニ関スル命令カ地方官ニ徹底シ居ルヤ否ヤヲ貴官
ニ確メタル上直ニ撤退スル」⑥と述べた。このようにして、中

---

① 同上Microfilm、345−6頁。
② Microfilm、Ｓ483リール、Ｓ1、1、1、0−18、345−6頁。
③ 同上Microfilm、348頁。
④ 同上Microfilm、350頁。
⑤ 同上Microfilm、351頁。
⑥ 同上。

国側の妥協により撤警問題は一時合意に達した。

　石射総領事は撤警のことを田代長春領事に伝えたが、田代は「警官撤退ニ付テハ異存ナキモ」①、短期間内に撤出するには困難ありと上申し、「将来迫害ノ事実生スルトキハ何時ト雖モ再ヒ警官ヲ派遣スヘキ所存ナリ」②ことを新聞上にて説明しておくよう強要した。田代領事は既成事実の維持・保障を条件として、八月六日領事館書記官を市政籌備処に派遣して八月八日万宝山から日本警官を撤退することを通告した。七月一日以来万宝山には四十六名の警官が駐屯していたが、その後二十名が撤退し、残りの中川警部以下二十六名は、八日の午後一時万宝山から撤収した③。

　こうして、五月末から交渉の焦点になっていた撤警問題は一応解決されたが、これは一時的妥協にすぎず、万宝山の根本問題は依然として解決されず、引き続き交渉を行うことになり、交渉は第三の段階に入った。八月十二、十三日、石射は鍾毓とまた交渉を始めたが、交渉の焦点は撤警の問題から朝鮮人農民の退去と租地契約の法的根拠に関する問題に転換された。鍾毓は日警が撤退した後に（一）「鮮人ヲ即刻退去セシメ不合法ノ契約ヲ廃棄シ水溝及堰止ヲ原状ニ復スルコト」（二）「中国民ノ受ケタル直間接ノ損失及前記恢復費用ハ日本側及鮮人カ負担スルコト」、（三）「今後ノ保障及本問題ニ関スル日本側責任者ノ厳重処分」、（四）「若シ鮮人カ善意ナリシトセハ其失費ハ郝永徳ヲシテ賠償セシムヘキコト」④等を提出した。これに対し、石射は万宝山地方における租地契約は一九一五年の「南満洲及東部内蒙古に関する条約」にもとづいたものだと強調した。鍾毓はこの条約は中国側ですでに廃棄したもので契約は法的根拠がなく、

---

① Microfilm、S483リール、S1、1、1、0－18、367－8頁。
② 同上Microfilm、370頁。
③ Microfilm、S483リール、S1、1、1、0－18、382頁。
④ 同上Microfilm、410－1頁。

且つ長春・万宝山は地理的に南満洲に属するのでなく、東部内蒙古に属するから、若し条約が有効だとしてもその地域にはあてはまらないと反論した。双方は九時間余り交渉したけれども、問題解決の糸口はみつからなかった。

このような情況の下で、石射はA、B両案を提出した。A案は「中国側ノ不備トスル契約並手続ヲ合法的ニシ水溝及堰止ヲ改善シテ地方及交通ニ害ナカラシムルコト」、B案は「農場ヲ中日合辦事業（官民何レテモ可）トシ小作人ニハ鮮支人ヲ以テ之ニ当テ水溝及堰止ハ改善ノ上該設備ヲ中国官憲ノ管理ニ帰セシムルコト」[1]であった。鍾毓は、A案は一九一五年の条約にもとづいた案であるからと反対し、B案にも賛成することが出来ないと明言した[2]。石射はB案による妥協的方法で中国側を説得させて認めさせようとしたが、鍾毓は「自分カ中央ヨリ受ケタル命令ハ鮮人ノ退去ヲ促セヨト言フニアリ」、「之以上如何トモ難シ」[3]と断言した。石射は中国側の案の緩和を再要望したが、鍾毓は堅固たる態度で妥協の余地がないと明言した。鍾毓のこのような態度に対し、石射は八月十四日幣原外相に、「会談ニハ毎回長時間ヲ費シ根気良ク説明ニ努メタルモ先方ノ態度ハ絶対非妥協的ニシテ遺憾乍ラ距離接近セス」[4]と報告した。交渉は如何たる結果も得ず、一時中断された。鍾毓外交特派員はハルビンに帰った。

日本側は、このような情況の下でも、水田耕作の目的を達成し、以て土地商租権を獲得しようとして必死であった。石射総領事は幣原外相に二つの案を提出した。即ち、（イ）「堰止ニヨラス『ポンプ』ヲ使用スルコトトスルカ」、（ロ）「伊通河ヨリノ

---

① Microfilm、S 483リール、S1、1、1、0−18、415頁。
② 同上Microfilm、416頁。
③ 同上Microfilm、418−9頁。
④ 同上Microfilm、420頁。

引水ヲ全然断念シ掘抜井戸ニシテ小貯水池ヲ農場内ニ設クルコトトスルカ」①、若し中国側がこの両案にも不賛成の場合には「明年ハ最少限度（ロ）案ノ趣旨ニテ一方的ニ其主張ヲ遂行スルヨリ外ナカルヘシ」②とした。（ロ）案の準備として、田代領事は東亜勧業株式会社の斎藤技師を現地に招きその可能性を検討した③。

　ハルビンに帰った鍾毓は、八月二十四日奉天に来て交渉情況を報告し、外交部の指示を受けて二十五日吉林にもどって来た。石射は鍾毓と三回交渉したが、「鍾ハ毫モ妥協的態度ヲ示サス」④、個人の意見として、「鮮農カ退去サヘスレハ彼等カ満洲何レノ地方ニ居住スルモ支那側ハ墾民域ノ問題ヲ離レ彼等ヲ阻止セサル」⑤と言明した。交渉の主な焦点は朝鮮人農民の退去問題になった。交渉は石射が言ったように、「先方ハ鮮農ノ退去ヲ絶対的前提トシ我方ハ彼等ノ居据リヲ建前トスル」⑥状態になり、交渉は行詰った。朝鮮人農民の「退去」と「居据」との対立は単なる居住是否の問題ではなく、朝鮮人農民の万宝山地方での居住を承認することは、彼等がそこで水田耕作をすることを承認することになり、これは又土地商租権をも承認することになるから、中日双方は必死になって各自の主張を貫ぬこうとした。幣原外相も石射総領事に、鍾毓の朝鮮人農民の換地の意見については「此際到底詮議ノ余地無キ」⑦として拒否した。

　かような情況の下で、九月五日石射は又幣原外相に二つの案を上申した。その案は、（一）「伊通河ヨリノ引水ハ断念シ井戸ニ依

① Microfilm、Ｓ483リール、Ｓ1、1、1、0－18、421－2頁。
② 同上Microfilm、422頁。
③ 同上Microfilm、468－74頁。
④ 同上Microfilm、502頁。
⑤ 同上Microfilm、502－3頁。
⑥ 同上Microfilm、503頁。
⑦ 同上Microfilm、517頁。

ル濯漑ノ可能ナル範囲ニテ小規模ニ経営ヲ試ムルカ」、（二）「堰止及水溝ニ依ル原計画ヲ実行スルカ」[①]であり、（一）案は中国に有利であり「余リニ譲歩的ナルヲ以テ之ヲ提案スルハ如何ト思ハレ」、「（二）ノ実行ハ来春又一騒キヲ覚悟セサルヘカラス」[②]と憂患した。この提案に対し、幣原外相は鮮農の現地居据を中国側に承認させることを原則として、「（一）ノ方法ニテ円満ニ鮮農ノ定着ヲ見ルニ於テハ必スシモ大ナル譲歩ト謂フ可ラス」、「貴電（一）案ニ重点ヲ置キ今一段ト研究ヲ進メラレ度」[③]と訓令した。これは、幣原外相が水溝の問題において元の主張を放棄し、譲歩的態度を示したことを示し、中国側が飽迄強硬的態度で交渉すればその目的を達成する可能性が存在したことを物語るものであった。

　この時期、南京においては、南京政府外交部と日本公使館との間に万宝山問題に関する公文の往来があった。八月二十六日、日本公使館は中国外交部の七月二十二日付抗議に対する公文書を外交部に提出した。その主な内容[④]は、

　　一、「該契約ニハ県政府ノ認可ヲ必要トスル旨ノ条件無キ」

　　二、「水路用地ノ地主トノ間ニモ郝永徳其他関係者ノ斡旋ニ依リ諒解成立シタル」

　　三、「鮮農ノ行動ハ全然善意ニシテ其ノ契約ニ基ク行動上不法且失当トシテ非難セラルヘキ点ヲ認メス」

　　四、「我警察ノ派遣ハ……民国巡察ノ実力ニ依ル鮮農圧迫ニ依リ誘起セラレタルモノニシテ……鮮農保護上真ニ已ムヲ得サリシ必要ニ基ケルモノタルニ外ナラス」

であり、一九〇九年と一九一五年の条約にもとづき、「日本国民」たる鮮農が南満において居住、経営の権利があることを力説し

---

① Microfilm、S483リール、S1、1、1、0−18、504−5頁。
② 同上Microfilm、505頁。
③ Microfilm、S483リール、S1、1、1、0−18、517−8頁。
④ 同上Microfilm、388−408頁。

た。これに対し中国の『民国日報』は「措詞荒謬」であると評
論し、日本側が二十一ヵ条即ち一九一五年の条約に触れたこと
に対し憤激の意を表した①。南京政府外交部はこの公文書の主
な内容を鍾毓外交特派員に通告し、朝鮮人農民の該地方からの
退去を再度指示した。

　日本の公文書を受け取った南京側は、それに対する対応と今
後の交渉方針を決定するために、九月八日国民党中央政治会議
は万宝山問題を研究し②、九日王外交部長もこの会議で万宝山
問題交渉に関する報告をした。日本の八月二十六日の公文書に
対する措置として、中央政治会議の外交組がまず日本の公文書
を綿密に検討して、それに対する原則を制定し、この原則にも
とづいて、外交部が再抗議書を起草した③。南京政府外交部は
九月十五日日本公使館に第二次の抗議書を提出した。その主な
内容は次のようであった④。

　　一、「貴翰ニ叙述セラレタル所ハ事実ノ真相ト相違スルモ
　　　　ノ頗ル多ク特ニ郝永徳ニ鮮農ト契約ヲ締結スルノ権利ナ
　　　　ク鮮農ニハ更ニ万宝山耕地ヲ占領スルノ権利ナキ点ニ対
　　　　シ注意ヲ払ハレサリシ」

　　二、「鮮農ト郝永徳トノ貸借契約ハ未タ曽テ該県長ノ承認
　　　　ヲ経タルコトナシ」、「郝永徳ト鮮農トノ契約ハ法律上既
　　　　ニ無効ナリ其ノ開墾ニ着手セル農地ハ侵占シタルモノニ
　　　　シテ鑿溝築提等一切ノ行為ハ孰レモ不法ナリ況ンヤ掘鑿
　　　　セラレタル水溝ハ認可ヲ経サル借地以外ニ在リテ多数人
　　　　ノ田地ヲ損壊シ多数人ノ権利ヲ侵害セル」

　　三、「中国警察ニ於テ公安維持ノ為之ヲ阻止シタルハ行政

　　① 上海『国民日報』、1931年9月1日。
　　② 上海『国民日報』、1931年9月9日。
　　③ 上海『国民日報』、1931年9月12日。
　　④ 同上Microfilm、529－38頁。

　　　　権ニ基キ当然ノ職責ヲ適法ニ行使シタルモノニシテ鮮農
　　　　ヲ圧迫シタルモノト謂フヲ得ス」

　四、「宣統元年日清図們江界約（明治四十二年間島ニ関ス
　　　　ル協約）ニ依レハ朝鮮人ハ僅カニ図們江北延吉和竜汪清
　　　　ノ特定区域内ニ於テノミ土地ヲ開墾シ得ルモノナル」、一
　　　　九一五年中日条約は「民国十二年（一九二三年─筆者）
　　　　三月中国政府ノ貴国政府ニ対シ照会セル正式ノ表示ヲ以
　　　　テ最モ明瞭ナリトス」

　五、「該鮮農等ヲシテ速カニ同地ヨリ撤退セシメ其ノ郝永
　　　　徳トノ間ニ契約ノ無効ニ因リ発生セル法律関係ニ至リテ
　　　　ハ当サニ処理ノ方法ヲ講スヘク中国農民ノ受タル損害ハ
　　　　鮮農ニ於テ速ニ補償セシメ以テ解決ニ資セシムル様勧告
　　　　方御転達アラムコトヲ再ヒ請求ス」

　主に契約と法的面から八月二十六日の日本の公文書に反駁し、
中国政府の公正且当然な立場を明らかに表明した。

　外務省とその出先機関は、東北の最高権力者である張学良と
も万宝山問題を交渉した。七月八日、石射総領事は幣原外相に、
「本件急速解決ノ途ハ事情カ許スナラハ張学良ヲ説キ同人ヲシ
テ万宝山ノ問題ハ自分ノ健康回復後必ス鮮農ニ対シテモ満足ス
ル様解決ヲ引受クル旨声明セシメ得レハ其声明ヲ信頼シテ万宝
山ヲ退クノ態度ニ出テ以テ事態ノ緩和ヲ図ルニアリト存ス」[①]
と具申し、その機会を待っていた。張学良も当時入院中であっ
たが、万宝山事件は孤立的な突発事件でなく、中村事件と共に、
日本の満蒙政策と緊密な関係を持っていた事件であったから、
この事件が日本の満蒙政策におよぼす影響を考慮し、十名の委
員より成る東北外交委員会を組織して、万宝山事件と中村事件

---

　　① Microfilm、S483リール、S1、1、1、0−18、173頁。

および諸懸案を解決する意向を日本側に示した。

　八月中旬中村事件が公式に発表された後、日本国内の社会輿論も一層激昂し、軍部の態度も強硬化し、時局は日増しに悪化した。張学良はこの悪化した情勢を緩和するため、八月中旬湯爾和を日本に派遣し、政府と軍部の要人等に相互関係の改善を切望した。湯爾和は八月二十二日幣原外相を訪問し、万宝山問題に触れたが、幣原は「理論ヲ離レ常識ニ基キ本件ヲ看ルニ朝鮮人ノ存在ハ何等中国ノ主権ヲ侵害スルモノニ非ス」①朝鮮人農民が放任された荒蕪地を開墾して水田耕作をするのは中国側にも有利であり、「中国側ハ国家ヨリ見ルモ地主ヨリ見ルモ何等実害ヲ受ケサル次第ナルヲ以テ法律問題ニ拘泥セス常識ヲ以テ取扱ハハ簡単ニ解決シ得ベク思考ス」②といい、国家主権に関連する法律問題を避けて、満蒙における土地商租権問題を解決しようとした。幣原外相は満蒙において特殊的地位をさだめている朝鮮人農民を先兵として商租権問題を解決するために、特に東北当局の朝鮮人農民に対する態度を重視し、湯爾和に鮮農を追放する秘令を出したか否かを質問した。この件に付き、湯爾和は張学良に送電したが、張学良は九月一日「直ニ東三省全体ノ地方官憲ニ訓令シ日鮮人ヲ親切ニ取扱ヒ綿密ニ保護スヘキコトヲ命シタリ」③と返事をした。幣原外相は又七月十六日に提出した万宝山問題に関する臨時処置の四項目を湯爾和にいい、張学良にその趣旨を伝える様依頼した。九月十六日、北平の矢野参事官は張学良を訪問し、臨時処置に対する学良の意見を尋ねたが、張学良は「右趣旨ニハ賛成ニテ……南京政府トモ相談ノ上適当ノ辨法ヲ考案中ナリ例ヘハ日支間ニハ数百件ノ懸案モ

① Microfilm、S483リール、S1、1、1、0—18、514頁。
② Microfilm、S483リール、S1、1、1、0—18、514頁。
③ 同上Microfilm、514—5頁。

アルニ付同案中ノ日支委員会ハ他ノ問題ヲモ考慮スル権限ヲ与
フル事トスル如キモ一案ナリ」[①]と答え、万宝山問題を単独に
解決するのでなく、他の懸案と共に解決する方針を取った。同
日、湯爾和も北平の公使館員に「張副司令ハ日本側ノ在満鮮人
問題処理臨時辦法ニモ顧ミ満洲ニ於ケル日支間懸案三百余件ヲ
整理シ之ヲ政治的ニ解決シタキ意響ニテ之カ研究ノタメ南京
代表ヲモ加ヘタル一ツノ委員会ヲ組織スルコトトナル見込ナ
ル」[②]と伝へた。張学良も緊張した中日関係を緩和するために、
日本に対し宥和的態度を取った。

　以上で述べたように、外務省とその出先機関は吉林と南京で
外交交渉をしながらも、交渉の裏ではどんどんと既成事実を作
り、中国側の黙認を要求した。林総領事は「我方は既成事実と
して事実上本件を終了解決せるものと見做すこととし……表面
未解決の中に実際上既成事実を作り一段落を見た」[③]と当時の
ことを回想している。これは関東軍と警察の力を背景とした実
力外交であり、公理にもとづくものではなかった。

　中国側も外交交渉をすると同時に全力で対応しなければなら
なかったが、七月一日前後万宝山の農民が警察の支援の下で実
力で対応した外に、他の実力行動は取らなかった。実は、万宝
山の農民と当地官憲が一体となって対抗すれば、万宝山におけ
る局部的勝利は可能であったが、中国当局は農民・学生・市民
の反日運動を統制し、双方の衝突を避けようとした。これは蒋
介石と張学良の指示・命令にはっきり現われている。張学良は
万宝山事件発生後の七月八日東北政務委員会に[④]、

　　一、和平手段ニ基ツキ政務委員及吉林省政府責任ヲ以テ之

---

① Microfilm、S483リール、S1、1、1、0－18、524－5頁。
② 同上Microfilm、526頁。
③ 林久治郎『満洲事変と奉天総領事』、原書房、1978年、107頁。
④ 同上Microfilm、278－9頁。

　カ解決ニ当ルヘシ

二、日本ハ軍事的行動誘起ニ努ムヘク若シ一旦開戦セハ東
　北ノ敗北ハ必定ニシテ日本ハ勝利ノ結果トシテ賠償ヲ要
　求スヘシ故ニ日本側ノ出方如何ニ拘ハラス我方ハ常ニ公
　理ニ拠ツテ之ニ対スヘシ

三、延吉、和竜、琿春、汪清等ノ延辺地方ニ於テハ特ニ注
　意シ再ヒ不祥事件ヲ発生セシムルコト勿レ

四、東北現在ノ状態ニ於テハ日本ニ対シテハ宜シク隠忍自
　重スヘシ若シ日本トノ間ニ戦端ヲ開カハ共産党、広東派
　等ハ必ス紛々トシテ起ツヘク斯テハ収拾スヘカラサル局
　面ノ展開ヲ見ルヘシ

五、若シ中日間ノ開戦ヲ見ハ露支交渉ハ必然停頓シ南北満
　洲ハ容易ナラサル状態ニ陥ルヘシ

と指示した。

　蒋介石も七月十一日張学良に[①]、

　　「今次ノ対日交渉ニハカメテ冷静ナル態度ヲ持シ（一）虚
　　勢ヲ張ラス（二）宣伝ヲ拡大セス（三）排日排貨等ヲ為サ
　　ス（四）游行演説等ノ行動アルヘカラス且事実解決ヲ要ス
　　ル事件ニ付テハ風潮ヲ拡大スヘカラス日本人ハ素ヨリ狡
　　猾陰険ナルカ我国ハ尚之ニ対抗スヘキ時期ニアラス」

と指示した。

　このような指示は東北地方の末端まで貫徹され、中国人の一
挙一動が政府当局に統制された。例えば、吉林省教育庁は八月
二日和竜県政府に、「この事件に対し鎮静な態度で中央と一致行
動を取り、堅忍の決心を以つて外交上の最終的勝利をはかるこ
と重要なり。……この件を宣伝する時に人民の態度に注意をは

---

① Microfilm、S483リール、S1、1、1、0—18、261頁。

らい、日本人に対し絶対に以外の行動を取らざるよう」①にと
指示した。

　では、なぜ日本の侵略行動に対してこのように対応したか。
それは、中国国内の事情とも密接な関係があった。

　一は、国民党と共産党の階級的矛盾である。当時中国共産党
が指導する革命運動は江西省を中心として活潑に展開されてい
た。この革命勢力は中国の新しい民主勢力であり、抗日の主力
軍でもあった。だが、蒋介石は国民党の支配を維持するため、
中国共産党と紅軍の革命根拠地に対する第三次「囲剿」戦を七
月から積極的に展開し、国民政府軍の主力三十万をこの作戦に
動員した。このため、日本との対抗を避けようとした。日本帝
国主義の侵略により日本帝国主義と中国人民の矛盾が激化し、
その矛盾が第一位的矛盾になり、国内における国民党と共産党
との矛盾は第二位の矛盾に変化し、国民党と共産党は国内戦争
を中止し、民族統一戦線を結成して日本帝国主義に対抗すべき
であったが、蒋介石は逆に共産党を主要な敵と見なし、それに
主力軍を集中し、そのため日本の侵略には宥和的政策を取らな
ければならない状態におちいったのである。

　二は、国民党内部の矛盾である。当時汪兆銘等は広東で独立
を宣言し、蒋政権と分裂して広東政府をたて、湖南省の二十八
軍等南部の一部軍閥も広東政府に傾いていた。日本政府は蒋・
汪のこの矛盾を利用して、広東政府の日本人顧問山田を通じて、
汪政権の陳友仁外交部長を日本に招いた。陳友仁は七月二十二
日長崎に到着し、上京した。報道によれば、陳友仁は日本から
五千万円の借款を得て小銃二万挺と十門の大砲を購入しようと
した②。その目的は広東政府の軍事力を強化し、蒋政権に対す

---

①　遼寧省档案館史料。
②　『晨報』、1931年8月2日。

る対抗力を強化しようとした。広東政権のこのような行為は、蒋介石を背後から牽制するようになり、蒋介石もそれにかなりの警戒を向けざるをえなかった。

　三は、軍閥混戦である。関東軍は満洲事変を積極的に準備すると同時に大連にいる石友三と閻錫山を河南と山西省に送りこみ、背後から張学良と蒋介石を牽制した。支那駐屯軍も「友三ハ第三勢力ヲ造リ且果シテ成功スルヤ否ヤ不明ナルモ学良ニ代ラントスル意志ヲ有ス」①と見て、石友三が日本側に対し「現金引換ニテ小銃一万挺若干ノ機関銃及之ニ伴フ弾薬ヲ購入シ度旨及日本トハ如何ナル密約ヲモ結フ可キニ就キ将来援助セラレ度旨」を極秘裡に申込んだのに対し、「可然応酬シ」た②。石友三は七月中旬河南省北部と河北省南部一帯で反旗し、蒋・張に脅威を与えた。蒋・張は七月下旬から南北西面から石軍に対する作戦を開始した。山西省にもどった閻錫山は、別の行動は取らなかったけれども、蒋・張には無言の脅威を与えていた。

　四は、情勢の判断である。当時蒋介石と張学良は日本が満蒙に対する侵略行動を洞察してはいたが、その矛先がソ連の方に行くか、又は中国側に傾くかが不明であった。七月十二日、張学良は蒋介石に、「万宝山事件及鮮人ノ排華風潮ヨリ見レハ日本ハ其大陸政策ヲ開始シテ急遽満蒙侵略ノ意アルハ疑ナク其相手カ中国ナルヤ『ソ』聯邦ナルヤハ尚不明ナルモ苟モ満蒙ノ存亡ニ関スル以上詳細考慮ノ要アリ」③と送電している。又彼等は関東軍が事変を準備する確実な軍事情報も蒐集していなかったのである。これは重要な原因にはならないが、情報判断が政策決定にはかなりの影響を与えているのは当然であった。

---

①『密大日記』、昭和六年第四冊、864－5頁、防衛研究所記録。
②　同上。
③　Microfilm、S 483リール、S 1、1、1、0－18、261－2頁。

四　万宝山事件と満洲事変との関係

　従来、満蒙においては、中国地主・農民と朝鮮人農民との間に土地紛争が屢々発生した。万宝山事件もその紛争の一つにすぎなかったが、この事件が歴史的事件として顕現されたのは、この事件が満洲事変にまで関連・発展したためである。では、万宝山事件と満洲事変とは一体どのような関係があったか。

　一般的通説では、万宝山事件は満洲事変の導火線といっているが、最近には「それは間接的な導火線になり得ても直接的な導火線とは言い得ない」①との見方も出ている。満洲事変と万宝山事件とのつながりを考究することは、満洲事変勃発の原因を解明するために、まことに重要な研究課題である。この課題を研究するには、まず万宝山事件とそれにつながって生じた朝鮮における華僑排斥事件およびその後に生じた上海を中心とする排日・日貨ボイコット運動と満洲事変との関係をも解明しなければならない。

　まず、万宝山事件と朝鮮における華僑排斥事件（以下朝鮮事件と称す）との関係を究明する。七月上旬朝鮮における華僑排斥事件の導火線は「朝鮮日報」の号外である。号外は、「中国官民八百余名と二百同胞衝突負傷　駐在中国警官との交戦急報により　長春日本駐屯軍　出動準備　三姓堡に風雲漸急」、「対峙した日・中官憲一時間余交戦　中国騎馬隊六百名出動　急迫した同胞の安危」、「撤退要求拒絶　機関銃隊増派」、「戦闘準備中」だと万宝山事件を誇大報道した②。この報道を見た朝鮮人は、仁川、鎮南浦、平壌等三十余個所で華僑を迫害した。この事件

① 朴永錫『万宝山事件研究』、第一書房、1981 年、128 頁。
② 同上書、117 頁。

で、華僑は死亡者百二十一名、負傷者三百名、失踪者七十七名、財産損失数百万円の被害を蒙った①。この事件は国際的な事件として、中国はもちろん、他の国々においても反響を呼びおこした。

万宝山事件と朝鮮事件との関係を解明するには、この事実を誇張報道した「朝鮮日報」長春支局長金利三と外務省出先機関との関係を究明する必要がある。天津「大公報」、北京「晨報」、「吉長日報」、「益世報」は、金利三が日本領事館の使嗾を受けて誇張した虚偽的情報を流したと報道している②。金利三は早稲田大学出身者で、七月十五日の「朝鮮日報」に、「朝鮮日報記者の謝罪声明書」を発表した。その内容は、「万宝山の鮮農は不合理なる闘争道具として利用されることを願わない。既に自ら現場からの退去者が多く、残りの鮮農も日本警察の阻止によって自由に退去することが出来なくなり、進退両難の苦境に立っている」、「万宝山事件は日本領事館の使嗾を受け本国に虚偽の報道を送電した為に、延いては両民族が衝突する惨事に至ることになったことを韓中の両民族に謝罪する」意を表明した③。この謝罪声明は在満蒙の朝鮮独立運動者たちの脅威の下に書かれたものであるから、その信憑性には問題があるかも知れないが、金利三が七月十五日吉林市の遠東旅館で吉林総領事館巡捕朴昌厦に暗殺されたことは、総領事館の使嗾で金利三が虚偽的報道を送電させた事実が暴露をされることを恐れていたからであると説明せざるを得ない。中国の「益世報」は、七月十九日に「嗚呼日本帝国の醜行、鮮民の排華を鼓動せるの鉄証、鮮報記者日本領事の使嗾を受け造謡煽動す、事後懺悔して黒幕を暴露し、

① 羅家倫編『革命文献』第三十三輯、664頁。
②『吉長日報』、1931年7月16日。
③ 朴永錫『万宝山事件研究』、第一書房、1981年、135-6頁。

日本警官の為銃殺せらる」と報道し①、鍾毓外交特派員は八月
二十八日南京外交部に②、長春市政籌備処は八月十一日吉林省
政府にこの事実を報告している③。以上の事実と史料は、金利
三が日本領事館の使嗾を受けて、かような誇張的報道をしたこ
とを証明すると思われる。

　では、日本領事館はなぜ金利三にこのような誇張的報道をさ
せたか。これを解明するには、外務省とその出先機関である領
事館が朝鮮事件をどのように利用したかを考究しなければなら
ない。外務省とその出先機関は、まず朝鮮事件を利用して万宝
山問題を解決しようとした。七月六日、中国公使汪栄宝は外務
省を訪れ朝鮮事件に対し日本側が取締をするよう要望したが、
アジア局長谷正之は逆に、「鮮人今回ノ暴行ハ万宝山事件ニ依リ
満洲ニ於ケル同胞カ中国官憲ノ為ニ居住ヲ脅カサレタリトノ印
象ヲ受ケ昂奮ノ余リニ出タル業ト思ハルル処今後中国官憲カ満
洲ニ於テ鮮人ノ居住ヲ脅スコト無キニ至ラサル限リ同地方ニ於
ケル事件ハ直ニ朝鮮内ニ反響シ如何ニ朝鮮官憲ニ於テ取締ヲ行
フモ制止シ切レサルニ至ルヘク……今後鮮人圧迫ノコト無キ様
厳重注意セラレ度キ」④と強要した。幣原外相はこの要求を石
射吉林総領事に伝え、中国側に圧力を加えるよう指示した。石
射は七月八日午後吉林軍の参謀長熙洽と会見し、朝鮮事件の模
様を告げた後に、「事重大ナルニ付原因タル万宝山問題ノ至急解
決ノ必要」⑤を力説し、万宝山問題を解決しなければ朝鮮事件
もおさまらないと警告した。これに対し熙洽は、「万宝山問題ノ

① 天津『益世報』、1931 年 7 月 19 日。
② 羅家倫編『革命文献』第三十三輯、564 頁。
③ 羅家倫編『革命文献』第三十三輯、538 頁。七月十六日付在吉林総領事石射発
幣原外務大臣宛電報は、朴昌厦が金利三を暗殺したことを否定している。Microfilm、
SP86 リール、SP205－4、10152－4 頁。
④ Microfilm、S 483 リール、S 1、1、1、0－18、146－7 頁。
⑤ 同上Microfilm、167 頁。

独断解決ハ責任余リニ重大ニシテ到底省政府限リニテ為スコト
ヲ得ス」①と回答した。

　次に、外務省とその出先機関は両事件を一括して処理しよう
とした。これは両事件の処理に有利であったからである。外務
省は朝鮮事件は万宝山事件に対する報復事件だからといって、
日本側には責任がなく、また幣原外相がいったように、日本は
「本件被害者ニ対シ損害賠償ヲ支払フカ如キハ法理論トシテ根
拠ナキ」②といい、その負うべき責任を万宝山事件を口実にし
て、逆に、万宝山事件を朝鮮事件に利用しようとした。

　では、南京政府はどう対応したか。朝鮮事件発生前において
は、南京政府は万宝山問題を地方的問題として、東北当局が当
地の日本総領事館又は領事館と交渉・処理するようにし、その
交渉には直接参与していなかったが、朝鮮事件後には両事件を
一括して処理しようとした。これは日本側の一括的処理とは異
なり、その因果的関係を認めたというよりも、万宝山事件に対
する「朝鮮日報」の誇大報道が朝鮮人を憤激せしめ、暴動にい
たらしめた原因だと分析し、また問題の重大さに鑑み、南京政府
が直接に交渉するようにした。南京政府外交部は七月七、十六日
と八月二十二日三回に亘り日本公使館に抗議を提出し、八月二十
二日の抗議では、次のような八項目を日本側に要求した③。

　　一、日本公使館は南京政府外交部に、朝鮮総督府は京城の
　　　　中国総領事館に、正式に陳謝すること
　　二、各地の責任官吏に対し直に相当の処分を行ふこと
　　三、煽動及び加害を行へる暴徒は法により厳重逮捕懲罰す
　　　　ること

　　① Microfilm、S 483 リール、S 1、1、1、0－18、170 頁。
　　② Microfilm、S 483リール、S 1、1、1、0－18、190頁。
　　③ 羅家倫編『革命文献』第三十三輯、664－5頁。

四、各関係地在留中国人の生命の被害者に対し賠償を行ふ
　　こと、行方不明者は精査の上生命の被害者と同様賠償を
　　行ふこと

五、負傷者は負傷程度の軽重に依り夫々賠償を行ふこと

六、財産上の損害は双方立会調査の上賠償を行ふこと

七、本件に依り帰国したる在留民にして将来朝鮮に復帰す
　　る場合は特別に便宜を供与すること

八、将来不祥事件の予防に付適切なる保障を与ふること

　だが南京政府は民衆と社会輿論を大胆に動員して日本に対応
しようとはしなかった。重光葵公使も南京政府のこの弱点を発
見し、八月三十一日幣原外相に、「朝鮮事件ニ関スル民国政府ノ
態度ハ日本政府ニ対シテハ飽迄強硬ニ出ツヘキモ民衆運動ハ努
メテ之ヲ仰ヘルニ在リト認メラレ」①と報告し、「民国側ハ交渉
ノ上ニテハ強硬ナル態度ヲ執リ居ルモ外交部長トノ会見ニ際シ
今日迄一度モ本件ニ言及セルコトナク今日ノ七態ニテハ其ノ主
張ヲ飽ク迄貫徹セントスル真意ニハ非サルヤニモ存セラレ結局
公文ノ往復ヲナシ居ル間ニ解決ハ自然ニ長引クコトトナルヘキ
様思ハル」②と予測した。この予測は、南京政府の朝鮮事件に
対する対応の軟弱化を示す一証拠であった。この事実はまた南
京政府は朝鮮事件だけに対応し、その事件を利用して満蒙にお
いて報復的な措置或は新しい事件を惹起しようとしなかったこ
とを説明している。

　では、万宝山、朝鮮両事件と満洲事変とはどのような関係が
あったか。朴永錫の『万宝山事件研究』は、この問題に対し、
「日本帝国主義は万宝山事件を偽り誇張して報道させて、それに
対する報復として朝鮮に於ける中国排斥事件を誘発させ、その

①　Microfilm、Ｓ483リール、Ｓ1、1、1、0−18、476頁。
②　Microfilm、Ｓ483リール、Ｓ1、1、1、0−18、477頁。

影響を更に中国の東北地方に波及させることによって、中国人たちが韓人を追放して軍事的行動を取り得る合法的な口実を摑もうとした」①と論じている。

　では、外務省とその出先機関が、朝鮮における華僑排斥事件がさらに満蒙にその影響を波及させ、満蒙でも朝鮮人排斥事件が起こることを狙っていたのであろうか。朴永錫氏の論理からすれば狙っていたと分析しうるが、現有の文書から見れば、外務省とその出先機関は、逆に、朝鮮事件が満蒙に影響をおよぼすことを恐れて、予防的措置を取っていた。七月八日、幣原外相は来省した汪栄宝中国公使に、「中国側ニ於テモ報復運動ノ起ラサル様此上トモ尽力アリ度ク」②と要求した。その後、満蒙の一部の地方で小規摸な朝鮮人農民立退事件が発生した時にも、幣原外相は「我方ノ重大ナル関心ヲ充分警告セラレ至急地方官憲ニ対シ鮮農ノ駆逐ヲ中止セシムル様厳重戒飭方要求セラルルト共ニ事件ニ対スル善後交渉ハ之ヲ将来ニ留保スヘキ旨強ク申入レ置カレ度」③と訓令した。吉林総領事石射も七月七日吉林軍参謀長熙洽に、「若シ支那側ニ於テ報復運動ヲ為スカ如キコトアリテハ愈重大化スルニ付斯ル運動ハ充分取締ラレタシ」④と強要し、熙洽は「朝鮮ノ事態ニ鑑ミ右ノ如キ運動ハ絶対ニ起ラサルヘシトハ断言出来サルモ若シ斯ノ如キ運動アルトキハ極力取締ルコトトスヘシ」⑤と回答した。石射はこれに満足せず、熙洽に「運動発生後ノミナラズ運動ノ発生セサル様取締ラレタシ」⑥と再強要した。熙洽も「勿論其方針ナリ」⑦と答えた。

① 朴永錫『万宝山事件研究』、第一書房、1981年、127頁。
② 同上Microfilm、189頁。
③ 同上Microfilm、355－6頁。
④ 同上Microfilm、169頁。
⑤ 同上。
⑥ 同上。
⑦ 同上。

　外務省とその出先機関がかように満蒙で朝鮮人排斥事件が発生するのを恐れたのは、むしろ朝鮮人に対する保護というよりも、それにより日本の満蒙における権益がおびやかされることを警戒していたからであった。幣原外相が満蒙における朝鮮人排斥事件を防止しようとした他の一理由は、若し第二次の万宝山事件が発生したら、その事件が又「鮮内ノ民心ヲ刺戟シテ第二第三ノ朝鮮事件ヲ惹起スルノ虞アル」①からであった。朝鮮事件は万宝山問題の解決には得になる一面もあったが、その事件が国際輿論と中国の反日運動に与えた影響はかなり大きかったから、幣原外相もこう考えざるを得なくなった。

　朝鮮事件発生後、中国の各新聞は最大問題としてこの事件を報道し、中国人民の民族的感情を刺激して、広汎な層が参加した反日運動を引き起した。この運動は上海を中心に、日貨ボイコットの形式で展開された。上海では、七月十三日市商会、労働組合、各大衆団体からなる反日援僑会が成立し、朝鮮の華僑を援助する資金募集と同時に、日貨ボイコット運動を展開した。該会は十七日「排日貨方案大綱」と「日貨抵制辦法大綱」等を制定し、二十九日には「日貨処理辦法」を決定し、日貨検査所を設定して、実力で日貨を押収した。七月二十八日まで四十二件八百八十九個の日貨が押収された。天津では、七月十五日対日外交後援会を組織し、二十七日市商人自動対日経済絶交委員会を成立させた。長沙では、七月二十七日湖南人民対日外交後援会を組織した。他の地方でも各種の反日会と団体が結成され、「永久経済断交」の声は各地で盛り上がった。

　このように、朝鮮事件に対する中国人民の闘争の矛先は、在満蒙の朝鮮人に向けられたのではなく、日本に向けられた。こ

---

① Microfilm、S 483リール、S 1、1、1、0−18、355頁。

れは、南京政府、中国民衆団体とマスコミに朝鮮事件に対する正しい理解があったからである。例えば、中国国民党吉林省党務委員会の「万・朝両事件に関し民衆に告」は、万宝山と朝鮮事件の原因は不平等条約にあり、「民衆一致立ち上がって主動的に不平等条約を廃棄し」、我々同胞は「『世界の弱小民族を聯合して共同奮闘する』とのスローガンを唱えているから、清白忠実な朝鮮人に対する認識を一層明らかにし、確実に聯合して、統一的な戦線に立って、永遠の友誼を堅実に維持すると同時に、一致努力して共同の敵を打倒しなければならない」[1]と吉林省内の中国民衆に呼びかけた。

　上海を中心とした日貨ボイコットは、日本の経済侵略に直接的な打撃を与えた。日本はこのボイコットの弾圧にのりだした。七月二十日、幣原外相は重光葵代理公使に、上海市長張群と外交部長王正廷に「排日運動ノ切実ナル取締ヲ要求セラレタシ」[2]と訓令した。七月二十二日、重光は王部長に、上海総領事村井は張群市長に排日運動取締方申入れた。

　南京政府は、民衆の反日運動と日貨ボイコツトに対し、表面的には公然と支持を与えていないが、内部的には支持していた。これは民衆の反日運動が南京政府の万宝山・朝鮮両事件の交渉に有利な側面を持っていたからである。

　日本側は万宝山・朝鮮事件を一括して処理し、朝鮮事件を万宝山問題の解決に利用したのに対し、南京側は朝鮮事件と日貨ボイコット運動を連関させて、日貨ボイコット運動を万宝山と朝鮮両事件の解決に利用しようとした。万宝山問題は日本と中国間の不平等問題に基因することであるから、南京政府はこの機会に租界、治外法権等の不平等条約の改正にも利用しようと

----

① 遼寧省档案館史料。
② Microfilm、S6リール、S 11107、535頁。

した。七月十一日、王部長は重光代理公使と接見し、不平等条約改正の件を提出し、日本側がこの問題に対し「大体消極的ノコトニテ未ダ積極的表示ナキコトハ遺憾ナリ」①と述べた。これに対し重光は「上海方面ニ於ケル排日計画ト日民両国政府間ノ各種交渉ハ理論的ニ無関係ノコト」②だと主張し、日貨ボイコット運動が万宝山問題を含む日中交渉に与える圧力を解除しようとした。

　七月下旬、上海の日貨ボイコット運動は一層盛り上がり、実力による日貨押収事件が屢々発生した。海軍は、軍の実力で中国人民の日貨ボイコット運動を弾圧しようとした。八月三日、第一遣外艦隊司令官塩沢幸一は海軍の実力行使の五つの方案を提出した③。これに対し村井上海総領事は、「当地方ノ排貨風潮現在以上悪化ノ傾向アルニ於テハ将来我方トシテ実力行使ニヨリ直接防衛ノ態度ニ出テサル可ラサル場合発生スルニ至ルヤモ知レサレ共目下ノ所中国官憲カ取締ヲ言明シ居ル際ナルニモ顧ミ未ダ其時期ニ非ス」④と認め、八月五日この意見を幣原外相に上申した。幣原外相もこの上申に同感し、八月十五日重光公使に、「支那官憲ノ日貨抑留等ニ対スル取締徹底セサルニモ顧ミ場合ニ依リ我海軍力ヲ以テ実力ニ依ル自衛措置ニ出ツルコトハ我方カ日貨排斥運動ニ対シ強硬ナル態度ヲ持スルコトヲ示シ以テ支那側ノ取締励行方ヲ刺戟スル上ニモ一方法ト思考スルモ右実力措置ハ緩急機宜ニ適シ不必要ニ事端ヲ醸スカ如キコトアルヘカラサルハ勿論ノ義ニシテ殊ニ海軍力使用ノ際ニハ外務海軍間ニ予メ充分ニ打合セヲサシ苟モ支那側ヲシテ乗スル余地ナカ

---

① Microfilm、S6リール、S11107、615頁。
② 同上Microfilm、615-616頁。
③ Microfilm、S471リール、S1、1、1、0-7、1427-9頁。
④ 同上Microfilm、1426頁。

ラシムルヲ要ス」①と指示した。これは海軍の実力行使の可能性と目前行使必要なしとの二重性の意見であり、必要の場合には協議の上行使することをも承認することが出来ることを示すものであった。八月十五日、上海の日本海軍は二十五名の陸戦隊を出動させ、押収された日貨を実力で奪回し、四名の日貨検査員を軍艦に抑留し、銃を以て殴打した。これは上海の日本商人の要求に応じた行為であった。同時に上海の日本商工会議所は公然と海軍の実力介入を希望した。

　この事件に対し、上海市長張群は十四日村井総領事に、この事件は「国際公法ニ背キ中国ノ主権ヲ蔑視スルモノナリ……之等不法行為ノ為事件ヲ激発セシムルニ於テハ何人カ其責ヲ負フヘキヤ茲ニ厳重ナル抗議ヲ提出シ兵士ノ処罰被害中国人ニ対スル賠償今後ノ保障並遺憾ノ意ヲ表示スルコトヲ要求ス」②と抗議した。上海商会は十五日「日本側今回ノ暴挙ハ中国ノ自主独立権ヲ認メサル証拠ナリ若シ然ラストセハ何故ニ外交手続ニ依ラス武力ニ訴ヘシカ」③と抗議し、上海『時事新報』は「領事裁判権却テ拡大セシヤ」④との社説を発表し、社会輿論を喚起させた。

　中国側のかような抗議と反対に対し、村井総領事は「今回ノ事件ニ関スル海軍側ノ行動ハ少クトモ支那側官憲ニ対シテハ相当効果アリ」⑤といいながらも、中国側の強硬な行動を恐れ、「万一遣リ過クルトキハ意外ノ反動ヲ生スル虞アル」から「海軍側トシテモ暫ク相当手加減ヲ加ヘラレタキ」⑥旨を海軍側に申入

---

① Microfilm、Ｓ471リール、Ｓ1、1、1、0－7、1650－1頁。
② Microfilm、Ｓ471リール、Ｓ1、1、1、0－7、1667－8頁。
③ 同上Microfilm、1767頁。
④ 『時事新報』、1931年8月16日。
⑤ Microfilm、Ｓ471リール、Ｓ1、1、1、0－7、1676頁。
⑥ 同上。

れた。海軍省も実力行使は時期尚早と判断し、軍務局長は第一
遣外艦隊司令官に①、

　　一、命令発布前協議ニ与ラザリシコト

　　二、支那官憲ガ取締ヲ言明シ居リ且排日風潮ノ現状ニ鑑ミ
　　　　未ダ実力防衛ノ時機ニアラズト認ムルコト

　　三、被害者ヨリノ直訴ニ依ル直接行動ハ面白カラサルコト

と指令した。こうして海軍の実力行使は一時中止された。

　以上の事実は、万宝山、朝鮮両事件が中国に与えた影響とし
て生じた日貨ボイコットが、小規模な実力行使にまで発展し、
上海における武力衝突の可能性が増加したことを示す。だが、
それが事変を挑発する口実にはならず、満洲事変にまで直接つ
ながって行かなかったことを物語る。

　では、万宝山事件→朝鮮事件→日貨ボイコットは、連続的事
件として発生したが、最終的に満洲事変の勃発にどのような影
響をおよぼしていたか。この三つの事件は関東軍の満洲事変挑
発の謀略と直接的関係を持たないように見えるが、実は、この
事件による社会輿論の喚起は、関東軍と陸軍中央の一部将校ら
の事変挑発に拍車をかけ、事変を挑発する社会的基盤を作り上
げた。事変挑発は、単なる軍事的行動でなく、それに伴う社会
輿論と民衆がこれに応じて来るかの問題がある。社会輿論と民
衆の多数が事変の勃発、発展に所謂支持を与えなければ、事変
を遂行することは出来ない。万宝山・朝鮮両事件と日貨ボイコッ
ト運動はまずこのことに利用され、事変挑発において重要な役
割を果したといえる。

　満蒙においては、「満洲青年聯盟」と各地の日本人商工会議所
が先頭に立って社会輿論の喚起に狂奔した。満洲青年聯盟は万

---

　① Microfilm、S 471リール、S 1、1、1、0－7、1685頁。

宝山問題に対し田代領事、武並警察署長、中川旅団長宛に「帝国の権益正に覆轍の危機に瀕す聯盟五千の同志は此の際貴官の断然たる御処置を望む」と鞭撻し、各支部には「万宝山事件に対し、長春領事外当局に聯盟支部の名に於て声援の電報を発せられたし」と指示して、各地において輿論喚起の演説会を催した①。六月十三日聯盟主催の大連歌舞伎座における演説会は「殺気漲るの盛況で国民の意気を示して余りあるものであった」②と聯盟史は述べている。聯盟は万宝山事件を通じ「国論喚起の必要を感じ、七月十三日、第一回母国遊説の壮途を決行したのであるが、特に小沢氏をして万宝山事件を中心に東北軍憲の邦人不法圧迫を披瀝したことは大いに効果あらしめた事と信ずる」③と述べ、事変前の杜会輿論喚起におけるその役割を力説した。

　ハルビン日本商業会議所は、七月十一日「此際姑息的解決ハ将来憂慮スヘキ禍根ヲ残スコトトナラン」④とし政府に中国の排日運動を徹底的に弾圧するよう要求した。八月十一日には、日警が万宝山から撤退したことに反対し、「斯ノ如キ不徹底ナル軟弱外交ヲ以テシテハ益々支那側ノ横暴ヲ逞クシメ……我国ニ対スル支那側ノ軽侮観念ヲ益々助長シ各地ニ於ケル排日排日貨ノ気勢更ニ興鋭化スルヲ免レス前途寒心ニ堪ヘサルナリ此際政府ヲ鞭撻シテ難局ヲ匡救スヘク断乎タル態度ニ出テシムル様機宜ノ御配慮ヲ切望ス」⑤と政府に陳述した。

　日本国内では、政友会と満蒙問題に対し強硬な立場を取っている団体が大会等を開き、社会輿論を喚起して、日本国民の視

---

① 満洲青年聯盟史刊行委員会『満洲青年聯盟史』、原書房、1968年、509頁。
② 同上。
③ 同上書、509－10頁。
④ 遼寧省档案館史料。
⑤ 遼寧省档案館史料。

線を満蒙に集中し、政府を鞭撻した。政友会等は、この輿論の
喚起において主に幣原外交を集中的に非難・攻撃する方法を
取った。それは、幣原外交がこの時期にまだ武力＝事変で満蒙
問題を根本的に解決する段階にまで到達していなかったため、
事変挑発の輿論喚起においては幣原外交が恰好な標的であり、
且つまた政府をも鞭撻する一挙両得のものであったからで
あった。

　東亜振興会は、七月十八日東京の上野公園の自治会館で満蒙
問題国民大会を開き、対外同志会、相愛会、日蒙貿易協会、大
日本精神団の代表及び退役の中将らが満蒙問題に対し煽動的な
講演をした。退役の菊地武夫中将は講演で、「我現政府の外交は
退嬰軟弱を事とし到底当面の満洲問題を解決し得るの見込な
し」①と力説した。主催者側も満蒙問題の難局を打開するため
にこの大会を開催したとして、「現内閣ノ外交ハ常ニ軟弱ニ終始
シ事毎ニ帝国ノ威信ヲ傷ケ自ラ劣等ノ地位ニ退キ」②と決議を
採択して、幣原外交がもう一層強硬な政策で中国側に対応する
よう鞭撻した。

　全日本愛国者共同闘争協議会も七月十日幣原外相に、「我等ハ
此際ニ於テ所謂軟弱外交ヲ徹底的ニ清算シ……敢然タル積極的
態度ニ出ラレンコトヲ全日本国民ノ名ニテ要求スルモノデア
ル」③とのべた。

　野党であった政友会は、七月八日政調特別委員会を開いて万
宝山・朝鮮両事件に関する対策を講究し、この両事件は幣原外
相の軟弱外交によって起こったものだとして、外務省・拓務省
に代表を派遣して抗議し、又松岡洋右等よりなる小委員会を組

① Microfilm、S482リール、S1、1、1、0−17、1145−6頁。
② 同上Microfilm、1144頁。
③ Microfilm、S481リール、S1、1、1、0−17、524頁。

織して、若槻内閣を糾弾する具体的方法を検討した。これは政
友会が民政党と政権を争う政略でもあったが、政友会の社会・
政治的地位からいって、満蒙問題に関する社会輿論の喚起にお
いて重要な役割を果した。政友会はまた総務森恪等よりなる満
蒙調査委員を満蒙に派遣して、満蒙侵略政策を積極的に推進し
たことは、格別に注目すべきものであった。森恪等は出発前に
陸軍と満蒙問題に関し充分な討論をし、七月十六日東京を出発
し、朝鮮経由で満蒙に至り、現地万宝山までいって満蒙問題を
調査した。彼等は関東軍司令官本庄繁、参謀長三宅光治および
板垣征四郎、石原莞爾、土肥原賢二、河本大作等と一連の秘密
会議を開いて満蒙問題解決策を検討し、満鉄の内田康哉総裁と
も意見を交換した。では、森恪はこの調査でどのような結論を
得たのであろうか。森と同行した山浦貫一は「森はこの旅行で
結論を得たかの如くであった。幣原外相は万宝山事件を閣議に
報告して『万宝山事件は一地方的事件に過ぎない』と言ってゐ
るが事実はそんな軽微な性質のものでは絶対になく、満洲を建
て直すか、抛棄するか、朝鮮統治を危ふくするか、完成せしむ
るかの重大ポイントであったのである。然らば如何にすべきか、
ここに森の所謂自然発火による満洲事変は起るべくして起った
のである」①と述べている。

　森一行は帰国後、この調査結果を政友会に報告して党論をま
とめると同時に、各地で満蒙問題に関する国論の喚起に努めた。
森は事変直前の九月九日名古屋公会堂で、八千名の聴衆を前に
日本の満蒙侵略を煽動した。彼は「内地七千万人の天賦の力に
依って生産する其の力を海外にまで普及するにあらざれば、我
が日本の存立をはかることは出来ないのである」②と述べ、そ

　①　山浦貫一『森恪』、原書房、1982年、700頁。
　②　山浦貫一『森恪』、原書房、1982年、1041頁。

の「海外」とは四億人口の中国であり、「この四億の人間がもし
一年一人当り十二円づつ現在よりも余計物を買ひ、消費すると
云ふ場合を考へて見たならば、それが一年四十八億円の新たな
る購買力と相成るのである」①と煽動した。「万宝山事件とは何
ぞ」との問題では、中国官憲が朝鮮人農民を圧迫した事件であ
り、「朝鮮人圧迫日本人圧迫の事件が今満洲に於ては至る所に現
はれてゐる」②とし、植民地主義立場に立って、「我が日本帝国
の存在を考へずに、どうして支那官民の存在を考へることが出
来ますか」③と暴言した。最後に森は、「国民は事実を認識して
奮起しなければならない。然らばこれを如何に展開するか。我々
は一つの手段方法を有って居る。けれども角力は、この取組は
かう云ふ手で敵を倒すといふやうなことを発表致したならば、
角力はとれぬ」④と結論した。その「一つの手段方法」とは事
変の挑発であった。森はこのような講演を貴族院研究会、昭和
倶楽部、東京帝国大学、選挙区等でもおこない、ラジオ放送等
を通じて広く日本社会に訴え、満洲事変挑発の社会輿論と社会
基盤を作るために積極的な役割を果し、関東軍と陸軍中央の一
部将校の事変準備に精神的、輿論的支持を与えた。

　次に注目すべきことは、「満洲青年聯盟」の活動である。同聯
盟は日本の満蒙政策に積極的に協力した青年別動隊であった。
聯盟は調査委員会を設置して、「満蒙問題と其真相」を一万部編
集出版して、満蒙と日本国内の政府、議員、新聞雑誌社、各県
庁、民間団体に配付した。その内容は、一、漢民族が満蒙の地
に領土権を主張し得る歴史的根拠が何処にあるか、二、我国の
既得権益は其の歴史的事実に鑑みて、正当且最少限度の権益で

① 山浦貫一『森恪』、原書房、1982年、1041頁。
② 同上書、1044頁。
③ 同上書、1056頁。
④ 同上書、1063頁。

ある、三、二十一箇条条約は我が権益擁護上の正当なる防衛手段である、四、東三省政府今日の基礎は何国に依って作られたか、五、満蒙の平和は何人に依って維持され満蒙今日の文化は何人に依って興隆されたか、六、蹂躙せられたる我が既得権益、七、支那側の暴戻圧迫と闘ふ在満邦人、八、我権益を根底より覆さむとする支那の新政策、九、満蒙を抛棄すべき乎、等であり、日本の満蒙侵略の歴史を系統的に述べた上で、満蒙は当然日本の植民地にならなければならないことを現状から力説したものである。七月下旬、聯盟は「満蒙三題」五千部を発行し、日本国内および満蒙各地に配付した。その内容は満蒙問題の重要性、権益を離れた在満邦人、満蒙に於ける現住諸民族の協和等であり、公然と「打倒半封建的東北政権」①を呼びかけた。

　聯盟は七月中旬日本国内に遊説隊を派遣して、国内の対満蒙興論の喚起高揚に努めた。遊説隊は若槻首相、幣原外相、犬養政友会総裁、南陸相、建川美次情報部長等を訪問し、満蒙問題の即時解決を訴えた。彼らは七月二十五日建川部長を訪問し、「現在日本の興論に鑑み満蒙政策は主張の時に非ずして国是に則り断乎たる決心をなすの外なき」②ど述べ、軍部の決意を促した。これに対し建川は、「軍部は既に最後の決心と用意あり寧ろ冷やかなる興論の沸騰に努め晏如なる関係当局に向って極力説き進められ速に絶好のチャンスを打開されんことを希望する」③と彼らを激励した。建川は関東軍を支持する陸軍中央の将校であった。彼らが対満蒙興論の喚起高潮に努めるその重要性を明らかに知っていたから、彼はこのような激励をしたと思われる。遊説隊は東京で満鮮問題国民大会、市民有志大会、鮮

---

① 満洲青年聯盟史刊行委員会『満洲青年聯盟史』、原書房、1968年、466頁。
② 満洲青年聯盟史刊行委員会『満洲青年聯盟史』、原書房、1968年、483頁。
③ 同上。

満問題大会、満蒙問題大会および研究会等で万宝山問題等を含む満蒙問題を宣伝し、大阪、下関、福岡でも同様な活動をした。当時、大阪、神戸の財界は上海を中心とした日貨ボイコット運動の影響を直接的に受けるから、「満蒙問題が矢釜しく論議される事は排日貨運動を誘発し大阪の商工業質易は立行かぬことになるから寧ろ満蒙問題を放棄して禍の南支に波及せぬ様」①と希望し、遊説隊に冷淡であった。だが、彼らの遊説により共鳴者が続出した。このことに対し、遊説隊の一員であった高塚源一は復命報告で、「吾々代表は先づ、大阪へ行って烽火の第一発を放ちました。僅かに、マッチの一本を以ってつけた位のものでありましたが、完全につきました。それから母国に延焼して今や燎原の火は燃えつつあります」②と述べた。遊説隊は「最後の決策として輿論の喚起に依って鞏固なる背景を作り実相を期さしめねばならないといふ」③方針の下に、国内の津々浦々まで満蒙問題を宣伝するために第二、第三回の遊説隊を派遣する決議を採択した。

　この遊説隊の影響により、日本国内に満蒙問題輿論喚起運動が起り、九月十日には東京の青山会館において対外同志会、満蒙問題国民同盟等の八つのいわゆる満蒙団体が満蒙問題聯合大会を開いた。その大会の決議文では、「商租権ハ大正四年五月締結セラレタル日支条約第二条ノ明示スル所ナリ、故ニ速ニ其実現ヲ期スルコト」、「捕縛拘禁セラレアル鮮人ヲ直ニ日本官憲ニ引渡シ、且ツ在満鮮人ノ安住及耕作ヲ保証セシムルコト、若シ要求ニ応セザルトキハ日本政府ニ於テ自由ノ行動ヲ執ルコト」、「排日貨ノ取締リニ関シ、支那政府ヲシテ責任ヲ負ハシムルコト

---

① 満洲青年聯盟史刊行委員会『満洲青年聯盟史』、原書房、1968年、493頁。
② 同上書、500頁。
③ 同上。

若シ要求ニ応セザル場合ハ日本政府ニ於テ自由ノ行動ヲ執ルコト」^①等を表明し、この要求を社会輿論に訴えた。

以上は典型的な例を挙げたにすぎないが、これらの活動は万宝山、朝鮮両事件と日貨ボイコット運動を利用して日本国内の輿論を刺激し、対満蒙政策の積極的推進に拍車をかけ、実力発動をも辞さぬという方向に民衆と輿論及び政府を導びこうとした。

当時、日本国内には、万宝山・朝鮮両事件の本質を暴露し、日本帝国主義の侵略と戦争政策に対抗する勢力と輿論もあった。全協に属する日本金属労働組合は、「日本帝国主義の野望と戦へ」との謄写版の宣伝ビラを散布し、朝鮮の労農大衆を抑圧するものは断じて支那民衆にあらず日本帝国主義者だ！日本帝国主義者こそが朝鮮支那の労働勤労大衆の元兇なんだ……こんどの万宝山事件の如きは日本帝国主義のかかる侵略政策への反抗を示したものに外ならぬ……日本帝国主義と決定的に戦ひうるものは我々労動者だ」^②と指摘した。これは日本国民の正義の声であったが、当局の弾圧によりその影響を伸張することが出来ず、局部的な範囲に限られて、社会輿論の主流を阻むことが出来なかった。

万宝山事件・朝鮮事件・日貨ボイコット運動とその後の中村事件を利用して対満蒙輿論喚起工作に従事した御用団体の活動は、関東軍の柳条湖鉄道爆破準備と並行して行なわれ、事変が勃発すると、社会輿論と民衆の大多数は事変を支持した。またこのような支持は、事変後の幣原外交の転換に圧力と拍車をかけた。

以上で、万宝山事件→朝鮮事件→日貨ボイコット運動の相互

---

① 満洲青年聯盟史刊行委員会『満洲青年聯盟史』、原書房、1968年、502－3頁。

② Microfilm、S482リール、S1、1、1、0－17、1052－3頁。

関係とそれらの事件と運動が満洲事変に与えた影響を分析したが、では万宝山問題そのものは満洲事変と一体どういう関係を持っているか。

　満洲事変は日清・日露・第一次大戦・太平洋戦争と異なり、特別な形態で勃発した戦争である。他の戦争のように、戦争の前に閣議や四相または五相会議・御前会議を通じ、外務・軍部・大蔵等各方面の調整を十分におこなわずに、陸軍中央の一部の将校の慫慂の下で、関東軍が戦争のイニシアチブをとり引き起した戦争であった。関東軍は六月末から柳条湖鉄道爆破を計画し、謀略的手段で事変を挑発しようとした。外務省とその出先機関は謀略に参与していなかったが、関東軍が満蒙で戦争を準備していることは事前に知っていた。六月下旬上京した林奉天総領事は、七月一日幣原外相に、「最近各方面より得たる情報により、軍部が何等か満洲地方において積極的行動を計画し居る疑いがある」[1]と報告した。だが、柳条湖鉄道爆破の謀略は知っていなかったと思う。鉄道爆破謀略と万宝山問題交渉は並行して行っているが、関東軍が中村事件に対する直接的介入のように、万宝山問題を事変挑発の口実に利用しようとした事実はまだ見つかっていない。また、外務省も万宝山問題を利用して満蒙問題を根本的に解決しようとした企図もなかったと思う。これは万宝山問題の交渉と関東軍の謀略に並行して同時に行われ、両者の間には直接的なつながりがなかったことを説明する。

　だが、林総領事は、満蒙における三百余件の懸案とそれに伴う両国間の矛盾の激化により、「満洲における日支の衝突は近く避くべからざる形勢にある」[2]と推測している。この点において林は、関東軍と共通の考えを持っていたと思う。だが、問題

---

① 林久治郎『満洲事変と奉天総領事』、原書房、1978年、104頁。
② 同上書、103頁。

は林総領事がいったように、「之を各方面より見て、我国に有利に発生せしむることが必要」①であった。林は、「若し不注意に無鉄砲なる行動を以てする場合には、国際輿論の反対を受くるに至る虞がある」②と幣原外相に上申し、「本回の計画（事変挑発の計画―筆者）はかなりの組織的なるもののごとく、先年のクロス事件に比し、更に多大なる結果をもたらすものなるを虞れる」③と述べた。では、林総領事の虞はどこにあったか。林総領事は幣原外相に、「南満洲は固より我勢力範囲ではあるけれど、日露戦争後種々の機会において英米両国との関係を生じ、特に米国は我が行動の監視に虎視耽々たるものがある。端的に云えば、満洲問題は単に支那対手に解決し得るものでなく、寧ろ米国を対象として対策を講じなければならない」④と上申し、英米とワシントン体制下の協調問題をかなりに重視していた。幣原外相も同様な見解を持っていたと思われる。幣原外相は七月二十日満洲青年聯盟の遊説隊との会見の時に、彼らに「由来日本人の多数は満蒙問題に対する観念は日露戦争前の考へを以て当局に叫び掛くるも支那人特に要路の大官は世界大戦後の新しき観念を以て条約の更新を主張されるので日本人と支那人とはその根本的思想に於いて非常なる開きがある、外交々渉上各般の支障もこれより大体出発してゐる、日支交渉の困難なる事情も茲にある。一例をいふならば支那人の多くはウヰルソン大統領の十四箇条約の如き全部知ってゐる、日本人中には斯かる事を知り、居るものは幾人あるか、諸君も只だ徒らに新聞の報道や一部の人の悪宣伝に迷はされぬやう」⑤と述べ、列強特に

---

① 林久治郎『満洲事変と奉天総領事』、原書房、1978年、103頁。
② 同上。
③ 同上書、104頁。
④ 同上書、103頁。
⑤ 満洲青年聯盟史刊行委員会『満洲青年聯盟史』、原書房、1968年、480頁。

米国との協調の重要性を彼等に暗示した。このように、幣原外相と林総領事は万宝山問題を処理する点において列強特に米国との関係を考慮し、万宝山衝突事件発生後に石射吉林総領事と田代長春領事宛の電報で、「我方トシテモ勢ヒ自衛手段ニ出ツルノ外無キニ至ル」[1]等の言葉を使ってはいるが、「不必要ニ事態ヲ拡大又ハ悪化セシメサル様大局上特ニ慎重ニ御措置アリタシ」[2]と指示した。

　以上の事実から、外務省とその出先機関は満蒙における日中間の衝突は避けられないと予測しながらも、万宝山問題を利用して衝突または事変を挑発しようとする計画はなかったいえる。これは当時関東軍と陸軍中央の一部の将校等との相違点であった。

　だが、この相違の中にも共通の一面があったことを強調する必要がある。その共通点とは満蒙における日本権益の確保と拡大である。幣原外相は「満洲青年聯盟」の遊説隊員に対し、「満蒙に於ける条約の既得権益は飽くまで確保する」[3]と保証し、七月八日在中国の総領事・領事に、万宝山問題処理の基本方針として「在満鮮人問題ニ付我方ノ希望スル所ハ彼等カ現地ニ安住シテ放任サレタル土地ノ水田化ヲ計ル等……所謂共存共栄ヲ期スルノ外他意無ク万宝山事件モ此ノ方針ヲ以テ解決ニ努メ来レル次第」[4]だと指示した。この朝鮮人の万宝山における「安住」は、その耕作権を認めさせることであり、それは又土地商租権を認めさせることになり、これが又日本人の土地商租権にもつながるから、この方針は満蒙における日本の土地商租権を獲得しようとしたものであった。これはいわゆる「共存共栄」

---

[1]　Microfilm、Ｓ483リール、Ｓ1、1、1、0−18、129頁。
[2]　同上Microfilm、131頁。
[3]　満洲青年聯盟史刊行委員会『満洲青年聯盟史』、原書房、1968年、480頁。
[4]　Microfilm、Ｓ483リール、Ｓ1、1、1、0−18、191頁。

の美名の下での経済的侵略である。当時関東軍・軍部の最低要求も満蒙の既得権益の確保と新権益の拡大であった。だから、外務省とその出先機関の要求は軍部の最低要求とは一致していたといえる。だが、最高目的においては、両者の間に相違があった。関東軍と陸軍中央の一部将校は満蒙問題を根本的に解決しようとして事変を挑発し、かいらい満洲国をたてて、それを日本の完全な植民地にしようとしたが、外務省とその出先機関は万宝山問題を突破口に、土地商租権問題を集中的に解決しようとした。これは根本的解決ではなく、局部的解決である。両者のこの相違点は認めざるを得ない。

　次は、実力行使の問題である。関東軍と陸軍中央の一部将校は事変による武力で解決しようとしたことに対し、外務省とその出先機関は警察の実力で万宝山問題を解決しようとした。軍の武力と警察の実力とはその共通的一面はあるが、その規模、性格においては大きな相違が存在するのを認める必要がある。

　万宝山問題と満洲事変に関する外務省とその出先機関と関東軍・陸軍中央の一部将校とは、上記のような共通点がありながらもまた相違点が存在したが、万宝山問題の最終的解決においては両者は完全に一致した。これは満洲事変によって万宝山問題も解決され、又土地商租権とそれ以上の土地掠奪権を「満洲国」の成立により獲得したからである。万宝山問題に関する外交々渉は警察の実力の保障により進められたが、事変勃発前まで中国側の正式承認を獲得することが出来ず、既成事実を作ることによって一段落を見たが、徹底的な解決には至らなかった。満洲事変により、軍は満蒙でかいらい政権をたて、元長春県県長馬仲援は免職され、汝祺が長春県のかいらい県長に任命された。新県長は十一月二日田代領事を訪問し、売国奴郝永徳を釈放し、「万宝山鮮農ニ対スル保護並ニ同地設備現状維持ニ関シテ

モ吉林ニ於ケル諒解ニ基キ充分ノ手配ヲ為ス」[1]べき旨を言明した。十月四日、県長は「今日に至り、時局も変更し、重大なこの事件もこれに伴なって転向しなければならない」[2]として、郝永徳を病気の治療の名目で釈放するように指示した。長春県清郷局長は十月十日「保外治療」として、郝を釈放した[3]。

　元吉林軍の参謀長熙洽は、九月二十一日関東軍が吉林を占領した後、日本側と結託して吉林省かいらい政権の省長になり、十一月七日南京政府外交部の外交特派員鍾毓を免職し、謝介石（後にかいらい満洲国の外交部総長になる）を交渉署々長に任命し、日本との交渉を担当させた[4]。かいらい政権の成立により、万宝山問題解決の障害は完全になくなり、日本はこの政権を通じて、日本の意見通りに万宝山問題を解決することが出来るようになった。林総領事は十一月十三日幣原外相に「今次事変ノ発生ノ結果支那官憲ノ干渉圧迫存セサルニ至リシ為少クトモ差当リ自然消滅トナレリト言フヘシ従テ現在処理スヘキ問題トシテハ前者即チ地主対小作人ノ契約関係調整ノ一事アルノミナル」[5]と報告した。熙洽もこの意見通りに、「今日チナリテハ最早大シタ問題ニアラサルニ付鮮農ノ耕地ニ対シ省政府ニ於テハ別段異議ナカルヘシ就テハ現状ノママニテ（水溝及堰止ニヨル耕作）鮮農及地主間ニ於テ適当解決セシムルコトトシ度シ」[6]と石射吉林総領事に述べた。

　最後に万宝山問題を具体的に解決するために、かいらい当局は翌年の一月下旬田代領事に現地に対する双方の調査を提案し、

---

① Microfilm、S483リール、S1、1、1、0－18、540頁。
② 遼寧省档案館史料。
③ 遼寧省档案館史料。
④ Microfilm、S483リール、S1、1、1、0－18、546頁。
⑤ 同上Microfilm、555頁。
⑥ 同上Microfilm、552頁。

二月十五、十六日双方は所謂共同実地調査を行った。その結果は①、

　一、「河船航運ハ……顧慮ノ要ナキコト」

　二、「堰止ニ依ル附近畑地ノ浸水ハ僅ニ半天地ニ止マル……
　　　水害ノ惧ナカルヘキコト」

　三、「用水路排水路用地ハ面積ニ応シ地貸ヲ支払フ」

　四、「鮮人ニ水田用地貸与ノ可否ハ支那官庁ノ意思ニ依ル
　　　モノニシテ各地主部落民ニハ反対ナシ」

とし、朝鮮人農民の土地商租を承認し、日本人も同様に「満洲」における土地商租権を完全に獲得し、万宝山問題と満蒙における土地掠奪の問題は満洲事変により完全に解決された。

　この事実を法的に規定するために、一九三六年六月十日日本はかいらい満洲国と「満洲国ニ於ケル日本臣民ノ居住及満洲国ノ課税等ニ関スル日本国満洲国間条約」を締結し、「日本国臣民ハ満洲国ノ領域内ニ於テ自由ニ居住往来シ農業、商工業其ノ他公私各種ノ業務及職務ニ従事スルコトヲ得ヘク且土地ニ関スル一切ノ権利ヲ享有ス」②と規定した。こうして、土地を商租することでなく、随意に略奪するようになった。

　いわゆる万宝山事件は、朝鮮人農民と万宝山地域の中国地主、農民との土地紛争の形式で勃発した事件であったが、実は、日本の満蒙における土地商租権獲得と中国政府、当地地主・農民が日本のこの経済的侵略に反対することによって生じた衝突であり、その性格は土地商租権の問題で、朝鮮人農民が日本側に利用され、両側の衝突に板挟みになった事件である。

---

① Microfilm、S483リール、S1、1、1、0－18、561－2頁。
② 外務省編『日本外交年表並主要文書』下、原書房、1976年、341頁。

　日本外務省とその出先機関は、日本警察の実力と東北当局との外交交渉を通じて、東北当局に日本人の土地商租権を認めさせようとした。この交渉過程において、長春領事田代と吉林総領事石射は東北当局と現地農民の断乎たる抵抗と反対に直面して一時動揺・退却しようとしたが、幣原外相はねばり強く交渉をすることを数回指示し、土地商租権獲得にきわめて強硬であった。幣原外交の一つの特徴は経済外交である。土地商租権問題は経済問題であり、幣原外交のこの経済的特徴が万宝山問題に対する交渉において赤裸々に現われたと思う。

　現有の史料から見て、関東軍は中村事件のように、万宝山事件に対して手を伸して干渉しようとはしなかったようである。また外務省が関東軍の満洲事変挑発の謀略に参与していないことも、ほぼ確実であると思われる。万宝山事件と満洲事変挑発の謀略は同時に並行的に進行され、両者間には直接的なつながりはなかったと思われる。そしてまた、外務省側と関東軍との対満蒙政策には相違点が存在していた。万宝山事件において、外務省とその出先機関は、この事件を突破口にして土地商租権問題を解決しようとしたが、関東軍は事変を挑発して土地商租権問題をも含む三百余件の懸案をいっさい解決し、かいらい満洲国を建て満蒙問題を根本的に解決しようとした。これは、広義の意味において、日本の満蒙政策に対する二重外交であるが、万宝山事件そのものに対しては二重外交にはならなかったといえよう。それは、関東軍と軍部が万宝山事件に直接干与していなかったからである。だが、外務省とその出先機関及び関東軍が満蒙における日本の植民地的権益を拡大・伸張させることについては共通であった。共通点がありながらも相違があった原因は、外務省側は主として日本の満蒙に対する積極的な政策が列強特に米国との矛盾を悪化することを恐れていたからであっ

た。だが、この要素は、満洲事変勃発・進行過程において外務省の予想以上にその反応が弱かったため、外務省と幣原外相は初期の不拡大方針から徐々に拡大方針に転換していった。

　満洲事変の勃発とその遂行により、東北の旧来の政権は倒れ、かいらい政権が次々と建てられ、万宝山問題もこのために自然に日本の主張通りに解決され、土地商租権問題ばかりでなく、満蒙において自由に中国人の土地を略奪する権利を、一九三六年の条約により獲得した。万宝山問題に関する外交交渉とこれに並行して進行された関東軍の事変挑発の謀略は、満洲事変勃発の段階においてたがいに交差して一致した。この一致は、並行過程において両者間に共通の側面が存在したからであり、また外務省が考慮した列強特に米国の反応が弱かったことにも基因する。

　万宝山事件は関東軍の満洲事変挑発の謀略とは直接的な関係はなかったが、その後に連続して生じた朝鮮事件、中国における反日・日貨ボイコット運動と共に、政友会・満洲青年聯盟等の御用団体により満蒙に関する社会輿論の喚起に利用され、関東軍が事変を挑発する社会的基盤をつくり、日本政府の対満蒙政策転換に圧力と拍車を加えた。これが万宝山事件そのものが満洲事変勃発に与えた直接的な影響と役割であったといえる。

　万宝山事件は、広義の意味においては、満洲事変勃発の一原因であるといえるが、狭義の意味においては、満洲事変の直接的導火線にはなりえなかったし、間接的導火線になったといえよう。

　外交と戦争は、一国の対外政策において車の両輪のようなものである。外交交渉で対外目的を達成することが出来なくなる時には、戦争で解決しようとする。この意味からいって、外交は血を見ない戦争であり、戦争は流血による一種の外交でもあ

る。満洲事変は特異な戦争であり、その戦争の準備過程におい
て外交と軍部の行動は直接につながっていないが、万宝山事件
に対する外交交渉と満洲事変の軍事行動は、その結果からいっ
てやはりこのような関係があったといえよう。

第二章　中村事件に対する日本の
二重外交と張学良の対応

　一軍人が殺害されるその事件そのものは、国際関係史上それ
ほど重要なことではない。だが、中村事件は関東軍と陸軍中央
の一部将校らが満洲事変を計画・準備する過程で発生した事件
であったので特別な問題として重視され、今も歴史の一ページ
を占めている。では中村事件が満洲事変を挑発する過程におい
てどのような地位を占めており、満洲事変にどのような影響を
与えているか。日本政府と軍部はどのような方針でどのように
この事件を解決しようとしたか。本章ではこのような諸問題に
対し、外務省・陸軍中央と関東軍のこの事件に対する対応を比
較しながら、その二重外交を考究すると同時に、この二重外交
に対する張学良の対応と国際的反響をも共に検討することにす
る。

一　中村事件に対する日本の二重外交

　中村事件に対する二重外交を考察する前に、まず中村事件そ
のものは一体なにごとかを明らかにする必要がある。軍部は対
満蒙政策を遂行する過程において、将来ソ連との戦争は避けら
れないとの判断から対満蒙軍事作戦計画の一部分として、常に

対「ソ」作戦を準備・計画していた。この対「ソ」作戦は、シベリア出兵期のようにシベリアに出動して作戦するのでなく、日本が満蒙において戦争を起こした場合、ソ連軍が北満に出動する可能性があるとの判断から、北満特に興安嶺一帯における作戦を準備した。このため、参謀本部と関東軍は大正末期に五つの調査班をこの一帯に派遣して実地調査を行い、一九二八年には公平大尉が泰来付近の調査をし、田中隆吉大尉が海拉爾・阿爾山方面から興安嶺地帯を踏査し、その後関東軍の新妻少佐も興安嶺縦断調査をしたことがある。

　当時、参謀本部と関東軍は、ソ連軍は斉々哈爾、昂々渓方面に主力軍を集中して南下するものと判断し、第一会戦を洮昂線西側、興安嶺東側地区概ね泰来の東西の地帯に予想し、日本側は洮南附近に主力十数コ師団を集中して北進する計画であった。この計画で、参謀本部は有力な一支隊を綽爾河上流地区から興安嶺を斜に縦断して、興安嶺分水嶺附近のイレクテ（伊力克得）方面に進出せしめ、ソ連軍の背後を遮断することを計画していた。このために中村震太郎大尉を満蒙に派遣して、興安嶺を斜に縦断する支隊の兵要地誌調査即ち宿営、給養、給水並に行動難易等に関する実地調査をするようにした。中村大尉のこの調査が満洲事変挑発の謀略と直接的関係があったかどうかはまだ不明であるが、軍部の対満蒙軍事作戦の一構成部分であったことは確実だと思われる。

　中村大尉は五月十日東京を出発し、旅順の関東軍司令部に立寄り、準備をととのえた後、関東軍参謀部調査班の新妻騎兵少佐の斡旋により北上し，興安嶺一帯への軍事調査にとりかかった。中村大尉は井杉延太郎（元曹長）と蒙古人一名、ロシヤ人一名をつれて、六月六日イレクテより南下して七月三日頃洮南に到着する予定であった。中村一行の行動に対し、当地区の官

庁は相当の注意をはらって彼等の行動を監視していた。このこ
とにつき、在満洲里領事館の領事代理豊原幸夫は五月三十一日
幣原外相に、「関東軍派遣新妻少佐参謀本部派遣中村大尉ハ夫々
地質学研究ト称シ海拉爾在留邦人服部某ヲ伴ヒ呼倫貝爾東北部
ニ向ヒタル事実アリ之ヲ探知シタル海拉爾中国官憲及蒙古政庁
ハ此等軍人ノ行動ニ対シ相当注意ヲ払ヒ居ルモノノ如シ」①と
報告した。中村一行は六月二十六日蘇鄂公爺府に到着し、二十
七日当地駐在の屯墾三団の兵士に殺害された（本書 121 ページ
の中村大尉足跡要図参照）。元三団の副団長董昆五少佐の回想に
よれば、中村大尉は興安嶺・呼倫貝爾一帯で軍事的偵察活動を
していたことは確実であった②。日本の軍人がこの地域で軍事
的偵察をするのは当然当時の法律に違反していた。

　外務省の出先機関である在満蒙領事館は事前にこのことを承
知しておりながら、軍部の軍事偵察行動に意識的に協力した。
奉天、ハルピン総領事館は中村大尉に軍事偵察に必要な護照を
提供した。興安嶺・呼倫貝爾一帯は蒙古族居留地区で、大陸浪
人川島浪速等が軍部と結託して満蒙独立運動を展開したことが
あるし、また蒙古族の王らはその土地を担保として日本人から
借款を受けたこともあった。同時にまたこの地区は東北辺防軍
の軍事的要地として、屯墾軍が駐屯しているし、屯墾公司も設
置されていた。故に東北当局はこの地域に対する日本人の立入
を禁じていた。在満領事館は事前にこのことを知っていた。在
チチハルの清水八百一領事は七月三十日幣原外相に「屯墾公司
設立以来同公司ハ勿論奉天官憲ニ於テ日本人ノ洮索線方面ニ入
ルヲ非常ニ警戒シ洮索鉄道ノ如キハ日本人ノ乗車ヲ拒絶シ居ル

---

　　① Checklist of Archives in the Japanese Ministry of Foreign Affairs, Tokyo,
Japan, 1865-1945,Microfilmed for the library of Congress（以下Microfilmと略称）。
S 118リール、S 42602、9－11頁。
　　②『文史資料選輯』第三輯、72－3頁。

趣ナリ又当地交渉員ハ本官ニ対シ奉天ヨリ日本人ノ入蒙（脱）
スル者ナキヤ警戒方度々訓令ニ接スル旨数回内話セルコトア
リ」①と報告し、在鄭家屯領事大和久義郎も林奉天総領事に「中
村大尉ノ遭難区域タル蘇鄂公府ハ……奉天省政府ノ所謂旅行停
止区域ニ属スル趣ナリ」②と報告し、林総領事の注意を喚起し
た。このため、「中村大尉ハ東京出発ニ際シ既ニ哈市、奉天各陸
軍機関ニ依頼シ哈爾賓、奉天総領事を経テ別個ノ護照ヲ受領
シ」③た。奉天総領事館は奉天特務機関の要求により五月五日
護照を発行し、ハルビン総領事館は五月十四に発行した。中村
が二つの護照を携行した原因は、「奉天ノ護照ニハ支那側ノ査証
ニ洮南、洮安方面ヲ旅行停止区域トスル条件ヲ付シアルヲ以テ
別ニ哈爾賓ノ護照ヲ受ケタルモノ」④であった。このことは、
外務省の出先機関が如何に積極的に中村の行動に協力したかを
物語っている。

　両総領事館はこの護照の手続において、中村の軍人の身分を
隠し、その身分を「学校教員」とし、「査証ニ関スル当地交渉員
宛公文ニハ身分ヲ官吏ト記載シ」⑤た。ハルビン総領事館は「支
那側ニ対スル公文及執照免状ニハ其職業ヲ省キ単ニ氏名ヲ記載
セルノミ」⑥であった。これは、中村の軍事探偵の目的が中国
側にもれることを恐れたからであった。

　当時中国社会輿論も護照とその旅行目的を重視し、これが問
題解決の鍵になると主張した。北平の「晨報」は「中村大尉事
件を論ず」との社説で、まず中村一行の護照の問題を調査し、

---

① Microfilm、S 118リール、S 42602、74頁。
② Microfilm、S 119リール、S 42602、317頁。
③ Microfilm、S 118リール、S 42602、119頁。
④ Microfilm、S 118リール、S 42602、73頁。
⑤ 同上Microfilm、72頁。
⑥ 同上Microfilm、99頁。

「若し彼が教育家でなく、その旅行目的が歴史地理研究の範囲を超えて国防関係を密探するものであれば、中国政府は独立国家の主権を行使し、当然その行動を阻止し、処罰すべきだ」①と主張した。

　故に、外務省とその出先機関は事件発生後にもその身分と旅行の目的がもれることを恐れ、ハルビン総領事大橋忠一は七月二十九日幣原外相に、「内地ニ於ケル参謀部内ノ対満蒙策動ニ鑑ミ若シ中村カ伝ヘラルルカ如ク官兵ニ殺サレ軍事探偵ノ証拠ヲ握ラレタルカ如キ場合ハ将来斯ノ如キ護照ニ対スル加印ニ手心ヲ加フルハ勿論排日ノ逆宣伝ニ利用スル虞アルニ付テハ本件ニ関シ将来何等カノ形式ニテ支那側ト接触シ若ハ外部ニ事件ヲ発表スルカ如キ場合ニハ慎重ナル考慮ヲ加フル必要アルヘシ」②と上申した。

　外務省とその出先機関は、事件発生初期において大変慎重に事件を処理すると同時に、外部に対しては絶対秘密にしておくようにした。幣原外相は七月二十五日在奉天、天津、上海の総領事に「貴管下ノ日本関係新聞及通信ヲシテ本件ヲ報告セシメサル様適宜御手配アリタシ」③と指示した。

　同時に、外務省とその出先機関は本件の調査にとりかかった。幣原外相は七月二十七日林奉天総領事に事件調査を指令し、七月二十九日には「本件処理振ニ付テハ軍部トモ協議ノ上何分ノ義申迫スル筈ナルカ差当リ将来ニ於ケル支那側トノ交渉ノ資料トナルベキ証拠突止方ニ御努力」④するよう指示した。林総領事はこの指示にもとづき、七月三十日に小栗警部を洮南に派遣し、軍関係者と満鉄洮南公所と共に事件の調査にとりかかった。

① 『晨報』、1931年8月23日。
② Microfilm、S 118リール、S 42602、56-7頁。
③ 同上Microfilm、32-3頁。
④ 同上Microfilm、66-7頁。

小栗は軍関係者と共に余公府方面に「実地調査ノ為密偵ヲ派スル」[1]と同時に、洮南満鉄公所所長「河野ヨリ今後ノ情報逐一当館ニ報告セラルル様依頼シ」[2]た。奉天、ハルビン、チチハル領事館は中村事件に関する調査情報をたえまなく幣原外相に報告し、出先機関としての任務を遂行した。

　中村事件に対し、関東軍はどう対応しただろうか。関東軍は中村事件に関する情報を七月中旬頃獲得した。当時、板垣、石原等関東軍参謀は「対ソ作戦終末点の研究」を目的とする第三次北満参謀旅行を七月十一日から始め、一行がハルビンに来た時にこの情報を得た。この情報は、満鉄公所顧員永野俊夫の内縁の妻コミサ（本名栄子）が満鉄公所所員佐藤鶴亀に伝え、佐藤がハルビン特務機関に伝えたものであった。関東軍は片倉衷大尉（中村と陸士同期生）を洮南に派遺し[3]、ハルビン特務機関の宮崎大尉、吉林省政府顧問の大迫大佐等と共に事件に対する調査を始めた。

　当時関東軍は、板垣の「満蒙問題処理案」、石原の「満蒙問題私見」を作成し、川島浪速等の満蒙独立運動、甘粕正彦等の間島暴動と北満騒擾等の謀略工作を展開し、六月下旬からは柳条湖鉄道爆破計画を準備し始めた。中村事件は、関東軍がこのように満洲事変挑発の準備を着々遂行する過程において発生したものである。このような情勢の下で、関東軍は中村事件をどう利用しようとしただろうか。関東軍は計画通り柳条湖の鉄路爆破を事変の導火線とし、中村事件は柳条湖での武力行使の前提事件として利用し、満鉄附属地以外に出兵する好機を与えたと考えていたようであった。石原等は「中村事件は懸案に一件を

加えるのみであるが、軍部は外務省の世話にならず断固として
独自に解決する」①と決心し、外務省出先機関の協力を要望し
なかった。故に林総領事は七月二十八日に、「軍部ハ絶対機密ト
シテ秘カニ策動中ノ由谷ノ申出モアリシヲ以テ本件発生ノ疑ア
ル地点ハ当館内ナルモ軍側ノ申出アル迄支那側ニ捜査等ニ関ス
ル交渉ヲ見合セ居レリ」②と幣原外相に報告した。

　関東軍は中村事件処理方針を陸軍省に上申した。その一節に
は「軍部ノ威信ヲ中外ニ顕揚シテ国民ノ期待ニ答ヘ、満蒙問題
ノ解決ノ端緒タラシムル為絶好ノ機会ナリ」③といっていた。
この「絶好の機会」を利用するため、八月二日石原参謀と花谷
少佐は林総領事を訪問し、「中村大尉ノ事件ニ関シテハ殺害ノ事
実大体見当付キタル処此上本件交渉ヲ遷延スル時ハ徒ラニ支那
側ニ証拠湮滅ノ機会ヲ与フルニ過キサルヲ以テ此際関東軍ヨリ
交渉方針ニ関スル意見ヲ政府ニ具申致シタキ次第ナリ」と語り、
大要左の趣旨を林総領事に示した④。

　　一、現在派遣中ノ調査班洮南着ノ頃合ヲ期シ隠密調査ヲ打
　　　　切リ交渉ニ移ル事
　　二、右交渉ニハ中村ノ軍人タル事ヲ明カニシ軍部ニ於テ之
　　　　ヲ担当シ総領事ト充分協議スル事
　　三、交渉ノ第一歩トシテ支那側ニ共同調査ヲ要求シ支那側
　　　　ノ同意アリタル時ハ速ニ必要ノ人員ト隊（歩兵一個小隊）
　　　　ヲ現地ニ派遣シ置キ現地ニ於テ支那側調査員ノ来着ヲ待
　　　　ツ事
　　四、共同調査ノ諾否ニ付テハ最小日期ノ期限ヲ附シ支那側
　　　　ニテ承諾セサル時ハ実力調査ヲ行フヘク右ハ共同調査申

① 日本国際政治学会太平洋戦争原因研究部編『太平洋戦争への道』、第一巻、442頁。
② Microfilm、S118リール、S42602、53頁。
③ 角田順編『石原莞爾資料・国防論策篇』、原書房、1978年、84頁。
④ Microfilm、S118リール、S42602、90—1頁。

　　　入ノ際預メ警告シ置ク事
　　五、解決条件ハ大体（イ）洮南地方及洮索鉄道ノ開放（ロ）
　　　謝罪（ハ）賠償（ニ）保障トスル事
　　この案の特徴は関東軍が直接に東北当局と交渉することであ
る。この提案に対し、林総領事は「先ツ第一ニ事実調査ノ完成
ヲ期スルノ要アルヘク右案ニ付テ諸般ノ関係ヲ慎重ニ考慮スル
ノ必要モアリ今直ニ同意ヲ表シ難シト」[①]石原に述べた。
　　こうして、中村事件処理に関する関東軍と外務省出先機関と
の二重外交が表面化し始めた。
　　右のような関東軍の方策に対し、軍中央も全面的に是認しな
かった。八月七日杉山元次官は三宅光治関東軍参謀長に中村事
件処理・交渉に関する軍中央の方針を示達した。その主な内容
は以下の通りである[②]。
　　一、軍中央は関東軍の独自的交渉方針を牽制し、「軍ノ為
　　　スヘキ交渉ハ外務官憲ノ行フヘキ正式交渉ノ豫備的範囲
　　　ニ於テ之ヲ行フコト而シテ何レノ時機ヨリ正式交渉ニ移
　　　ルヘキヤハ軍ノ行フ豫備的交渉ノ結果ニヨリ之ヲ決定ス
　　　ルコト」
　　二、中村大尉の身分は「将校タルコトヲ明カニスルモ差支
　　　ナシ」
　　三、日中共同調査に関しては、共同調査が「却テ事件ヲ曖
　　　昧ナラシムルノ虞アルヲ以テ当初ヨリ殺害ヲ確定的ノモ
　　　ノタラシムル為証拠物件ヲ確実ニ押収シ公然タル調査ヲ
　　　行フ場合ニ於テモ該調査ハ右証拠ヲ確定的ナラシムル意
　　　味ニ於テ行フコト」とし、「公然タル調査ヲ行フ場合ニ於
　　　テハ支那側ニ対シ援護兵ノ派遣ヲ要求シ支那側ニシテ之

---

① Microfilm、S118 リール、S42602、92頁。
② 同上Microfilm、108−11頁。

ニ応セサル場合ニハ軍自体ニ於テ所要ノ援護ヲ派遣スル
モ差支ナシ」

　四、要求条件に関しては、「支那側ヲシテ殺害ノ事実ヲ確
　　認セシメ然ル後謝罪、責任者ノ所罰損害賠償及将来ノ保
　　証ヲ要求スルモノトス」、但し「本事件ヲ以テ満蒙問題解
　　決ノ楔機ト為スハ穏当ナラス」。

　これは陸軍中央が関東軍の中村事件は「満蒙問題の解決の端
緒たらしむる為絶好の機会なり」との方針に賛成しなかったこ
とを示し、軍中央と関東軍の間に中村事件の処理に関し相違点
があったことを表明した。

　陸軍中央は中村事件に関し外務省と協議してその交渉・処理
方針を決定し、関東軍に指示した。その内容は次の通りである①。

　一、支那側トノ外交交渉ハ外務官憲ニ於テ之ニ当リ短期間
　　ニ本件ノ解決ヲ期ス

　二、一定期間ヲ経過スルモ支那側ト外務官憲トノ接衝適当
　　ナル解決点ニ到達セサル場合ニ於テハ外務官憲ト協議ノ
　　上軍ハ支那側トノ間ニ於ケル従来ノ関係ヲ利用シ外務官
　　憲ノ交渉ニ協力ス

　三、中村ノ身分ハ差当リ之ヲ秘スルモ軍カ外務官憲ノ交渉
　　ニ協力スル時機ニ至ラハ将校タルコトヲ明示スルモノト
　　ス

　四、支那側ニ対スル要求ハ謝罪、責任者ノ所罰、損害賠償、
　　将来ノ保障ノ四件トシ損害賠償額ニ就テハ省部間ニテ協
　　議決定スヘキ意見提出アリ度

　五、本件ヲ以テ満蒙問題解決ノ楔機トナスコトナク又調査
　　ノ為我兵力ヲ使用スルコトナシ

---

① Microfilm、S119リール、S42602、183-6頁。

　六、外務官憲ノ交渉振ニ関シテハ外務省ヨリ奉天総領事ニ
　　厳重訓令セラルル筈

　この指示は八月七日の訓令と原則としてはほぼ同様なもので、
交渉における外交官憲の主導的地位と関東軍の協力関係を明確
にし、本件を満蒙問題解決の楔機とせざることを再規定した。
　八月十日、幣原外相は軍中央のこの指示を林総領事に伝へる
と同時に、林に奉天当局と中村事件に関する正式交渉をするよ
う訓令を発した。その主な内容は次の通り[①]。

　一、「軍部ニ於テハ中村ノ軍人タル身分ニ顧ミ之カ処理振
　　ヲ極メテ重大視シ居リ殊ニ出先方面激昂ノ模様ナルニモ
　　顧ミ時節柄本件ノ迅速解決ヲ計リ事態ノ紛糾ヲ避クルコ
　　トヲ極メテ肝要ト存ス」

　二、「貴官ハ至急東北当局ニ接洽ノ上前記領事館及軍側調
　　査ノ結果ヲ各方面ヨリ布衍説明シ先方ヲシテ之ヲ認メシ
　　ムルニ努メラレ……支那側ヲシテ淡白ニ事実ヲ承認セシ
　　ムルニ御努力相成度」

　三、「本件交渉ニ牽連シテ何等別途ノ権益ヲ獲得セントス
　　ル如キ底意ナキコト勿論ノ義ニシテ右ハ軍部ニ於テモ全
　　然同意見ナリ」奉天当局が、中村事件承認後には、「謝罪、
　　責任者処罰、賠償（金額ハ追テ電報ス）及将来ノ保障ヲ
　　要求セラレ度」

　四、中村の身分に関しては、「中村ハ身分ヲ秘シ居リタル
　　関係上差当リ貴官ヨリ支那側ニ対シ其ノ将校タルコトヲ
　　明ニスルコトハ之ヲ差控ラレ度モ交渉開始後相当期間ヲ
　　経過スルモ適当ナル解決点ニ到達セサル場合ニハ中村ノ
　　将校タルコトヲ明示スル」

---

① Microfilm、S 118リール、S 42602、155−60頁。S 119リール、S 42602、161−4頁。

　　　五、軍との関係については、中村の将校身分を明示した後
　　　には「軍部ヲシテ其ノ支那側トノ特殊関係ヲモ利用シテ
　　　貴官ノ交渉ニ協力セシムルコトトスヘク（其時期ハ交渉
　　　進行ノ模様ヲ見テ軍側ト協議ノ筈)」

　幣原外相のこの交渉訓令と陸軍中央の関東軍への指示とはほ
ぼ一致しており、これは外務省と軍中央が一致した方針で中村
事件に対応しようとしたことを示す。満洲事変の前史としての
中村事件における二重外交は軍部と外務省との二重外交という
よりも、恐らく外務省・軍中央と関東軍の二重外交としてあら
われたといえる。

　関東軍は陸軍中央と外務省の方針に不満を持ち、八月中旬に四
平街に装甲車と歩兵連合部隊を集中して実力調査を断行しよう
とした。だが、これは軍中央のさしとめにより中止された。これ
に対し、関東州の武官久保田は次長と次官に「関東軍側ニテハ最
初本事件公表ト共ニ約一個大隊ノ兵力ヲ以テ強硬調査決行ノ希
望アリシモ当時中央当局ノ拒否ニ会ヘリ」[1]と報告した。石原参謀
は軍中央と外務省の方針に反対し、関東軍の武力行使の意図を従来
支持・支援している軍事課長永田鉄山大佐に次の如く上申した[2]。

　　　「今回ノ事件ニ於テモ若シ軍力直接東北軍憲ノ首脳者ト
　　　交渉シ大決意ヲ以テ之ニ臨マハ全般ノ状況上生等ハ最短
　　　期間ニ解決シ得ル確信ヲ得シタルモノナリ　但苟モ我等
　　　事ニ当ル以上武力使用ノ決心ヲ蔵スルヲ要スルハ論ヲ俟
　　　タス　外務当局ノ厳重抗議ニヨリ迅速ニ事ヲ解決スルカ
　　　如キ全ク一ノ空想ニ過キス　若モ此ノ如キコト可能ナラ
　　　ハ数百ノ未決事件総領事ノ机上ニ山積スル訳ナク従テ今
　　　日喧シキ『満蒙問題』ナルモノハ存在セサリシコト明ナリ」

①　Microfilm、ＷＴ66リール、ＩＭＴ523、327頁。
②　角田順編『石原莞爾資料・国防論策篇』、原書房、1978年、83－4頁。

　これは、石原等関東軍が中村事件と満蒙の諸懸案は外交交渉
で解決されるものでなく、武力行使で解決されるものだという
ことを強調・上申したものであり、関東軍の武力行使の方針を
表明したものである。

　だが、林奉総領事は幣原外相の訓令にもとづき、八月十七日
奉天省主席臧式毅を訪問し、「簡単ニ事件ノ概要ヲ認メタル覚書
ヲ手交シタル後軍側ニ於テ相当昂奮シ居ルヲ以テ速ニ事件ヲ解
決スルノ必要アル旨ヲ申入」[①]た。こうして中村事件に関する
外交交渉が正式に始まった。

　今回の交渉において、臧式毅は中村の身分と旅行の目的に対
し林総領事に質問したが、林は中村の軍人である身分は承認し
たが、お旅行の目的に対しては「経済調査ノ為旅行セルモノ」[②]
だと回答した。中村の将校身分に関しては、幣原外相と軍中央
は交渉初期にはその将校身分を明かにしないよう林に指示した
が、八月十二日林は幣原外相に「中村ノ身分ヲ終始秘シ終ルヲ
得ルナラハ兎ニ角右ノ如キハ事実上不可能ニシテ早晩軍人タル
コトヲ明カニセサルヲ得サル立場ニ立至ルヘシト思考セラルル
ニ付寧ロ交渉当初ヨリ軍人タルコトヲ明カニシテ支那側ヲシテ
無用ノ疑惑ヲ抱カシムルヲ避クコト得策ナル」[③]べしと上申し、
幣原外相も十四日に「中村ノ身分ヲ明ニスル方本件解決上却テ
好都合トノ見込ナラハ貴官ノ通リ取計ハレ差支ナシ」[④]と賛成
した。幣原外相は中村の将校身分と軍事偵察が外交交渉におけ
る日本側の弱点だと思い、出来得るかぎりそれを隠瞞し予期の
目的を達成しようとしたが、林は中村の将校身分を明かにして
東北当局に圧力を加えるのが交渉に有利だと主張した。林は臧

① Microfilm、S119リール、S42602、209頁。
② 同上Microfilm、211頁。
③ 同上Microfilm、188—9頁。
④ 同上Microfilm、198—9頁。

に「帝国軍人カ殺害セラレタルハ「ソルボーン」（英国兵士、蘇州で殺害された—筆者）事件ニ比シ更ニ重大ナレハ最短期間ニ真相調査アリタク然ラサレハ日支国交ニ重大ナル影響ヲ与フヘキ旨ヲ説明シ本件ノ重大性ヲ充分先方ニ「インプレスシ」[1]た。

　共同調査の問題に関しては、幣原外相は軍中央と関東軍の主張に賛成せず、八月二十四日林総領事に「共同調査ハ却テ爾後ノ交渉ニ不利ナル影響ヲ及ホス虞アルニ付右支那側ヨリ提議アリタル際ニハ之ヲ拒否スルコトニ致度尤モ特ニ共同調査カ我方ニ取リ有利ト認メラルルカ如キ理由アラハ早目ニ御請訓相成度シ」[2]と指示した。これは共同調査で中村の軍事偵察の目的が中国側の前で公然と暴露され日本側に不利な影響を与えることを恐れていたからであった。

　以上のごとく、二重外交において外務省と軍中央の方針は基本的には一致していたが、具体的問題においては相違があり、両者の相違は逆に関東軍の主張と一致することもあった。これは二重外交の複雑性を物語る。

　軍部は東北当局との交渉に直接参加していないが、参謀本部から派遣された森糾大尉（興安嶺一帯で軍事偵察をしたことがある）は八月十八日臧式毅を訪問し、軍は「支那側態度ヲ監視シ誠意ナシト認メタル場合ニハ武力使用ヲ辞セサル覚悟アリ」[3]と脅威した。森のこの脅迫は軍中央の方針を代表したというよりも、関東軍の武力行使方針を表明したことと思われる。これは軍中央にも関東軍の武力行使を支持する中堅層の将校があったことを示す。

　中村事件は八月十七日交渉開始と同時に報道解禁になり、「支

---

① Microfilm、S 119リール、S 42602、211頁。
② 同上Microfilm、262頁。
③ Microfilm、S 119リール、S 42602、228頁。

那側ニ対シ厳重抗議シ陳謝、損害賠償、責任者ノ処罰、将来ノ保障等ニ就キ交渉ヲ開始スルコトトナレリ」①と公然と報道された。この報道により社会興論は関東軍の強硬な方針に有利に展開されるようになった。八月十八日全満日本人自主同盟本部、国粋会満洲本部、満洲青年聯盟奉天支部は首相、外相、陸相と帝国会議長に「我軍ニ於テ四洮線鉄道ヲ占領スルノ方途ニ出テラレムコトヲ懇請」②し、八月二十七日には中村大尉の慰霊祭を行なった。政友会も「国力の発動」を決議し、幣原軟弱外交を非難し倒閣運動の必要を強調した。

　社会興論がこのように激昂する情勢の下で、陸軍中央の態度も強硬化し始め、陸軍省は、「中村事件ニ対シ支那側カ殺害ノ事実ヲ否認スルカ又ハ満足ナル解決点ニ到達セサル場合ノ処理案」を作成し、八月二十四日この案を外務省に送って来た。この案で陸軍省は、中国が中村殺害を否認又は応諾せざる場合には、「直ニ歩兵一ケ大隊ヲ基幹トスル部隊ヲ洮南ニ派遣シ洮索鉄道ノ占領ヲ断行ス」③、但し「本件ヲ以テ満蒙問題ノ根本的解決ノ楔機タラシムルコトハ元ヨリ適当ナラスト雖モ」洮南地方の保証的占領を断行するに当り「支那側ノ実力的反抗ニ遭遇スルカ如キコトアランカ之レ満蒙問題ノ根本的解決ノ動機ヲ招来スルモノニシテ之ニ対スルノ方策ニ就テハ別個ニ之ヲ研究スルヲ要ス」④とした。これは、中村事件解決のための洮南地区の保証占領が満蒙問題の根本的解決に発展して行く可能性があることを指摘し、陸軍中央の方策が関東軍の方針に傾く可能性があることを表明した。外務省では外相、次官、政務次官、参与官等がこの案を閲読し、誰かが「満蒙問題ノ根本的解決」に一

① Microfilm、S119リール、S42602、220-1頁。
② 同上Microfilm、223頁。
③ Microfilm、WT66、IMT523、227頁。
④ 同上Microfilm、224-6頁。

線を引き、これは「何ノ事カ？」①と書いて疑問を表したが、この案に対する外務省の対応は不明確である。幣原外相は八月二十四日重光公使、矢野北平参事官、上村南京領事にこの案を伝えたが、林奉天総領事に伝達したとの記載はまだ見つかっていない。

陸軍省のこの案は、二重外交においてほぼ一致した方針で進んでいた陸軍省と外務省が時局の変化に伴って意見・方針の分岐が生まれつつあることを示した。

関東軍は、陸軍中央が中村事件に対する行動に制限を加えていることに不安感を持ち、陸軍中央において関東軍の行動を慫慂する中堅層将校らの事変挑発に対する決心をたしかめるため、八月下旬花谷正少佐を上京せしめた。花谷は参謀次長二宮治重、参謀本部情報部長建川美次等に対し満蒙で「日支両軍が衝突」したとき「細かいことまで干渉しないでくれ」②と依頼し、二宮、建川は「政府にたいしてどのくらい出られるかわからないが、できるだけ貴軍の主張貫徹に努力しよう」③と約束した。花谷はロシア班班長橋本欣五郎中佐、中国班班長根本博中佐等に率直に「準備は完了したから予定どおり決行する」と述べ、根本は「若槻内閣ではやりにくいから内閣が倒れるまで待ってみないか」と延期をすすめたが、花谷は「矢は弦を放れている」と述べ武力行使の決心を表明した④。根本は中国課の課長重藤千秋大佐と相談し、重藤の義兄の甥にあたっている政商藤田勇に謀略的軍事行動の資金の調達を依頼し、藤田は数万円を調達した。これは主に柳条湖鉄道爆破を利用して事変を挑発しようとするものであるが、中村事件のために武力行使を断行する意

① Microfilm、S119リール、S42602、226頁。
② 日本国際政治学会太平洋戦争原因研究部編『太平洋戦争への道』、第二巻、407頁。
③「秘められた昭和史」（別冊知性5）、43－4頁。
④ 日本国際政治学会太平洋戦争原因研究部編『太平洋戦争への道』、第一巻、407頁。

味も含まれているのは当然のことであった。

　奉天では、林総領事と森岡領事が東北当局とひきつづき交渉した。九月四日林は臧式毅主席と栄臻参謀長を訪問し、八月十九日奉天側から現地に派遣された二名の調査員が「何等得ル所ナク帰レリ」とのことを聞き、臧、栄に「中国側ニ於テ万一公正ナル処理ヲ回避セラルルカ如キコト有ラハ本官トシテモ特別ナル考量ヲ廻ラサザルヲ得サル場合ニ立至ルヘク徒テ両国国交上重大ナル影響ヲ見ルノ惧アリ」[①]と警告した。林は調査を行った二名と面会しようとしたがその目的を達成することが出来ず、三団の関玉衡団長代理を奉天に呼寄せて訊問するよう奉天側に要求した。

　同日、幣原外相も林総領事に強硬な態度で交渉をおしすすめる二度目の訓令を発した。幣原外相はその訓令で「万一先方ニ於テ事実ヲ否認シ来ルカ如キ場合ニハ機ヲ逸セス我方調査ノ結果ハ絶対ニ確実ナルモノニシテ何等論議ノ余地ナキコトヲ王等ノ証人其ノ他確実ナル材料ニ依リ強硬ニ主張スル」[②]よう指示したが、実は奉天領事館は確実な証人と証拠を持っていなかった。このことにつき林総領事は九月八日幣原外相に「中村事件ニ関シ今日迄手ノ証拠ハ要スルニ事件直接ノ関係者ニアラサル第三者ヨリノ聞込ノ程度ニシテ事実ノ認識ニハ充分ナルヘキモ証拠トシテハ微物ナルヲ免レサル為目下更ニ確実ナル証拠ノ蒐集殊ニ証人ノ抱込ニ努力シ居ル」[③]と報告した。

　幣原外相は同日の訓令で東北側に提出すべき四つの要求条件を指示し、この要求条件提出の時は「出先軍部協力ノ時期到来セルモノト認メラルル処右協力ハ飽迄貴官ノ交渉ヲ援助促進ス

---

① Microfilm、S119リール、S42602、417−21頁。
② 同上Microfilm、429−30頁。
③ Microfilm、S119リール、S42602、519頁。

ル趣旨ニテルモノニシテ協力ノ方法程度ハ貴官交渉ノ掛引ト完
全ナル調和ヲ保タシムルヲ要スルニ付此ノ上共陸軍側ト連絡ヲ
密接ニシ万遺憾ナキヲ期セラレ度」[1]と指示した。これは、そ
の要求条件を貫徹する時には軍事的圧力を東北側に加える必要
があったからである。これは、所謂二重外交とは、相対的な二
重であり、軍事と外交は車の両輪のように内在的協調関係を
持っていたのであることを物語る。幣原外相が指示した四つの
条件は次の通りである[2]。

　一、謝罪
　　臧式毅及栄臻ハ総領事及軍司令官ヲ訪問シテ最モ厳粛ナ
　　ル方法ヲ以テ謝罪ス
　二、損害賠償
　　中村ノ為メ七万三千百八十円（七三、一八〇）　井杉ノ
　　為メ二万七千二百六十二円（二七、二六二）　合計十万
　　四百四十二円（一〇〇〇、四四二）トス
　（……略……）
　三、責任者ノ処罰
　　屯墾隊団長代理関中佐以下直接責任者ヲ厳刑ニ処ス
　　（右ハ支那側法令ノ定ムル所ニ最モ厳格ナル処断ヲ要求
　　スルモノナルモ具体的ニ罰目等ヲ指定セントスル訳ニハ
　　非ス）
　四、将来ノ保障
　　邦人ニ対スル洮索地方ノ事実的閉鎖ヲ解キ該方面ニ於
　　ケル邦人ノ旅行ニ当リテハ支那側ハ完全ナル保護ヲ与ヘ
　　特ニ必要ノ場合ニハ護衛兵ヲ附スヘキコトヲ約束ス
　　（右必要ノ場合ニ護衛兵ヲ附スルコトヲ支那側カ承諾セ

---

① Microfilm、S119リール、S42602、429-31頁。
② 同上Microfilm、433-7頁。

　　　サル場合ニハ日本側自ラ之ニ代ル必要ノ措置ヲ取ルコト
　　　アルヘキ旨ヲ告ケ極力支那側ノ説得ニ努メラレ度)

　この四つの条件は、従来いかなる事件が発生した場合にも普通提出される条件であるが、その「将来ノ保障」には満蒙における日本の権益を拡大しようとする企図がはさまれている。故に林総領事はこの項目を非常に重視し、九月十二日幣原外相に「護衛兵ヲ附スヘキコトヲ此際特ニ約束セシムルカ如キハ却テ同地方ニ於ケル邦人ノ旅行ノ自由ヲ拘束スルノ結果ニ終ル虞アリ……護衛ノ要ハ主義上ノ問題トセス実際的取計ニ委スル方得策ト認メラルル」①と具申し、洮索地区における日本人の自由な侵略活動を保障しようとした。これに対し幣原外相も賛成し、十四日に「四ノ末尾ハ『完全ナル保護ヲ与フルコトヲ約ス』トシ護衛兵ノ点ハ持出ササルコトトシ差支ナシ」②と指示した。九月十二日林はまた「本件交渉ニ際シ適当ノ撥会アラハ洮南領事館ノ開設ヲモ提議スルコトヲ然ルヘシト」③上申し、幣原は十四日「本件交渉ヲ機会トシ洮南領事館開設問題ノ解決ヲ計ルコトハ至極機宜ニ適スルモノト思考スル」④と賛成し、この目的達成のために努力するよう林に指示した。

　以上の事実から、外務省の方針にも中村事件交渉の機会を利用して満蒙における日本の権益を拡大しようとした意図がはさまれており、このことでは関東軍とも一致していたと思われるが、その拡大の程度即ち懸案解決の程度においては、関東軍は一切の懸案を解決し、満蒙問題を根本的に解決しようとしたのに対し、外務省とその出先機関はその一部を解決しようとしたのであった。これは一致の中にも相違があったことを示す。

_____

① Microfilm、Ｓ119リール、Ｓ42602、686−7頁。
② 同上Microfilm、720−1頁。
③ 同上Microfilm、687頁。
④ 同上Microfilm、721−2頁。

　交渉において重要なのは証人と証拠の問題であった。東北側は九月六日に軍署の副官李大錚、関超羽、法官呉瑞綺、憲兵司令陳興亜等をまた現地に派遣して事実を確認しようとした。外務省の出先機関もその調査と証人・証拠の獲得のために懸命であった。林総領事は唯一の証人としてコミソの夫王翼先（元余公府の職員）を引出そうとした。王翼先は林もいったように「同人ハ本問題ニ付テハ又聞キノ又聞キニシテ証人トシテハ全然価値無キ事」①だといいながらも他の証人がないから、「此ノ際同人ニ対シ我方ニ於テ同人其ノ家族及最近親者ノ生命ヲ保障シ且報酬トシテ一時金現大洋（中国貨幣の一種‥著者）五万元ヲ限度トシ提供スル事ヲ条件トシテ出頭スルノ意無キヤヲ交渉シ見ルコトハ適当ノ措置ニ非スヤト思考セラル」②と幣原外相に上申した。だが王は出頭を絶対に拒絶した。九月六日林総領事は幣原外相に王は「証人トシテノ価値少ナキノミナラス之カ買収ニ多額ノ金円ヲ要スルヲ以テ之ヲ差止メ目下斉斉哈爾ニ滞在中ナル霍ノ買収ニ全力ヲ挙ケルト共ニ其他ニモ出来得ル限リノ証拠ヲ蒐集ス」③と報告した。霍は霍富元という人で満鉄公所の佐藤がさがした証人である。「富元自身ガ証人ニ立ツコトヲ承諾セハ七千元ヲ給与ス」④としたが、霍は拒否した。霍はまた郭振永という元屯墾三団の兵士を証人として紹介した。だがこの郭も「銃殺ハ目撃セル所ナク唯一般ノ風説ニ依リ斯ク想像スルノミ」⑤の人であった。チチハル領事清水は郭を証人として出頭させるためその居所、職業、余公府出発の期日等を偽造しようとした。たとえば、「振永ハ富元ノ下ニテ土堀リヲナシ居リタ

---

①　Microfilm、S119リール、S42602、461頁。
②　同上Microfilm、469－70頁。
③　Microfilm、S119リール、S42602、491－2頁。
④　同上Microfilm、727頁。
⑤　同上Microfilm、811－2頁。

ルモノニシテ本月十日頃逃亡セルモノナルコト」①としようと
し、「霍カ若シ振永カ同人ノ家ニ居リタル事ヲ言明スル事ニ同意
スルハ哈大洋五千元ヲ与フルコト」②しようとしたが、霍はこ
れに同意しなかった。外務省の出先機関はこのような者を証人と
しようとして、九月十三日佐藤が郭振永を旅順につれていった。

　以上のような外務省出先機関の行動に対し関東軍も満足し、
三宅関東軍参謀長は二宮次長に「林総領事ハ事件解決ノ為相当
熱心ナルモノアリ当部ノ主張スル洮索洮南地方ノ開放賠償金最
低金二十万円ニハ概ネ同意ナリ」③とほめた。

　中村事件に対する陸軍中央の方針と態度も徐々に強硬化して
いった。九月七日陸軍省と参謀本部は、中村事件に関して強硬
的態度をとることを公式に決定した④。続いて、陸軍省軍務局
は外務省アジア局と協議して、九日になっても奉天政権が誠意
をしめさぬ場合には「国際公法並びに慣行上承認せられたる一
切の報復手段」⑤をとる方針で進むことが了解され、十一日に
は外務省の幹部会議でもこの方針を承認決定した。これは外務
省の方針と態度も軍中央と共に強硬化されつつあることを示す。
当時北平の「晨報」も「外務省方面もその以前の態度を少し変
化させた」⑥と報道した。

　九月十一日には三省二部（外務・陸軍・海軍・参謀本部・軍
令部）の満蒙関係課長からなる十日会も会議を開き中村事件を
議論し、席上永田鉄山軍事課長が陸軍側方針を説明した。その
結果「中村事件を機として鉄道交渉をはじめ懸案の諸問題を一

①　Microfilm、S 119リール、S 42602、725頁。
②　同上Microfilm、727頁。
③　同上Microfilm、384頁。
④　日本国際政治学会太平洋戦争原因研究部編『太平洋戦争への道』、第一巻、414頁。
⑤　同上。
⑥　『晨報』、1931年9月8日。

切解決する」①ことに意見が一致した。三省二部の中堅層のこのような主張は関東軍の方針寄りの傾向を示し、両者が接近し、二重外交の相互関係も変化しつつあったことを説明する。

この時恰も奉天特務機関長土肥原賢二が上京し、陸軍中央と社会輿論に拍車をかけた。土肥原は上京する前の九月九日二宮参謀次長に打電して、「日本側ハ支那ヲ馬鹿ニシ支那側ハ日本ヲ馬鹿ニシ両者ノ勢ノ赴ク所満洲ニ於テハ何時如何ナル突発事件ノ惹起スルヤ知ル可カラス憂慮スヘキ状態ナリ又在満邦人ノ神経ハ頗ル尖鋭化シ官憲又暴慢ニシテ両者ノ対立観念ハ人力ヲ以テ如何トモスヘカラサル状態トナレリ」②と武力行使の輿論をつくっておいた。十日上京後彼らはまず記者会見で中村事件が外務省の手で解決できない場合には実力解決になるだろうと述べた上、事件直後関東軍は直接行動の意志があったが政府が不承知であったため施す術がなかったのだと放言した。

その後、土肥原は軍中央の首脳部に対し、「中国側には全く問題の解決に誠意がない」③と報告した。その日の午後、金谷範三参謀総長、二宮次長、南次郎陸相、杉山元次官、永野修身軍令部次長等の省部首脳間打合せが行なわれ、関東軍に対しては既定方針どおり進むとの中央部の態度を伝達することを決定した。十一日には陸軍次官室で二宮、杉山、永田間で実力報復手段に関する具体的方法を検討した。その具体的報復方法は不明であるが、七日以来の陸軍中央の方針が非常に強硬化されたのは事実であった。

翌十一日土肥原は幣原外相、谷アジア局長と会見したが、幣

① 日本国際政治学会太平洋戦争原因研究部編『太平洋戦争への道』、第一巻、415頁。
② Microfilm、S119 リール、S42602、571 頁。
③ 重光葵『外交回想録』、毎日新聞社、1978 年、92 頁。

原は「軍部の自重を望む」①意見をもらしたようである。

土肥原上京後、中村事件に対する陸軍省・参謀本部内の中堅
層の態度は一層強硬化した。部内では、次長、部長の懇談議題
として「中村事件今後ノ処理案」を作成した。これは誰が起草
したか不明確であるが、九月十五日主任課長の河辺が根本博中
国班長より受領したもので、その内容は次の通りである②。

「支那側第二回調査員帰奉セハ直チニ奉天総領事ヲシテ
其結果ヲ追求セシメ支那側調査ノ結果如何ニ拘ハラス我
要求条件ニ関シ期限付（一週間）回答ヲ要求シ尚聴カサル
ニ於テハ該交渉ヲ打切リ自由行動ニ出テ復仇手段ヲ採ル
右自由行動ニ就テハ陸軍省及外務省間ノ事務的交渉ニヨ
リ協議成立ノ見込ミナキヲ以テ陸軍大臣ヨリ直接外務大
臣ニ交渉シ猶ホ成立セサル場合ニ於テハ陸軍大臣単独閣
議ニ提議スルヲ要ス

若シ軍部ノ主張容レラレサルニ於テハ政変ヲ招来スルモ
亦之ヲ辞セス」

該案は、「中村事件解決困難ナル場合ノ復仇手段」として次の
よりな案を提出した③。

一、関東軍ヲシテ洮南、鄭家屯及通遼ヲ軍事的ニ占領セシ
メ打通線ト四洮線トノ連絡ヲ通遼ニ於テ遮断ス

二、京奉鉄道ノ満鉄交叉点ヲ遮断ス

三、奉天兵工廠ヲ軍事的ニ占領ス

該案はまた陸軍大臣の「閣議提出案」として、次のような案
を作成した④。

「今後交渉ノ推移如何ニヨリテハ其時機ニ於テ支那側ニ

---

① 重光葵『外交回想録』、毎日新聞社、1978 年、92 頁。
②『満洲事変作戦指導関係綴』、別冊其二、防衛研究所記録。
③ 同上。
④ 同上。

　　対シ期限付回答ヲ迫リ尚ホ且満足ナル解決ヲ得サルニ於
　　テハ帝国ハ本件カ国際公法上支那側ノ不法行為タルノ事
　　実ニ立脚シ之カ復仇ニ関シ自由行動ニ出ッルヲ要ス」

　右の案が、次長、次官、本部長の懇談に掛けられ裁決された
か否かは不明であるが、当時陸軍省、参謀本部の中堅層の動向
を現わしているのは確実である。

　幣原外相は省、部内の中堅層の主張と軍中央の実力的報復には
賛成していなかった。又関東軍の武力的策動に対しても常に警戒
心を持っていた。幣原は九月五日林奉天総領事に「最近関東軍板
垣大佐ラハ貴地方面ニオイテ相当豊富ナル資金ヲ擁シ、国粋会ソ
ノ他ノ支那浪人ヲ操縦シ種々策動シオリ、特ニ中村事件ノ交渉ハ
カバカシカラザルニ顧ミ本月中旬ヲ期シ具体的行動ヲ決行スル
コトニナレリトノ聞込ミアリ。浪人連ラノ策動取締リ上、コノ上
トモ御手配アリタシ」[1]と指示した。林総領事は九月十五日幣原
外相に「関東軍が軍隊の集結を行ひ、弾薬資材を持出し、近く軍
事行動を起す形勢がある」[2]と報告した。幣原外相は南陸相に「か
くの如きは国際協調を基本とする若槻内閣の外交政策を根底よ
り覆すもので、断じて黙過する訳にゆかない」[3]といった。陸軍
中央と外務省少壮派課長らの方針が揺れゆく過程において幣原
外相は陸軍中央と外務省の元来の方針を維持しようとした。

　右のように幣原外相は武力による満蒙問題の解決には列強と
の関係を悪化するとの理由で反対したが、前にも述べたように
日本帝国の外相としては当然外交交渉で満蒙における日本の権
益を維持・拡大しようとした。また関東軍の行動により日増し
に激化する中日間の矛盾と対立は東北側に対し圧力になり、外

---

① 日本国際政治学会太平洋戦争原因研究部編『太平洋戦争への道』、第一巻、416頁。
② 幣原平和財団『幣原喜重郎』、466頁。
③ 同上。

交交渉を通じてその権益を拡大する可能性を提供した。幣原外
交を支持する人達はこの可能性をのがさなかった。六月十三日
満鉄総裁に就任した内田康哉は八月中旬から吉会、長大両鉄道
線の問題を東北側と交渉し始めた。満蒙問題の中心は鉄道問題
である。重光葵公使も内田総裁と協力してこの鉄道問題等を解
決しようとした。このことに対し重光は、「新満鉄総裁内田康哉
（元外相）を交えて満洲問題の解決案を作成し、これをもって現
地をも納得させようと話がまとまった。この案には幣原外相も
内田伯も賛意を表したので、私はその実現に邁進した」[1]と回
想している。

　八月六日在中国全権公使に昇格した重光は当時幣原外相を支
持した重要な人物である。重光は中村事件そのものよりも、満
鉄問題を全般的に解決する方法を追究した。このため重光公使
は南京国民政府の財政部長宋子文と交渉を始め、宋に「満洲に
おける中国側主権者である張学良を説いて排日政策を転換せし
めるのが根本である」と強調した。宋子文もこの見解に賛成し
た。宋と重光は十月に張作相の母堂の葬儀に参列するという名
目で東北に行き、「その途中で北京に滞在している張学良を訪問
し、これを説得して満洲における対日政策及び態度を改めさ
せ」[2]ようとした。重光のこのような方針には「張作霖を継い
だ張学良は、父親と違って日本に対しては徹底的に反抗する決
意を固めていた。そのために国民党に参加、南京政府に連絡し、
日本が死活の問題と考えている満洲における権益を急速に奪回
しようという極端な排日政策を実行した。このために満洲で日
華の間に衝突の起こることは必至の形勢となっていた」[3]とい

---

[1]　重光葵『外交回想録』、毎日新聞社、1978年、91頁。
[2]　同上。
[3]　同上。

う張学良と情勢に対する見方があった。これは重光が満蒙における日本帝国主義の権益を維持・拡大しようとするその立場を端的に表明したものである。侵略があって反侵略がある。日本の満蒙に対する侵略があって始めて張学良と東北人民の排日があるのである。張学良の排日政策の元は日本の満蒙侵略政策にある。だから根本は日本の満蒙侵略にあり、中村事件もその侵略政策の一部であり、またその侵略政策のために利用されているのである。故に根本的に転化させなければならないのは日本側の侵略政策であって、張学良の排日政策ではない。根本でないものを根本として転換させようとしたその目的は、「日本が死活の問題と考えている満洲における権益を急速に奪回しようという極端な排日政策」をとりやめさせるようにしようとしたことにあった。そうなれば、日本が常に主張するように満蒙懸案三百余件は張学良と東北人民の反日、排日政策の中止により自然的に解決され、日華間に衝突の起こる可能性はなくなるということになる。これは純粋な帝国主義的論理であり、中村事件における幣原外交の本質でもあったと思う。だが、この時期の幣原外交は満蒙における張学良の政権を武力で打倒し、かいらい満洲国を建てる迄には至っていない。この点関東軍の方針と違うから、二重外交は依然として存在していたと思う。

　幣原外相と外務省の出先機関は中村事件交渉において関東軍と相違点を持ちながらも、逆にまた関東軍の「現地調査」、「軍の激昂」など軍の力をかりて奉天側に圧力と脅威を与え事件を解決しようとし、四つの条件を提出した後には関東軍の直接的協力でその要求条件を達成しようとした。幣原外交のこのような方針で解決された中村事件の結果はどのようなものとなったのだろうか。

　九月十八日午後奉天軍の参謀長栄臻は森岡領事に中村大尉が

三団の兵士に殺害された事実を正式に承認した。承認後奉天総
領事館では上級館員の秘密会議を開いて日本側が提出すべき要
求条件を検討した。その要求は謝罪、損害賠償、責任者の処罰
および将来の保障であるが、重要なのは将来の保障であった。
藤田俊房領事は将来の保障として奉天の占領を力説した。これ
は関東軍の方針に近い意見であった。森島守人領事は洮南の日
本領事館の即時開館を主張した。これは東北側が久しく肯じな
かった長年の懸案であったが、ここに領事館を設置すれば、洮
索地方に対する旅行禁止を撤回せしめ、当地区における権益を
も拡大することが出来るからであった。だが奉天側の即時同意
を得ることは至難中の至難であった。会議は「東三省の同意を
急速に取りつけ得ない場合には、武装警官の護衛のもとに、わ
が方限りで領事を赴任せしめる外ない」①とし、藤村領事を洮
南領事に推薦した。若し藤村の「赴任に際し東三省側で武力を
もって阻止することも予想されないこともなかったが、先方の
主動によって武力衝突を起すのであれば、わが方として、この
時に至って軍の出動を求めることは大義名分上差支えない」②
と決定した。このように「軍側を交えない総領事館かぎりの会
議においてさえ最後の場合には兵力の使用も避け得ないとの空
気がみなぎっていた」③。これは、中村事件における二重外交
が満洲事変の前夜において相当接近しあっていることを示す。
それには二重外交の共通点である満蒙における権益の維持・拡
大という基本的目的があったからであり、その目的達成のため
の手段は情勢の変化に伴って変化していったということを物語
る。

---

① 森島守人『陰謀・暗殺・軍力』、岩波書店、1950年、51頁。
② 同上。
③ 同上。

二　張学良の対応と列強の反響

　中村事件と日本の二重外交に対し張学良はどう対応しただろ
うか。日本の二重外交に対しまっこうから対決すべきであった
が、張学良は関東軍の武力行使で中村事件と満蒙問題を解決し
ようとする方針には無抵抗主義で対応し、幣原外交には交渉で
応ずる態度をとり、この外交的交渉で関東軍の武力行使を阻も
うとした。

　中村事件発生後の八月十九日、張学良の軍事顧問柴山兼四郎
は張学良に面会し、中村事件発生後「日本人一般殊ニ軍部ノ激
昂甚シク更ニ十八日青島ニモ事件起リシニ付自分ハ事態ノ悪化
ヲ憂慮ス」①と警告した。これに対し張学良は「斯カル感情ノ
行違ヨリ事件ノ頻発スルコトハ誠ニ残念ナルニ付十分取締ル可
シ尚自分ハ未タ何等ノ報告ヲモ受ケアラサルカ何レ報告モ来ル
可キニ付取調ノ上処置ス可シ」②と回答した。事件に対する調
査が事件を解決する基礎であるとすれば、張学良のこの対応は
当然であるといえる。

　張学良は、中村事件は孤立的な突発事件でなく、日本の満蒙
政策と緊密な関係を持っている事件であるから、その事件が日
本の満蒙政策におよぼす影響を考慮し、八月二十四日柴山と今
田両顧問に「東北ニ於ケル日支両国ノ現状ニ鑑ミ此際速ニ未解
決ノ諸懸案ヲ解決スルノ急務ナルヲ痛感セルニ依リ今回左記十
名③ノ委員ヨリ成ル東北外交委員会ナルモノヲ組織シ以テ目下

①　Microfilm、S119リール、S42602、239頁。
②　同上Microfilm、239－40頁。
③　十名の委員は顧維鈞、羅文幹、湯爾和、劉哲、臧式毅、袁金鎧、劉尚清、章士釗、

日本側カ東北ニ対スル交渉ノ責任者ヲ求ムルニ苦シミツツアル
現況ヲ改メ将来一切ノ交渉ハ該機関ニテ慎重ニ審議ノ上日本ト
ノ交渉ニ当ラシムル考ナリ」①とし、幣原外交が要求する外交
交渉に応ずる態度を示した。張学良のこの提案に対し外務省の
出先機関も興味を持ち、北平の江藤は五月四日張学良に面会し、
中村事件「解決ノ如何ニ依リテハ日本ノ奉天側ニ対スル態度ニ
至大ノ影響アルベキ旨」②を説得すると同時に、「満洲ノ対日関
係モ重大ナルニ付此ノ際問題ヲ根本的ニ研究シ諸案件解決ノ方
策ヲ審議スル為外交委員会ノ如キモノヲ組織シテハ如何必要ア
ラハ自分（江藤）等モ之ニ出席」③したい意を表明した。北平
参事館矢野は翌日このことを幣原外相に報告した。

　九月に至り軍部の態度も強硬化し、社会輿論も激昂し、時局
は日増しに悪化した。張学良も改めてこのことを感得し、日本
との関係を緩和するために宥和的解決の方向に向って動きはじ
めた。

　張学良は湯爾和を日本に派遣し、軍部と政府の要人等に相互
関係の改善を切望した。湯爾和は九月五日幣原外相を訪問し、
学良には中村事件を「故意ニ遷延ヲ図ル如キ意思全然ナシ」④と
いい、幣原は「学良ノ態度ハ至極結構ナルモ実際上遷延シ又ハ
結果カ不満足ナルニ於テハ日本ノ輿論ヘ大ナル刺戟ヲ受クヘキ
コトヲ篤ト考慮セサルヘカラサル旨ヲ説示」⑤した。幣原外相
は張学良の中村事件解決における役割を重視し、九月八日北平
の矢野参事官に「貴官ハ至急学良ニ面会シ……本大臣ハ副司令

曹汝霖、王樹翰。
　　① Microfilm、S119 リール、S42602、476－7頁。
　　② 同上Microfilm、458－9頁。
　　③ 同上。
　　④ 同上Microfilm、527頁。
　　⑤ Microfilm、S119 リール、S42602、527－8頁。

ニ於テ此ノ上共本件ノ円満且迅速ナル解決ニ尽力セラレ以テ大
局ヲ維持サレムコトヲ切望シ居ル旨ヲ……敷衍説明シ学良ノ深
甚ナル考慮ヲ求メラレ度」①と指示した。

　湯爾和は南陸相とも会談し、中日間の諸問題を平和的に解決
する希望を表明した。

　帰国途中、湯爾和は九月八日瀋陽で林総領事を訪問し、中村
事件に関し双方共に譲歩的精神の下で平和的に解決する意を表
した②。

　張学良は九月九日柴山顧問をまた日本に派遣し、その折彼に
次のように説示した③。

　　一、中村事件ニ関シテハ過日招致セシ栄臻ニ対シ将来臧式
　　　　毅ト共ニ誠意ヲ以テ折衝スベク命シ置ケル近ク何等カノ
　　　　結果ヲ得ヘシト信ス

　　二、部下一般ニ対シ此際日支交渉案件ニ関シテハ特ニ誠意
　　　　ヲ以テ当リ小事件ハ出来得ル限リ譲歩スヘシト訓令シ置
　　　　ケリ

　　三、部下軍隊ニ対シ此際特ニ軽挙ヲ戒メ置ケリ

　　四、東北ト北支トヲ間ハス余ノ管轄内ハ民衆ノ排日的行為
　　　　ヲ厳ニ取締ル考ナルカ北支ニ党部トノ関係上充分ニ徹底
　　　　シ難キ憾アルヲ遺憾トス

　柴山は瀋陽、朝鮮経由で十四日東京に到着し、南陸相と金谷
参謀総長に中村事件に対する東北側の態度と張学良の右意向を
報告した④。

　張学良はこのように譲歩的宥和政策で日本との関係を改善し、
日本軍との武力衝突を避けようとした。柴山顧問の話によれば、

　①　Microfilm、S 119 リール、S 42602、533−4 頁。
　②『晨報』、1931 年 9 月 11 日。
　③　Microfilm、S 119リール、S 42602、606−7頁。
　④『晨報』、1931年9月15日。

張学良は来北平の栄臻、奉天公安局長、衛隊旅長、洮索鉄路局長等に「万一ノ場合ヲ顧慮シ態度ヲ決定シタルモノニシテ絶対無抵抗主義ヲ採ル様訓令セラレタ」[1]といったという。

　張学良はこの時期に至り中村事件・満蒙問題における二重外交の相違点を発見し、幣原外交の主張通り外交交渉で中村事件を解決しようとした。九月十一日湯爾和は張学良の意見として、「中村事件ニ対スル副司令ノ態度ハ極メテ公正ニシテ同事件ハ数日中ニ円満解決ノ望アリ就テハ右交渉ニ当リ林総領事ニ於テ暫ク従来通リノ態度ヲ持続セラルル様致シ度シ若シ万一軍部ノ意見ニ聴従セラルルカ如キ事アラハ本件解決ハ大ナル困難ニ陥ル事ナキヤヲ虞ル」[2]と北平の日本公使館員に伝えた。これは張学良が幣原外交に期待を持っていたことを示す。

　当時北平『晨報』も幣原外交に傾こうとしていた。該報は九月十八日に「中村事件と今後の対日方策」という社説を発表し、日本の二重外交を具体的に分析した後、軍部が外交に干渉することに反対した。「晨報」は土肥原が九月十五日東京から奉天にかえる時に「今後吾等在外の軍人は領事の了解の下で直接中国側と外交交渉をする」といったことに格別の注意を払い、こうなれば「領事が一般的外交交渉で速に解決出来ない時には、軍部の在外武官が特殊の方法で交渉にあたる」ことになるから、これは日本外交においては極めて異常なことであり、中日関係をますます悪化させることになるから、若槻内閣の軍部に対するいい加減な態度は了解しにくいと述べた[3]。これは社会輿論も幣原外交に期待を持っていたことを示す。

　張学良と社会輿論が幣原外交に期待を掛けていたことは、一

---

① Microfilm、Ｓ119リール、Ｓ42602、589−90頁。
② Microfilm、Ｓ119リール、Ｓ42602、684−5頁。
③『晨報』、1931年9月18日。

触即発の武力衝突を避ける主観的希望としては一定の意味が
あったかも知れないが、満蒙問題を解決する面では消極的なも
のであり、また宥和的なものであった。湯爾和は九月十六日北
京公使館の館員に「張副司令は日本側の在満朝鮮人問題処理辦
法にも顧み満洲における日支間懸案、五百余件を整理し、これ
を政治的に解決したき意向にて、これが研究のため南京政府代
表をも加えたる一つの委員会を組織することとなる見込みなる
が、右にたいしては南京政府においても大体同意しおれり」①と
語った。南京政府の王正廷外交部長も同日記者会見で「中村事
件に対し中国側はかならず公平に処理する」②と言明した。重
光公使も十七日の記者会見で張学良と南京政府の方針に応じ
「日本政府ハ、斯ル種々ノ出来事ニ対シテ最モ実際的ナル手段ニ
依リ両国ノ国交ニ支障ヲ及ボサス、成ルヘク速ニ友誼的解決ニ
導ヒカンコトヲ努メツツアリ」と述べ、「日本軍隊ノ動員計画
云々」③は事実無根の宣伝だと声明した。

　この結果、幣原外交に期待していた張学良は、関東軍の武力
的謀略による事変の挑発に対して事前になんの軍事的措置も取
らなかったため、その軍事的侵略には無抵抗であらざるを得な
かったし、関東軍も数日中に満蒙の中心地帯を占領した。幣原
外交の満洲事変勃発における客観的役割は事変の挑発とこの占
領を容易にしたことにあると思う。

　張学良が幣原外交だけに期待をかけ関東軍の武力発動に無抵
抗であったのは、中国軍閥としての張学良の主観的または客観
的原因もあった。

　中国軍閥の一特徴は相手と総決戦をしないことである。中国

　　①　日本国際政治学会太平洋戦争原因研究部編『太平洋戦争への道』、第一巻、
435－6頁。
　　②　天津『大公報』、1931年9月17日。
　　③　Microfilm、S119リール、S42602、771－2頁。

軍閥としては自分の勢力範囲—地盤を確保するのがなによりも大切なことであり、そのため自分の軍事力を保持するのがもっとも重要なことであった。軍隊は敵を消滅するのが主な任務であり、自分の兵力を保存するのも相手の敵を消滅するためであるのが原則である。だが中国軍閥は逆に保有が第一であり、敵の消滅は第二位のものであった。張学良も軍閥としてこの特徴をもっていた。だから関東軍の軍事的侵略に対しまっこうから対決しようとはしなかった。

　同時にまた、関東軍も背後から張学良軍を牽制する措置をとっていたため、張学良もそうせざるを得ない客観的原因があった。関東軍は土肥原特務機関長と共に中国軍閥内部の派閥の矛盾と対立を利用して、八月五日大連にいた閻錫山を日本の飛行機で大同に送り、西から東の張学良を牽制した。山東の韓復榘も南から張学良を牽制していた。関東軍は大連にいる広東派の鄒魯と軍閥の石友三を天津方面に送りこみ、広東と河北、河南より蒋介石と張学良を牽制しようとした。このような情勢の下で張学良が全力をあげて日本と対決するのは不可能なことであった。故に時局のますます悪化につれて、それだけ幣原外交に期待を持ち、それに対応せざるを得なかったのである。張学良の東北三省における無抵抗は偶然なものでなく、中国軍閥内部の矛盾・対立と関東軍とも密接な関係があったといえる。

　満蒙は従来各列強の争奪地区であるから、満蒙問題の一部分として発生した中村事件も当然に他の列強の反響を呼び起した。

　列強との協調を主軸とする幣原外相は、中村事件が列強に与える影響を考慮して、九月十日在英・米大使に中村事件発生の経過を説明し、中村は「北満地方ヲ旅行中」に殺害されたとし、その軍事的目的を明確に指摘しなかった。同時にまた事態悪化の原因を完全に中国側におしつけ、「近来満洲問題ニ関シ本邦輿

論喧シキ折柄支那側ニテ本件解決ニ誠意ナキ態度ヲ示スカ如キコトアラムカ益々前記事態ヲ悪化スルノ虞アルニモ顧ミ右ノ次第東北当局ニ説示シテ迅速且円満ナル解決ヲ計ル様折角努力中ナル」①とし、関東軍と輿論の激昂に伴う時局の悪化とそれに伴う列強との矛盾の激化を予防しようとした。

　列強は日本と同様帝国主義であるから、満蒙における列強の共同の権益を維持するためにまず日本に同情し、日本の立場を支持した。当時金沢の第九師団は、司令部の名で、飛行機から十万枚のビラを金沢をはじめ彦根・長浜・敦賀の各所に撒布した。そのビラは、満洲を赤く染めた地図を入れ、これらの権益をつかみとろうとしている黒い手を描き、日露戦費二十四億円、投資十七億円、同胞の貴き鮮血二十万と書かれていた。英国の「タイムス」紙はこのことにふれて九月九日社説を発表し、「世界ニ於ケル最モ訓練ノ行届キタル軍隊ノ一タル日本軍ノ将校カ斯ノ如キ『デモンストレーション』ヲ為シタル事ハ正ニ本件犯罪ニ対スル憤激ノ表徴ト言フヘク右憤激ノ裏面ニハ支那国民運動カ満洲ニ於ケル日本ノ重大ナル権益ヲ無視シ早晩同方面ニ於ケル日本ノ条約上ノ権利ハ蹂躙セラルルニ至ルヘシトノ憂惧ノ存在セシコト否ムヘカラス今ヤ支那中央当局カ外国人保護ノ能力ナキハ益々明瞭トナレリ中村事件ハ徒ニ支那側ノ言分ニノミ耳ヲ傾クルコトノ如何ニ慎ムヘキ必要アルカヲ示ス更ニ有力ナル警告ナリ」②といい、日本を支持し、中国を非難した。北平英国公使館の武官は「断然保障占領ノ行動ヲ決意セラルルヲ望ム」③と日本武官に進言した。他の列強の武官も九月十日の各国武官宴会で「共ニ軍ノ名誉保持ニ対スル日本ノ行動ハ非難ノ

---

① Microfilm、WT66リール、IMT523、414－5頁。
② Microfilm、S119リール、S42602、673－4頁。
③ 同上Microfilm、620－1頁。

余地ナシ」①といった。列強のこのような反響は帝国主義とし
ては当然なことである。これは帝国主義としての一側面を反
映した。だが列強としては又日本と満蒙を争奪する一側面が
ある。列強はこの時期に関東軍が中村事件を満蒙で事変を挑
発する前提事件として利用して武力行使の準備に拍車をかけ
ている事実を把握していなかった。故にこの時期には日本と
列強が満蒙を争奪する矛盾がまだ激化していなかったため、
列強は中村事件に対し警告または抗議を出さなかったものだ
と思われる。

　列強のこのような態度にもかかわらず、南京政府は中村事件
を国際連盟に持ち出し、南京政府の代表施肇基は十一日の総会
で日本が満蒙で軍事行動を企てていることを非難し、国際連盟
がその行動を制裁するよう要望し、若し「制裁が加えられねば
不戦条約は空文」②であると述べた。だが連盟は制裁措置をと
らなかった。

　中村事件を正確に分析し、日本の満蒙侵略を非難したのは、
社会主義国家であるソ連だけであった。九月九日ソ連の『イズ
ヴェスチヤ』紙は短評を発表して万宝山・中村両事件を取り挙
げ、「中村大尉ノ殺害事件ハ更ニ日本ニ対シ公然満洲ニ進出スル
ノ口実ヲ与ヘタリ……本事件ハ他ノ場合ナラハ左迄重大セラレ
サリシナランモ時恰モ日本カ満洲進出等ノ計画ヲ有スル為満洲
占領宣伝ノ材料ニ使用セラレ居レリ日本人ノ一部ハ金満洲ヲ占
領スヘシト云ヒ一部ハ満鉄ノ競争線ヲ奪取スヘシト主張シ居レ
リ斯ノ如ク満洲ニ発展シツツアル事件ハ日本ノ侵略欲カ益々旺
盛トナリ居ルコトヲ反映スルモノナリ」③と論じた。この短評

① 同上Microfilm、620頁。
② 日本国際政治学会太平洋戦争原因研究部編『太平洋戦争への道』、第一巻、413頁。
③ Microfilm、WT66リール、ＩＭＴ523、416-7頁。

は日本が中村事件を利用して満洲事変を挑発する可能性を指摘
した。

　外務省・陸軍中央と関東軍の中村事件に対する対応の比較検
討を通じて、この事件に対する二重外交の共通点と相違点を総
括して見よう。

　二重外交の共通点は、中国国家主権を侵犯し、日本に不利な
事件を日本に有利なように解決し、その解決を通じて日本の満
蒙における懸案を解決し、その権益を拡大しようとすることに
あった。これは三者共通の帝国主義的本質から出て来るもので
ある。だが、その権益をどの程度まで拡大するかという問題に
おいては、その程度の差があった。

　二重外交の相違点は次の三つの問題にあった。

　一、中村事件と満洲事変との関係の処理。当時外務省と陸
軍中央は満洲事変の計画・準備には参加していない。ただ陸
軍中央の一部の将校らが関東軍のこの計画・準備を内部的に
支持していた。外務省、陸軍中央全体としては事変を準備し
ていなかったために、中村事件をこの事変挑発に利用しよう
とする主観的要望はなかったと思う。陸軍中央、特に外務省
は外交交渉でこの事件を速やかに解決し、関東軍の実力行使
を阻もうとした。

　関東軍の方はどうだっただろうか。関東軍は中村事件を「満
蒙問題ノ端緒タラシムル為絶好ノ機会ナリ」と判断し、「満蒙問
題ヲ解決スル第一歩」とみなして、事件を事変挑発に有利にな
るように誘導しようとした。だが、「中村事件ヲシテ直接に満蒙

占領ノ口実トナサントスルモノニアラス」①と強調した。それ
は、この時に柳条湖での鉄道爆破計画をすでに準備していたか
らであった。

　では、関東軍はどのように中村事件を事変に有利になるよ
うに誘導しようとしたのか。石原莞爾は「今日ノ満蒙問題ナ
ルモノハ外交交渉ノ無力ヨリ生シ来リタルモノニシテ……
中略……領事官ニテハ到底解決シ得スト一般ノ信スル事件
ヲ軍部ノ力ニヨリ最短期ニ成功セハ軍部ニ対スル国民ノ信
望愈々増進ス」②と判断し、関東軍の直接交渉と実力により
中村事件を最短期間に解決して、関東軍に対する国民の信望
を高め、関東軍が一旦事変を挑発したその時には、国民は関
東軍を信頼し支持することが出来るようにしようとした。こ
れは即ち中村事件を事変挑発の前提事件として利用するこ
とであった。

　二、武力行使の問題。関東軍は満蒙の諸懸案を外交交渉では
解決不可能だから、解決の唯一の方法は武力行使にあると主張
した。このため、関東軍は三一年から本格的に事変挑発の軍事・
謀略工作にとりかかり、六月下旬には柳条湖鉄道爆破計画を準
備し始めた。恰もこの時期に中村事件が発生した。関東軍はま
ず自ら直接東北側との交渉に当り、交渉が順調に進まざる時に
は実力調査、保障占領等の方法を採用しようとした。この実力
行使が東北側の反抗にあたった時には武力行使になり、事変挑
発の導火線になる可能性があった。

　陸軍省も洮南地区に対する保障占領が武力衝突になる可能性

---

　①　角田順編『石原莞爾資料・国防論策篇』、原書房、1978年、84頁。
　②　角田順編『石原莞爾資料・国防論策篇』、原書房、1978年、84頁。

を予測していた。だが、この衝突が事変につながることまでは考慮していなかったようである。この点は、同様な武力衝突ながらも陸軍中央と関東軍の間には相違があったことを示し、二重外交の相違点を表明していると思う。

　外務省とその出先機関は、武力で中村事件を解決することには反対したが、関東軍の軍事的脅威を利用して事件を速やかに解決し、最後には関東軍の軍事的支援の下で洮南領事館の開設を断行することをも辞さなかった。

　このような比較から、武力行使の問題では相互間に相違点がありながらも後期になりその見解が接近しつつあったことがわかる。これは、二重外交は絶対的な二重というよりも相対的なものにすぎなかったのであったことを示した。

　三、東北軍との交渉。関東軍は自分等が主導的立場にたって直接東北側と交渉し、外務省とその出先機関はこれに協力するようにしようとした。外務省と陸軍中央は逆に外務省の出先機関が主導し、関東軍はこれに協調するようにしようとした。この主導と協力との関係は単に形式的問題でなく、事件をどの方向に誘導するかの問題につながることであるから、二重外交において相互争奪する一つの焦点にならざるを得なかった。

　中村事件に対する二重外交は、事変勃発直前には相互間のその相違点は接近しつつあったけれども、依然として存在していた。この相違が満洲事変初期における二重外交としてまた現れてくる。事変初期における幣原外交は中村事件当時の対外方針の継続であった。だが、それは単純な重複ではなく、事変における幣原外交はまた新しい内容を持った戦中外交として、戦争

外交の舞台に登場したのである。

　中村事件に対する日本と列強との関係も、日本と列強の満蒙争奪と日本の満蒙侵略に対する列強の同情・支持という二面性を持っているが、中村事件においてはその同情・支持の一面だけが現出され、相互争奪の一面は現出されていなかった。これは、中村事件による日本と列強との矛盾がまだ激化していなかったからである。だが、満洲事変ではその両面性が共に顕現している。それは、満洲事変によって日本と列強との満蒙争奪の矛盾が激化したからであった。

第三章　満洲事変と幣原外交

　本章では満洲事変と幣原外交との関係を検討する。いわゆる幣原外交は、幣原外相自身の外交思想という意味もあるが、満洲事変においては、若槻内閣の対外政策を執行する外交であり、その中に幣原外相の個人的な外交思想も含まれているものと考えられる。

　外交と武力は一国の対外政策の楯の両面であり、車の両輪でもある。戦前、戦中、戦後にこの両面、両輪がどのように調整され、戦争が遂行されたかは、日本外交史研究における重要な研究課題である。中国の日本外交史研究では、武力と外交の一体性を強調し、その両者の矛盾・対立などはほぼ認めない。だが、満洲事変は日清・日露・第一次大戦・太平洋戦争と異なり、特別な形態で勃発した戦争である。この戦争は、例えば太平洋戦争のように、戦争の前に四相または五相会議・御前会議等を通じ、外務、軍部、財政等方面の十分な調整をおこない、対内、対外的に一致した政策・路線を決定した上で勃発した戦争ではなく、陸軍中央部の一部将校の慫慂の下で関東軍がイニシアチブをとり、ひき起した戦争である。故に、戦争が勃発してから、関東軍、陸軍中央、外務などの間に対立・相違がおこり、従来の戦争においてはみられない特異な現象が発生する。これは事変勃発の特異性から発生する必然的現象であり、またワシント

ン会議以来の日本対外政策における二重外交の表現でもある。だがこの対立・相違は、事変の遂行過程において徐々に統一され、最後には事変の目的であるかいらい政権の樹立でほぼ一致する。

　本章では幣原外交が満洲事変の遂行過程において演じた対内・対外的役割、また関東軍、陸軍中央との対立からそれに統一される過程を四つの時期にわけて分析し、それに統一されざるをえない幣原外交の本質を明らかにしたいと思う。

一　事変勃発をめぐって

　外務省は二重の性格をもっている。すなわち、対内的には他の各省と鼎立する一つの省であり、対外的には日本政府を代表する機構である。したがって満洲事変において外務省は、対内的と対外的との二重の役割を果すのである。

　まず、その対内的役割を解明したい。事変の初期、外務省は対内的に関東軍の満蒙一挙占領の軍事計画を牽制した。

　外務省の出先機関である奉天総領事館の林久治郎総領事は事変勃発に対し次のように対応した。林は「事変突発の直後より、時々刻々事態を東京に報告し………事態拡大の防止方を求めた」[1]林は事変勃発の翌日幣原外相に三十本以上の電報を出し、九月十四日撫順守備隊長らの奉天飛行場襲撃計画をも報告し、「今次ノ事件ハ全ク軍部ノ計画的行動ニ出テタルモノト想像セラル」[2]と幣原外相に報告した。

　林は、同時に板垣関東軍参謀に「此際不必要ニ事件ヲ拡大セサル様努力スル事肝要ニシテ外交機関ヲ通シ事件ヲ処理ス

---

　① 林久治郎『満州事変と奉天総領事』、原書房、1978 年、118 頁。
　② 外務省編『日本外交文書・満州事変』、第一巻第一冊、6 頁。

ル」①よう要望し、幣原外相には「政府ニ於テモ大至急軍ノ行
動差止メ方ニ付適当ナル措置ヲ執ラレムコトヲ希望」②した。

　だが、関東軍は一気に瀋陽（奉天）・新民屯・営口・海城・鳳
凰城・洮南・鄭家屯等を占領し、二十一日には吉林を占領し、
一挙に全満蒙を占領して日本の植民地にかえようとした。

　これに対し、内閣は十九日閣議を開き、席上若槻首相は、「果
して原因は、支那兵がレールを破壊し、これを防禦せんとした
守備兵に対して攻撃して来たから起ったのであるか、即ち正当
防禦であるか。もし然らずして、日本軍の陰謀的行為としたな
らば、我が国の世界における立場をどうするか。かくの如き不
幸なる出来事に対しては衷心遺憾の意を表する次第である」③
といい、幣原外相は林総領事から受けた各種の情報を朗読し、
「其情報ハ極メテ陸軍ニ関シ不利ナルモノ多」④かった。南陸軍
大臣は右のような外相電文の口吻を聴き、「意気稍々挫ケ閣議席
上ノ空気ニ処シテ今朝鮮軍ヨリ増援スルコトノ必要ヲ提議スル
ノ勇ヲ失」⑤なった。閣議は首相、外相らにより「事態ヲ現在
以上ニ拡大セシメサル」⑥方針を決定した。幣原外相は二十六
日の閣議で「関東軍カ現在ノ如ク多数ノ兵力ヲ吉林ニ存置スル
ニ於テハ外交交渉上甚タ困難ヲ来ス若シ陸軍ニシテ吉林ヨリ撤
退ヲ肯セサレハ辞職スヘシ」⑦と言明し、不拡大方針を堅持し
た。内閣の不拡大方針により、関東軍の北満と朝鮮軍第十九師
団の間島地区への軍事行動は一時阻止され、板垣参謀も「現下

① 外務省編『日本外交文書・満州事変』、第一巻第一冊、4頁。
② 同上書、5頁。
③ 原田熊雄述『西園寺公と政局』、第二巻、岩波書店、1982年、62頁。
④ 稲葉正夫等編『太平洋戦争への道』、別巻、朝日新聞社、1963年、114頁。
⑤ 同上書、114−5頁。
⑥ 同上書、115頁。
⑦ 同上書、129頁。

の状勢上一挙占領案は不可能なる」①と判断し、かいらい政権
樹立を中心とした政略に転換した。

　関東軍は政府・外務省の不拡大方針に対し「極めて不満足」②
であり、ハルビン出動が阻止された時には、「政府の真意那辺に
在るや、陸軍大臣は何故政府と正面衝突を敢行するの決意を以
て当らざるや……幕僚間或は憤慨し或は嘆息し軍司令官亦沈痛
の体なり」③であった。これは関東軍と政府・外務省とのいわ
ゆる拡大と不拡大の対立の現れであった。この対立は、ワシン
トン体制確立以来、外務省の対米英協調を第一義とする協調外
交と軍部の米英対決を志向するアジア・モンロー主義的政策④
とが満洲事変において表面化したものであった。

　だが、この対立は根本的な対立ではなかった。関東軍は一挙
に満蒙を占領して、満蒙における日本の植民地的権益を拡大し
ようとした。外務省は満蒙の一挙占領には反対したけれども、
関東軍の事変初期の軍事的勝利を背景として、二十一ヵ条要求
以来の満蒙におけるあらゆる懸案を解決して、日本の権益を拡
大しようとした。故に、二十二日の閣議で南陸相が、関東軍現
状維持、満蒙問題一併解決を主張した時に、幣原外相は「陸相
ノ意見ハ交渉ヲ有利ナラシムル為ニハ尤」⑤であるといい、参
謀本部でも「現時ノ態勢ヲ維持スルコトハ満蒙問題ノ主体解決
ノ為彼我両国ニ対シ極メテ良好ナル素因ト成ルモノナリ　即チ
現勢ヲ基調トシテ強ク外務官憲ヲ動カシ得ルモノ」⑥という判
断から、「閣議ノ議決事項ニ対シテ軍ハ之ニ強テ反対ノ主張ヲナ

①『現代史資料・満州事変』、第七巻、みすず書房、1980 年、195、190 頁。
②『現代史資料・満州事変』、第七巻、みすず書房、1980 年、195、190 頁。
③ 同上書、191頁。
④ 江口圭一「一九三〇年代論」（江口圭一編『体系日本現代史』第一巻）参照。
⑤ 稲葉正夫等編『太平洋戦争への道』、別巻、朝日新聞社、1963 年、124 頁。
⑥ 同上書、116 頁。

スヲ要セサルヘシ」①と決定した。当時外務省と軍中央は不拡
大の方針で大体一致し、九月二十四日には不拡大の政府第一次
声明が発表された。この声明は軍部が起草し、外務省が修正し
たもので、外務省・政府と軍部の調整・妥協の産物であり、外
務省と軍部が歩調をあわせる第一歩でもあった。

　いわゆる不拡大とは絶対的な不拡大でなく、不拡大の中にも
拡大の要素があった。事変勃発後軍部が満蒙問題の一併解決を
主張し、「若シ万一政府ニシテ此軍部案ニ同意セサルニ於テハ之
ニ原因シテ政府カ倒壊スルモ毫モ意トスル所ニアラス」②とし
たのに対し、二十一日閣議も「満蒙問題全閣僚一併解決ノ意見
ニ一致」③した。朝鮮軍の増兵に関しては、二十一日若槻首相
が賛成し、二十二日には「既ニ出動セルモノナルヲ以テ閣僚全
員其事実ハ之ヲ認ム」とし、「之ニ要スル経費ヲ支出ス」④と決
定し、若槻首相は「政府は朝鮮軍派兵の経費を支弁する考であ
りますと奏上し」⑤、天皇はこの奏上にもとづき出兵を裁可し
たのである。この事実は、外務省・内閣が徐々に軍の行動に賛
成し始め、いわゆる不拡大の方針の下で拡大的行動を取り始め
たことを示すのである。

　外務省は、対内的には以上のように関東軍の軍事行動を一時
牽制したけれども、対外的には逆に関東軍の侵略的行動に協力
し、事変に有利な国際輿論と国際環境をつくり、関東軍の行動
について国際的な保障をえようとした。

　林奉天総領事は、対内的には、事変に関する「外人側ノ質問

---

①　稲葉正夫等編『太平洋戦争への道』、別巻、朝日新聞社、1963年、115頁。
②　同上書、117頁。
③　同上書、119頁。
④　同上書、123頁。
⑤　若槻礼次郎『古風庵回顧録』、読売新聞社、1950年、377頁。

ニ対シテハ陸軍側ノ説明通リ回答シ」[①]、「対外人関係及治安維持其ノ他ニ対シ全力ヲ挙ケテ軍ニ協力スル覚アル」[②]ことを幣原外相に表明し、関東軍に協力する態度をとった。

　外務省も関東軍の軍事行動に有利な国際輿論と国際環境をつくりだすために次のようなことをした。

　第一に、外務省は事変勃発の原因を歪曲し、国際輿論が関東軍に有利になるようにした。事変勃発初期において最大の問題は、事変はどの側がなんの目的のために挑発したかということである。これは戦争の性格を規定し、世界輿論のかたむきを決定する重大な問題である。幣原外相は、林奉天総領事の電報によって、事変が関東軍の謀略であることを知りながらも、二十一日芳沢連盟理事宛に、「本事件ハ支那軍隊ノ満鉄線路破壊ニ対シ我カ鉄道守備隊ニ於テ防護ノ為メ必要ノ自衛的措置ヲ取レルニ端ヲ発シ両国軍隊ノ衝突ニ及ヒタルモノ」[③]だと指示し、芳沢理事も幣原外相の指示通り二十二日の理事会で、「事件ノ発端ハ支那軍カ奉天付近ノ我鉄道ノ一部ヲ破壊シタルニアリ少数ノ我守備隊カ已ムナク武器ヲ執リタルハ右破壊行為ニ酬インカ為メナリ而シテ我軍ハ事態ノ拡大ヲ防止シ且ツ満鉄線路及該地域ニ居住スル日本人ノ生命財産ヲ保護スル為メ数都市ノ要所ヲ占領スルノ余儀ナキニ至レリ」[④]と発言して、関東軍の侵略的軍事行動について弁解した。幣原外相は二十三日連盟議長レルーに「吉林並奉天城内ニ多少ノ部隊又数箇地点ニ苦干兵員ヲ止メ居ルモ右ハ何レモ軍事占領ニハアラス」[⑤]と強弁した。幣原外相は英国と米国にも同様に弁解し、世界輿論をあざむこうとし

---

① 外務省編『日本外交文書・満州事変』、第一巻第一冊、7頁。
② 同上書、10頁。
③ 外務省編『日本外交文書・満州事変』、第一巻第三冊、156頁。
④ 同上書、164頁。
⑤ 同上書、184頁。

た。外務省はまた関東軍が事変をひき起した事実をおおいかくすため、国際連盟がオブザーバーを派遣して事実を調査することについて、日本人の感情を刺戟するとして、始終反対した。

第二に、外務省は国際連盟と第三国の干渉を排除することを最大の外交任務とし、その努力を重ねた。日本は第二流の帝国主義国であるから、英米など第一流の列強が直接干渉する場合には、日清戦争後の遼東半島返還、第一次大戦後の山東返還のように、軍事的「勝利」によって争奪したものを完全に自分の手に入れ得なかったという歴史的「教訓」を持っていた。故に、外務省は関東軍の軍事的「勝利」の獲得物を外交的手段で確保しようとして、九月十九日からジュネーブで開催される国際連盟理事会が満洲事件を取りあつかわないようにするためあらゆる努力をした。芳沢理事は幣原外相に「我方トシテハ差当リ出来得ル限リ本件ヲ理事会ノ議ニ付セサル様仕向」[1]とし、在中国の重光公使も「満洲問題カ国際連盟等第三者ノ手ニ依リテ処理セラルルカ如キハ如何ナル場合ニ於テモ固ヨリ之ヲ避クルヲ要スヘシ」[2]と幣原外相に上申した。幣原外相もこれに同感し、「今之ヲ以テ連盟総会又ハ理事会等ノ問題トスルコトハ日支両国ノ国論ニ新ナル刺戟ヲ与ヘ却テ事情ヲ紛糾セシムル所以ト思考スル」[3]といい、連盟の干渉を避けようとした。だが、南京政府は夷をもって夷を制する政策をとり、事変を連盟に訴えた。連盟は二十二日の理事会で満洲事変を審議し始めた。

第三に、外務省は連盟に対応する措置としていわゆる不拡大方針を利用した。この方針は幣原外交が事変初期に使用した有効な外交手段であった。いわゆる不拡大方針は対内的には関東

---

① 外務省編『日本外交文書・満州事変』、第一巻第三冊、155頁。
② 外務省編『日本外交文書・満州事変』、第一巻第二冊、317頁。
③ 外務省編『日本外交文書・満州事変』、第一巻第三冊、157頁。

軍の一挙占領の軍事計画を牽制する役割を果したけれども、対外的には激化した列強との矛盾を緩和して、その干渉を排除し、関東軍の行動に有利な国際環境をつくり出す役割を果した。日本政府が不拡大の方針を公表した後、「英国代表ハ日本側ノ回答ニ依リ事態ノ緩和セラレタル事判明シタルヲ以テ第十一条ノ下ニ於ケル理事会ノ任務平和ノ確保ハ既ニ尽サレタルモノト思考」①し、米国務長官スチムソンは「新聞情報其ノ他ニ依リ幣原男カ今回ノ事件ニ付深ク心痛セラレ時局収拾ニ努力シ居レルコトヲ承知シ誠ニ同情ノ念ニ堪ヘス……若槻総理ノ下ニ幣原男カ外務ノ衝ニ当ラルル現内閣ハ世界ノ大勢ニ顧ミ将又日本自国ノ利益ニ顧ミ速ニ占領ヲ撤廃シ事件ノ解決ヲ迅速ニ運ハルヘキヲ確信」②すると幣原外相を評価し、日本に対し公然たる勧告をすることを避けた。また二十四日の政府声明によって、「米国ノ輿論幾分緩和シ……国務省ニ於テハ日本ニ対シ好意的態度ヲ持」③っていた。こうして、日本は国際上一時有利な立場に転換し得た。

　いわゆる不拡大方針により日本と列強との矛盾は一時緩和されたが、帝国主義間の矛盾が完全に調和することは不可能であった。列強は関東軍の軍事占領を警戒し、その早期撤兵を要求した。中国と小国は事変を総会で論議しようとした。芳沢代表はこれに対応するため「居留民ノ生命財産ノ安全確保ノ見込付クコトヲ絶対ノ条件トシテ或期限ヲ付シタル全部ノ撤兵」④を具申した。これは芳沢が主に［世界全部ノ輿論ヲ敵トシ孤立無援ノ立場ニ陥リ友邦トノ経済断交ヲ招来スルカ如キ］⑤を懸

---

① 外務省編『日本外交文書・満州事変』、第一巻第三冊、188頁。
② 同上書、6－7頁。
③ 同上書、13頁。
④ 外務省編『日本外交文書・満州事変』、第一巻第三冊、193頁。
⑤ 同上書、194頁。

念したからであった。しかし幣原外相は二十八日「期限付撤兵案ノ如キモ……日本ノ名誉及威厳ニ反スルモノトシテ承認ノ限リニ非ス」[1]と反対し、撤兵問題に関し強硬な態度をとった。ドラモンドは理事会の早期終了のため日本側より「保障占領ヲ為スニアラサル趣旨ヲ明瞭ニスル」[2]声明を発表するよう要望した。幣原外相は連盟の干渉を排除するためドラモンドの要望通り九月三十日次のような声明を発表せざるを得なかった[3]。

> 「帝国政府ハ累次声明セシ如ク我カ鉄道ノ安全及満洲ニ於ケル帝国臣民ノ生命財産ノ安固カ確保セラルルニ於テハ我軍隊ヲ全部付属地内ニ復帰セシムル確乎タル方針ヲ有ス尚帝国軍ノ一部カ付属地外ニ在ル現状ト今後ノ争議交渉トハ別個ノ問題タルコトヲ声明ス」。

この声明は、撤兵に鉄道の安全および居留民の生命財産安固確保という二つの条件をつけ、この条件が保証されない場合には撤兵しないというものであった。連盟理事会はこの声明をうけて、九項目の決議を採択して閉会した。この決議案は、侵略国と被侵略国の区別なしに、両国に事態を悪化させない措置をとるように要求し、「日本政府ハ其臣民ノ生命ノ安全及其ノ財産ノ保護カ有効ニ確保セラルルニ従ヒ日本軍隊ヲ鉄道付属地内ニ引カシムル為既ニ開始セラレタル軍隊ノ撤退ヲ出来得ル限リ速ニ続行スヘク最モ短期間内ニ右ノ意向ヲ実現センコトヲ希望スル旨ノ日本代表ノ声明ヲ了承ス」[4]と、幣原外相の声明に応ずる決議であった。この決議は芳沢がいったように「大体我方ニ有利ノモノト認メラレタ」[5]。これは外務省のいわゆる不拡大

---

① 外務省編『日本外交文書・満州事変』、第一巻第三冊、196頁。
② 同上書、202頁。
③ 同上書、204-5頁。
④ 同上書、208頁。
⑤ 同上書、209頁。

の外交政策が得た獲得物であり、幣原外相は満洲事変について国際的な保障をえるという任務を一時完成した。

　事変初期の外交政策において目立つのは対米政策である。米国は非連盟国であるが、第一次大戦後英国にかわって列強の王座に君臨し、九ヵ国条約を中心としたワシントン体制をつくり、日本の中国大陸侵略を牽制した。また不戦条約の署名国でもあり、その軍事的・経済的力をバックとして、国際連盟と国際情勢に強い影響力を持っていた。故に外務省は事変に対する米国の態度に十分な注意をはらい、米国が九ヵ国条約と不戦条約にもとづき事変に干渉するのを阻止しようとした。外務省はまた米国が連盟に協調することを牽制し、米国と連盟との関係を切りはなそうとした。例えば、連盟は満蒙にオブザーバーを派遣することについて、米国も同様の要求を日本にだすよう要求した。外務省は米国の連盟への協調をおそれ、二十五日出淵勝次大使が国務省を訪れ、日本の反対理由を力説した。その結果、キャッスル国務次官は「調査委員派遣ノ如キハ何等実効ヲ収メスシテ徒ラニ国論ヲ刺戟スルモノナルコトハ満洲問題ニ対スル日本ノ心理ヲヨク諒解シ居ル自分ニハ極メテ明瞭ナルコト」[1]とし、連盟の調査委員派遣に賛成しなかった。だが外務省は米国が外交官を南満に派遣することに対しては歓迎し、便宜を提供した。これは外務省が米国と連盟の不一致点を利用して、米国の連盟への協調を牽制しようとしたことを示す。

　幣原外交は南京政府にはどのように対応しただろうか。

　第一に、南京政府との直接交渉を通じて、連盟の干渉を排除し、南京政府と満蒙問題を一併解決しようとした。十九日南京政府の宋子文は重光公使に中日両国人よりたる委員会組織に関

① 外務省編『日本外交文書・満州事変』、第一巻第三冊、13頁。

する案を提出した。幣原外相は二十一日「宋ノ意見ハ帝国政府
ノ全然感ヲ同シクスル所ナル旨ヲ述ヘ宋ノ提案ニ対スル政府ノ
意向トシテ左記ノ旨ヲ伝達」[1]するよう指示した。重光は宋の
提案に大きな期待を持ち、「この重大な満洲問題に関して、これ
から始まる国際的な争闘はこの宋子文との会見をいかに有効に
日本側が使い得るか否かにかかっていると思った」[2]。だが、
宋子文は二十二日「日本軍ノ撤兵前ニ委員会ヲ組織スルコトハ
現在ノ空気ニテハ到底実行シ得サルコト」[3]と述べ、委員会設
置案を撤回した。これによって南京政府と直接交渉の可能性は
なくなったけれども、外務省は連盟と第三国の干渉を排除する
主要な外交手段として、終始直接交渉を主張した。

　第二に、外務省は中国人民の反日運動と日貨排斥運動を弾圧
するため南京政府に強力な圧力をかけた。十月十三日重光公使
は孔祥熙に「排日運動ノ取締リヲ厳重ニスルコトノ急務ナルヲ
説キ排日運動ノ不取締ニ依リテ日本政府ノ忍耐ヲ破ラサル様勧
説シ」[4]た。南京政府は重光の要求に屈服し、日本の侵略に抵
抗しないばかりか、人民の反日運動を制限した。

　第三に、日本政府のいわゆる不拡大方針は南京政府の不抵抗
主義にかなりの影響をあたえた。重光公使が十九日徐亜州司長
にこの方針を伝えた時、徐は「日本政府カ事態ノ拡大防止ニ決
意セラレタルハ不幸中ノ幸ナリ」[5]と述べた。南京政府の斉世
栄が東京で幣原外相と会見した後、幣原外相に興味を持ち、「幣
原外相ノ冷静ニシテ公正ナル御意見ハ充分ニ承知シ民国政府ノ
要部ニモ報告セリ幣原男ノ御意見通リトセハ大ナル困難ハナカ

① 外務省編『日本外交文書・満州事変』、第一巻第二冊、305頁。
② 重光葵『外交回想録』、毎日新聞社、1978年、94頁。
③ 外務省編『日本外交文書・満州事変』、第一巻第二冊、308頁。
④ 同上書、343頁。
⑤ 外務省編『日本外交文書・満州事変』、第一巻第二冊、295頁。

ルヘシ」、「国民政府ノ要部モ極メテ冷静ナルニ付両者ノ間ニ交
渉ヲ進メ得サル理由ナシ」[1]といい、幣原外交に幻想を抱いた。
この幻想が南京政府の不抵抗主義に一定の影響をあたえたのは
たしかであると考えられる。

　第四に、外務省は軍部と共に中国軍閥内部の矛盾を利用して
謀略活動をおこない張学良と南京政府を背後から牽制する役割
を果した。九月三十日軍部は「支那本部ニ対スル策案」で張学
良の勢力を一掃するため、（1）「反蒋勢力又ハ北洋軍閥ヲ利用
ス」、（2）「広東政府ヲ支持シ南京政府ノ瓦解ヲ策ス」、（3）「右
二方策ノ目的ハ支那全土ニ亘ル政治的混乱ニヨリ満蒙政変ノ重
大性ヲ軽減シ且満蒙政権ノ樹立ト前後シ我国ノ好意的支持ニ依
リ北支及中支ニ於テ立テル政権ハ俄ニ相互間ニ優越的地位ヲ占
メ難ク従テ満蒙新政権ニ対スル抗争的態度モ大ニ緩和シ我国ニ
対スル一般的態度ヲ善導シ易シト観ルニ存ス」[2]と決定したが、
外務省も南京・広東・北方軍閥の中の親日的勢力と連絡をとり
ながら、その内部の動向をさぐり、また利用して上記の目的達
成のために協力した。幣原外相は枢密院での証言でこの事実を
認めている。

　南京政府に対する以上のような外交対策によって、幣原外交
は中国国内で関東軍の軍事行動に有利なる態勢をつくり、南京
政府が事変によって激化した中国人民の反日運動を弾圧するう
えで大きな役割を果した。この役割は関東軍の武力でも果され
ないものであった。

　以上に述べたように、幣原外交の対内的牽制と対外的保障は
矛盾した現象のようにみえるが、実は完全に統一した一つの外
交路線の二つの方面の政策であった。幣原外交が関東軍の一挙

---

① 外務省編『日本外交文書・満州事変』、第一巻第二冊、343頁。
② 稲葉正夫等編『太平洋戦争への道』、別巻、朝日新聞社、1963年、131頁。

占領計画を牽制した目的は、その行動によって国際的な保障を
えようとしたからであった。幣原外相は関東軍の一挙占領が列
強およびソ連との矛盾を激化し、それによる経済的または軍事
的制裁を招くのを恐れていた。その恐れがないことを確認した
時には、この矛盾的現象はなくなり、両方面の政策がほぼ一本
化するのである。故に対内的牽制と対外的保障は事変初期にお
ける幣原外交の特徴的現象であったといえる。

二　国際連盟において

　第二の時期は錦州爆撃ならびに十月十三日から二十四日まで
の理事会において米国オブザーバーの理事会出席および関東軍
の撤兵問題が論議される時期で、いわゆる不拡大から不撤兵に
転換する時期である。
　関東軍は十月八日錦州を爆撃した。これは張学良の東北政府
およびその軍隊に対する爆撃という意味よりも、幣原外交に不
満な関東軍が列強の権益と直接のつながりのある北寧線を爆撃
し、列強と日本との矛盾を激化させ、連盟における幣原外交の
信用を一掃させようとしたものであった。錦州爆撃からかえっ
た石原は「これで、日本政府の国際連盟における信用は、完全
に吹きとんだ」[1]と錦州爆撃を評価した。当時南次郎陸相も幣
原外交に不満を持ち、国際聯盟から日本が脱出すればいいぢゃ
ないか」[2]と幣原外相にいった。
　関東軍の錦州爆撃は、その鋒先を幣原外交にむけたが、幣原
外交は逆にその行動について弁明する立場をとった。若槻首相
は「日本軍の錦州爆撃が連盟の空気を悪化して、日本のために

　　① 山口重次『満州国』、行政通信社、1975 年、115 頁。
　　② 原田熊雄述『西園寺公と政局』、第二巻、岩波書店、1982 年、84 頁。

非常に不利である。十四日の連盟の会議が開かれるまで、この事実についてよほど弁明しなければならない」①と述べた。幣原外相は錦州爆撃に対して中国軍が、「我方偵察機ノ飛来ニ対シ発砲其ノ他ノ事故ヲ構ヘ我軍ヲシテ已ムヲ得ス正当防衛ノ地位ニ立タ」せたと弁明し、「若シ連盟ニシテ支那側ノ宣伝ニ乗セラレ我方ヲ圧迫スルカ如キ態度ニ出ツルニ於テハ日本トシテハ重大ナル決意ヲ為ササルヲ得ス」②と連盟に警告を出した。幣原外相はまた錦州爆撃の事実をおおいかくすために連盟が錦州事件を調査することに反対し、「錦州事件ノミノ調査ト云フカ如キハ我方ノ企図スル問題ノ根本的解決ノ趣旨ニ反スルノミナラス却テ支那側ノ乗スル所トナリ益々事態ヲ悪化スヘシ」③といい、連盟が規約、不戦条約にもとづき錦州爆撃に関する決議または宣言を強要採択することを阻止するために強硬な態度をとった。

　錦州を通過する北寧線は英国の資本と関係がある。故に、英国は錦州爆撃に対し格別な関心をよせた。十月十日英国大使は幣原外相の弁明に反駁し、「偵察機ト爆撃機トハ其ノ性質ヲ異ニスルヲ以テ最初ヨリ爆撃ノ目的ヲ以テ行動シタルモノト認メラル」と述べ、「同鉄道ニハ英国ノ資本関係アルヲ以テ英国政府トシテモ幾分利害ヲ感スル」④と幣原外相の注意を喚起した。幣原外相は「京奉線ニ英国側ノ『インテレスト』アル点ハ之ヲ好ク承知シ居ルカ故ニ我飛行機ハ鉄道ノ破壊ヲ為ササル様最善ノ注意ヲ為セリトノ報道ニ接シ居ル次第ニテ線路及工場ノ破壊ト云フカ如キコトハ本大臣ノ聞知シ居ラサル所ナリ」⑤と弁明した。

---

① 原田熊雄述『西園寺公と政局』、第二巻、岩波書店、1982年、91頁。
② 外務省編『日本外交文書・満州事変』、第一巻第三冊、296頁。
③ 同上書、261頁。
④ 同上書、252-3頁。
⑤ 外務省編『日本外交文書・満州事変』、第一巻第三冊、253頁。

　錦州爆撃は米国に対しても大きなショックであった。米国政界においては日本に対する反感が非常な勢いをもって台頭した。米国政府は連盟に対する以前の態度をあらためて、連盟と協力することを約束し、十二日には錦州爆撃に抗議する覚書を日本政府に提出した。外務省は米国のこの動向を警戒し、米国と連盟の協力を阻止する対策を講じ、米国も直接に干渉しようとはしなかった。十月十三日米国の諸新聞は、「国務省当局ノ意向トシテ米国政府ニ於テハ今回ノ満洲事件ハ日支両国間ノ直接交渉ニ依リ解決セラルヘキ筋合ト認メ居リ従テ両国ノ何レニ対シテモ何等圧迫ヲ加フル意思ナキハ勿論右直接交渉ニ干渉スル意向」①なしと報道した。

　幣原外相と外務省出先機関の弁明により、国際連盟と米国は錦州爆撃に対し特別な措置はとらなかったが、十月十四日に開催される予定であった理事会を中国理事の要求により一日くりあげ、十三日に開催することとした。

　今回の理事会では、米国のオブザーバーが理事会に出席することと撤兵の問題が焦点になった。

　錦州爆撃は日本と列強との矛盾を激化し、米国は連盟と協力する態勢をとり、連盟も米国のオブザーバーが理事会に出席して共同行動をとるように要望した。沢田連盟の日本側事務局長は、「連盟理事国ト米国ト一心同体トナリ共同シテ本邦ニ当リ来ルカ如キ形勢ノ展開ヲ見ルヘキコト虞」②れ、十四日連盟事務総長ドラモンドに「米国招請ノ如キモ動モスレハ連盟ト米国カ共同シ日本ニ対シ圧迫ヲ加フルモノト解釈シ益々国論ヲ刺激シ之ヲ硬化セシメ時局ノ解決ヲ困難ナラシムル危険アリ」③と警

---

① 外務省編『日本外交文書・満州事変』、第一巻第三冊、33頁。
② 同上書、284頁。
③ 同上書、288頁。

告した。だが、理事会は十五日午後非公開の理事会を開き米国オブザーバー出席問題を議し、日本理事は「主トシテ法律上ノ点ニ疑問アルコトヲ指摘シ強硬ニ反対シタ」[①]が、表決の結果日本のみの反対で、米国オブザーバーを招請することに決定した。幣原外相は理事会がすでに決定したにもかかわらず、十七日在米国出淵大使に米国が自主的にオブザーバーを派遣しないよう米国国務長官に申し入れるよう指示した。だが、米国はこの意見を拒否し、そのオブザーバーのキルバートは十六日理事会に出席した。

　米国オブザーバーが理事会に出席した後には、外務省は表面的に歓迎の意を表し、米国が連盟において強硬な態度をとらないように努力した。同時に、幣原外相は連盟に対しては、「若シ連盟側カ将来他ノ問題ニ付テモ今回ノ如ク圧迫的態度ヲ以テ我方ニ臨ムニ於テハ我方トシテハ満洲事変ノ問題ハ勿論遂ニハ帝国ノ対連盟関係ノ全般ニ亘リ態度ヲ決セサルヲ得サル如キ事態モ発生スルコトナキヲ保セス」[②]と威嚇した。

　米国オブザーバーの理事会出席は米国と連盟が協力する第一歩ではあるが、米国が完全に連盟と共同体になったことを示すのではなかった。米国オブザーバーは十七日中日両国理事を除く理事会で、不戦条約第二条により中日両国に対し戦闘を中止する勧告を出すことを提議した。理事会はこの提議にもとづき勧告案を起草した。この勧告案は、侵略と被侵略の区別なしに、日中両国とも軍事行動を停止するよう要求した。これは不平等な要求であった。この勧告に対し、日本政府は十月二十二日に「九月十八日夜以来執リタル軍事行動ハ専ラ中国軍隊及兵匪ノ無法ナル攻撃ニ対シ軍自身ヲ防衛シ且南満洲鉄道及帝国臣民ノ

---

① 外務省編『日本外交文書・満州事変』、第一巻第三冊、300頁。
② 外務省編『日本外交文書・満州事変』、第一巻第三冊、335頁。

生命財産ヲ保護スルノ必要ニ基キタルモノニ外ナラス中国トノ
諸懸案解決ノ為戦争ニ訴フルカ如キハ帝国政府ノ全ク考慮セサ
ル所ナリ」と強弁し、中国人民の反日行動が「巴里条約第二条
ノ明文又ハ其精神ニ合致スルモノト認ムル能ハサルコトヲ指摘
セムト欲ス」とし、被侵略者である中国人民の反日運動が不戦
条約第二条に違反しているとした①。幣原外相も十九日に、「支
那カ『ボイコット』　其他各種ノ反抗運動ヲ為シ居ルハ平和的
手段ト解スヘカラサルモノト諒解ス今ヤ支那ハ斯カル非常手段
ニ依リ自己ノ目的ヲ達セント努ムルコト明瞭ナリ前記通告ハ不
戦条約第二条ニ依リ斯ノ如キ支那ノ行動ヲ阻止シ得ヘキコトヲ
期待」②すると英国大使に要求した。幣原外交の右のような反
駁により、不戦条約第二条の発動はなんの効果も発揮すること
ができなかった。

　理事会の第二の焦点は撤兵問題である。芳沢は「現下連盟ノ
最重キヲ置ク問題ハ撤兵ノ実行ニ存スル処来ル理事会ニ於テハ
当方ハ目下ノ事態ニ於テ撤兵ノ絶対不可能ナル所以」③を力説
する必要性を幣原外相に上申し、そのために「条約尊重論」を
だした。沢田は九月の理事会においての生命財産が安固確保さ
れれば撤兵するという口実は、「支那側ヨリ云ハシムレハ我方ノ
撤兵完了セサルカ故ニ生命財産ノ保護全キヲ得サルモノニシテ
結局水掛論ニ終ルノ外ナシ」④と認め、「今次我方ノ出兵ハ在満
邦人ノ生命財産ヲ保護スルト共ニ支那側ヲシテ我条約上ノ権利
ヲ尊重セシムルノ外他意ナキ事即我方論拠ヲ生命財産保護論ニ
加ヘ事変ノ真因タル条約尊重論ニ立脚シテ論陣ヲ張ル事トスル

① 外務省編『日本外交文書・満州事変』、第一巻第三冊、386－7頁。
② 同上書、348頁。
③ 同上書、227頁。
④ 同上書、220頁。

方一般輿論ニ対シテモ我立場ヲ強固ナラシムル」①と述べ、南京政府が撤回した宋子文の日中共同委員会をつくり、同委員会が各種懸案の商議にあたり、「理事会ハ該委員会ノ任務終了迄全然本件ノ討議ヲ延長セシムル」②ようにすることを幣原外相に提案した。この「条約尊重論」は、中国側に侵略的条約を尊重させようとする列強の帝国主義的共通点を利用して、日本が撤兵しないのは列強としても諒解できることだという判断から、列強の同情と支持を受けようとしたものであった。

　幣原外相は沢田の意見に賛成し、九日には「中国側の日本在満権益に対する侵害状況等に関して連盟に注意喚起について」、「大正四年協約の商租権に対する中国側の妨害状況について」、「満洲における中国官憲の朝鮮人および日本人圧迫の実情について」、「中国側の鉄道に対する妨害行為について」等の電報をあいついで沢田に発し、撤兵を要求する連盟と中国に対応するよう指示した。

　この方針にもとづき、日本政府は十月九日に日中直接交渉により締結すべき五項目の協定大綱を決定した。この大綱の一、二、三項は形式的なもので、第四項は「中国政府ハ東北諸内ノ何地ニ於ケルヲ問ハス居住又ハ旅行シテ商業、工業、農業其他ノ平和的業務ニ従事スル日本臣民ニ対シ其活動カ公ノ秩序及安寧ヲ害スルカ如キ性質ヲ有セサル限リ適当且有効ナル保護ヲ与フルコトヲ約ス」③、第五項は「日本国政府及中国政府ハ両国鉄道系統相互ノ関係ニ於テ友好的協力ヲ増進シ且破壊的競争ヲ防止セシムカ為メ並ニ東北諸省内ノ鉄道ニ関シテ日本国及中国間ニ現有スル条約ノ規定ヲ実行セシムカ為メ必要ナル協定ヲ南満洲

---

① 外務省編『日本外交文書・満州事変』、第一巻第三冊、220頁。
② 外務省編『日本外交文書・満州事変』、第一巻第三冊、227頁。
③ 外務省編『日本外交文書・満州事変』、第一巻第二冊、335－6頁。

鉄道会社ト東北諸省ノ関係官庁トノ間ニ遅滞ナク締結セシム
ヘシ」①とするものであった。これは関東軍の軍事的行動を背
景として満蒙問題を一挙に解決しようとする侵略的意図を反映
し、中国側の承諾不可能な項目を撤兵の先決条件とした。これ
について、沢田事務局長も「本使ノ体験ニ依リ判断スルニ蒋介
石政府ノ不安固ナル地位ト学生団其ノ他ノ強硬ナル支那側輿論
ニ鑑ミ本件ニ付南京政府ハ直接談判ヲ相為シ得ルヤモ覚束ナク
ヨシ又之ニ応シタリトスルモ結局我方五大綱ヲ全部承諾スルカ
如キハ直ニ期待シ難シ」②と判断していた。中国側が受入られ
ないことを知りながらこの五項目の協定大綱をだしたというこ
とは、この大綱を不撤兵の口実にするつもりであったことを証
明する。また幣原外相は九月三十日の声明では「帝国軍ノ一部
カ付属地外ニ在ル現状ト今後ノ争議交渉トハ別個ノ問題タルコ
ト」③だといったが、いまは直接交渉を撤兵の先決条件とし、
別個問題である撤兵と交渉とを結びつけた。これは幣原外相が
不撤兵のため新しくつくりだした対策であり、九月三十日の日
本政府声明も連盟の好意を得る一重の手段にすぎなかったこと
を示すものといえよう。

　沢田は協定大綱を議長ブリアンと事務総長ドラモンドに内示
し、連盟の支持を要望した。これに対しブリアンは、「連盟ノ最
モ関心ヲ置ク所ハ撤兵未完了ノ事実ニシテ支那トシテモ撤兵完
了スルニアラサレハ如何ナル基礎ニ於ケル直接交渉ニモ到底応
諾セサルヘク之最モ困難ノ存スル点ナリ」と述べ、官房長のレ
ジェーは「第四及第五ノ点ハ実質ノ問題ニ入ルモノナルヲ以テ

---

① 外務省編『日本外交文書・満州事変』、第一巻第二冊、335－6頁。
② 外務省編『日本外交文書・満州事変』、第一巻第三冊、372－3頁。
③ 同上書、205頁。

撤兵前之カ交渉ヲ行ヒ得ヘキモノニアラス」①といった。英国
外相サイモンも「鉄道ノ保護ヲ確保セラルト言フコトハ自分ニ
トリテハ耳新シキコトナリ」②と反対したが、沢田は「本使ハ
之迄声明シタル処ハ唯抽象的ニ原則ヲ述ヘタルニ過キス日本人
ノ生命財産ノ安固ヲ具体的ニ説明スル段トナレハ財産ノ中ノ最
モ重要ナル部分ハ鉄道ナリ」③と弁明した。幣原外相も連盟と
英国の反対に強硬に反駁した。

　撤兵問題で日本と連盟がまっこうから対立する情況の下で、
連盟側は日本と妥協しようとして、日本に譲歩する態度をとっ
た。十九日ブリアンが「若シ四項迄ニ付日支間ニ交渉カ纏リ日
本カ即時撤兵スレハ世界ノ輿論ハ日本ノ公正穏健ナル態度ヲ謳
歌スヘシ而シテ四個ノ条項ヲ実行スル場合ニ連盟ニ於テ援助ス
ル必要ナキヤ」④と沢田に尋ねた。沢田は連盟と妥協する必要
性を感じ、幣原外相に「撤兵ノ前提条件トシテ日支間ニ大綱ノ
協定ヲ遂クルノ御方針ヲ或程度迄緩和セラルル事此際絶対ニ必
要ナルヘシト思考ス」⑤と上申した。その理由は、「最近当地ニ
於ケル対日空気著シク悪化シ殊ニ米国参加問題ニ関シ我方ノ執
リタル態度カ想像以上ニ強硬ナリシ為理事会内部ニ於テハ我方
ニ対スル反対側ノ団結ヲ固メ事実上我方カ孤立無援ノ地位ニ立
チ居ルノ感」⑥があったからであった。幣原外相も日本に不利
な国際環境を憂慮して、第五項目に対し部分的修正を加え、満
洲における鉄道に関する現存日支条約の規定を中国政府が執行
する義務があるとした。この修正は第五項の内容を簡単化した

---

① 外務省編『日本外交文書・満州事変』、第一巻第三冊、290－1頁。
② 同上書、314頁。
③ 同上。
④ 同上書、349頁。
⑤ 同上書、350頁。
⑥ 同上書、349頁。

もので、実質的には変化がなかった。

　幣原外相は五項目の大綱協定締結は「如何ナル圧迫モ之ヲ翻スコト能ハス　又如何ナル環境ニ臨ムモ之ヲ動カシ難キモノ」[①]だと強調した。

　ドラモンドは日本と連盟との間の行詰りを打開するため、二十日いわゆるドラモンド三案を連盟日本代表部の杉村陽太郎に内示した。第一案は、日本側大綱案を九月三十日理事会決議の範囲内に入れると認め、理事会は即時日中両国に撤兵および安全保障につき直接交渉開始を勧告し、一旦理事会を三週間休会し、直接交渉の結果を確認して再開するという案、第二案は、日本側が大綱につき原則上の協定をとげる必要のあることを理事会で声明し、中国側がこれを正式に受諾し、一旦理事会を三週間延期するという案、第三案は、一、二案とも受諾不能の場合両当事国を除く他の理事国全部が賛成した原案を示し、当事国の意見を求めるとする案であった[②]。この第一、二案は日本の主張に近い案で、撤兵と交渉を並行する妥協的試案であった。ドラモンドは第一案が殊に従来の日本の主張を容れたるものとして、この案を承諾するよう内話した。沢田は第一案が「自分ノ見ル処ニテモ最モ日本ノ要求ニ合致スルモノト思ハル」[③]と幣原外相に上申した。在英松平大使、在独国小幡大使、在ベルギー佐藤大使らも第一案を受諾するよう幣原外相に勧告した。この勧告をうけて既定方針で進もうとしていた幣原外相も、二十二日、沢田に「第一案ノ趣旨ヲ採用スル」[④]と訓電した。だがこの第一案は撤兵の期日を三週間に制限していたから、幣原外相は第一案の後段を「一旦理事会ヲ延長シ爾後直接交渉ノ経

---

① 馬場明『日本外交史・満州事変』、第十八巻、鹿島研究所、1973年、215頁。

② 外務省編『日本外交文書・満州事変』、第一巻第三冊、358頁。

③ 同上書、359頁。

④ 同上書、383頁。

過ハ随時日本政府ヨリ連盟ニ通告ス」①と修正する条件をつけた。この条件は、連蒙の撤兵問題に対する干渉を排除しようとする措置であり、日本に直接交渉の主導権を掌握させようとするものであった。

だが連盟の五人委員会は二十二日ドラモンドの第三案、即ち日本が最悪の案と見た案にもとづき七項目の決議案を提出した。決議案の第一項は「日本国政府ハ日本人ノ生命ノ安全並其ノ財産ノ保護カ確実ニ保証セラルル範囲ニ於テ鉄道付属地内ニ其軍隊ヲ帰還セシムルカ為出来得ル限リ速ニ撤退ヲ続行スヘシトノ日本代表ノ声明」②に付注意し、日本軍の早期撤退を規定した。第六項は「日華両国政府ニ対シ撤退ノ完了ト同時ニ一切ノ両国間懸案特ニ最近ノ出来事ニ基ク問題並満洲ノ鉄道ノ状況ニ起因スル紛議ニ関連スル問題ニ関シ直接交渉ヲ開始センコトヲ勧告ス」③とし、まず撤兵し其の後に直接交渉をするように規定した。これはドラモンドの第一、二案で直接交渉と撤兵を併行する提案から撤兵優先とする方針に変化したことを示すものであった。

この決議草案は日本に対し大変不利なものであった。日本代表は、二十二日午後の公開理事会がこの草案を検討することに反対し、その延期を要求すると同時に、決議案に対する日本代表の修正案を作成した。その修正案は「日本人ノ生命ノ安全及其ノ財産保護ノ保証ヲ有セシムル根本的原則ニ関スル日支両政府間ノ先決的協定ノ実現ニ依ル人心ノ鎮静及事態ノ緩和ト共ニ日本国政府ハ鉄道付属地外若干地点ニ猶ホ駐屯スル其ノ軍隊ノ付属地内ヘノ撤退ヲ行フヘシトノ十月十三日ノ日本代表ノ声明

① 外務省編『日本外交文書・満州事変』、第一巻第三冊、383頁。
② 同上書、390頁。
③ 同上書、390−1頁。

ヲ再ヒ諒承」し、この「協定ヲ実現スル目的ヲ以テ直ニ之ヲ協議センコトヲ日支両国政府ニ勧告ス」①というのであり、直接交渉を撤兵の先決条件として堅持した。また協定締結した後にも「人心の鎮静及事態の緩和」②しない場合には撤兵しないという新しい条件をつけ加えた。

次に修正案は、「新ナル審査ヲ行フ為ニ何時ナリトモ理事会ヲ召集スルコトヲ許容ス」③とし、理事会再開の期日を遷延しようと企図した。これは理事会決議草案が関東軍の撤兵を十一月十六日までなしとげるように規定していたからであった。

幣原外相は日本代表の修正案に賛成し、理事会決議案は「撤兵ノ完了ヲ以テ日華直接交渉ノ前提条件ト認メアルカ故ニ」④反対し、ドラモンド第一案或は日本代表の修正案を採用するよう希望した。

日本代表は二十三日理事会に日本側の修正案を提出した。中国理事は日本の修正案に反対し、理事会の決議案を受諾する意を表した。

二十四日午後第十六回理事会は決議案の指名票決に入った。芳沢理事は「本件ハ日本ノ死活ニ関スル問題ナルヲ以テ斯ル日本側ノ要求ヲ満サレサル原案ハ之ヲ受諾シ得ス」⑤と反対した。理事会の決議案は全理事の賛成によって成立するものであったため、日本の反対によって成立せずに流産した。今回の理事会で日本代表の強硬な外交対策によって、中国と連盟側が決議で関東軍を撤兵させようとした努力は失敗し、幣原外交は関東軍の軍事占領を外交上保障することに成功した。

---

① 外務省編『日本外交文書・満州事変』、第一巻第三冊、399頁。
② 外務省編『日本外交文書・満州事変』、第一巻第三冊、399頁。
③ 同上書、400頁。
④ 同上書、410頁。
⑤ 同上書、415頁。

　さて、連盟側はなぜドラモンドの第一案でなく第三案にもとづき決議案を起草したのだろうか。これは日本と列強との矛盾が激化した必然的現象である。当時『ロンドン・タイムス』は東京からの電報により、第五項目は一九一五年の日支条約の履行を意味するものだと報道した。幣原外相も「同条約カ両当事国ノ自由意志ニ依リ完全ニ批准セラレ」、「同条約カ今日満洲ニ於ケル平和維持ノ根幹トナル」[①]ものであると述べた。これは幣原外相が大綱第五項目に満蒙問題に関する二十一カ条約の内容が含まれていることを認めたのを意味する。日本と中国を争奪する列強としては、日本のこの厖大な野望を許すわけにはいかなかったのである。故に、列強は大綱に反対し、早期撤兵を要求したのである。

　次に、この時期に関東軍は政略、軍事を併行してチチハル方面への北進をすすめており、関東軍の飛行機は黒竜江軍を爆撃した。これは日本が事変をますます拡大させることを列強に示した。だから連盟理事会は最悪な第三案にもとづいて日本の軍事行動を牽制しようとしたのである。

　理事会後、日本政府は十月二十六日第二次政府声明を発表した。この声明には撤兵の意味はいささかもなく、「此ノ際帝国政府ニ於テ単ニ中国政府ノ保障ニ依頼シ軍隊ノ全部満鉄附属地内帰還ヲ行フカ如キハ事態ヲ更ニ悪化セシメ帝国臣民ノ安全ヲ危険ニ暴露スル」[②]とし、附属地以外の軍事占領を堅持する立場を公然と示した。この声明は不撤兵の声明であり、幣原外交が不拡大から不撤兵の段階にはいったことを意味するのである。

---

① 外務省編『日本外交文書・満州事変』、第一巻第三冊、410頁。
② 外務省編『日本外交年表並主要文書』下、186頁。

三　チチハル侵攻をめぐって

　第三の時期は、関東軍が嫩江・チチハル方面に北進する時期である。この時期は、幣原外交が不拡大から拡大へ、かいらい政権樹立の不賛成から賛成に転換する重要な時期である。

　関東軍は不拡大方針による牽制の下で、地方軍閥と親日分子を利用して、政略を中心とした手段で占領地を拡大し、かいらい政権の地方組織を作り始めた。関東軍は洮南地区の軍閥張海鵬に武器と資金を提供し、辺境保安軍を成立させ、北満進攻の手先として利用した。張海鵬軍は十月十五日から洮昂線に沿って北進し、チチハルの万福麟・馬占山政権を打倒し、親日的かいらい政権を建てようとした。

　幣原外相も関東軍に同感し、「馬占山カ斉斉哈爾方面ニ占拠シ居ルニ顧ミ我方トシテハ張海鵬カ北上シ南満方面ノ大勢ニ順応スルノ好マシキヲ感シ居」[1]った。だが、幣原外相はソ連と連盟に対する影響を考慮し、軍事的行動を回避し、いわゆる和平的手段でこの目的を達成しようとした。幣原外相は「張軍ノ北上ニ当リ馬軍トノ間ニ衝突ヲ惹起シ東支沿線ヲ擾乱スルカ如キハ蘇連トノ関係ニモ鑑ミ面白カラサルニ付キ馬軍ヲシテ無抵抗ニ斉斉哈爾ヲ撤退セシムルコト肝要ト存スル処之カ為我軍ノ一部カ張軍ト共ニ北進スルハ恰モ我方ニ事態拡大ノ責ヲ負ハシメムト待チ構ヘ居ル支那側ノ術中ニ陥ル虞アリ故ニ張軍ヲシテ我兵トノ共同北進ヲ必要トセシメサルカ為ニハ同軍ノ実力ヲ強化シ以テ馬軍ヲシテ抵抗ノ無意味ナルコトヲ悟ラシムルト同時ニ馬占山ヲ買収其他ノ方法ニ依リ懐柔シテ平和裡ニ政権ノ授受ヲ

---

① 外務省編『日本外交文書・満州事変』、第一巻第一冊、459 頁。

行ハシムルコト各般ノ関係上尤モ時宜ニ適スト思考セラル」[①]
と奉天、ハルビン両総領事に指示した。この指示に対し、ハル
ビン大橋総領事は幣原外相に「馬占山ヲシテ奉天ノ例ニ倣ヒ治
安維持会ヲ組織セシムル外他ニ適当ノ方策ナカルヘシ」[②]と具
申した。その理由は、(一)「今日ニ於テハ軍側最初ノ予定計画
ニテハ到底張軍ヲシテ江省ヲ乗取ラシムルコトハ不可能ノ状態
ニアリ」、(二)「日本側ニ於テ現計画ヲ固執セントセハ我方ニ於
テ国際連盟ヲ脱出シ場合ニ依リテハ露、米トモ戦フ丈ケノ決心
ヲ固メ我軍ノ手ニ依リ江省軍ヲ殲滅シ又ハ其武装ヲ解除シタル
上張ノ政府ヲ樹立セシムルカ然ラサル場合ハ吉林ノ如ク張ノ政
府ヲ擁護スル為日本軍ヲ当地ニ駐屯セシムル外ナカルヘシ」[③]
だと分析した。大橋総領事は黒竜江省に奉天の治安維持会と同
様の維持会を成立させ、馬占山を会長に任命してかいらい政権
を建てようとした。そのため大橋は十月中旬からハルビン特務
機関の宮崎少佐とともに馬占山を買収する謀略活動をおこなっ
ていた。十一月四日幣原外相は軍部と相談の上その謀略費用と
して三百万円の費用を提供することを大橋総領事と奉天の林総
領事に伝えた。幣原外相は「本件ハ極メテ内密ノ事柄ナルニ付
其ノ実行ハ全部軍側ヲシテ行ハシムルコトト致度尤モ貴官ハ常
ニ軍側ト連絡ヲ保チ若シ貴官ノ手ヲ煩ハス方却テ好都合ナル如
キ場合軍側ノ希望アルニ於テハ之カ実行ニ参与セラレ差支ヘナ
シ」[④]と指示した。

　大橋総領事はこの謀略工作を成功させるために幣原外相に、
「(イ) 橋梁ノ修理ハ本件交渉ト関連シテ遅速セシムルコト (ロ)
江橋ニ出ス軍隊ハ小部隊トシ成ルヘク江省側トノ衝突ヲ避ケ且

① 外務省編『日本外交文書・満州事変』、第一巻第一冊、459頁。
② 同上書、471頁。
③ 外務省編『日本外交文書・満州事変』、第一巻第一冊、471頁。
④ 同上書、474頁。

洮南鄭家屯方面ニ大部隊ヲ控ヘ以テ江省側ニ対シ軍ノ威力ヲ示 スト同時ニ我方ノ意図ヲ暗示スル」[①]という意見を提出した。 関東軍と陸軍中央が嫩江方面に小部隊を出動させた原因には、 このような要素があったと考えられる。この事実は、外務省、 関東軍、軍中央が北進に対し一致した見解を持っていたことを 示す。ただし、外務省はできるだけ兵力の使用を回避して北進 の目的を達しようとした。

以上の事実は、幣原外交が「平和」的方法で北進することを 主張し、いわゆる不拡大から「平和」的拡大へ転換したことを 意味し、「平和」的方法で北満にかいらい政権を建てることに賛 成したことを示している。この「平和」的拡大とかいらい政権 の「平和」的樹立の方針は、幣原外交が軍事的拡大とかいらい 政権の武力的建立に転換するまでの過渡期であり、時間的には たいへん短期であった。

関東軍は十一月四日嫩江方面に部隊を出動させ、馬軍と戦闘 状態に入った。嫩江事件に対し外務省は対外的にどう対応した だろうか。

国際連盟では、中国理事施肇基がドラモンド事務総長に「日 本軍派遣ノ表面上ノ目的ハ橋梁修理掩護ニアルモ事実ハ張軍ヲ 支持スルコトニヨリ馬、張軍ノ衝突ヲ誘致シテ日本軍ノ北上ヲ 計ラントスルモノ」[②]だと訴えた。ドラモンドは十二日に北満 の戦局に関し幣原外相に注意を喚起する電報を出したが、幣原 外相は公然と嫩江出兵を弁解し、「今次我軍ノ嫩江方面出動ハ… …全ク洮昂鉄路局ノ橋梁修理員援護ノ目的ニ出テタルモノナリ 然ルニ支那兵ノ不信ニ基ク攻撃ニ対シ我軍ハ余儀ナク之ヲ排除

---

① 外務省編『日本外交文書・満州事変』、第一巻第一冊、473 頁。
② 外務省編『日本外交文書・満州事変』、第一巻第三冊、481頁。

スルノ行動ヲ執ルニ至リタル」①と反駁した。幣原外相は十三日にはブリアン議長に、「支那側ハ斉々哈爾、昂々渓及其以南ニ我軍ニ十数倍スル兵力ヲ集中シ居リ其ノ我軍ニ対スル脅威刻々迫リツツアルコトニ付理事会議長ノ深甚ナル注意ヲ喚起スルモノナリ」②と逆要求をだし、国土を保衛する中国軍が日本軍を脅威している強弁した。

　ドラモンドは関東軍の北満進撃に対応するため連盟委員の満洲視察を要求した。これに対し、幣原外相は「我方ハ出来得ル限リノ便宜ヲ供与セル」③と答えた。これは事変初期の連盟オブザーバー派遣反対の方針が変化したことを示す。この時、幣原外相は連盟委員の視察が日本に有利だと判断したのである。これは林奉天総領事が十月二十九日幣原外相に、「当方面ノ実情ヲ視察セル諸外国人ヲ見ルニ其多クハ満洲現下ノ状態ニ於テ急速日本軍撤兵ノ不可能ナルコトヲ了解セルモノノ如クナルニ付テハ此際我方ニ於テ従来ノ行懸ヲ離レ進ンテ連盟ヨリ調査員ヲ派遣セシムル様仕向クルコトハ連盟ヲシテ満洲ノ実情ヲ了解セシムルニ力アルヘキノミナラス今次事変ノ処理ニ付殆ト行詰リノ状態ニアル連盟ニ対シ一ノ抜道ヲ与ヘ之ヲ善導シ得ル所以ナルヤニ存セラル尚本庄司令官モ連盟調査員ヲシテ当方ノ実状ヲ知ラシムルヲ有利トストノ意見ナリ」④と上申したことと関係があると思われる。幣原外相の国際連盟に対するこのような対策は、関東軍の嫩江侵攻に有利な国際環境をつくる外交的措置であり、この措置で関東軍の北進にともなって激化する連盟との矛盾を緩和しようとしたのであった。

　米国に対しては、出淵大使が国務長官および次官に「鉄橋ヲ

① 外務省編『日本外交文書・満州事変』、第一巻第三冊、490頁。
② 同上書、532頁。
③ 同上書、532頁。
④ 同上書、427頁。

破壊シタルハ馬占山軍ナルコトヲ告ケ」[①]、嫩江出兵は鉄橋修理のためだと弁明した。だが米国は関東軍の嫩江出兵はチチハル侵入の前奏であるとも考え、かなりの警戒心をいだいていた。十一月十六日スチムソン長官は日本軍はあくまで馬占山をチチハルより駆逐し北満を日本の勢力下に置こうとするのかと出淵大使に警告したが、出淵は「日本ノ方針ハ決シテ北方ニ兵ヲ進ムル考ニアラサルモ目下ノ状態ニテハ橋梁修理ト共ニ直ニ撤退スルコト困難ナルノミナラズ未タ修理ヲ了セサル昨今ニ於テ馬軍ヨリ屢々攻勢ニ出ッルコトハ誠ニ憂虞ニ堪ヘサル次第ナリ」[②]とし、関東軍のチチハル侵入に対する口実をつくり始めた。これを信用したのか、米国は嫩江事件以来日本に対し特別な措置を講じようとはしなかった。

幣原外交は南京政府にはどのように対応しただろうか。

南京政府外交部長は十一月十一日嫩江問題に関する覚書を重光公使に提出し関東軍の嫩江進撃に抗議した。覚書は嫩江問題の事実を披露し、関東軍の北満侵略の企図を暴露した。この抗議は関東軍とその軍事行動を支持した日本政府に打撃とならざるを得なかった。幣原外相はこの抗議にたいして、馬占山軍は「嫩江橋梁修理班掩護ノ為派遣セル少数部隊ニ対シ約束ニ反シテ攻撃ヲ加ヘ我軍ニ於テ一旦之ヲ撃退シタル後モ続々斉々哈爾、昂々渓及其ノ以南ニ部隊ヲ集中シ我軍ニ十数倍スル大兵ヲ以テ盛ニ我軍ニ対シ挑発的態度ニ出テツツアリ」[③]と事実を歪曲し、関東軍のチチハル方面の新しい軍事行動を正当化しようとした。重光公使も十一月十六日南京政府外交部長にいわゆる反駁公文を出し、「本件日支両軍ノ衝突ハ支那軍隊ノ不信行為ニ起因スル

---

① 外務省編『日本外交文書・満州事変』、第一巻第三冊、77頁。
② 同上書、100頁。
③ 外務省編『日本外交文書・満州事変』、第一巻第二冊、396頁。

モノニシテ其ノ責任ハ全然支那側ノ負フヘキモノニ有之」①と
し、「万一江省軍隊ニシテ衆ヲ頼ミ我軍ニ対シ挑発的態度ニ出テ
我軍トノ間ニ衝突ヲ惹起スルカ如キコトアランカ之ヨリ生スヘ
キ結果ハ凡テ貴国政府ノ負フヘキモノナルコト」②だと南京政
府を威嚇し、関東軍の軍事行動に弁明した。重光公使は二十一
日、二十三日連続二回南京政府に抗議文を出した。これは外務
省がいかに関東軍の北進を外交的に支持したかを示している。

　嫩江事件後、関東軍はチチハルへの進撃を準備した。これに
対し幣原外相はどのように対応しただろうか。大橋ハルビン総
領事はチチハルを一挙に占領するよう主張した。大橋はこの際
素質劣弱な張海鵬軍が単独でチチハルに乗込むこともおそらく
不可能だし、仮に乗込ませたとしても関東軍が現地で支持しな
い限りその地位を維持することは困難であり、一方、「馬占山ヲ
買収其他ノ方法ニ依リ懐柔スルコトハ今トナリテハ絶対不可能
ナル」ので、「政府ノ北満経略方針ヲ実行セントセハ此際一挙ニ
斉斉哈爾ヲ突キ江省軍並其友軍ヲ徹底的ニ撃破シタル後適当ナ
ル我方ノ傀儡ヲ斉斉哈爾ニ据ヘルノ外途ナキカ如シ」③と幣原
外相に具申した。事変初期に不拡大方針を主張した林奉天総領
事も、「現下ノ事態ハ既ニ実質上右五大項目ヲ以テ収拾シ得ヘキ
範囲ヲ超越シ既得権益ノ擁護以外更ニ北満経略ニ進ミツツア
リ」、「我軍ノ斉斉哈爾方面進出ヲ極力避ケツツ右経略ヲ行フコ
ト最早不可能ナル実情ニアル」、「斉斉哈爾ヘ軍ヲ進出セシメラ
ルルコト現地ノ状況ヨリ見テ已ムヲ得サル方策ナリト思考ス」④
とし、関東軍のチチハル出兵を支持するように申し入れた。

　関東軍はチチハルへの出兵準備をおこなうと同時に、一方に

---

① 外務省編『日本外交文書・満州事変』、第一巻第二冊、395頁。
② 同上。
③ 外務省編『日本外交文書・満州事変』、第一巻第一冊、502頁。
④ 同上書、523頁。

おいては張景恵を通じ、馬軍の撤兵と馬占山を下野させ、張海鵬に政権を交付する謀略工作を展開した。大橋ハルビン総領事は関東軍とともにこの謀略工作を担当した。幣原外相は大橋を支持し、「貴地政権ノ平和的授受ニ関スル貴官ノ御努力ハ当方ノ大ニ多トスル所ニシテ此際軍側トノ連絡ヲ密接ニシ精々目的達成ニ努メラレ度尤モ本件交渉ハ極メテ機微ナル関係アリ我方ノ内政干渉ト見ラルル如キ文書ヲ後日ニ残スコトハ面白カラサルニ付出来得ル限リ口頭ニテ取運ハルル様致度シ」[①]と指示した。

　当時内閣においては、南陸相は「どうしても東支線を越えてチチハルまで攻めて行かなければ、軍略としては完全なものではない」[②]と主張していたが、若槻首相は「もし陸軍が東支線を越えてチチハルにまで攻めて行くやうなことがあったら、到底自分は責任をとるわけにいかん」[③]と述べ、陸軍の出兵には賛成しなかった。幣原外相も「平和的」北進は主張したが、兵力使用には完全に賛成しなかったらしい。だが首相・陸相・外相の談合の結果、最後には「東支線を越えてチチハルまで行くことは已むを得ないとしても、一旦そこで敵軍を屈服させた以上は、チチハルを占拠しないで、直ちに軍の拠点に引返す」[④]という妥協が成立した。これは幣原外交が関東軍の拡大方針に追随し、いわゆる「平和」的拡大から軍事的拡大方針に転換し始めたことを示す。また、軍事的拡大の目的は北満に武力でかいらい政権を建てることであるから、幣原外交もかいらい政権の「平和」的樹立から武力的樹立に転換し始めたことを意味する。

　十九日関東軍はチチハルを占領した。チチハル占領の目的はかいらい政権の樹立であった。だが幣原外相は関東軍のこの目

---

① 外務省編『日本外交文書・満州事変』、第一巻第一冊、519、543頁。
② 原田熊雄述『西園寺公と政局』、第二巻、岩波書店、1982年、133-4頁。
③ 同上。
④ 同上書、134-5頁。

的をおおいかくすため、二十日「我軍ハ何等カノ政治的考慮ニ依リ同地ヲ占拠スルカ如キ意思ヲ絶対ニ有セス馬占山ノ軍事的脅威ヲ除キ得タル上ハ速ニ撤兵スルコトニ十分諒解アリ従テ理事会ニ於テモ我誠意ニ信頼シ暫ク事態ノ進行ヲ静観セムコトヲ希望ス」①と連盟に申入れ、チチハル占領に対する連盟の干渉を排除しようとした。

　関東軍はチチハル占領後、かいらい政権を建てて日本の支配体制を確立し、目的達成以後に主力軍の一部を撤兵させ、国際輿論を緩和しようとした。しかし、この計画は順調にすすまず、撤兵も速に実現されなかった。参謀本部第二部は十二月四日の「昭和六年秋末ニ於ケル情勢判断同対策」で、「黒竜江ヲ扼シ学良系軍ノ再生ニ備ヘンカ為ニハ斉々哈爾ヨリハ絶対的ニ過早ナル撤兵ヲ行フヲ得ス」と決定した。幣原は「速ニ撤兵スル」との意見をかえ、二十三日には沢田に、撤兵の「大休ノ期日ニテモ通報スルカ如キハ困難ナルノミナラス此際軽々ニ右通報ヲナシ後日ニ至リ実行不可能トナルカ如キコトアラムカ其ノ結果ハ却テ我方ニ取リ不利トナルヘシ」②と伝え、関東軍にの不撤兵とかいらい政権の樹立に協力した。

　チチハル侵入に当り、一番心配されたのは対ソ関係である。チチハルまで侵入するためには東支鉄道を越えるので、ソ連と直接衝突の可能性があった。当時、大橋ハルビン総領事は「此ノ際満洲ニ於テ日本カ如何ナル行動ニ出ツルトモ彼ニハ恐ラク我ヲ正面ノ敵トスルカ如キ元気ナカルベシ」③と判断してチチハル侵入を主張した。チチハル占領の翌日、在ソ連広田大使はソ連を安心させるため人民外交委員リトヴィノフを往訪し、

① 外務省編『日本外交文書・満州事変』、第一巻第三冊、610頁。
② 外務省編『日本外交文書・満州事変』、第一巻第三冊、642頁。
③ 外務省編『日本外交文書・満州事変』、第一巻第一冊、502頁。

「『日本軍ハ今後共東支鉄道ノ利益ヲ尊重シテ行動スヘキコト』迄ヲ述ヘ日本政府ハ我軍カ已ムヲ得サル戦闘ニ際シテモ蘇連邦ノ利益ヲ考慮シテ行動シタルコトニ対シ蘇政府モ満足セラルヘキモノト思考スルト共ニ両国カ斯カル事態ニ際シテモ良好ナル関係ヲ持続スルコトハ両国ノ為喜フヘキコトナリト思考シ居ル」①と述べ、対ソ関係を緩和して、チチハル占領の保障をえようとした。

　米国にはどのように対応しただろうか。大橋ハルビン総領事は米国について、「此際日本ガ満洲ニ於テ如何ナル行動ニ出ツルモ米国ハ勿論連盟ト雖モ多少ノ言葉ノ上ノ非難位ハ為スモ経済封鎖若ハ武力行使ニ依ル妨害ノ如キハ如何ニシテモ想像シ得ラレサ」るといい、「特ニ鋒先ヲ蘇連ニ向クル事トモナラハ目下五箇年計画ヲ極端ニ恐レ居ル米国ハ勿論保守党ノ天下ナリシ英国モ我方ニ同情コソスレ妨害的態度ニ出ツヘキコトハ万無ナカルヘ」②しと予測した。事実は大橋が分析し予測した通りだった。しかし日本と満蒙を争奪しようとする米国は、日本が南満・北満全部をその支配下におくことには賛成しなかった。十九日スチムソン国務長官は出淵大使に、「日本軍ノ斉々哈爾方面攻撃ヲ見ルニ至リ右ハ自分トシテ誠ニ失望ヲ禁シ得サルノミナラス奉天吉林ノ現状ニ顧ミ斉々哈爾迄モ同様ノ事態ニ陥ルカ如キ事トナレハ南北満洲共ニ事実上日本ノ勢力下ニ置カルル事トナリ必ス米国国論ニ重大ナル刺戟ヲ与フルニ至ルヘシ」③と懸念を述べた。米国の輿論が連盟にあたえる影響はかなり強かったため、幣原は、「日本軍隊カ嫩江地方ヨリ撤兵スヘキ時期ヲモ明示シテ事態ノ緩和ヲ図リタルモ馬占山ハ我提議ヲ容レス却テ十八日朝

①　外務省編『日本外交文書・満州事変』、第一巻第三冊、618-9頁。
②　外務省編『日本外交文書・満州事変』、第一巻第一冊、503頁。
③　外務省編『日本外交文書・満州事変』、第一巻第三冊、102頁。

戦備ノ整フヲ待ツテ俄然攻勢ヲ執リ之ニ対シ我軍隊ハ兵数ノ寡
少ナルニ拘ラス応戦ノ已ムヲ得サルニ至レリ茲ニ於テ帝国ハ若
我軍カ馬軍ヲ撃破シ之ヲ追撃シテ斉々哈爾ニ進出スルコトトナ
ルトモ馬軍ノ軍事的脅威ヲ除キ得ラレタル上ハ速ニ洮南以南又
ハ鄭家屯以東ニ撤退」すると述べ、「米国政府ニ於テ帝国政府ノ
誠意ニ信頼シ我軍隊ノ近日斉々哈爾方面ヨリ撤退ヲ決行スヘキ
成行ヲ静観セラレムコトヲ希望ス」①と、出淵大使を通じスチ
ムソンに伝えた。これは事実に対する歪曲であり、関東軍の一
部は依然としてチチハルを占拠していた。だが、幣原外相の対
米策は米国でかなり効果をあげた。スチムソン国務長官は出淵
大使に「昨日貴大使ノ語ラレタル斉斉哈爾方面ヨリ速ニ撤兵セ
ラルル御方法ハ直ニ『ドーズ』ニ伝ヘタル処『ド』ハ更ニ之ヲ
施公使ニ伝ヘ同公使説得上相当効果アリタル趣ニテ自分トシテ
ハ今後モ引続キ適当ノ方法ニ依リ支那側ヲシテ日本ニ対スル敵
対行為ヲ取締ラシムル方針ナリ」②と述べた。

　関東軍のチチハル侵入は事変初期以来の最大の軍事行動で
あったが、外務省の上記の外交対策と列国各自の事情により、
列強は特別に制裁的措置をとらず、関東軍のチチハル占領を黙
認した。

　上述のように、幣原外相の外交政策は十一月十六日再開の連
盟理事会、嫩江、チチハル占領と前後して新しい段階にはいっ
た。この変化は十一月十二日発の「満洲事変処理に関する政府
方針伝達について」と十五日の「再開理事会への対策について」
の訓令で明確に述べられている。訓令で幣原外相は、「学良ハ其
ノ排日的態度ノ為我方ノ支持ヲ受ケサルニ至リ現ニ東三省ニ於
ケル其ノ実力ヲ失墜シ居ルモノナルヲ以テ最早東三省ノ政権ト

---

　① 外務省編『日本外交文書・満州事変』、第一巻第三冊、104頁。
　② 外務省編『日本外交文書・満州事変』、第一巻第三冊、109頁。

シテ意味ヲ為ササルニ至レル」といい、「今後満洲ニ如何ナル政権出現スルヤハ東三省内部ノ問題ニシテ主トシテ東三省民ノ決スヘキ所ナルヲ以テ我方トシテ今後形勢ノ推移ニ徴スルノ外ナク」[①]、「支那側ノ地方的治安維持機関ノ内容充実ヲ計ラシメ其ノ実勢力ノ奥地方面ニモ波及スルヲ俟チ漸ヲ迫フテ自発的ニ我軍ノ付属地集結ヲ行フ外ナカルヘシ」[②]と述べた。これはすなわち「政府ハ目下地方治安維持会ヲシテ警察力ヲ充実シ治安維持ノ責ニ任セシメテ撤兵ヲ実行スルノ途ヲ開カムトシツツ」、「今日ノ事態ニ於テハ撤兵ハ寧ロ交渉ヲ省略シ我自主的認定ニテ之ヲ行フコト便宜ナリ」[③]という政策であった。

　この訓令の内容とチチハル侵攻に対する幣原外相の態度を綜合して検討すれば、この時期の幣原外交には次のような四つの方面の変化を見出すことができる。

　一、不拡大→平和的拡大→軍事的拡大へと次々に転換した。嫩江、チチハル出兵に対し、幣原外交は色々な条件を付けたが、最後には出兵に賛成したのは事実である。

　二、張学良政権の否定。幣原外相はもと南京政府との交渉が不可能であれば、張学良政権とのあいだで満蒙問題の一併解決を交渉しようとしていた。張学良政権の否定は外交交渉の否定でもあり、また否定した張学良政権にかわる新しいかいらい政権を満蒙に建てることを意味している。

　三、このかいらい政権の樹立について、幣原外相は事変初期のかいらい政権の樹立に干与するのに反対した自らの立場を否定し、関東軍が治安維持会の名で建てているかいらい政権の地方組織に賛成した。これはかいらい満洲国政権を承認する第一

---

① 外務省編『日本外交文書・満州事変』、第一巻第三冊、559頁。
② 同上書、519頁。
③ 同上書、560頁。

歩でもあり、幣原外交の転換だといわざるを得ない。

四、撤兵問題に関しては、治安維持会の充実と確保という新しい条件を付け加えた。これは不撤兵の口実である。ここで幣原外相のいう治安維持会すなわちかいらい政権の樹立は満洲事変の最終目的であり、この政権が成立すれば満蒙は日本の植民地になり、満鉄付属地はなくなり、関東軍の撤兵も問題にならないようになる。故に幣原外相は再開される理事会が撤兵問題を検討する必要はないと主張し、関東軍の軍事占領と不撤兵を完全に擁護した。

幣原外相の対外政策になぜこのような変化が発生したのだろうか。前にも述べたように、幣原外相は事変初期の軍事的「勝利」を背景として満蒙における日本の権益を擁護、拡大しようとし、そのため連盟、列強とは協調して、権益擁護、拡大の目的を達成しようとした。幣原は、もし連盟・列強との関係が悪化し、列強・連盟が実力をもって事変に干渉するような場合には、日本はその目的を達することが不可能になると考えていた。だが事変開始以来、連盟と列強はそれほどまでの干渉を避け、ある意味では、日本にかなり好意的であった。だから幣原外相は十一月十六日「満洲事変に対する米英仏三国政府の最近の態度について」で、「米国政府ニ於テハ日本カ満洲ニ対シ多年努力シ来レル事情及日本ノ条約上有スル権益ニ対シテハ相当好意的諒解ヲ有スル様ナルモ不戦条約及九同条約ノ関係上日本側ノ行動行過キサル様警戒シツツ一方不必要ニ日本トノ関係ヲ荒ケサル様種々苦心シ居ルモノト認メラル」とし、「英国政府ハ条約上ノ権益尊重ニ関スル我方ノ主張ニ対シテハ異論ナキ模様ナルモ連盟ノ威信保持ニ極メテ熱心ニシテ日本側カ相当ノ程度ノ支那ノ保障ニ満足シ兎モ角付属地内ニ撤兵セムコトヲ希望シ居ルカ最近本邦輿倫ノ対英反感ヲ著シク気ニ病ミ種種陳弁ニ努メツツ

アリ」、「仏国政府ノ態度モ右英国側ト大体同様ナル」[①]と分析した。この分析からみれば、列強は事変に対し警戒心をもっているとはいえ、かなり好意的態度をとっていたといえる。

　幣原外相の列強に対するこのような分析は、参謀本部第二部の「昭和六年秋末ニオケル情報判断　同対策」とほぼ一致していた。参謀本部第二部は、米国の態度は「予想以上冷静ナルモノアリ」、「米国ハ帝国カ現在目途トシアル満蒙経営ニ対シ武力干渉ヲ試ミルカ如キコト万無カルヘシト判断」[②]した。英国に対しては、「英国ハ日本ト密接ナル協調ヲ遂クルニ依リ始メテ彼ノ東亜方面一体ニ於ケル既存勢力ノ安固ヲ得ルモノニシテ英国民亦漸ク之ヲ了知セルカ如ク今ヤ一般ノ輿論ハ逐次我ニ同情ヲ表スルニ至レリ」[③]と判断した。ソ連に対しては、「帝国ニシテ進ンテ挑戦的態度ニ出テサル限リ彼ヨリ進ンテ日支紛争ノ渦中ニ投スルノ意志ハ之ナキモノト判断」[④]した。国際連盟に対しては、「一面連盟ノ態度ハ終始米国ノ鼻息ヲ窺フノ風アルヲ以テ米国ノ輿論ニシテ今日ノ如ク経済断交ノ如キ制裁的行為ニ出ツルヲ適当トセサルニ傾キツツアルニ於テハ連盟モ亦タ断乎タル決意ニ出ツルコトナキモノト判断」[⑤]した。故に、幣原外相は列強に対し安心感を持ち、不拡大方針の根拠である列強との協調関係の維持についてあまり心配する必要がなくなったのである。したがって幣原はこの時期には関東軍に追随し、チチハル侵攻、かいらい政権の樹立、不撤兵などに賛成し、またそれを主張したのである。この事実は、幣原外交が事変遂行の過程で、軍事行動の拡大と列強の態度のいかんによって転換したことを

---

① 外務省編『日本外交文書・満州事変』、第一巻第三冊、565－6頁。
② 参謀本部『満洲事変作戦指導関係綴』、別冊二、防衛研究所記録。
③ 同上。
④ 参謀本部『満洲事変作戦指導関係綴』、別冊二、防衛研究所記録。
⑤ 同上。

示している。

　幣原外交のこの転換およびその影響についてオーストリア駐在の有田八郎公使は、「撤兵ニ関シ当初ハ生命財産ノ安固ヲ確保スルニ至レハ遅滞無ク撤兵スト称シ中頃ニ至リテハ基本条項ニ関スル協定成立スルニ非サレハ撤兵出来スト主張シ最近ニ至リテハ支那側ノ地方自治機関ノ実勢力ヲ各地方面ニモ波及スルヲ待チテ撤兵スル外無カルヘシト称スルカ如キハ……到底外部ヲ納得セシメ難ク結局世界ヲシテ日本ノ云フ生命財産ノ保護云々ハ懸案解決ノ為ニスル保障占領並自己ニ都合良キ政権ノ確立ヲ期セントスル口実ニ過キストノ感ヲ抱カシメ説明スレハスル程其疑念ヲ深ムル傾向アル」[①]と率直に述べた。これは懸念でなく事実であった。

　幣原外交転換の原因には、この時期の国際情勢のほかに、十月事件以後の国内権力構造の変化、国論の影響などもあるが、根本的な原因は幣原外交の本質にあると考えられる。客観情勢は事物内部自身の要素を通じてその影響力を発揮するのである。幣原外交は事変初期の軍事的「勝利を背景に満蒙における懸案を解決し、満蒙における日本の権益を拡大しようとした。だが権益の拡大には、かいらい政権を樹立するということに干与するところまでは含まれていなかった。その原因は列強との協調関係を考慮したからであった。幣原外交のこのような根本的要素すなわち満蒙権益を拡大しようとする要素は、当時客観情勢の制限をうけていわゆる不拡大方針としてあらわれたが、この客観情勢の変化またはその客観情勢に対する認識の変化のもとで、不拡大方針に対する制約が失なわれると、不拡大方針も必然的に拡大方向に転換せざるをえないのである。

---

① 外務省編『日本外交文書・満州事変』、第一巻第一冊、529頁。

四　錦州侵攻をめぐって

　第四の時期は錦州侵攻の時期である。錦州侵攻は、その軍事的意味よりも政治的目的が重要である。関東軍が奉天を占領した後、張学良政権は錦州に移った。張学良政権の存在はかいらい満洲国をつくるうえで最大の障害であった。故に関東軍は錦州侵攻でこの政権を追い出し、かいらい満洲国を建てる条件をつくろうとした。張学良政権を否定した幣原外交もこの時期に「錦州政府ハ有名無実トナリ撤兵ノ外無キ」①ものとして、その政権の否定から駆逐にのりだし、関東軍と一体になって積極的な外交交渉を展開した。

　関東軍はチチハル占領後矛先を遼西に転向し、錦州侵攻を準備した。連盟では、中国理事施肇基が十一月二十一日ドラモンド事務総長に日本軍の錦州方面出動を通告し、対策を講ずるよう要望した。これに対し二十三日幣原外相は「此際錦州方面出動ノ如キハ有リ得ヘカラサルコトト信ス」②と連盟に伝えたが、二十四日には、張学良の軍隊二万人が錦州方面に集結し、日本軍に脅威をあたえているから、「右形勢ニ対シ我軍カ多大ノ脅威感ヲ感スルト共ニ痛烈ナル敵慨心ヲ禁シ得サルハ当然ノ事」で、「先方ノ挑発的態度ニ対シ手ヲ拱イテ座視スルカ如キコトノ不可能」③であると述べ、関東軍の錦州侵攻について弁明し始めた。

　同時に、幣原外相は外交的交渉で張学良軍を遼西地方に撤兵させ、錦州方面を無血占領することを企み、沢田に「錦州方面

---

①　外務省編『日本外交文書・満州事変』、第一巻第三冊、727頁。
②　同上書、643頁。
③　同上書、656頁。

ニ於ケル支那軍隊ノ活躍ニ付『ブリアン』等ノ注意ヲ喚起シ支
那側ニ対シ其ノ兵力ヲ遼西地方ニ集中セサル様警告ヲ発セシム
ルコト時宜ニ適ス」①と訓令した。沢田は二十五日幣原外相の
訓令通り、錦州方面では「支那側ノ挑発行為ニ依リ重大ナル事
態ヲ生スルノ虞アリ……其ノ兵力ヲ遼西地方ニ集中セサル様」②
ブリアンに要求した。二十六日沢田は幣原の二十四日電報の趣
旨にもとづき作成したエードメモアルをブリアンに手交し、「日
本軍ハ『イニシアチブ』ヲ取ルコトナキモ支那軍ヨリ挑発スル
場合ニハ之ニ応戦スルモ已ムヲ得サルニ至ルヘク両軍衝突ノ虞
此点ニ在ル次第ニ付右地方ニ在ル支那軍ノ撤退方ニ付議長ニ於
テ適当ノ措置ヲ執ラレンコトヲ希望スル」③と再要求した。

　連盟は日本の錦州侵入に積極的対策を講ずるのでなく、両軍
の同時撤兵で錦州問題を解決しようとした。ブリアンは沢田に、
「支那軍ノ撤兵ト同時ニ日本軍ノ付属地内引揚方出来マシキ
ヤ」④と尋ねたが、沢田は「我方ノ引揚ハ困難ナリ」⑤と拒否し
た。これは、外務省が関東軍の錦州侵攻を支持することを明確
に示すものである。

　だが、錦州方面に出動中の関東軍は陸軍中央の命令により二
十七日から撤兵し始めた。これは南京政府が錦州地区の中立案
を提出したからであった。外務省は錦州中立地帯問題において
関東軍・軍中央とほぼ一体になって、連盟と南京政府との外交
交渉で大活躍をし、外交交渉で錦州地区を占拠しようとした。
この外交交渉の内容はほぼ同様であるが、外務省の役割を明ら
かにするため、南京政府と連盟に対する交渉を別々に述べるこ

---

① 外務省編『日本外交文書・満州事変』、第一巻第三冊、727 頁。
② 同上書、665 頁。
③ 同上書、673 頁。
④ 同上。
⑤ 外務省編『日本外交文書・満州事変』、第一巻第三冊、673 頁。

とにする。

　南京政府は関東軍の出動に対し抵抗しないばかりか、十一月二十四日には南京の英米仏公使に、「日本側ニテ異存無キニ於テハ錦州ヨリ山海関ニ至ル地域ヲ中立地帯トシ日支両軍ヲ此ノ地ニ入ラシメス且現ニ滞在スル錦州付近ノ支那軍隊ヲ全部関内ニ撤兵スヘク尚右ニ対スル保障ヲ当事国ヨリ右三国ニ為スヘ」①という中立案を提示した。在日仏大使マーテルはこの案を二十七日幣原外相に伝えた。幣原外相はこの提案を日本が錦州地区を無血占拠するよい機会であると考えて即時賛成し、二十九日南京政府にその意を伝えた。だが三十日南京政府は中立地帯に中立国軍隊を入れ、中立国がオブザーバーを派遣し、双方と連絡を保ちながら一切を処理するよう希望した。これに対し、重光公使は「第三者ノ介入セル部分ニハ日本ハ賛意ヲ表スルコト能ハス」②と反対した。南京政府外交部長顧維鈞は「提案中民国側ニ於テ最モ重キヲ置ク点ハ日本政府ヨリ三国政府ニ対シ保障ヲ為スノ条件ニアリ」③と強調し、重光の意見に反駁した。重光公使は「日本軍ノ撤退ハ時期接迫ノ際民国側撤兵ヲ見越シ貴下ノ提案承認ノ意思ヨリ行ハレタルモノナレハ若シ此ノ計画失敗ノ暁ニハ如何ナル反動カ我国論及軍部ニ起ルカハ予想シ難キモノアリ日本軍部ハ全ク欺カレタリトノ感ヲ受クヘシ」④と中国側を威嚇し、中国軍の遼西からの撤退を強要した。関東軍は事変初期に袁金鎧を委員長とする遼寧地方治安維持会を成立させていたが、張学良軍隊の撤兵後には、袁らが錦州にかいらい政権を樹立して、その基礎の上でかいらい満洲国を樹立しようとした。もし第三国が介入する場合には、張学良軍が撤退し

　①　外務省編『日本外交文書・満州事変』、第一巻第二冊、435頁。
　②　同上書、447頁。
　③　同上書、458頁。
　④　同上書、459頁。

たとしても、錦州かいらい政権の樹立は不可能なことになり、また第三国の介入はその国の勢力がこの地区に滲透する可能性をもたらすから、日本はこれに終始強硬に反対したのである。

　国際連盟においては、二十六日中国理事施肇基が、中国政府は「理事会カ両軍現在ノ駐屯地ノ間ニ中立地帯ヲ設ケ理事会ノ権力下ニ英、仏、伊其他中立国ノ派遣軍ニ依リ同地帯ヲ占領セシムル様直ニ必要ナル措置ヲ執ランコトヲ要請ス右ノ如キ場合ニハ支那ハ理事会ノ希望アラハ其兵力ヲ関内ニ撤退スルノ用意アリ」[①]と事務総長に提案した。同日午後理事会はオブザーバー派遣を決定し、日本に具体的内容を伝えた。幣原外相は連盟の提案は「結局第三者ヲシテ我軍ノ行動ヲ監視セシムル如キ結果トナル虞アルヲ以テ我方トシテハ到底承認シ難シ」[②]と拒否した。その後、幣原外相は十二月三日連盟に、「錦州地方撤兵地帯設置問題ニ関シ日支間ニ直接ニ話合ヒ度キ意向ニテ理事会側カ右話合ノ成行ヲ静観セムコトヲ希望」[③]し、依然として連盟と第三国の介入に反対した。

　連盟における交渉の他の焦点は撤兵地帯の範囲であった。幣原外相は大体「錦州山海関ノ地域ト考ヘ居レル」[④]と沢田に伝えたが、理事会側は遼河をもって東端を限定しようとした。沢田ら理事会の日本代表は錦州―山海関は「余リニ行過キタルカ如キ感ヲ与ヘ本邦ニシテ斯ル広大ナル計画ヲ有スル限リ到底支那側ヲ説得シ日支直接交渉ヲ慫慂スルコト絶対ニ不可能ナリ」[⑤]と考え、幣原の意見ニ反対し、大凌河を東限にするよう提案した。幣原外相は即時反対し、「撤兵地域ノ東端ハ小凌河 Hsiao

① 外務省編『日本外交文書・満州事変』、第一巻第三冊、668頁。
② 同上書、679頁。
③ 同上書、726頁。
④ 同上書、740頁。
⑤ 同上。

ling ho ト定メタキ意向」①だといい、「日支直接交渉ヲ促進セ
シムル様極力努力スルコト肝要ナルヘ」②しと訓示した。沢田
は、錦州は小凌河以東に位しているので同市は右の撤兵区域外
に置かれるかと幣原に質問した。幣原は「小凌河ハ錦州市ヲ貫
流シ居リ同市街ノ約三分ノ二ハ同河ノ左岸又残リノ三分ノ一ハ
其ノ右岸ニアルニ付右三分ノ一ハ当然ニ所謂撤兵地域（即チ日
支両軍緩衝地帯）トナル訳ナリ」③といい、錦州占拠の目的を
明確に言い出した。連盟の日本代表も、この「結果日本ハ結局
錦州迄其軍ヲ進メントスルモノナリトノ予テノ疑問立証セラレ
タリ」④といわざるを得なかった。

　連盟は日本と妥協しようとして、大凌河を東限としようとし
たが、幣原外相は依然として小凌河を堅持し、交渉は行詰った。

　幣原外相は南京政府と連盟との交渉が進展しないため、張学
良との話合いを促進するを可とし、十二月三日北平の矢野参事
官に対し、「学良ニ対シ此ノ際錦州地方ニ於ケル日支軍衝突ヲ避
クルハ学良自身ノ利害ノ為最大ノ急務ナルコト及本件ハ錦州地
方ニ永久ノ事態ヲ確立セントスルモノニ非ルヲ以テ学良限リ地
方的問題トシテ決行シ得ベキコトヲ充分徹底セシムル様」⑤訓
令した。矢野は訓令通り張学良にその意を伝えたが、学良は「日
本側ニ何ラカ隠レタル目的ニテモアルニ非ズヤ」⑥と考え、受
諾しなかった。幣原外相は元東北参議湯爾和に張学良説得を依
頼し、湯が学良に慫慂した結果、張学良も「自発的ニ山海関迄
撤兵」⑦することを決意した。

---

　　① 外務省編『日本外交文書・満洲事変』、第一巻第三冊、750頁。
　　② 同上書、751頁。
　　③ 同上書、755頁。
　　④ 同上書、762頁。
　　⑤ 馬場明『日本外交史・満洲事変』、第十八巻、鹿島研究所、1973年、286-7頁。
　　⑥ 同上書、287頁。
　　⑦ 馬場明『日本外交史・満洲事変』、第十八巻、鹿島研究所、1973年、289頁。

幣原外相は中立地区問題と張学良との交渉に当り、軍部と十分な協議をし、軍部もこの交渉が失敗すれば即時に新しい師・旅団を派遣して関東軍を増強し、武力で張学良軍を山海関以西に駆逐する方針であった。

幣原外相と連盟の日本代表は中立地区問題を交渉すると同時に、関東軍の錦州方面出動の口実をつくるために理事会の決議および議長宣言に「匪賊討伐権」を入れるように努力した。この努力は軍部の要求と一致した。参謀本部第二部は十二月四日に、張学良の政権を錦州附近から駆逐する第一方策として、「錦州政権乃至張学良ト脈絡相通スル兵匪馬賊カ満蒙ノ鉄道沿線治安撹乱ノ事実ヲ内外ニ公表宣伝ス」[1]と決定した。その結果、十二月十日の連盟理事会決議案第二項目は「理事会ハ両当事国カ此ノ上事態ノ悪化スルヲ避クルニ必要ナル一切ノ措置ヲ執リ又此ノ上戦闘又ハ生命ノ喪失ヲ惹起スルコトアルヘキ一切ノ主動的行為ヲ差控フベキヲ約スルコトヲ了承ス」[2]と規定した。この規定は関東軍の錦州侵攻を牽制しようとしたもので、日本には不利な決議であった。日本代表はこの項目の削除と修正に努力したが、この決議は中国側にも同様の効力を発するものだから、中国側を牽制するという意味で、決議案はそのままとし、議長宣言にこの項目に対する保留条件を付加えた。保留条件は、「日本軍ニ於テ満洲各地ニ狙獗ヲ極ムル匪賊並不逞分子ノ活動ニ対シ日本臣民ノ生命財産ヲ直接保護スル為ニ必要ナルベキ行動ヲ執ルコトヲ妨クルノ趣旨ニ非ストノ諒解ノ下ニ日本政府ノ名ニ於テ本項ヲ受諾スル」[3]とし、関東軍が錦州方面に出動する権利を保留し、議長

① 参謀本部「満洲事変作戦指導関係綴」、其二。
② 外務省編『日本外交年表並主要文書』下、192頁。
③ 外務省編『日本外交年表並主要文書』下、194頁。

宣言の形式でその侵攻を合理化し、錦州占領の国際的条件をつくった。

　若槻内閣は十二月十一日総辞職し、幣原外相も同時に辞任した。十三日犬養内閣が成立し、犬養が当分外相を兼職した。犬養内閣は満洲事変に対し対内的にも、対外的にも積極的に対応し、軍中央と関東軍に同調した。

　関東軍は「匪賊討伐」を口実に二十八日錦州攻撃を決行した。錦州攻撃は犬養外相の時代に決行されたが、その外交的態勢は幣原外相の時代に作られたものであり、犬養外相はその基礎の上で十二月二十七日政府第三次声明を発表し、公然と関東軍の錦州侵入を支持したのである。張学良軍は幣原外相の時期の交渉にもとづき関内に撤兵した。関東軍は翌年一月三日錦州を無血占領し、錦州の張学良政権を追い出し、遼西地方のかいらい政権を建て、かいらい満洲国樹立の条件を作った。

　以上四つの時期を通じ、幣原外交は関東軍・軍中央との対立・矛盾から徐々に統一の道を採り、錦州問題ではほぼ一体になったのである。この過程を総括すれば、戦線拡大問題では、不拡大→平和的拡大→軍事的拡大へすすみ、撤兵問題では、生命財産の安固確保→五項目大綱協定の締結→事態の緩和→治安維持会の成立というように、中国側が絶対に受入れられない条件をつぎつぎに設け、かいらい政権問題では、成立干与反対→治安維持会成立への弁護→治安維持会成立への賛成に転換し、最後には張学良政権の駆逐にのりだした。

　このような転換の原因は幣原外交の内在的本質にあると考えられる。幣原外相は、加藤内閣時代から満洲事変の時まで一貫して、日露戦争特に二十一ヵ条以来の満蒙におけるあらゆる懸

案を解決し、満蒙における日本帝国主義の植民地的権益を拡大しようとしてきた。これは幣原外交の本質であり、この本質は関東軍・陸軍中央とも一致するのである。満洲事変初期にこの権益拡大をかいらい政権の樹立までおしすすめるか、また軍事的一挙占領で解決するのかの問題で意見の相違があった。しかしこの相違は目的達成の手段および程度の相違であって、侵略・非侵略の根本的相違ではなかった。故に、幣原外交と関東軍・陸軍中央とは内部ではトラブルを起こしたが、対外的には、連盟と第三国にむかって、事変勃発の事実を歪曲し、関東軍の軍事的、政治的行動について強弁し、連盟と第三国の干渉を排除し、関東軍に有利な国際輿論と国際環境をつくりだすために始終一貫して必死の努力をした。このような一致が幣原外交の転換の内在的原因であり、最後に軍部とほぼ一致する基礎的条件であったのである。

　幣原外交の転換は、また客観的条件に対する認識の変化にも基因する。事変の初期、幣原外交と関東軍・軍中央との対立は客観情勢に対する認識と対応の相違から生まれたのである。関東軍は米英とソ連に対する対決の姿勢から、また幣原外交は米英とソ連との協調の姿勢から事変に対応しようとした。幣原外交は日本の米英に対する経済的依存・世界的軍事バランス等を考慮し、対英米協調の範囲で満蒙問題を解決し、ソ連の軍事的干渉を懸念していた。しかし列強とソ連は日本に対し妥協的であり、経済的制裁・軍事的干渉の手段はとらなかった。このため幣原外交にとってはその協調外交の本質を制限する客観的情勢に対する認識が変化し、この変化が幣原外交転換の客観的原因となった。

　幣原外交と関東軍・陸軍中央との統一には、幣原外交が軍に統一されたばかりでなく、軍の方も徐々に幣原外交について了

解し、軍の行動と外交との調整をとることに注意を払い、幣原
外交に統一される面があった。たとえば、嫩江、チチハル問題
での妥協、錦州での一時撤兵と中立地帯問題で、軍部・関東軍
は外務省と調整しながらその軍事行動をおしすすめたのである。
これも軍と外務省が満蒙において共通で一致した目的を持って
いたからであった。

　満洲事変における日本外交は他の事物のようにその形成・発
展の過程がある。事変の三年間に三つの内閣と三人の外相が交
代した。この三つの内閣を比較すると、あとの内閣は前の内閣
よりさらに積極的に事変に対応している。三番目の斎藤内閣・
内田外相は事変の最後の目的であるかいらい満洲国の国際的承
認をえるため連盟を脱退し、世界各国から孤立するのも惜しま
なかった。内田外相のこのような強硬な政策には、五・一五事
件の影響もあったが、幣原外相・芳沢外相の外交政策を継承・
発展させたものもあると考えられる。幣原外交はあとの芳沢・
内田外交と相違する一面もあるが、外交の連続性としては、そ
の両外交の基盤を築いたともいえよう。

第四章　第一次上海事変と日本外務省

　上海事変は孤立した事件でなく、満洲事変の重要な一部分である。日本軍部は、上海事変を通じ、満洲事変のように植民地的領土と権益を拡大しようとしたのではなかった。それは、かいらい満洲国の樹立から列強の目をそらし、その成立に列強が干渉するのを牽制し、また上海を中心とした中国人民の反日闘争を武力で弾圧し、中国人民のかいらい満洲国の樹立への抵抗を背後から牽制するために、謀略によって挑発されたものであった。

　上海事変は満洲事変に従属する事変であり、その目的が満洲事変とは違うのであるから、それに伴う外務省の対外的対応の仕方も満洲事変の時とは異なるはずである。本章では、満洲事変と上海事変に際して外務省の対外的対応の仕方を比較検討することを通じ、外務省が上海事変においてどんな方法で、どのような役割を果したかを解明し、もって満洲事変と上海事変との内部的関係をいっそう明らかにしたいと考える。

一　事変初期における対応

　上海事変の引き金は、一九三二年一月十八日に発生した日本人僧侶襲撃事件であった。この事件は関東軍参謀板垣征四郎と

上海駐在武官輔佐官田中隆吉、憲兵大尉重藤憲文が共同謀議して起こした事件であった[①]。

　この陰謀に外務省が加担したか否かは、確実な史料がまだ発見されていないが、当時中国駐在の重光葵公使は、「私の堅持している穏健政策—満洲事変は満洲に局限する、すなわち上海にはことを起こさない、もし起こってもこれを局地的に穏健な手段で外交的に解決するという政策が日本の大局上絶対に必要である」[②]と考え、一九三二年一月十二日上海を出発し、十五日入京し、外務省の幹部に「上海の事態の容易ならざることをつぶさに説明し、もし上海に新たにことが起ればそれは単に日華の間の問題に止まらず、日本の国際的な地位を危険ならしむると指摘した。これらの意見について谷アジア局長らとは全く見解を一つにした」[③]。重光公使は一月二十五日芳沢謙吉外相に面会し、芳沢は「すべて君の意見に同感だから一日も早く上海に帰任して事件の処理に当たり、重大なことの起らぬようにしてもらいたい」[④]と重光に指示した。重光はこの指示を受けた後、二十九日神戸発の長崎丸で上海に急行した。

　一月二十八日夜、日本海軍陸戦隊は関閘北地区の中国の十九路軍に攻撃を開始し、上海事変を挑発した。重光公使は上海事変が勃発したことを翌三十日長崎に寄港して知った。

　三十一日上海に到着した重光公使は、上海の事情を詳細に調査した後、二月二日に芳沢外相に第六二・六三号の電報を出して、事変勃発の原因が日本側にあることを次のように報告した[⑤]。

---

　① 田中隆吉「上海事変はこうして起された」、『秘められた昭和史』（別冊知性）、河出書房、1956 年、182−3 頁。

　② 重光葵『外交回想録』、毎日新聞社、1978 年、99 頁。

　③ 同上。

　④ 重光葵『外交回想録』、毎日新聞社、1978年、100頁。

　⑤ 外務省編『日本外交文書・満州事変』、第二巻第一冊、43−4 頁。

「二十八日支那側カ我總領事ノ要求条項全部ヲ承諾セルニ拘
ラス我居留民ノ主ナルモノ（時局委員会）ハ之ニ対シ絶対反
対シ千載一遇ノ機会ヲ失スト論スルモノアリ同委員会ノ籠
城（日本人「クラブ」）ニ集リ居タル在郷軍人等ハ或ハ泣ク
モノアリ喧騒ヲ極メタル由ニテ総領事ニ対シテハ勿論海軍
側ヲモ批難スルモノアリ然ルニ其内海軍側ハ飽ク迄予定ノ
行動ヲ断行スヘシトノ消息伝ハリ倶楽部人ノ喧騒ハ変シテ
万歳ノ声トナリタリ」。「陸戦隊ハ艦隊本部ト意見往々異ナリ
又青年将校等ノ血気ニ逸ルモノアリ……在留民ノ行動ヲ見
ルニ極端論ノミ依然強ク無責任ナル言動ハ全部ヲ支配シ居
ルト云フモ不可無シ右ハ二十八日支那側ト妥協成立セルニ
モ拘ハラス夜半ノ軍事行動ト化シタル主ナル原因ナリ」。

右記のように、重光公使は上海事変が日本軍の挑発によって
起こされた事実を知りながらも、満洲事変勃発当時の林久治郎
奉天総領事と異なった対応を示し、陸軍の即時派遣を要求した。
同電報で、重光公使は「陸軍派遣ノ如キハ……此ノ場合ハ一日
ヲ躊躇スヘキニ非ラスト思考」[①]すると芳沢外相に上申した。

重光公使の電報で上海事変勃発の事実を知った芳沢外相も満
洲事変当時の幣原喜重郎外相と異なった態度を示し、陸軍の出
兵を率先して主張した。一月三十日、芳沢外相は陸・海軍大臣
と共に陸軍の出兵を決定し、犬養内閣は二月二日にこの決定を
認めた。芳沢外相は主動的に陸軍出兵に賛成したことを証明す
るため、「本大臣カ陸海軍大臣ニ圧倒セラレ陸軍派遣ニ決シタ
ルカ如キコト無」[②]しと在米出淵勝次大使に伝え、必要に応じ関
係方面に説明するよう指示した。このことは、外務省の上海事
変初期の対応が満洲事変初期の幣原外交の不拡大方針と異なっ

---

① 外務省編『日本外交文書・満州事変』、第二巻第一冊、43頁。
② 同上書、131頁。

ていることを示し、外務省が事変初期から軍部の侵略行為に対し積極的に協力したことを物語るものである。

重光公使は、陸軍出兵を要求すると同時に、国土を防衛する中国軍隊の撤兵を要求した。二月二日、重光は殷汝耕、黄郛、張群、張公権らと内密に会見し、「差当リ支那側ヲ着弾距離外ニ後退セシムル外ニ名案無キヲ説キ」、「支那軍隊ノ撤退ノ必要ナルヲ強調」[①]した。

列強に対しては、外務省はまず事変勃発の事実を歪曲し、日本軍の上海における侵略的軍事行動について弁解した。芳沢外相は一月三十一日、英米仏三国大使を別々に招致し、「我陸戦隊ハ防備配置ニ就カムトシタル処支那側（便衣隊ヲ含ム）ヨリ発砲シタル為之ニ応戦シタルモノニシテ全ク自衛ノ行動ニ過キス」[②]と弁解した。

芳沢外相は、内外新聞記者との会見でも、「支那側ヨリ突如射撃ヲ開始セルヲ以テ我軍ハ自衛上応戦シタルモノ」[③]だと強弁し、「若シ支那側ニテ到底右攻撃停止及撤兵ヲ肯セサル場合ニハ日本トシテハ陸兵ヲモ派遣シテ支那側ノ攻撃ニ備エ以テ帝国臣民及共同租界ノ安全ノ為メ飽迄努力セサルヘカラサル次第ナル」[④]と述べた。

だが、列強は日本軍が事変を挑発した事実を知り、続々と芳沢外相に抗議を提出した。一月三十一日、米国大使ネビルは芳沢外相に、「日本陸戦隊ハ二十八日夜半上海ノ商業地ニ於テ支那軍ニ対スル攻撃ヲ開始シタリ之カ為上海全市ノ平和ハ撹乱セラレ商業杜絶セリ共同租界ノ安全ハ脅カサレタリ米国政府ハ斯クノ如キ発展ニ対シ茫然タラサルヲ得ス就テハ日本政府ニ対シ此

① 外務省編『日本外交文書・満州事変』、第二巻第一冊、44頁。
② 同上書、38頁。
③ 同上書、39頁。
④ 同上書、40頁。

ノ上生命ノ損失財産ノ破壊ヲ齎ス如キ行動ヲ中止スル様」①警
告した。英国大使リンドレィも本国の訓令として芳沢外相に抗
議を出した。

　芳沢外相の前記の弁解は、英米等列強のこのような抗議に対
する反駁でもあった。このことは、外務省がたとえ上海事変の
陰謀に関与していなかったとしても、事変の目的達成のために
始めから軍に協力したことを示すものである。

　芳沢外相は、一面列強の抗議に反駁しながら、他面では列強
を利用して、中国側に圧力を加えようとした。一月三十一日芳
沢外相は英国大使に、「我陸戦隊ハ非常ナル危険ニ瀕セルノミナ
ラス共同租界モ重大ナル局面ニ面スル次第ニ付英国側ニ於テ至
急支那軍増援ノ中止及一定ノ距離迄退却方ニ関シ在上海同国官
憲ニ必要ノ訓令ヲ発スル様依頼シタ」②。

　二月二日、日本政府は上海に陸軍を派遣することを決定した。
芳沢外相はこの決定にふさわしい外交態勢をつくるため、同日
在英国臨時代理大使沢田節蔵と在米国出淵大使に「居留民保護
及共同租界防備」を口実に、[陸兵ヲ出スノ余儀ナキニ至ルヘキ
状況ナルニ付貴官ニ於テモ貴任国当局ニ対シ……事件最近ノ経
過及我方ノ立場ヲ然ルヘク説明ノ上貴任国政府ヨリ至急在上海同
国官憲ニ対シ必要ノ訓令ヲ発スル様懇談」③することを指示した。

　上海は列強の中国侵略の拠点であり、列強は上海に大量の投
資をしていた。当時上海における外国の投資は、日本―三億八
千万両、英国―五億三千四百万両、米国―一億六千三百万両、
仏国―一億三百万両であり、貿易額（一九三〇年）は、日本―
一億七千二百万両、米国―二億五千七百万両、英国―二億九千

---

① 外務省編『日本外交文書・満州事変』、第二巻第一冊、37頁。
② 同上。
③ 外務省編『日本外交文書・満州事変』、第二巻第一冊、51頁。

八百万両であった[①]。列強が日本と同様に上海において巨大な植民地的権益を持っていたことは、満洲事変以来の中国人民の反日・反侵略の闘争のなかで、列強も自己の権益を保護する共同的な運命におかれていたことを示す。関東軍の板垣らが他の地方でなく、上海で事変を挑発したその原因も上海地区のこのような特徴を利用したものと考えられる。

　このような情況の下で、英米にとっても上海における各自の権益を保持することがなにより緊急な任務となった。列強はこのため各自の軍艦と海兵隊を上海に派遣し、軍事行動をとる態勢で上海事変を迎えざるを得なかった。列強のこのような行動は、外務省と軍部が望んでいた行動であった。このことは、二月九日芳沢外相が在英米仏国大使への電報で列強との協調を強調したことからも推測することができる。芳沢外相はこの電報で「今次上海ニ於ケル我軍ノ行動ハ租界……警備ノ為メノ共同行為ナルト共ニ該行動ニシテ居留邦人保護上ノ必要ニ依リ共同警備ノ範囲外ニ出ツルモノアリトセハ其ノ程度ニ於テ我方ノ単独行動ナルカ上海ノ国際都市タル関係上殊ニ我方カ共同租界ノ管理ニ参与シ居ル点等ニ顧ミ右共同行為ト単独行為トハ事実上殆ト区別スルコト困難ナリ」、「列国トシテハ密接ナル協調ノ下ニ上海地方ノ安寧秩序ヲ計ルヲ以テ共通ノ利益トスルコト申ス迄モナク」、「多数ノ共産分子ヲ包含スト伝ヘラルル第十九路軍カ引続キ上海附近ニ止リ居ルコトハ何レノ関係国ト雖忍ヒ得サル所ナルヘク従テ列国協調シテ同軍ノ撤退実現ニ努ムルコト刻下ノ喫緊事」[②]であると任国当局に伝え、誘導するように指示した。二月十一日には、在中国の重光公使にも、「支那軍撤退要

---

① 外務省編『日本外交文書・満州事変』、第二巻第一冊、160頁。
② 同上書、131－2頁。

求ヲ成ル可ク列国共同ニテ為ス」①ように指示した。

　この指示にもとづき、在英国沢田臨時代理大使は英国外務省に、日本軍の「増兵ハ結局之ニ依リテ我居留民ノ保護ヲ全フスルト共ニ各国人ノ不安ヲ除キ共同租界ノ防備ヲ鞏固ニシ以テ共同ノ義務ヲ果ス所以ナリ」②と弁明し、列強との協調を説明、要望した。

　荒木貞夫陸軍大臣も上海に出兵する植田謙吉第九師団長に、「帝国ノ対支那本土策ハ対満蒙策ト全然其ノ趣ヲ異ニシ進ンテ支那本土ニ於テハ列国ト協力シ……上海方面ニ於ケル我軍事行動ヲシテ列国ト協調ヲ保ツ如ク律センコトハ最モ希望スル所タリ」③と指示した。

　外務省の方針と軍部のこのような対策は完全に一致しており、両者とも満洲事変勃発の時期と異なり、主動的に列強の介入と協力を求めたのである。このことは、上海事変の挑発目的から生ずる必然的な現象であり、外務省もこの目的遂行のために軍部と一致した対応をしたことを示す。

　では、列強は日本の以上のような政策に対しどのように対応したか、事変が勃発した翌日、在上海のブレナン英国総領事とカンニンガム米国総領事は外国記者団に対し、「もし日本軍が徹底的に中国軍を掃滅できないなら、上海の事態はどのようになり、どのようなことが発生するのかわからない。共同租界、フランス租界は勢いに乗じた中国兵の非理不法な侵入を受け、武力回収の暴挙にさらされる危険が多分にある。事変の急を救う唯一の方法は、日本軍の力によって、中国軍隊を徹底的に圧迫するほかない。日本は今日の兵力に少なくとも数倍または十数

---

　①　外務省編『日本外交文書・満州事変』、第二巻第一冊、138頁。
　②　外務省編『日本外交文書・満州事変』、第二巻第一冊、136頁。
　③　同上書、150頁。

倍する兵力を中国に派遣して時局を收拾し、上海租界の急を救うべきである」①と述べた。これは列強が上海における共同の植民地権益を保護するため日本軍の大量出兵を希望し、日本に協調することを明らかに示すものであった。

　だが、これは列強の対応の一面である。列強は他面においては、日本が上海において租界地を拡大し、またその軍事的占領によって長江および中国南方における権益を拡大し、英米と南部中国を争奪するようになることを恐れていた。だから、二月十三日第九師団が上海に上陸した時、米英およびイタリー総領事は上海の日本総領事村井倉松に厳重な抗議をした。特に米国総領事は米国政府の名で抗議した。米国の国務長官スチムソンは十五日に、「米国政府トシテハ到底之ヲ是認シ得サルノミナラス支那側ニ於テ之ヲ口実トシ或ハ報復的ニ租界内ヲ攻撃シ米国人ノ生命財産ニ危害ヲ及ホスカ如キコト無シトモ限ラレス」②と抗議した。

　この抗議に対し、在米出淵大使は、「米国モ英国モ曽テ支那側ヨリ排斥ヲ蒙リ多大ノ困難ヲ嘗メタルコトアリ甚タ不祥ナルコトヲ云フカ如キモ将来トテモ米国側ニ於テ今回日本側ノ遭遇シ居ルカ如キ厄介ナル事態ニ直面セラレ支那ニ対抗スル為陸兵ヲ租界ヨリ上陸セシムルカ如キコト起ラストモ限ラサルヘキニ既ニ日本陸兵モ殆ト上陸ヲ終了シ居ル際ノコトニモアリ今更抗議カマシキ態度ニ出テラルルコトハ見合セラルル方得策ナルヘシ」③と力説し、日本と列強の中国侵略の共通性を利用して、米国の抗議に対応するとともに、陸軍の上海上陸を外交的に保障しようとした。

　上海事変において、外務省は対内的にも対外的にも軍部と一

---

① 榛原茂樹、柏正彦『上海事件外交史』、金港堂、1932 年、5－6 頁。
② 外務省編『日本外交文書・満州事変』、第二巻第一冊、157頁。
③ 外務省編『日本外交文書・満州事変』、第二巻第一冊、158頁。

致協力し、外務省と軍部は一体になって行動した。第九師団が
上海に上陸した後、芳沢外相は「もう第九師団が着いたから、
十九路軍に退却を要求する。きかなければ一撃を加へてこれを
追撃して行く」①と述べ、二月十八日には上海総領事に上海市
長あてに最後通牒をだすように指示した。村井上海総領事は次
のような通牒を呉鉄城上海市長に提出にした②。

「中国軍隊ハ二月二十日午前七時迄ニ第一線ノ撤退ヲ完了
シ二月二十日午後五時迄ニ黄浦江左岸共同租界西北端、曹
家渡鎮、周家橋鎮及蒲淞鎮ヲ連ヌル線以北租界ノ北部境界
線以北並黄浦江右岸爛泥渡及張家楼鎮ヲ連ヌル線以北ニ
シテ租界ノ境界線ヨリ二十粁ノ地域（獅子林砲台ヲ含ム）
ノ外ニ撤退ヲ完了シ右地域内ニ於テ砲台其ノ他ノ軍事施
設ヲ撤去シ並ニ新ニ之ヲ設ケサルコト」、「中国軍ノ第一線
撤退完了後日本軍ハ其ノ実行ヲ確認スル為護衛兵ヲ有ス
ル調査員ヲ撤退地域ニ派遣ス」

さらに村井総領事は軍部の通牒を上まわって「抗日会ノ即時
解散及其他排日運動ノ禁止ニ関スル約束ヲ切実ニ実行スル」、
「若シ実績挙ラサルニ於テハ我方ニ於テ適当ナル手段ヲ執ラサ
ルヲ得サルニ至ルヘキモノナル事ヲ」③付け加えた。

このような最後通牒について、在米国出淵大使は米国国務長
官に、「帝国政府ハ上海方面ニ於ケル戦闘ヲ防止シタキ見地ヨリ
今日迄出来得ル限リ支那軍ノ自発的撤退ヲ勧誘シ来リタルモ支
那側ニ於テハ啻ニ我カ勧告ニ耳ヲ傾ケサルノミナラズ益々兵力
ヲ集結シテ敵対行為ヲ継続シ徒ニ租界ノ不安ヲ増スノミナルヲ
以テ帝国政府ニ於テハ此ノ危急ナル事態ニ余儀ナクセラレ最後

---

① 原田熊雄述『西園寺公と政局』、第二巻、岩波書店、1982年、213頁。
② 外務省編『日本外交文書・満州事変』、第二巻第一冊、164頁。
③ 同上。

ノ手段トシテ廿四時間ノ期間ヲ付スル最後ノ通牒ヲ以テ支那軍ニ
対シ租界廿粁外ノ撤兵ヲ要求スルコトニ決定シタ」①と強弁した。

　国際連盟理事会は二月十九日佐藤尚武日本理事を通じ最後通
牒の期限を延長するよう日本政府に要望したが、二月二十日芳
沢外相は、「最後通牒ノ期限ハ既ニ終了シ居リ我軍ニ於テハ既ニ
行動ヲ開始シ居ルヘク旁々今トナリテハ十九路軍ノ態度ニ一大
変化ヲ生セサル限リ右期限ヲ延長スルコトハ到底不可能ナ
リ」②と拒否した。

　日本軍は二十日から中国軍に対し新しい攻撃を開始したが、
中国軍の強烈な抵抗に直面した。軍部と政府は二十三日第十
一・十四師団を上海に増派することを決定した。これは上海事
変を無限に拡大する態勢のようにみえるが、内実は異なってい
た。二十五日参謀本部第二部は、上海事変を局地解決する「上
海事件対策案」を策定した。この対策案は、「上海事件ハ局地的
解決ノ建前ニヨリ当初ノ企図ヲ貫徹スルニ努ム」とし、その要
綱は「上海派遣軍ハ当面ノ敵ヲ撃攘シ概ネ軍ノ上陸点付近ヨリ
昆山付近ニ亘ル地帯ヲ確保セハ軍事行動ヲ停止ス」とし、「列国
カ我要求ヲ基礎トシ斡旋スルニ於テハ円卓会議ヲモ認メ以テ成
ル可ク速ニ連盟方面ノ空気緩和ニ努ム」③と規定した。この対
策は、満洲事変と異なり、その当初の軍部の企図が上海の永久
的軍事占領と植民地権益の拡大にあるのでなく、列強の視線を
上海に集中させ、かいらい満洲国の樹立に有利な国際条件を作
ろうとしたことにあったことを明らかに示している。

　外務省も軍のこの対策に応じ、列強に対し同様の措置をとっ
た。芳沢外相は軍部が上海事件対策案を作成した同日すなわち

---

① 外務省編『日本外交文書・満州事変』、第二巻第一冊、168頁。
② 外務省編『日本外交文書・満州事変』、第二巻第一冊、171頁。
③ 同上書、176—7頁。

二月二十五日に沢田連盟事務局長と在中国公使、総領事に対し、「我方トシテハ時局ヲ利用シテ上海地方ニ政治的野心ヲ遂ケムトスル意図毛頭ナク従テ同地方ニ於テ専管居留地ヲ設定シ其他日本人ノミノ利益ヲ計ルカ如キ底意ナキハ勿論寧ロ上海開発ノ功労者タル英米仏等ニ対シテ十分ノ敬意ヲ払ヒ特ニ共同租界工部局ヲ尊重シテ上海ノ国際都市タル面目ヲ益々発揮セシメ度思考シ居ル次第ナリ」[①]と任国当局に説明するよう指示し、二十五、六日には「支那軍カ一定地域外ニ一定期間内ニ撤退スルコトヲ条件トシ戦闘ノ停止ヲ承諾スルノ意思アルコトヲ明言シ差支ナシ」[②]と指示し、「今後ニ於ケル上海付近外国人保護問題協議ノ為メ上海ニアル列国代表者ヲ加ヘタル円卓会議ノ開催ニ異存ナキ」[③]と指示した。これは軍の上海事変挑発の企図と一致する外交措置であった。

　二十六日、芳沢外相は円卓会議の内容および進行順序について、「先ツ日支両軍ノ戦闘停止ニ資スル為メノ要綱ヲ議ス」[④]、停戦条件は村井上海総領事が呉上海市長に出した最後通牒と同様だが、停戦後の中国軍隊の「撤兵区域警備ノ為メ国際義勇軍又ハ国際軍ヲ同区域ニ入ルルコトニハ異存ナキモ右警備軍ニハ日本側ヲ包含セシムルコトヲ要ス」[⑤]と指示した。これは芳沢外相が述べたように「上海ニ於ケル列国側ハ一日モ速カニ我軍カ支那軍ヲ掃討セムコトヲ内心希望スルト共ニ其ノ上ノ善後問題ヲ日本ノミノ手ニ委スルコトハ列強側ニ不利ナリトノ考ヲ有シ居ルモノノ如」しと判断し、「我方トシテハ飽迄列国共同防備

---

① 外務省編『日本外交文書・満州事変』、第二巻第一冊、180頁。
② 同上書、183頁。
③ 同上書、180頁。
④ 同上書、182頁。
⑤ 同上書、183頁。

主義ヲ貫クコト肝要ナリ」[①]との意味で、列強と共同して中国側に対応しようとしたものである。この対策は錦州中立地帯に第三国の軍隊が入ることにまっこうから反対した幣原外相とは完全に異なっているが、それは錦州占領と上海事件とは目的が異なっていたからである。

　芳沢外相は、この目的遂行のために、円卓会議の開催に非常に積極的であり、「此際日支両軍交戦継続中ト雖モ随時該会議開催ヲ促進スルコト至当」[②]であると重光公使に指示した。満洲事変の時には、円卓会議の開催にいくつかの条件を付けたが、今回は条件を付けなかったところに日本の微妙な企図がきざまれていたのであった。

　在英国松平恒雄大使は、二十七日英国外相サイモンに芳沢外相の指示を伝え、「戦闘継続中ト雖円卓会議ヲ成ルヘク速ニ開ク」[③]ことを希望し、在中国の英国公使がその斡旋をするように要求した。サイモンはこの意見を熱心に聞き、「日本側ニ於テハ停戦及租界将来ノ安全保障ニ付日支ヲ含ム関係国ノ円卓会議ヲ開キ日本ハ上海付近ニ自己ノ為ニ租界ヲ設クル意図ナキ事重要各都市ノ周囲ニ中立地帯ヲ設クル如キ意図ナキ事何等領土的野心ナキ事等ノ保障ヲ基礎トシテ議ヲ進ムル事ニ異存ナキコトト了解シテ差支無キヤヲ確メ之ニ対シテ確認ノ回答ヲ得ハ之ヲ以テ列国側ニ説キ総会ノ対策トスル事便宜ナリト考フル」[④]と述べ、日本に協調する態度を示した。だが、サイモンは、「双方直ニ停戦シ現状ヲ維持シツツ会議ヲ開ク」[⑤]ことを主張し、日本外務省とは逆に円卓会議の開催に前提条件を付けた。

---

① 外務省編『日本外交文書・満州事変』、第二巻第一冊、183頁。
② 同上書、182頁。
③ 同上書、186頁。
④ 同上書、186─7頁。
⑤ 同上書、187頁。

　サイモンのこの提議に対し、芳沢外相が賛成するはずはなかった。芳沢外相は上海の即時停戦などを主張したが、これは表面的外交辞令であった。芳沢外相は「此際即時無条件……停戦ヲ承諾スルコトハ不可能」[①]であるとサイモンに回答し、上海事変を遷延するいわゆる非公式的停戦予備交渉を行なうことをはかり、沢田連盟事務局長に対して『サイモン』等ヲシテ万々躁急ノ態度ニ出テシメサル様此ノ上共精々御努力相成度」[②]と指示した。

　外務省は上海地区に中立地帯を設置する英米の提案にも積極的な態度をとった。当時在上海英米総領事は日中両軍の間に中立地帯を設置することを提案し、英国政府は「右中立地帯ハ共同租界ニ軍隊ヲ駐屯セシメ居ル中立軍ニ依リ占拠セラル」[③]べきだと主張した。二月二日、英米仏三国は日本政府への覚書で中立地帯の設置を提案した。英米仏のこの提案は、上海における各自の植民地権益を守る立場から出されたものであるが、外務省は英米仏等のこのような立場を利用した。芳沢外相は二月五日重光公使に、「上海市ノ周囲ニ一定ノ地域ヲ限リ支那軍ノ駐屯乃至侵入セサル地域ヲ設定スルハ列国ノ斉シク希望スル所ナルヘキニ依リ適当ノ機会ヲ捉ヘ叙上ノ趣旨ヲ以テ可然列国ヲ誘導スルコトニ努ムルヲ要ス」[④]と指示し、また、二月四日、英米仏三国の覚書に対する回答でも、「中立地帯ノ設定ニ関シ領事及軍隊指揮官ヲシテ取極ノ交渉ニ当ラシムルニ異存ナシ」[⑤]と答えた。重光公使も芳沢外相に「此ノ地帯ニハ成ルヘク工部局ノ警察ノ勢力ヲ入レシム（或ハ支那公安局ト共同セシム[⑥]）」と

　①　外務省編『日本外交文書・満州事変』、第二巻第一冊、191頁。
　②　同上。
　③　外務省編『日本外交文書・満州事変』、第二巻第二冊、66頁。
　④　外務省編『日本外交文書・満州事変』、第二巻第一冊、106頁。
　⑤　同上書、101頁。
　⑥　同上書、108－9頁。

上申した。このことを錦州の中立地帯交渉と比較すると、外務省は錦州の場合には先にも述べたように第三国の介入に強硬に反対したが、上海の場合には列強の軍隊と警察が介入することに賛成した。これは、上海に列強が大きな植民地的権益を持っていることを利用して、列強を上海事変に巻きこみ、かいらい政権の樹立から列強の目をそらそうとしたからであった。

　ここで問題になるのは、外務省が関東軍の板垣らが列強の目を「満洲国」樹立からそらすために上海事変を挑発した目的を知って意識的に以上に述べたような政策をとったか、ということである。

　外務省が板垣・田中の謀略に関与した確実な史料はまだ見つけていない。上海事変に関する外交文書も外務省がその目的を知っていたとも書いていない。たとえ外務省がその目的を知っておらなかったとしても、事変勃発後には満洲事変と上海事変の関係を知らなかったことはありえないと考えられる。これは外交政策の一般的常識であるからである。外務省は上海に陸軍を派遣することに積極的であり、満洲事変初期の幣原外交とは異なった政策をとった。だが、これと同時に列強に対しては協調的態度をとった。協調的態度と積極的出兵論とは矛盾があるように思われる。これは上海事変の特異性からくるものである。

　上海事変には二重の要素がある。一は列強の目をそらすために事変を挑発し、日本と列強との矛盾を激化させる。二は「満洲国」の円満な樹立のため、上海事変では列強と協調または妥協する。一は軍部がとった政策であり、二は主に外務省がとった政策である。この両政策は方法・手段としては異なるけれども、満洲事変の遂行とかいらい満洲国の樹立のためだという目的では一致している。故に上海事変では、軍部は列強に対する外務省の協調的政策に反対しなかったし、軍部自身も事変を挑

発したけれども、列強に対しては協調的であった。例えば、二月四日陸海軍両者が制定した「上海方面軍軍事行動指導要領」も「英米ト協調」、「列強協同」を主張し、二月六日参謀総長も「師団ハ大局ニ於テ列国軍ト協調シテ事態ヲ有利且ツ迅速ニ収拾スルニ努ムル」と、上海に出動する第九師団に指示した[①]。

　軍部が列強の目を「満洲国」樹立からそらす一つの方法は、列強を上海事変に巻きこみ、その視線を上海に集中させることであった。このことは、外務省の協調的政策でなしとげられ、主に外務省が担当したのである。

　もし外務省が当時列強の目を「満洲国」樹立からそらそうという意図がなかったとしても、上海事変によって満洲事変に対する列強の感情を害することを恐れ、列強と協調的態度をとったことが、客観的には、軍の事変挑発の目的に相応しい外交措置になったといえる。これは歴史上における動機と結果が一定の歴史条件のもとでは一致しない場合があるという歴史の法則のあらわれであるともいえる。

二　国際連盟における対応

　外務省は上海事変遂行のため、国際連盟においては、どう対応しただろうか。

　まず、国際連盟規約第十五条[②]の適用問題につき、外務省は上海事変の目的にふさわしい対策を講じた。

　上海事変勃発直後の一月二十九日、中国理事顔恵慶は連盟規

---

　① 稲葉正夫等編『太平洋戦争への道』、別巻・資料編、朝日新聞社、1963年、192頁。

　② 第十五条の第四項には、「紛争解決ニ至ラサルトキハ連盟理事会ハ全会一致又ハ過半数ノ表決ニ基キ当該紛争ノ事実ヲ述ヘ公正且適当ト認ムル勧告ヲ載セタル報告書ヲ作成シ之ヲ公表スヘシ」と規定されている。

約第十①、十五条により満洲および上海問題を処理するよう連盟事務総長に提訴した。二十九日開催された理事会で中国理事は、中国の「領土及行政ノ保全ハ日本ノ侵略ニ依リ侵害セラルタルカ斯カル侵略行為ハ規約第十条ニ違反スルコト疑ヒナク即チ日本軍ノ行動ハ第十条ノ精神ノミナラス本条約ノ規定自体ヲ破リタルモノナリ依テ予ハ本国政府ノ命令ニ依リ第十五条適用ヲ要求覚書ヲ提出シタルナリ」②と述べ、上海事変を挑発した日本軍の侵略行動を暴露し、第十五条の適用を要求した。

　これに対し、佐藤尚武理事は「今日ノ如キ発展ヲ見タルハ日本ノ責任ニ非ス支那理事ノ陳述ニ依レハ事件ハ日本側ヨリ誘起セラレタル如キ印象ヲ与フルモ当方接受ノ情報ニ依レハ右ハ正反対ナリ」③と弁解し、第十五条の適用に反対し、「日支問題ハ元来第十一条ニ依リ提起セラレ理事会ハ従来同条ニ基キ審議シ来レル処今日ニ至リ第十五条ヲ適用スルニ於テハ討議ノ基礎ハ全然変更セラルル」④と強弁した。

　中国理事の第十五条適用に対し、理事会議長クールは「之ヲ拒否スルヲ得ス」といいながらも、「第十五条適用シタル場合第十一条ニ依ル手続キヲ如何ニ処理スルヤハ問題アリ」と述べ、「理事会ハ喜ンテ日本理事ノ意見ヲ聴クヘシ」⑤と佐藤に伝えた。

　佐藤理事は、「今回ノ理事会ハ十二月ノ時ト異ナリ『ブリアン』『ドウズ』『サイモン』等一流ノ人物出席セス第二流ノ人物多数ヲ占メ理論ニ走ル傾向アル為十二月理事会ノ如ク支那ニ圧迫ヲ

---

　①　第十条には、「連盟国ハ連盟各国ノ領土保全及現在ノ政治的独立ヲ尊重シ且外部ノ侵略ニ対シ之ヲ擁護スルコトヲ約ス右侵略ノ場合又ハ其ノ脅威若ハ危険アル場合ニ於テハ連盟理事会ハ本条ノ義務ヲ履行スヘキ手段ヲ具申スヘシ」と規定されている。
　②　外務省編『日本外交文書・満洲事変』、第二巻第二冊、52頁。
　③　外務省編『日本外交文書・満洲事変』、第二巻第二冊、53頁。
　④　同上。
　⑤　同上書、54−5頁。

加へ得ルモノナキ有様ナリ」[①]と芳沢外相に報告し、規約第十五条適用の際の措置として三つの意見を上申した。その第三の意見は、「満洲問題ハ十二月十日理事会決議後新事実発生セサリシヲ理由トシ第十五条ノ適用ヲ上海事件ノミニ限ルコト」[②]というものであった。

　だが、芳沢外相は二月二日佐藤理事に、「連盟側カ今日迄支那側ヲ押エテ第十五条ノ適用ヲ避クルニ努力シ来リ乍ラ単ナル上海事件ノ発生ニ依リ……一朝ニシテ右努力ヲ放棄シタルハ甚タ諒解ニ苦ム所ニシテ」、「強テ第十五条ニ依リ満洲問題ヲ審議セムトスルカ如キ圧迫的態度ニ出テ来ル場合ニハ我方トシテハ帝国ノ連盟ニ対スル関係ニ付根本的ノ考ヲナスノ要アリト存」じ、「第十五条ノ適用ヲ上海事件ニ限ル趣旨……ナラハ此際不取敢『上海事件ハ第十五条ノ適用ヲ受クヘキモノニ非ス』トノ我方ノ主張ニ付改メテ厳粛且明確ナル留保ヲナ」[③]すように明確な指示をした。だが、その翌日、芳沢外相は「連盟側カ上海事件ニ限リ第十五条ノ適用ヲ為サントスルニ於テハ我方ハ法律上ノ問題ヲ留保シタル上連盟側ノ措置振ヲ成ル可ク好意ヲ以テ静観スル考ナリ」[④]と指示し、上海事変に限り第十五条の適用を承認した。芳沢外相のこのような突然の変化を説明する史料はまだ見つけていない。だが、事変勃発以後、外務省アジア局長室では外務側と陸海軍との連絡会議が度々開かれ、連盟と列強に対する対策を検討していたから、芳沢外相が軍側の企図を知らなかったとは考えられない。芳沢外相は上海問題において列強および中国と妥協して、満洲におけるかいらい政権の樹立の保障を得ようと企んだのである。このことについて、芳沢外相はそ

① 外務省編『日本外交文書・満州事変』、第二巻第二冊、56頁。
② 同上書、61頁。
③ 同上書、63−4頁。
④ 外務省編『日本外交文書・満州事変』、第二巻第一冊、96頁。

の後、沢田連盟事務局長に、「我方ニテハ満洲問題ノ前途ヲ円滑ニスル為メ支那本部等ニテハ出来得ル限リ事端ノ発生ヲ避クル方針ヲ執リ居リ（軍部モ同意見ナリ）上海事件ニ関スル我方ノ妥協的態度モ亦前記考慮ニ出テタル次第ニテ右妥協的態度ハ我方カ満洲問題ニ付確固タル決意ヲ有スルコトヲ黙示コソスレ同問題ニ対スル我カ既定方針ノ変化ヲ意味スルモノニ非サルナリ」①と述べた。これは、上海問題での妥協の目的を明らかに示していると考えられる。

　佐藤理事は、その後ドラモンド事務総長とクール理事会議長およびイタリー外務大臣、ドイツ理事会代表らに上記の日本の立場を説明し、その好意と支持を得ようとした。だが、彼らは逆に満洲問題にも第十五条を適用し、そのことによって日本に圧力をかけ、自分に直接関係ある上海問題を早期に解決しようとして、日本の意見に容易に賛成しなかった。理事会は規約第十五条の第一項にもとづき、在上海各国総領事よりなる上海事変調査委員会を設置し、事変に関する報告を理事会に提出する措置をとった。

　佐藤理事はドラモンドらとの会見で得た印象として、「上海事件ノ解決サヘ急速実（現）スルニ於テハ満洲問題ノ方ハ既ニ十二月十日ノ理事会決議ニ依ル調査委員ノ出発セル今日ナルニ付先ツ其調査ノ結果ヲ待ツコトトシ時日ヲ遷延セシメ其内ニ何トカ余リ問題ヲ荒立テスシテ自然的ニ解決セシメムト考ヘ居ルモノノ如ク見受ケラル」②と報告し、芳沢外相に上海局面の緩和、上海事変の早期解決の意見を上申した。当時ジュネーブにいた佐藤理事は軍部が上海事変を挑発した企図を知っていなかったと考えられる。故に佐藤理事はこのような意見を上申したので

---

①　外務省編『日本外交文書・満洲事変』、第二巻第二冊、279−80頁。
②　同上書、75頁。

あった。

　だが、佐藤理事らの意見とは逆に、上海事変は益々拡大され、芳沢外相は佐藤らの意見に耳を傾けなかった。

　次は、臨時総会に対する対応である。中国理事顔恵慶は上海事変の拡大に伴い、規約第十五条九項①にもとづいて一週間以内に臨時総会を開くように連盟理事会に要求した。理事会は二月十二日秘密会を開き中日間の問題を総会に移牒する件を審議した。

　総会への移牒に対し、外務省はまず移牒反対の立場をとった。その理由は佐藤理事が述べたように、「一旦総会開会セラレンカ小国多数ヲ占ムルコト故日本ノ主張弁明等ハ到底彼等ノ耳ニ這入ラス我方ニ不利益ナル決議ヲ見十六条ノ適用ト迄ハ行カストモ道義上我方トシテ頗ル憂慮スヘキ立場ニ置カレ世界ノ前ニ孤立トナルコトヲ如実ニ示サルルニ至ラストモ限ラス」②と判断したからであった。これは事実で、当時小国は理事会に不満の意を示し、当地の各種の国際団体も日本の侵略行動に対し抗議を出し、規約第十六条③を適用すべきだと主張していた、もし総会において日本がこのような状態に陥るなら、これは上海事変を挑発した企図とは完全に逆な結果になってしまうであろう。

　佐藤理事は総会移牒に反対し、その口実として、「此ノ際臨時総会ヲ招集スルカ如キハ却テ現地ノ事態ヲ硬化セシメ収拾ヲ困

　　　① 第十五条九項ハ「連盟理事会ハ本条ニ依ル一切ノ場合ニ於テ紛争ヲ連盟総会ニ移スコトヲ得紛争当事国一方ノ請求アリタルトキハ亦之ヲ連盟総会公ニ移スヘシ但シ右請求ハ紛争ヲ連盟理事会ニ付託シタル後十四日以内ニ之ヲ為スコトヲ要ス」と規定している。
　　　② 外務省編『日本外交文書・満州事変』、第二巻第二冊、90頁。
　　　③ 第十六条第一項には、「第十二条、第十三条又ハ第十五条ニ依ル約束ヲ無視シテ戦争ニ訴ヘタル連盟国ハ当然他ノ総テノ連盟国ニ対シ戦争行為ヲ為シタルモノト看着ス他ノ総テノ連盟国ハ之ニ対シ直ニ一切ノ通商上又ハ金融上ノ関係ヲ断絶シ自国民ト違約国国民トノ一切ノ交通ヲ禁止シ且連盟国タルト否トヲ問ハス他ノ総テノ国ノ国民ト違約国国民トノ間ニ一切ノ金融上、通商上又ハ個人的交通ヲ防遏スヘキコトヲ約ス」と規定している。

難ナラシムル結果ヲ招致スヘキコトヲ力説」し、また理事会が
第十一条により中国に調査団を派遣し、連盟事務総長も第十五
条第一項により上海事変に対し調査中である現状において日中
紛争を総会に移牒するのは、「理事会自ラ自分ノ無力ヲ表示シ現
在迄為シ来レル努力ヲ無ニスルコトトナル」とし、中国側が問
題を理事会から総会に移牒することを要求するのは「理事会ヲ
侮辱スルモノナルコト」①だと強弁した。

　だが、理事会は二月十六日十二ヵ国理事の勧告書を日本理事
に手交し、上海においての日本の武力行為を非難し、日本を侵
略者であると指摘した。同時に、理事会は二月十九日中日紛争
を総会に移牒することを審議した。この理事会で、佐藤理事は
「近年外国カ屡々支那ニ於テ強力ヲ用キタ……他国ノ斯ル自衛
手段カ承認セラルル以上日本ニ限リ之カ許サレサル理由ナシ故
ニ日本ヲ以テ侵略者ト為スモノアランカ是等諸国モ亦侵略者ト
看做ササルヲ得ス」、日本が「上海ヲ抛棄スルコトハ支那全土ニ
於ケル日本ノ利益ヲ抛棄スルコトヲ意味シ日本トシテハ到底黙
認出来ス」②と主張して、日本軍の侵略行動について弁解した。
連盟理事会は規約第十五条九項にもとづき、事変を総会に移牒
して審議することに決定した。佐藤理事はこの決定に反対し、
「規約ハ『組織アル人民』ヲ規律スルモノナルカ支那ニ内乱相続
キ無政府状態ニアルコト久シク到底組織アル国民ト云フコト能
ハス……支那ノ現状ハ規約ヲ厳格ニ適用スルヲ許ササルモノナ
リ」③と強弁した。

　十九日の理事会で、佐藤理事は必死に日本の軍事行動につい
て強弁したが、裏面では国際社会における日本の孤立を痛感せ

① 外務省編『日本外交文書・満州事変』、第二巻第二冊、89頁。
② 同上書、110頁。
③ 同上。

ざるを得なかった。佐藤は芳沢外相に、「会議ノ情勢ハ本使ノ予テ想像セル通リ日本ハ全然孤立ノ状態ニ陥リ……世界輿論ノ前ニ孤立無援トナレリ」と報告し、「我方ニ対スル空気ノ極端ニ悪化シ居ルコトハ空前ト認メラレタリ」①と述べた。

　理事会は三月三日に臨時総会を開催することを決定した。

　外務省はさっそく総会に対する対策を講じはじめた。総会で問題になるのはやはり「満洲問題」と上海問題をどう処理するかということであった。佐藤理事は、「現下ノ事態ニ於テハ満洲事件ト上海事件トヲ截然区別シ臨時総会ニ於ケル論議ヲ後者ニノミ局限セシムルカ如キコトハ絶対ニ不可能ノコトニ属」②すると考え、臨時総会に「満洲」と上海問題について一緒に陳述書を提出するように芳沢外相に具申した。佐藤理事は、総会における「我方ニ対スル空気ノ悪化ハ本邦ニ於テ想像セラルルヨリモ遙ニ甚シキモノ有之」、「来ルヘキ臨時総会カ如何ニ展開スヘキヤハ主トシテ上海方面事態今後ノ推移ニ懸ルコト」③と分析し、上海における停戦の必要性を強調した。在英国大使松平も同様の意見を芳沢外相に上申した。

　だが、芳沢外相は二月二十六日に、陳述書には「単ニ上海事件ニ関スル事項ノミヲ掲クルニ止ムルコトトスル」、第十五条による臨時総会の開催に関しては、「上海事件ニ関スル限リ右留保ノ下ニ第十五条ノ手続進行ヲ静観スル方針ナルヲ以テ同様ノ趣旨ニヨリ総会ニ於テ上海事件ヲ審議スルコトヲ黙過スルコトトシ度キ意向ナリ」、満洲事変に対しては「客年十二月十日ノ決議ニテ一段落着キタルモノトノ見解ヲ堅持シ進ム考ナ」④りと指示した。

　　① 外務省編『日本外交文書・満州事変』、第二巻第二冊、113-4頁。
　　② 同上書、119頁。
　　③ 同上書、118頁。
　　④ 同上書、149-50頁。

　連盟理事会の日本代表と芳沢外相とのこのような相違は、主に連盟理事会の日本代表は上海事変勃発の目的を知っていなかったからであると考えられる。

　三月一日のかいらい満洲国の樹立、同日の上海派遣軍の総攻撃と三日の臨時総会の開催とはほぼ同時期に重なっていた。これは偶然的な現象とはいえない。一日のかいらい満洲国の樹立は、三日の臨時総会の開催前に既成事実をつくり、開催される臨時総会に圧力を加え、総会がこの既成事実を黙認するようにしようとしたと考えられる。一日の総攻撃は、三日に開催される臨時総会の視線を上海問題に集中させ、かいらい満洲国の樹立を列強の目からそらす結果を招いた。

　三月三日、連盟臨時総会は予定通りジュネーブで開催された。総会は日本軍の総攻撃のため、まず上海の停戦問題について論議し、三月四日に上海停戦に関する三項目の決議案を採択した。その内容は、日中双方は各自の軍の長官に敵対行動中止の命令を発し、双方の代表は早期に紛争中止の交渉をし、上海に権益を持っている他の国はこの交渉・会談を推進するために努力し、同時に上海における日中双方の敵対行動中止に関する情報を連盟に報告するというものであった①。この決議は、芳沢外相が述べたように「大体我方ノ既定方針ニ合致スルモノ」②であった。

　この時、かいらい満洲国は上海事変拡大の掩護の下に、列強と中国の無抵抗の中で順調に成立し、日本は満洲事変と上海事変両方の目的を達成した。

　五日から、総会は「満洲問題」をも含めた一般的討論に入ったが、大国は連盟規約、国際条約の尊重などの原則論に終始し、

---

　① 外務省編『日本外交文書・満州事変』、第二巻第一冊、201－2頁。
　② 外務省編『日本外交文書・満州事変』、第二巻第二冊、200頁。

満洲かいらい政権の樹立等に対しては直接ふれなかった。小国の代表は日本の侵略行動に反対して、「日支紛争ヲ一般的見地ヨリ批判シ抽象的ニ武力行使他国領土ノ侵略ノ違反ナルコト国際紛争解決ハ平和的手段ニ依ルヘキコト武力ノ圧迫ノ下ニ交渉ヲ為シ得サルコト武力使用ノ結果タル既成事実ハ之ヲ承認シ得サルコト等ノ原則ヲ高調」[1]した。これは総会における大国と小国との論争を示すものであった。

　八日には、総会決議案起草委員会が設置され、決議案を起草し始めた。日本代表は英仏独伊等大国の代表を歴訪し日本に有利な決議案を起草するよう要望し、大国を利用して小国の非難をおさえようとした。英国外相サイモンは、「自分ハ出来得ル丈ケ穏健ナル決議案ヲ作リ度ク努力中」[2]であると松平日本代表に述べ、四項目の決議案を起草委員会に提出した。その内容は、一九三一年十二月十日連盟理事会と三月四日の上海停戦についての決議を執行するもので、日本が強烈に反対した「満洲問題」に対しては触れていなかった。これと反対に、スイス、スゥエーデンの決議案は直接日本を非難した。例えば、スエーデンの決議案は「侵入軍ヲ撤退シ以テ支那ノ領土保全ヲ計ル」、「両当事国ニ対シ原状恢復後紛争ヲ司法又ハ仲裁裁判又ハ理事会ノ審査ニ付託スルコトヲ勧告ス」[3]等を主張し、日本軍を「侵入軍」と規定した。佐藤理事は「英案穏健ニシテ……瑞西、瑞典案最過激」[4]であると判断して、英外相サイモンに「現下ノ空気ニ於テ外相カ率先シテ過激分子ニ反対シ穏健ナル案ヲ作成スルニ努力セラレタルハ深ク感謝シ居ル次第」[5]であると述べ、サイ

① 外務省編『日本外交文書・満州事変』、第二巻第二冊、202頁。
② 同上書、220頁。
③ 同上書、225頁。
④ 同上書、223頁。
⑤ 同上書、228頁。

モンを利用して小国の決議案をおさえて、満洲問題に直接に触れない決議案を採択させるために努力した。サイモン英外相も起草委員会で日本に有利な決議案を起草させるために、「先ツ第一ニ撤兵ヲ行フニアラサレハ交渉ニ入ルヘカラストノ趣旨ヲ決議案中ニ挿入スヘシトノ論ヲ押ヘタルコトニシテ自分ハ斯カル趣旨ヲ掲クヘシトノ強キ主張ニ反対シ日本ハ自国民ノ生命、財産保護ノ為ニ駐兵シ居ル次第ヲ繰返ヘシ述ヘ居ルニ付斯カル過激ノ申出ヲ為スコトハ不当ナリト主張シ論議ノ結果兵力圧迫ニ依リ紛争ノ解決ヲ図ルヘキモノニアラストノ規約ノ精神ヲ述フルニ止ムルコトトナレリ」[1]と松平代表に述べ、日本に対する好意を表した。これは、英国自身のためでもあったが、日本外務省の努力がサイモンに影響力をあたえたのも事実であった。

　その結果、日本が危険視していた総会は、英国案を基本とした決議を採択した。その主な内容は、連盟規約、不戦条約を再確認し、上海租界に特別利害を有する連盟諸国は日本軍の撤退および撤収地帯の治安維持のため必要な協力をする、十九人委員会[2]を設置し、日中紛争について総会に報告書を提出するというものであった[3]。

　この決議は日本にとって有利な面が大きかった。だから、芳沢外相は、「該決議ノ程度ナラハ我方カ従来諸条約及理事会決議等ニ依リ負担セル義務以上ニ何等新ナル具体的ノ義務ヲ負担セシムルモノニ非ス」[4]と評価し、佐藤理事らも、「小国側ニテハ右決議案カ自己ノ主張ト多大ノ間隔タル事ニ相当ノ不満アリ他

　① 外務省編『日本外交文書・満州事変』、第二巻第二冊、227頁。
　② 十九人委員会は総会議長、日本と中国を除く十二ヵ国理事および今回の総会で選出したスイス、チェコ、コロンビア、ポルトガル、ハンガリー、スエーデンの六カ国委員から構成されている。
　③ 外務省編『日本外交文書・満州事変』、第二巻第二冊、231−4頁。
　④ 同上書、279頁。

方支那側ニテモ曩ニ提議セル四点（……）カ大体無視セラレタリトテ不平」①であったと述べた。だが、十九人委員会が満洲問題をも含む日中紛争について総会に報告書を提出するという決定は日本にとって不利であった。

　総会は、このように決議で満洲問題をも審議する態勢を示しながらも、英国等の大国は小国を抑え、満洲問題をリットン調査団の後に延引した。そして五月一日までに提出する十九人委員会の第一次報告も上海問題に限られる見通しとなったから、佐藤理事らは「此際ハ右議案ニ反対セサルコト得策ナルヘシ」②と芳沢外相に上申した。だが、芳沢外相はこの決議案に賛成しなかった。その理由は「規約第十一条ニ依ル調査委員カ既ニ極東ニ到着シ事業ヲ開始セル今日満洲問題ヲモ一併十五条適用ノ下ニ置キ不必要ニ事態ヲ荒ケ居ルコト」③であった。芳沢外相の指示により、佐藤理事は三月十一日の総会で、「日支事件ノ全部ニ付第十五条ヲ適用スルコト等ニ付異議ヲ述ヘタルコトアリ……日本ハ第十五条ノ適用ニ付留保ヲ為シ居リ今回ノ総会ニ対シテモ右留保ノ下ニ参加セルモノナルヲ以テ吾人ハ右決議案ノ表決ニ加ハル能ハス」④と述べ、決議案に棄権をした。この棄権は決議に対する不満のあらわれでもあるが、日本は決議に全面的に反対したのではなかった。その後、芳沢外相が、「該決議ノ程度ナラハ我方カ従来諸条約及理事会決議等ニ依リ負担セル義務以上ニ何等新ナル具体的ノ義務ヲ負担セシムルモノニ非スト認メ単ニ投票不参加ニ止メタ」⑤と評価したことは、このことを証明する。

---

① 外務省編『日本外交文書・満州事変』、第二巻第二冊、238頁。
② 同上。
③ 同上書、242頁。
④ 同上書、248頁。
⑤ 外務省編『日本外交文書・満州事変』、第二巻第二冊、279頁。

　以上で述べたように、連盟理事会と臨時総会は上海事変に目をそらされ、かいらい満洲国の樹立には特別な措置をとらなかった。こうしてかいらい満洲国は日本の予定通り無事に樹立されたのである。これは、上海事変の勃発により、各列強が上海事変と満洲問題について日本に対し強硬な態度をとらないことが上海における自己の植民地的権益を守るために有利だと判断した結果であり、また日本外務省が列強のこのような立場を利用して、それに相応しい外交的措置を積極的にとった結果である。

三　停戦交渉をめぐる対応

　上海事変は満洲事変と異なり、事変勃発の同日より停戦の問題が提出され、外務省と軍部が一致協力してこの問題に対応し、英米等列強を停戦交渉に巻きこみ、満洲かいらい政権の樹立からその視線を上海に集中させるようにした。

　前にも述べたように、上海は列強の植民地的権益が集中した地域であった。上海事変の勃発は、列強に脅威をあたえ、列強はその権益を守るために、日中両軍の停戦を欲し、停戦交渉に率先して乗りだした。外務省と軍部は、列強がこの交渉に乗りだすのを歓迎し、終始列強の介入に賛成した。

　上海事変勃発の同日、在上海英米総領事は上海の村井総領事を訪問し、停戦の途はないかと同総領事の斡旋を求めた。村井総領事は英米両総領事を帯同して塩沢幸一第一遣外艦隊司令官を往訪し、その日の夜八時に呉鉄城上海市長の依頼により来訪した殷汝耕との間に、双方は停戦する旨の協調が成立した。だが、翌日双方はまた戦争状態に入った。

　一月三十一日、英米公使の斡旋により、在上海英国総領事館

で、塩沢司令官、村井上海総領事と呉鉄城上海市長、区寿年十九路軍の師団長との間に第二次停戦交渉が行われた。その結果、中国側はライフル射程距離まで撤退し、日本側は元の辺まで撤退し、撤退した地域は中立国の軍隊が警備を担当し、一時双方の軍事衝突を緩和し、外交交渉で事変を解決するようにした。だが、英国のフレミング指揮官は、警備上の困難を理由に、日本軍の租界内までの全面的撤兵を要求した[①]。故に交渉が行詰り、二月三日日本軍はまた攻撃を開始した。

　二月二日、英米仏三国は日本と中国側に次のような通牒を提示した[②]。

　　一、中日双方は即時に一切の暴行及び暴行の準備活動を中止する。

　　二、中日双方は敵対行為のために動員またはその準備をしない。

　　三、中日双方の軍隊を上海の地域内における一切の接触地点より撤退させる。

　　四、双方撤退した地域には友軍が駐屯する。

　　五、衝突を中止した後、列強の参加の下に交渉を開始し、不戦条約及び国際連盟理事会の十二月十日の決議にもとづき、中日間のすべての紛争を解決する。双方は先決条件または保留条件を提出することは許さない。

　この通牒にもとづき、二月六日英国艦隊司令官ケリーが、該通牒第三、四項目による停戦案を提出した。中国側は、それに第五項目を付け、中日間のすべての問題を停戦後に交渉する案を提出した。これは上海事変と満洲事変を同時に解決する提案

<hr>

　　① 秦孝儀編『中華民国重要史料初編・対日抗戦時期緒編』（一）、台北、1981年、522頁。

　　②『国民政府軍事機関档案』、南京第二档案館史料、25−181頁。

であった。だが、重光葵公使はこの提案を拒否し、中国案の十五ないし二十キロの撤兵を要求した[①]。こうして、第三次交渉も失敗した。

　二月十二日、英国公使ランプソンは、中国軍が先ず上海市の管轄地域から撤退し、次に日本軍が、一九三一年十二月三十一日の駐在線にまで撤退する案を提出した。この案は、大変不公平た提案であったので、中国側が先ず拒否した。故に、第四回の交渉は成り立たなかった。

　数回の停戦交渉が成り立たなかったのは、日本側の強硬な停戦条件とも関係があるが、日本の上海事変挑発の目的とも直接な関係があった。野村吉三郎司令官は軍中央に「……休戦ニ関スル交渉ニハ、今シバラク、不即不離ノ態度ヲ以テノゾ」[②]む方針が良いと報告し、軍中央もこの方針に賛成したことがある。これは軍部が、不即不離の状態で中国と列強を停戦交渉にしぼりこみ、かいらい満洲国の成立まで戦闘状態を維持し、時間を遷延するためであったことを示している。故に、再停戦交渉が一時成り立つ可能性がなかったのにもかかわらず、また継続されざるをえなかった。

　二月十六日、英国のランプソン公使の斡旋により、フランス租界内の中日聯誼社で第四回目の停戦交渉が始まった。日本側は、中国軍の二十キロ撤退、呉淞、獅子林砲台の撤収、抗日運動の取り締り、中国軍撤退確認後の日本軍の撤退等の条件を提案した。中国側はこの無理な要求を断乎拒否し、交渉は決裂した。

　日本側のこの提案は、交渉のためというよりも、中国側に最

---

　① 羅家倫編『革命文献』第三十六輯、1536-7頁。
　② 日本国際政治学会・太平洋戦争原因研究部編『太平洋戦争への道』、第二巻、朝日新聞社、1962年、142頁。

後通牒を提出する条件をつくるためであった。中国側がこの要求を拒否した後、同日夜九時植田第九師団長は二十日午後五時までに中国軍が二十キロ以外まで撤退する通牒を提出した。村井上海総領事も同様な要求を上海市長に提出し、それに抗日団体の取り締りまでつけくわえた。村井総領事は、若し中国側がこの案を受入れない場合には、日本側は適当な方法を講ずると威嚇した①。外務省の出先機関はこのように軍と一致協力し、二月二十四日からの日本軍の第三回目の大規摸な攻撃に外交的口実をつくり出した。

　かいらい満洲国が成立する直前の二月二十七日、英国艦隊のケリー司令官は野村第三艦隊司令官に停戦交渉をすすめ、二十八日に日本側から野村司令官、松岡洋右（松岡は犬養首相と芳沢外相の特派使節として参加）、中国側からは十九路軍参謀長黄強、顧維鈞らが出席して、英艦ケントで第五回目の停戦交渉が行なわれた。日本側は中国軍隊の二十キロ以外への撤退、呉淞・獅子林砲台の永久的撤収等を要求した。同日、連盟理事会の日本代表は、いわゆる芳沢覚書を発表した。その内容は、「上海における日本の行動の目的は共同租界および居留民の保護を目的とするものであるから、第十九路軍さえ撤退すれば満足である」、「中国軍が一定地域に撤退すれば日本政府は各国と協調し、各国とともに上海事変の善後策を講ずるため、円卓会議を開く用意がある。さらに日本政府は上海で専管居留地を作り、または日本だけの利益をはかろうとする意図は毛頭もなく、上海の発展を期する英、米、仏三国に敬意を表し、工部局を尊重し、上海の国際都市たる面目を発揮せんとするものである」②というも

---

　①『歴史档案』、1984 年、第四号、73 頁。
　② 日本国際政治学会・太平洋職争原因研究部編『太平洋戦争への道』、第二巻、朝日新聞社、1962 年、390−1 頁。

のであった。だが、この停戦交渉と芳沢覚書とは逆に、上海派
遣軍は三月一日に全面的攻撃に乗りだした。問題は、この総攻
撃直前の時期に停戦交渉に応じ、また芳沢覚書を発表したこと
である。外務省と軍部はこの交渉と覚書の発表により、列強を
停戦交渉に巻きこみながら、かいらい満洲国の樹立を軍事的に
掩護するために総攻撃を開始し、それに伴う列強との矛盾の激
化に対応する外交態勢をつくりだしたのであった。

　三日開催された臨時総会では、日本の予想通り、事変の拡大
により上海問題が総会の焦点になった。外務省は総会において
列強が日本に対し強硬な態度をとる可能性を分析し、それに対
応する停戦声明を発表する外交的措置をとった。重光公使は、
三日の夜明けを待って、軍艦出雲の野村司令官に連絡をとり、
「もうここまで来た以上は、日本はすぐ停戦しなければいかぬ。
野村司令長官の意向はどうか」[①]と尋ねた。野村司令官は「自
分に関する限り異存はない。陸軍がどう考えておるかは別問題
だが」[②]と答えた。当時、上海とジュネーブの時差が七時間あ
り、この時間を利用して、臨時総会が開催される前に上海の停
戦声明を発表するのが好ましいと判断し、重光公使は陸軍側と
相談もせずに、自分で筆をとって、「日本軍は今日上海における
戦闘の結果、出兵の目的を完全に達成した。よって直ちに全軍
にわたって停戦することに決定した」[③]との声明書を書き、内
外の通信社に報道を依頼した。その後、重光公使は白川派遣軍
司令官に停戦を説得し、その賛成を得た。重光公使がこの時期
に停戦声明を発表したのは、二日までの軍事行動で列強と中国
側の視線を上海問題に集中させることが出来、事変挑発の目的

---

① 重光葵『外交回想録』、109 頁。
② 同上。
③ 同上。

を達成したからであった。この停戦声明により、日本と列強との矛盾も幾分緩和し、臨時総会も大体日本の予想通りの決議を採択して閉会した。これは、重光公使と外務省の適切な外交措置によってなしとげられたものであった。

　次には、上海における停戦協定の問題に焦点が移った。三月十四日重光公使と南京政府外交部次長郭泰祺が英国総領事館で停戦協定に関する予備交渉をし、三月十九日から五月五日までこの交渉が行なわれた。停戦交渉の主な問題は、中国側が日本軍の即時撤収を要求したのに対し、日本側はなるべく広い地域の占領と日本軍の自主的撤退を主張し、協定の成立を遷延させたことであった。これは成立したばかりのかいらい満洲国の強化に時間的余裕をかせごうとしたものだと考えられる。

　今回の停戦交渉の特徴は、英米仏伊四ヵ国の公使が正式なオブザーバーとして直接交渉に介入し、英国公使ランプソンはこの交渉の中で核心的役割を果し、いわゆるランプソン案まで提出したことである。これは満洲事変の時にはみられなかった現象であった。これは、上海という特別な地域を利用して事変に列強を巻きこむ事実そのものの目的性から発生したものであり、停戦協定の締結まで列強は主に上海事変に関心をよせ、かいらい満洲国には強い反応を示さなかった。

　今回の交渉で、停戦協定交渉と十九人委員会との関係の処理がまた一つの問題になった。十九人委員会は三月十一日の連盟臨時総会の決議にもとづいて成立し、満洲問題をも含めた日中問題について総会に報告書を出す義務と権利があった。中国側代表は上海での停戦協定交渉が日本側の障害により順調に進まぬため、四月十一日停戦協定の問題を連盟に提訴し、十九人委員会の招集を要求した。これに対し、沢田連盟事務局長はドラモンド事務総長に、「十九人委員会ニ於テ本件ヲ議スルハ不当ナ

ルノミナラス不可能ナルベシ」①と反対した。その理由は、十
九人委員会には小国の代表が多数いたし、またこの委員会が満
洲問題をも取り扱うことを心配していたからであった。だが、
十九人委員会は三月十一日の臨時総会の決議にもとづき、自分
の義務と権利を行使し始めた。外務省はこの十九人委員会の権
限を制限しようとした。芳沢外相は、「同委員会ハ具体的ニ停戦
条件ヲ論議スヘキモノニ非ルコトハ……予メ委員会関係者ノ注
意ヲ喚起シ」②置くように沢田に指示し、沢田もイーマンス議
長の話をかりて、委員会は「何分交渉ヲ監視スルモノニシテ停
戦交渉ノ内容ニ関与スルモノニ非ス」③とサイモンに警告した。

　だが、十九人委員会は日本外務省の反対と制限にもかかわり
なく、三月十六日には秘密会議を開き、十九日には上海停戦交
渉に関する決議案を採択した。

　決議案第六条は、「日本国政府カ千九百三十二年一月二十八日
ノ事件前ニ於ケルカ如ク共同租界並ニ租界外道路ニ其軍隊ノ撤
収ヲ行フコトヲ約シ居ルコトヲ特ニ注意ニ留ム」④。

　第七条は、「右撤収カ近キ将来ニ於テ行ハルルコトハ三月四日
及十一日ノ連盟総会ノ精神ニ従ヘルモノナルコトヲ宣言ス」⑤。

　だが、第十一条では、「……日本軍隊ノ完全撤収カ合理的ニ実
施セラレ得ヘキ時期カ到来セルコトヲ当事国ノ一ノ請求ニ依リ
宣言スル権限ヲ含ムトノ意見ヲ有ス」⑥と規定した。これは長
岡春一代表が述べたように「支那側ノ要求ニ基キ同委員会カ撤
兵期到来ヲ宣言シ得ル」⑦ことでもあった。当時中国側は即時

① 外務省編『日本外交文書・満州事変』、第二巻第一冊、239頁。
② 外務省編『日本外交文書・満州事変』、第二巻第一冊、249頁。
③ 同上書、255頁。
④ 同上書、281頁。
⑤ 同上。
⑥ 同上書、282頁。
⑦ 同上書、283頁。

撤収を主張し、日本は自主的撤兵を主張していたから、この規定は日本に不利であった。芳沢外相はこの条目を削除するよう要求した。

次は第十三条の問題である。十三条は「三月四日及十一日ノ決議ニ定メラルル如クニ商議成立ニ到達スルコトナキ限リ問題ハ再ヒ連盟総会ニ提起セラルヘキコトヲ特ニ指摘ス」[①]と規定した。芳沢外相は上海停戦協定の問題がまた連盟総会で審議される恐れがあるとして、この項目をも削除するよう要求した。

芳沢外相は、この二条のほかに、第八条の「三月四日ノ決議ハ日本軍カ全部撤収セラレタルトキニ於テノミ全ク従ハレタルコトトナルコトヲ宣言ス」[②]も削除するよう要求した。

こうして、日本外務省と十九人委員会は正面衝突の状況となった。重光公使と沢田連盟事務局長は第十一条だけ削除し、第八・十三条に対しては妥協するよう芳沢外相に上申した。その理由はやはり満洲事変と上海事変の関係であった。重光公使は芳沢外相に、「要スルニ本問題ノ如キハ上海事件ニ付連盟ト正面衝突ヲ為スヤ否ヤノ点即チ日本ノ対外関係ノ全局ヨリ判断スルコト適当ナルヘシ今日連盟ニ対シ強硬ノ態度ヲ執ラサレハ将来満洲問題ニ対シテモ日本ノ主張ハ通ラサルヘシトノ議論モアリ仮リニ右議論正シトスルモ上海事件ニ付強硬ノ態度ヲ執ルカ故満洲問題カ連盟ニ於テ日本ノ思フ通リトナルト云フ結論ハ出テサル訳ニテ結局五十歩百歩ナルヘシ結論ハ満洲事件ニ非サル上海事件ノ『メリット』ヲ考ヘ之ニ依リテ連盟トノ関係ヲ極端ニ導クコトカ日本ノ大局上ノ利益ニ合スルヤ否ヤヲ決定スルヲ要スル点ニアリ」[③]と上申した。

---

① 外務省編『日本外交文書・満州事変』、第二巻第一冊、282 頁。
② 同上書、281 頁。
③ 外務省編『日本外交文書・満州事変』、第二巻第一冊、288 頁。

　沢田連盟事務局長も「上海問題ヲ速ニ解決スルコトハ帝国ノ利益ナリトスル見解ヲ執ラルルニ於テハ此ノ際十九人委員会ト出来得ル限リ歩調ヲ合ハスコト得策ナリト思考」し、「第八項及第十三項ハ暫ク之ヲ不問ニ付シ置クコト」[①]とするよう上申した。

　芳沢は依然第八・十一・十三条の削除を希望し、「支那側カ今後飽迄連盟ニ依リ日本ヲ牽制セント頑張レハ事態益々紛糾シテ重大事ニ立チ至ル可キヲ以テ最短期間内ニ停戦会議ヲ再開シテ交渉ヲ解決スルニ如カスト南京政府要路ヲ極力勧誘」[②]するよう重光公使に指示し、停戦会議で十九人委員会の決議案に対抗しようとした。

　だが、十九人委員会はこの決議案を臨時総会に提出し、臨時総会はただ第十一項だけに部分的修正を加えて、総会の決議案として採択した。

　このような状況の下で、外務省と軍部は上海停戦交渉の長期的遷延が満洲承認問題におよぼす影響を考慮し、五月五日に停戦協定に調印した。この協定には、在中国の英米仏伊の四ヵ国の公使がいわゆる友好国の代表として署名した。これは停戦問題に列強が終始介入・関与したことを示す。停戦協定の第三条は、「日本国軍隊ハ昭和七年一月二十八日ノ事件前ニ於ケルカ如ク共同租界及虹口方面ニ於ケル租界外拡張道路ニ撤収スヘシ」[③]と規定した。日本軍は上海事変前の状態にもどることとなり、植民地的権益として日本が新しく獲得したものはなかった。これは上海事変が主に植民地的権益拡大のための戦争でなかった必然的な結果であった。こうして、上海事変は幕を閉じ、

　① 外務省編『日本外交文書・満州事変』、第二巻第一冊、294 頁。
　② 同上書、305 頁。
　③ 外務省編『日本外交年表並主要文書』下、原書房、1966 年、205 頁。

日本は所期の目的を達した。

　外務省は上海事変挑発の陰謀には直接参加していなかったけれども、事変の遂行過程において、対外的には、上海事変の目的に相応しい外交対策をとり、かいらい満洲国の樹立に有利な外交態勢をつくった。この意味で、外務省も上海事変について戦争責任を負わなければならないと思う。

　上海事変で日本が得たのはただかいらい満洲国を列強と中国側の無抵抗の中で樹立しえたことだけであった。

　さて、上海事変はその後、かいらい満洲国の国際的承認を獲得する問題にはどのような影響をおよぼしただろうか。列強は上海における自己の権益を守るために事変に介入・関与し、一時満洲から目をそらされたが、日本が上海事変を挑発した目的に対しては、一定の警戒心を持っていたと考えられる。二月二十九日、英国下院でコックス議員は外務省政務次官に、「上海事変解決ノ交換条件トシテ満洲ノ現事態ヲ承認スルカ如キコトハ深ク慎マサルヘカラス」①と述べた。事実、上海停戦定協定成立後、英国等列強は再び「満洲問題」に視線を集中し、かいらい満洲国の存在を終始承認しようとはしなかった。

　日本側も芳沢外相が述べたように、「連盟側ニ於テハ我方カ上海事件ニ関シ妥協的態度ヲ示シタルコトヲ以テ『満洲問題』ニ付テモ従来ノ強硬ナル方針ヲ変更スルモノナルヤニ想像シ居ル向モアルヘキ処果シテ然ラハ右ハ非常ナル認識ノ錯誤ト云フヘク……右妥協的態度ハ我方カ満洲問題ニ付確固タル決意ヲ有スルコトヲ黙示コソスレ同問題ニ対スル我カ既定方針ノ変化ヲ意

---

　①　外務省編『日本外交文書・満州事変』、第二巻第二冊、178 頁。

味スルモノニ非サルナリ」①と言明し、日本政府も三月十二日
に「満蒙問題処理方針要綱」を制定し、かいらい満洲国を育成
する方針を決定し、三月二十五日にはかいらい満洲国の承認の
ため連盟を脱退するのも惜しまぬとの決心を下した。

　上海事変は一面では列強の目を「満洲」から一時そらし、背
後から南京政府を牽制する役割を果したけれども、他面では事
変を通じ列強との矛盾と対立を一層激化させ、かいらい満洲国
の国際的承認の獲得には逆の役割を果したのである。

---

① 外務省編『日本外交文書・満州事変』、第二巻第二冊、279−80 頁。

第五章　満洲・上海事変と中国の対応

　満洲事変と上海事変に対する中国側の対応には、さまざまな
対応があった。例えば、国民党と南京政府の対応、共産党と中
華ソビエト共和国の対応、民衆の対応、東北義勇軍の対応等が
あった。共産党、民衆、東北義勇軍等の対応に対しては、李新
等主編の『中国新民主主義革命時期通史』第二巻（人民出版社、
一九八一年）と易顕石等の『九一八事変史』（遼寧人民出版社、
一九八一年）等で詳しく述べているので、本章では省略するこ
とにする。本章は、主に国民党と南京政府の外交的対応を考究
しようと思う。

　満洲事変と上海事変に関する国民党と南京政府の史料はごく
一部のものしか公表されていないので、この問題を全面的に、
系統的に研究するのは大変難しいことである。本章では現有の
史料を中心に、満洲事変と上海事変に対する南京政府の対応
を比較しながら述べ、南京政府のその対応策の本質を究明し
ようと思う。また、満洲事変期の幣原外交と上海事変期の芳
沢外交に対する南京政府の判断とそれに対する対応を日本の
外交と対照しながら、この時期の中日外交政策の相違点を明
らかにし、侵略国の外交と被侵略国の外交の特徴を究明した
いと思う。

一　満洲事変に対する対応

　満洲事変勃発後、国民党と南京政府は日本の軍部と幣原外交にどう対応しただろうか。満洲事変における幣原外交を討究した後に、南京政府の日本軍部と幣原外交に対する認識と判断、それに対する対応及び幣原外交が南京政府の外交に及ぼした影響等を中日双方の外交の比較的視野から考究するのは大変意義あることであり、この比較から侵略国日本と被侵略国中国の外交の特徴を探り出すことも出来るし、同時にまた、幣原外交に対する認識を高めることも出来ると思う。

　では、事変勃発後の張学良、蒋介石の南京政府と汪兆銘の広東政権の事変に対する対応及び幣原外交に対する見方、それに対する対応（例えば直接交渉、国際連盟対策、対米政策等）について検討することにする。

　九月十八日夜十時二十分頃、関東軍は柳条湖の満鉄線を爆破し、瀋陽（奉天）駐屯の関東軍独立守備歩兵第二大隊と第二師団の歩兵第二十九連隊は、北大営と奉天城を攻撃し始めた。当時、北大営には東北辺防軍の主力である独立第七旅団（旅団長王以哲、将校兵士六、八〇〇余名）が駐屯していた。爆破音と銃声を聞いた北大営の辺防軍は、常例的な銃声かと思って、別に気にしなかったが、北大営の営屯地が攻撃されて初めて関東軍の軍事的侵撃だと判断した[①]。だが、これが事変の導火線だとは思わず、中国側に対する一時的軍事挑発事件だと判断した。当時、北大営の指揮官は、このような突然的緊急状態の下でまず臨時的緊急対策を講ずべきであった。だが、同年八月六日張

---

① 李樹桂『九・一八事変目撃記』『文史資料選輯』第12輯。

学良の東北辺防軍に対する「日本人が如何にいいがかりをつけても、我方は充分に容認し、反抗すべからざるべし」①との命令により、なんらかの対抗措置を取らず、城内の軍司令部と王以哲旅団長の指示を待っていた。東北辺防軍参謀長栄臻は、北大営の兵営が関東軍に侵撃されたことを北京の張学良に報告した。張学良は「国際連盟の平和趣旨を尊重し、衝突を避ける」②ように指示した。北大営の辺防軍は命令により侵撃して来る関東軍に抵抗せず、東大営方面に退却し、六二〇団が援護にあたっただけであった③。

　遼寧省省長臧式毅は、日本の奉天総領事館に関東軍のこの挙動は何ごとかと数回問いあわせたが、総領事館は明確な回答はせず、最後には軍の行動だから何んともいえないと回答した④。

　歩兵第二十九連隊は奉天城を攻撃し始めた。臧式毅は自宅で王以哲、朱光沐等と共にその対策を検討したが、張学良の命令通り、不抵抗主義をとることと決定した。第二十九連隊は十九日朝奉天城を占領した。

　関東軍は、東北辺防軍の無抵抗方針に乗じ、血腥い急襲を繰り返して占領地を拡大し、三日間に瀋陽、長春、吉林、安東、営口、鳳凰等を占領した。

　入院中の張学良は、即時協和医院で幕僚の緊急会議を開き、その対応策を検討した⑤。十九日の朝六時頃、張学良とその幕僚等は顧維鈞を招請して、彼の意見を徴求した。顧維鈞は二つの意見——（一）、即時南京政府に打電して、国際連盟理事会が

---

①　李雲漢編『九一八事変史料』、正中書局、1982 年、288 頁。
②　秦孝儀編『中華民国重要史料初編——対日抗戦時期緒編』（一）、台北、1981 年、262 頁。
③　同上書、263 頁。
④　同上書、262 頁。
⑤　上海『民国日報』、1931 年 9 月 20 日。

緊急会議を開いて、この事件を処理するよう要求すること、(二)、日本語の上手な人を旅順に派遣して、関東州都督および満鉄総裁内田康哉と会見し、日本側の意向を確認すること、を提出した[①]。張学良とその幕僚は顧維鈞の第一の意見には賛成したが、第二の意見には一部の幕僚しか賛成しなかった。張学良はそれは無用なことで、都督が彼を接見する筈がないとして賛成しなかった。だが、張学良の秘書王樹翰は顧維鈞の第二の意見に賛成し、その日顧維鈞と共に張学良にもう一度上申したが、張学良は反対はしなかったが、適切な人物がないとのことを理由に、この提案を受入れなかった。

　こうして、十九日の朝の緊急会議は、日本人が国際公法に違反し、東亜の平和を破壊したから、吾等は不抵抗主義をとって、一切を国際裁決にまかすと決定した[②]。

　顧維鈞の第二の意見は拒否されたけれど、その後彼は張学良の代表として南京に派遣され、特別外交委員会のメンバーになり、また南京政府の外交部長代理と外交部に昇格したので、彼の外交思想と行動は格別に注意する必要があった。顧維鈞が提出した第二の意見には、次のような三つの意味がはさまれていたと思う。

　一に、まず人を旅順に派遣して、日本側の意向を探知し、日本の軍事当局が満蒙でどこまでやっていくかを確認して、それに対する中国側の対策を決定しようとした。

　二に、この意見には、日本との直接交渉の芽生えがあった。顧維鈞は、当時満蒙における三百余件の懸案の中で幾つかの問題で日本側と妥協して、双方間の関係を緩和して時局の拡大を

防止し、以て全面解決の道を開こうとしたのであった①。

　顧維鈞はその後外交部長代理と部長になった時期に、幣原外相の直接交渉に応ずる態度を示したが、その原点がここにあったのであった。

　三に、顧維鈞は事変の初期に、国際連盟に大きな期待を抱いていなかった。それは、国際連盟が満蒙問題に対し如何なる有効な措置を取ることも不可能だし、国際連盟に斡旋を依頼しても一定の効果を得るのも不可能だと判断したからであった。彼はただ国際連盟への訴えは世界輿論を喚起させ、日本に間接的な圧力を与え、満洲事変の拡大を一時阻止する可能性があると思っただけであった②。

　張学良は国際連盟に訴える方針を決定した後、彼の外国人顧問ドナルドを英国公使ランプソン、米国公使ジョンソンのもとに派遣して、東北辺防軍に兵器を格納し、報復措置を取らないよう命令したことを伝えた。翌日の朝、又顧維鈞を派遣して、英米公使に国際連盟規約と不戦条約、九ヵ国条約等を発動して日本軍の軍事行動を制裁・牽制しうるか否かを打診した。英国公使ランプソンは、英国は日本と密切な友好関係にあるので、如何なるイニシアチブもとりえられないと述べ、張学良の無抵抗方針は賢明な措置だと賞賛した③。

　十九日の朝、張学良はその心腹である湯爾和を北平の矢野真参事官のもとに派遣し、翌日には、張学良自身が矢野と会見し、関東軍の東北各地の占領は如何なる理由によるかまったく諒解に苦しむと抗議した。

　関東軍の奉天城占領により、奉天城内の軍事機関と政府機関

---

　①『顧維鈞回想録』（1）、414−5頁。
　② 同上書、414頁。
　③ 臼井勝美『満州事変・戦争と外交と』、中央公論社、1974年、59頁。

は皆占拠され、軍事、行政は一時麻痺状態になった。張学良は九月二十三日東北辺防軍司令長官公署と遼寧省政府を錦州に移転し、張作相を東北辺防軍司令官代理に任命し、錦州を根拠地として、日本に対応しようとした。

　そして九月二十六日、張学良は東北辺防軍に対し、次のような対日不抵抗の訓令を発した①。

　　一、今回無抵抗主義ヲ命セル所以ハ今回ノ事変ヲ国際公判
　　　　ニ訴ヘ最後ノ勝利ヲ外交ニ依リテ求メントスルニアリ

　　二、各軍将士ハ日本軍ト抗争スルノ時機ニ至ラサルヲ以テ
　　　　日本人ニ対シ依然平素ノ通リ待遇シ侵害ヲ加フヘカラス

　当時、張学良の東北辺防軍は正規軍二十六万八千、不正規軍十八万、共計四十四万八千人で、その内正規軍十一万五千人は張学良と共に北京、河北一帯に駐屯していた②。張学良の軍隊は、数字的には関東軍より圧倒的に優勢であったが、張学良が無抵抗方針を取ったその理由は一体どこにあったのだろうか。張学良は「今回抵抗ヲ与ヘサル所以ハ即チ公理ヲ主張セン為」③だといっておるが、これは表面的ないいかたである。事変勃発直後の軍事情勢に対する判断の問題もあったとは思うが、張学良が無抗抵方針を取ったのは偶然なことではなかった。張学良は万宝山、中村事件においても衝突を避けようとして、譲歩的方針を取っていた。満洲事変勃発後の無抵抗方針もこの継続であった。張学良は中国の一軍閥勢力であり、彼に対しなによりも重要なのは自己の地盤を維持・確保することであった。若し関東軍に応戦することによって戦火が拡大し、日本軍が大規模な出兵をすることになれば、自己の軍閥の地盤を喪失すること

---

　　① 関東軍参謀部『関特報（支那）第三二号、昭和六年九月二十八日、張学良ノ東北陸海軍全部ニ対スル対日無抵抗訓令』
　　② 参謀本部編『満洲事変作戦経過ノ概要』、巌南堂、1972年、8-9頁。
　　③ 関東軍参謀部、前掲文書。

になるから、無抵抗で事態の拡大を防ぎ、国際連盟と米国の力に頼って関東軍の軍事行動を牽制しようとしたことであった。

　事変が勃発したこの時期、中国国内の情勢は、軍閥間の対立・抗争が継続していた。北方では、馮玉祥、閻錫山を中心とした軍閥勢力が反蒋介石の態度を構えており、南方では、汪兆銘と広東、広西、福建の軍閥が中心になって一九三一年五月広東の独立政権を建て、反蒋運動を展開していた。この軍閥間の対立と混戦において、張学良は、反蒋の南北勢力とは協力せず、一定の独立性を保ちながら、蒋の南京政府と一定の関係を保っていた。蒋も張学良と南北反蒋勢力の連合を打破するため、張学良を陸海空軍の副総司令官に任命して南京側に接近させようとし、張を支持・援助する態度を取った。事変勃発後自己の勢力地盤を脅かされた張学良も、国際連盟に訴えるために、より一層蒋の南京政府に傾かざるを得なかった。

　十九日、張学良は南京から派遣されている国民党の代表張継、呉鉄城等と協議をし、南京政府に瀋陽事件を報告した①。

　では、蒋介石と南京政府は事変に対しどう対応しただろうか。

　南京政府外交部は、十九日重光公使に緊急抗議を提出し、関東軍が一切の軍事行動を停止し、二十四時間内に原駐地に撤退するよう要求した②。翌日は、第二次抗議を提出し、日本軍の撤退、現状の回復、正当な要求提出権保留等の要求を提出した③。同日、東京駐箚の江華本中国公使代理は外務省に関東軍の行動は不戦条約に違反すると抗議し、軍事行動の全面的停止、原駐地への撤退等を要求した。

　国民党は、十九日、午後、中央執行委員会を開き、次のよう

---

① 上海『民国日報』、1931年9月20日。
②『晨報』、1931年9月21日。
③ 上海『民国日報』、1931年9月24日。

な決議を採択した①。

　　一、中央執行委員会常務委員が打電して、蒋介石（当時江
　　　　西省南昌で中国共産党の工農紅軍に対する「囲剿」作戦
　　　　を指揮していた―筆者)が南京に帰ってくるようにする。

　　二、正式な報告にもとづき、引き続き日本側に抗議し、外
　　　　国駐在の外交部出先機関を通じて、世界に対しこの抗議
　　　　を布告する。

　　三、即時に党の各指導部に訓令を発する。

　　四、明日から毎日中央委員会の談話会を開く。

　二十日、国民党中央政治会議は、外交小組を設置して、外交
問題を処理するようにした。

　同日、国民党中央委員会は談話会を開き、瀋陽事件と王正廷
外交部長の日本に対する抗議文を検討し、次のような決議を採
択した②。

　　一、広東政府に打電して、対外政策に対するその態度を表
　　　　明するようにする。

　　二、本月の二十三日、全国では半旗を掲揚し、娯楽を中止
　　　　して、瀋陽が攻落されたことに対し哀悼の意を表する。

　　三、邵元冲、王正廷、陳立夫を推薦して、全国の国民と各
　　　　国の国民に告ぐ書を起草させる。

　二十一日南昌から帰った蒋介石は、対外的には、日本の東三
省に対する侵略をまず国際連盟と不戦条約締結国に訴え、公理
にもとづいて解決し、対内的には、国内の団結を強化し、共に
国難に応ずることとし、次のようなことを決定した③。

---

　　① 秦孝儀編『中華民国重要史料初編―対日抗戦時期緒編』（一）、台北、1981 年、
278 頁。
　　② 上海『民国日報』、1931 年 9 月 21 日。
　　③ 秦孝儀編『中華民国重要史料初編―対日抗戦時期緒編』（一）、台北、1981 年、
280－1 頁。

一、外交方面　特別外交委員会を設置して、対日政策検討・決定の機関とする。

二、軍事方面　一部の軍隊を引き上げて北上させ、防禦を支援する、同時に広東政府と共産党に対する討伐、剿共を停止・緩和する。

三、政治方面　蔡元培・張継、陳銘枢三人を広州に派遣して、統一団結して外国の愚弄を防禦する。

四、民衆方面　国民政府と中央党本部は、各自に全国同胞へ告ぐ書を発表し、国民が鎮静忍耐、団結努力して自己を準備し、国際連盟の公理的処理を信頼する。

蒋介石と南京政府は、対内的には、攘外するにはまず国内を安定化させなければならないとの方針の下で、広東政府に対してはそれとの統一を図り、共産党に対しては「囲剿」作戦を引き続き進行し、民衆の愛国的抗日運動を弾圧して、蒋介石と南京政府の支配を強化しようとした。

対外的には、国際連盟、不戦条約、九ヵ国条約等に依頼して関東軍を附属地内に撤退させ、事変を解決しようとした。九月十九日、南京政府外交部は、国際連盟の中国代表施肇基（駐英公使）に打電し、「日本軍が公然と我方に攻撃し、我方は絶対に抵抗していないのにもかかわらず、彼等は継続的に我方に発砲し、兵舎と兵器工場を破撃し、土曜日の朝六時半瀋陽及びその附近を占領したこと」を伝え、「中国政府は国際連盟が即時にその規約にもとづき有効且つ適当の措置を講じて、日本軍が占領地城から撤退し、東亜の平和を保持することを要求する。中国政府は国際連盟のこの事件に関する如何なる決定にも服従する」ことを国際連盟に表明するよう訓令した[①]。二十日、外交

①　羅家倫編『革命文献』第三十九輯、2345 頁。

部は施代表に第二次の電報を発し、日本軍が軍事行動を拡大していることを伝えると同時に、満鉄線は日本軍が爆破した事実を伝え、日本側の逆宣伝に対抗するよう訓令した①。この訓令により施代表は、二十一日国際連盟事務総長ドラモンドに「国際連盟規約第十一条により、事務総長は即時理事会を開いて速に明確且つ有効な方法を講ずる」②よう要求した。

　中国側の要求により、二十二日満洲事変に関する国際連盟理事会が開催された。日本代表芳沢謙吉は幣原外相の訓令により、外部からの干渉はすでに昂奮している日本の輿論を不必要に刺戟し、事件の平和的解決を妨げると力説して、日中両国の直接交渉による事件解決の可能性を言及した。中国の施代表は、直接交渉を拒否し、連盟の任命する調査団を受け入れる用意を表明した。こうして、国際連盟の干渉を避けようとする幣原外交に対し、南京政府は国際連盟への依存で対応した。その具体的対応は、第三章で述べたので、ここでは省略する。

　では、汪兆銘の広東政府は事変に対しどう対応しただろうか。事変勃発直前の九月十四日、広東政府は五万名の軍隊を出動して衡陽を攻撃し、蒋介石の国民軍もこれに応戦した。蒋・汪のこのような激化した関係は、事変勃発後にも続いた。広東政府は蒋の下野を抗日の前提条件とし、抗日を利用して反蒋の目的を達成しようとした。

　十九日、広東政府は最高委員会を開き、次のような宣言を発表した③。

　　「蒋介石にして自発的に下野せば広東国民政府も亦自発的に取消の通電を発し、和平統一会議により別に統一政府を

---

① 羅家倫編『革命文献』第三十九輯、2346 頁。
② 同上書、2346－7 頁。
③ 森田正夫『汪兆銘』、興亜文化協会、1939 年、316－7 頁。

組織すべし。今や東隣の蹂躙を受け、国難到る。自国の存
亡安危は実に此に繋る。全国同志に望む、一致討蒋を賛助
し、蒋介石の下野実現に尽力されんことを云々」

　これは蒋介石の自発的下野を条件として、統一政府を組織し、
国難に当るべしとの意を表明したものである。同日、蒋介石個
人にも下野勧告の通電を発した[1]。

　広東政府はまた北方の張学良勢力と連合して反蒋策を推進し
ようとして、同日張学良に「国民政府は今日蒋介石に対し、下
野勧告の通電を発した。足下亦国家存亡の秋に際し、これに賛
同せられんことを望む」[2]の電報を発した。だが当時、張学良
と汪兆銘との間にも矛盾があった。一九三〇年、汪兆銘が北方
の馮玉祥、閻錫山、西山会議派等を連合して北平で独立した新
政権を建てようとした時、張学良の不協力により、その政権は
流産したことがあった。故に汪兆銘は二十四日の対日第一次各
界大会において、「奉天軍は現在二十万を超え、昨年張学良はそ
の精鋭を入関せしめて北平天津を奪取した。奉天軍は辺防軍に
して、日露両国軍の防衛を職とする。然るに僅か万余の日軍に
対し、無抵抗主義をとり敢て一回の血戦を見ざるは如何。実に
辺防軍の名に恥づべきである」[3]と張学良を非難した。張学良
は汪兆銘との矛盾と南京の蒋介石に依存せざるを得ない理由か
ら、広東政府・汪兆銘と連合行動を取ろうとしなかった。

　当時、汪兆銘と広東政府は、表面においては慷慨激起する反
日の気勢を上げていたが、裏においては日本側と交渉して、日
本の広東政府承認を条件として、日本と妥協して事変を解決し
ようとした。これも偶然なものではなかった。七月、広東政府

① 森田正夫『汪兆銘』、興亜文化協会、1939 年、317-8 頁。
② 同上書、318 頁。
③ 同上書、321 頁。

の外交部長陳友仁が訪日した時、陳は七月二十九日幣原外相に「広東政府は心から親日的方針を実施することを願っており、日本政府が（広東政府を）承認するならば、一切の問題に対し自然に相談に乗ることが出来る」①といったことがある。事変勃発後にも、陳友仁はこの方針に沿って日本と交渉しようとして、いち早く広東総領事代理須磨弥吉郎に、南満に委員会を設け、広東派の唐紹儀を委員長として地方自治政府を組織して、模範的な地方自治を実施し、中国軍隊は治安維持に関係あるもの以外にはおかず、主として日本軍隊の警備に依頼し、満蒙支配の実を上げたいと具申した。これは、日本侵略の機会を利用して張学良の勢力を満蒙から排除し、同地方を一種の特別地帯として、中央政府の外交部に一局を設けて、その委員会を監督しようとするものであった。若しこうなれば、東三省は広東政府の勢力下におかれるのである。だが、幣原外相は南京政府との交渉を望んでいたため、この提案に応せず、広東政府の目的は達成されなかった。

　広東政府の蒋下野を前提条件とする反日方針は、その後興論と民衆団体の広東政府特に外交部長陳友仁に対する疑惑により、反日を前提とする蒋下野の方針に転換された。当時、一部の興論は瀋陽事件は陳部長が七月訪日した時に日本政府との了解の上張学良を打倒するためのものであるというものもあった。このような情況の下で、広東政府はその方針の転換により、蒋介石・南京政府と対話して、反日統一実現を口実に蒋を下野させようとした。九月二十二日、汪兆銘は蔡元培・張継らをとおして、蒋介石が南京政府主席および陸海空軍総司令の職を辞任するならば南京側との交渉に応ずる用意がある意思を示した。こ

① 上海『民国日報』、1931 年 8 月 2 日。

れに対し、蒋は二十四日張継等を南方に派遣し、南北統一交渉を進めるようにした。

南北交渉は九月二十七日から香港あるいは上海で開かれ、十月七日まず対日侵略に対する意見が調整・統一され、双方共同の対外政策が公表された。その内容は、（一）国際連盟・不戦条約加盟国に訴え国際正義による対日制裁を要求すること、（二）日本の侵略に抵抗する軍事・経済的準備をすること、である。

以上で述べたように、表面的には統一されていた中国は、その内部には蒋・汪・張の三つの軍閥に分裂されていた。分裂された三つの勢力は日本の侵略に対し無抵抗の方針をとる点においては一致していた。それは、彼らが共産党の工農紅軍に対する「囲剿」作戦に対する一致性と事変においてなるべく自分の勢力を保存しようとするその一致性から出て来るものであった。

この三つの勢力は、各白の勢力の保存と或はこの機会を利用して自己勢力の拡大をはかる等の諸要素にもとづいて、日本の侵略に対する対応において一致しながらも、また相違があった。だが、対外的には軍事、財政力の強い蒋介石の南京政府がこの諸勢力を代表してその外交を推進した。

では、南京政府は満洲事変勃発の内幕、日本側の軍部・外務省の内情等にどのような判断と見解を持っていただろうか。

満洲事変の勃発は日清、日露、第一次大戦等に比較して、特異な形態で発生した戦争である。南京政府もこの特異性に対し一定の認識があり、軍変は軍部によって起こされたものだと判断していた。だが、関東軍がイニシアチブをとっていたこと及び陸軍中央と関東軍との具体的関係に対しては了解がなく、もっぱら軍部全体の協調的軍事行動だと判断していた。

だが南京政府は、事変初期における政府・幣原外交と軍部との相違、拡大と不拡大派の対立等に対してはかなりの了解が

あった。事変勃発即後の十九日、宋子文は重光公使に「日本政府が軍部及之に関連せる力を抑へ得るや否やが自分の最も心配し居りたる処なる」といい、二十二日には日本軍は政府の不拡大方針にもかかわらず長春さらに吉林までも占領した、「右の如き状態にては果して日本の内閣が陸軍をよく制禦し得るや否や疑惧の念なきを得ず」と述べた①。このことは、それに対する了解があったことを示すものである。対日対策を検討する特別外交委員会も日本の「外務当局は最初軍事当局と意見が異なっていた」②と判断し、これを政策決定の一つの根拠としていた。蔣介石は、「幣原は外交において比較的に世界的視野があり、中国に対しても必ず深刻な認識がある」③と評価した。蔣は幣原外相が南陸相に「貴方が東三省をまるのみにしようとするのは、一個の爆弾をまるのみするのと同様だ」④といった言葉を引用して、幣原の軍部に対する見解を述べていた。マスコミと興論の一部も同様な見方を持っていた。『民国日報』はその社論で「日本が遼寧、吉林省を侵略・占領する初期において軍部と内閣は対抗的地位にあった」⑤と論じている。だが、一部の興論は逆に、「幣原外相は田中義一のように強硬ではないが、実際においては、かえって陰険に満蒙を狙っており、田中義一の乱暴にくらべれば、もっと恐いものである」⑥ともいっている。

　南京政府は内閣、幣原外相のほかに、またどのような諸勢力を軍部と対立する勢力として見ていたのか。特別外交委員会は、西園寺、牧野派、海軍の山本、財部派、金融家全部、中国の中

---

　　① 臼井勝美『満州事変・戦争と外交と』、中央公論社、1974年、60−1頁。
　　② 李雲漢編『九一八事変史料』、正中書局、1982年、324頁。
　　③ 秦孝儀編『中華民国重要史料初編−対日抗戦時期緒編』（一）、台北、1981年、307頁。
　　④ 同上。
　　⑤ 上海『民国日報』、1931年12月14日。
　　⑥『晨報』、1931年10月5日。

南部と貿易関係がある商人、欧米と貿易関係が密接な商人等が
この勢力に属していると思っていた①。特別外交委員会の会長
戴季陶は十月二十一日対日政策の報告書で、駐日公使蒋作賓の
報告を引用して、今東京においてはこの両派の争が非常にはげ
しく、南陸相以外のものは皆平和を主張しているといった。南
京政府は満洲事変におけるこの両派の存在及びその拡大・不拡
大の論争が戦局に与える影響を念頭において対日政策を検討し、
内閣・幣原外交と他の勢力が軍部を抑えるか否かに疑懼を持ち
ながらも、内閣・幣原外交が軍部を抑え日本軍が附属地に撤退
するよう期待していたのであった。

　内閣・幣原外交は事変の進行に伴って転換して行った。筆者
は第三章でチチハル侵攻前後に不拡大→平和的拡大→軍事的拡
大へ転換したと分析したが、南京の特別外交委員会も同様な判
断をしていた。該委員会会長戴季陶は十一月三十一日国民党中
央政治会議に対する対日政策報告書で、日本の「外交当局は最
初は軍事当局と異なった意見を持っていたが、しかし第二次理
事会決議（十月二十四日の決議—筆者）以後、外交当局は徐々
に軍部の行動に追随し、現在外交は完全に軍事戦略に支配され
ている。故に一切の観察、判断は必ず軍事を前提としなければ
ならない」②と結論した。これは正しい判断であり、適切な結
論であった。この判断と結論がその後の対日政策決定において
どのような影響を与えていたかは不明だが、戴季陶は「軍部が
その政策を用い尽くした時には、すべての反陸軍勢力は必ず引
きつづき政権をとり、この時期に至れば、中日両国は純粋な外
交の時期に入る……この時期に至るは尚遠い前のことであるが、
対日外交は将来必ず方法があり、いま即時に方法がありえるの

①　李雲漢編『九一八事変史料』、正中書局、1982年、326頁。
②　李雲漢編『九一八事変史料』、正中書局、1982年、324頁。

は不可能なことであるのを我々は知るべきである」[1]と述べていた。

　満洲事変を挑発した関東軍は、一挙に東三省を占領して、かいらい満洲国を建てて、日本の完全な植民地としようとした。だが、幣原外交の不拡大方針により一挙占領の計画を一時放棄し、張海鵬等の軍閥勢力を先兵として、黒龍江省へ侵攻させた。この時期、つまり九月二十一日吉林占領後から十一月四日嫩江攻撃の時期において、南京政府は軍部特に関東軍の最終目的に対し明確な了解がなかったと思われる。事変初期には、一時的軍事挑発事件だと思い、これを瀋陽事件だと称していた。その後長春、吉林、安東等の占領に伴って、これは南満における局部的軍事行動だと判断し、それが全満洲に対する軍事占領にまで発展していくか否かにまでは判断していなかった。またそこまで発展して行かないように希望していたのであった。南京政府が関東軍・軍部の全東三省占領の目的を判断したのは、幣原外交が軍部に追随したと判断した十一月下旬と同時期であった。特別外交委員会の会長戴季陶は、十一月下旬国民党中央政治会議への対日政策報告書の中で初めて「日本は東三省を完全に占領し、中国の固有の政治、軍事勢力を駆逐することを主要な目的とすると判断する」[2]と述べている。この判断は、幣原外交の不拡大方針が完全に軍部の軍事行動に追随しているとの判断ともかかわりがあるけれども、日本軍のチチハル占領とその後の錦州進攻の事実からこのような判断を下さざるを得なくなったのだと思う。この判断は大変時期の遅れたものであったが、その原因には幣原外交の所謂不拡大方針がかなりの影響を与えていたといわざるを得ない。

---

① 李雲漢編『九一八事変史料』、正中書局、1982年、326頁。
② 同上書、325頁。

　幣原外交に対する中国側の対応において重要なことは、中日直接交渉に対する問題である。幣原外相は事変の初期から十一月中旬まで南京政府或は張学良との直接交渉を主張した。南京政府の宋子文も九月十九日重光公使に、中日両国からそれぞれ三名くらいの有力な委員を選定し、委員会を組織して、事件を調査・処理する私案を提出したが、その後この案を撤回した。このことは、事変の初期から中日直接交渉の問題が存在し、また中日両国が国際連盟において論争した一つの大きな問題であったことを示す。

　幣原外交の直接交渉は、十月九日若槻内閣の日中直接交渉により締結すべき五項目の協定大綱の決定により、その内容と目的に相違と変化があると思う。十月九日以前は、主に日中間直接交渉により、まず第三国と国際連盟の干渉を排除し、次に直接交渉により両国間で満蒙問題を解決しようとした。十月九日以後には、直接交渉にこの二つの目的が依然としてきざまれていながらも、また直接交渉による五項目の協定締結を撤兵の先決条件としたために、直接交渉は撤兵問題の一構成部分になり、関東軍不撤兵の口実にもなった。

　では、南京政府と張学良はこの幣原外交の直接交渉にどう対応したのだろうか。九月三十日の理事会決議にもとづき撤兵すべき関東軍は、撤兵しないばかりでなく、十月八日には飛行機で錦州を爆撃し、戦局を拡大する態勢を示した。このような情況の下で、南京側は国際連盟とその決議が日本に対しどれほどの威力を発揮するかに疑惑を抱き、国際連盟を通じて関東軍を撤退させて事変を解決することが出来るか否かに疑問を持つようになり、新しい方法を講ぜざるをえなくなった。その一方法として幣原外交の直接交渉を逆利用して、関東軍を占領地より撤退させようとした。南京側は、幣原外交の直接交渉→五項目

協定締結→撤兵の方針に対し、撤兵→直接交渉の方針で対応し、撤兵を直接交渉の前提条件として、幣原外交の直接交渉と五項目の協定締結を撤兵の前提条件とする方針に真っ向から対決する態勢を示した。だが、その対決過程において、南京側と張学良間にも相違があり、またその前後の戦局の変化に伴って多少の変化があった。次に、この過程と変化を考察してみることにする。

　幣原外相は、十月十二日、直接交渉の意見をアジア局長谷正之を通じて、駐日の蒋作賓公使に伝えた。蒋公使は同日この意見を南京の外交部に打電した。南京では、十三日の特別外交委員会で幣原外相のこの意見を検討したが、多数の委員はこの直接交渉に反対した①。彼らは、若し国際連盟が日本軍を撤兵させる方法がなければ、米国に依頼して九ヵ国条約にもとづいて日本を制裁することを主張した。

　だが、張学良の代表として特別外交委員会に参加していた顧維鈞は、彼らとは別に、日本と直接交渉をすることを主張した。顧は、「日本をして国際連盟理事会の決議を遵守させることは、不可能なことである。国際連盟規約にもとづいて設けられた理事会は、強制的にこの決議を執行する権利がない。中日間の一連の問題を解決しようとするならば、又解決出来得るとするならば、それは国際連盟の監督と協力の下での両国間の直接交渉を通じてのみ可能である」②とその理由を述べた。顧は、若し幣原のこの提案を拒否したら、中国は日本の計略にかかり、日本は思うぞんぶんに国際連盟に対抗する政策を進めて行くであろう、と分析した。故に、顧は日本の「交渉に関する一般的提議は受け入れ、次に日本の五項目の原則を修正する形式で、そ

①『民国档案』、1985年創刊号、11頁。
②『顧維鈞回想録』（1）、416頁。

れに対する意見を提出すべきだ」①と主張した。顧維鈞のこの主張は、彼個人の意見というより、北平で張学良とも相談した意見であったと思われる。

　顧維鈞は多数の委員が直接交渉に反対する情況の下で、過渡期的な方法として、次のような案を提出した。若し国際連盟理事会において日本が、公然とこの問題を提案した場合に、我方としては施代表が日本軍の即時撤兵を原則とする上で、提案の交換条件を提出する。ただし、日本の提案に中国の主権に関する問題があれば、それを修正、反対する権利を中国側が留保することにする。若しこのようになれば、目前一時直接交渉を避け、交渉の大綱問題を互いに検討し、理事会が中間で調整して、全盤的問題を解決するようにする②。この意見は、特別外交委員会の副会長宋子文等の支持、賛成を得ていたが、一致した決議には到達しなかった。その原因には、国際連盟と米国に依頼することもあったが、顧維鈞は蒋の南京政府と汪の広東政府の統一問題が実現されていなかったためだと分析していた③。当時、広東政府は蒋の南京政府の対日政策を売国だと非難していたから、蒋もその牽制を受けて直接交渉にふみきらなかったと思う。だが、蒋は直接交渉の可能性を完全に否定していたのではなかった。

　十月十六日、蒋介石は顧維鈞に日本との交渉大綱を作成して提出するよう指示し、日本軍が撤退した後、若し国際連盟または第三国の代表が公証人として参加することが出来れば、直接交渉を開始するといった④。蒋介石は撤兵後に直接交渉をするような態度を示したが、確実な方針は示さなかった。顧は蒋に、「恐らく完全に国際連盟に依頼することは出来ない。政府は速か

①『顧維鈞回想録』（1）、17頁。
②『民国档案』、1985年創刊号、12頁。
③同上。
④『民国档案』、1985年創刊号、13頁。

に具体的方針と措置を制定しなければならない」①と具申した。
蒋の指示にもとづき、十月十七日特別外交委員会は対日交渉の
予備的大綱を決議した。この決議では、中国の利権を保障する
条件の下に、（一）国際的同情を失わない、（二）日本軍閥が極
端な行動をとらないようにすることを前提として、次のような
六項目を制定した②。

　　一、日本は必ず国際連盟の監視の下で撤兵する。

　　二、中日間の将来の交渉は必ず国際連盟の配慮の下で行な
　　　　う。

　　三、交渉地はジュネーブ或は国際連盟が適当だと認める其
　　　　の他の地点とする。

　　四、下の交渉は必ず国際条約が規定した原則にもとづいて
　　　　おこない。次のような三つの要点に違反してはならない。

　　（甲）　中国の独立主権、領土保全、行政完整。

　　（乙）　門戸開放、機会均等。

　　（丙）　極東平和の促進、武力をもって国策を遂行する手
　　　　段としない。

　　五、日本は必ず今回出兵の責任を負う。

　　六、日本が提出した如何たる提案に対しても、我方はそれ
　　　　に対し修正又は別の案を提出する権利を留保する。

　この案は日本の直接交渉に対応しようとする準備案ではあっ
たが、内容は大変完璧であった。だが、交渉と撤兵の問題をど
う処理するかは明確に規定していない。この時期、国際連盟理
事会は、米国のオブザーバーの参席の下で再開されていた。北
平の張学良等はこの良いチャンスを利用して速やかに日本との
直接交渉に入ろうとした。張学良の秘書王樹翰は十七日顧維鈞

①『民国档案』、1985 年創刊号、13 頁。
② 羅家倫編『革命文献』第三十五輯、1220 頁。『民国档案』、14 頁。

に南京と広東両政府の統一を待って交渉に入るべきでないと強調して、速やかに決定するよう希望した①。

　この時期、再開された国際連盟理事会においても撤兵と交渉の関係をどう処理するかの問題が、重要な議題になり、事務総長ドラモンドも三つの案を提案していた。このような情況の下で、十月十九日蒋介石、戴季陶、宋子文、顔恵慶、顧維鈞等はその応対策を検討し、次のような決定をした②。

　甲、撤兵問題

　　一、日本軍は十日間内に撤兵を完了する（国際連盟は三週間―筆者）。

　　二、日本軍の撤兵、撤兵地域の接収方法の相談及び接収の実施は、中立国人の監視の下で行う。

　　三、接収方法は交渉の手続に限る。

　乙、我方の対案大綱五項目

　　（一）両国間の如何たる問題も武力で解決するを得ず。

　　（二）日本は中国が東三省で門戸開放或は機会均等の原則を実施することを尊重して、東三省の経済発展を促進し、一切それをさまたげない。（原文には（三）がない―筆者）

　　（四）中日両国は両国間の関係を共同に調査し、条約にもとづいてその関係を改善し、またこれは右記の各原則と一致するものとする。

　　（五）国際連盟の翼賛の下で交渉を通じても解決出来ない問題がある場合には、国際連盟規約と其の他の国際条約にもとづいて、他の和平的方法で処理する。

　丙、日本が提出しようとする案に対し、次のような意見を表

---

①『民国档案』、1985 年創刊号、14 頁。
②『民国档案』、1985 年創刊号、15 頁。

示する。

　　原案の第一項に対しては対案の第一大綱第二項目により、両国間の仇敵視する行動の根本原因を究明し、以てそれを解除する、と修正する。

　　原案の第三項に対しては対案の第二大綱第四項により、在東三省の日本人民に対し、中国の他の地方に居住する人と同様に、中国は適切に保護すると修正する。

　　原案の第五項目の具体的問題は、其の歴史と性格を考慮して、対案の第四・第五大綱にもとづいて別々に解決する。

　南京政府外交部は、十月二十二日この案を国際連盟の施代表に伝えた。だが、国際連盟理事会はドラモンドの第三案にもとづいて十月二十四日の決議案を起草した。この案は、日本軍は次の理事会が開催される十一月十六日前に撤退し、撤退後に両国は直接交渉をすると規定した。特別外交委員はこの案を検討し、顧維鈞と宋子文、顔恵慶は該委員会の意旨にもとづいて、十月二十三日施代表に次のような指示をした①。

　(一) 国際連盟の新しい草案は大体円満であるから、承諾する声明を発表しても宜しい。

　(二) 承諾の声明を発表する時に、次のことを表示する。

　　　甲、中国は日本が次の理事会が開催される前に日本軍を完全に撤退させることを信ずる。

　　　乙、接収方法の協議、決定（決議案の第四項—筆者）を手続問題に限ると修正する。

　　　丙、日本政府が中立国人を招請して日本軍と共にその撤退を観察させるよう希望する。

　　　丁、撤兵後の直接交渉と調整委員会の設置（決議の第五項

①『民国档案』、1985 年創刊号、18 頁。

目—筆者）を承認し、この両件は連帯関係があると思う。

　　戊、国際連盟が平和と公正の堅持のために努力することに

　　　　対し、中国は大変感謝する。

（三）若し日本が調整委員会の設置に反対するならば、中立国の人を招いて交渉に参加することを提案する。

この声明は、中国側が国際連盟理事会の十月二十四日の決議案を全面的に承諾し、中国が従来堅持していた中立国或は国際連盟の監視の下で日本軍が撤退し直接交渉する原則を一部放棄し、日本の第三者の直接交渉への干渉を排除する主張に譲歩する態度を示したことを示すものである。だが、この決議案は理事国である日本の反対により無効になった。このことにつき、日本政府は十月二十六日に政府第二次声明を発表した。

顧維鈞は、二十五日「理事会の閉会期間内に日本軍が撤退するのは不可能なことだと断言」[1]したが、日本政府声明の最後の「帝国政府ハ前顕両国間ニ於ケル平常関係確立ノ基礎的大綱協定問題並軍隊ノ満鉄附属地内帰還問題ニ関シ中国政府ト商議ヲ開始スルノ用意ヲ有スルニ於テ今尚渝ハル所ナシ」[2]に対し希望を抱き、これは「日本側が少少譲歩的な態度を示したようなものでその基本大綱と撤兵・接収の問題を一緒に述べているので、我国と交渉を開始しようとしているようである。若し日本が誠実に転換する意があれば、その提議に沿って、双方の体面を損傷させずに我方に有利なる方法を探り出し、双方の相峙した局面を避けることも困難ではないことである」[3]と張学良と蒋介石に上申した。これに対し蒋介石は、速やかに両方とも満足出来る方法を講ずるよう指示した。

① 『民国档案』、1985 年創刊号、19 頁。
② 外務省編『日本外交年表並主要文書』下、原書房、1978 年、186 頁。
③ 『民国档案』、1985 年創刊号、20 頁。

　だが、十一月二日、蔣介石の参加の下で、戴季陶、呉鉄城、于右任、顧維鈞等の特別外交委員会委員は、政府の対日方針を決定し、「日本軍が完全に撤退する前に日本側と如何なる接触もしない。また将来撤退後如何に交渉を始めるのか、その手続は如何にするかの問題等に対しても先に意見を表しない。他の間接的方法をもってその撤兵を促進する」①と決定した。その日の午後、顧維鈞は上海に行って宋子文と相談したが、宋もこの時期日本に対し鎮静な態度をとるのがよろしいと述べた。このことと同様なことかも知れないが、『顧維鈞回想録』によれば、この時期日本と交渉する意見が優勢になり、顧の日本の五項目の協定大綱に対する修正意見を附けたものが、特別外交委員会で採択され、委員会は蔣介石にこれに関する報告書を出した。蔣は十月末政府指導者達の会議を開き、この報告書を検討した。会議には国際連盟衛生局の局長ライヒマンが参加した。彼の意見は特別外交委員会の意見と反対だった。彼は、「中国は当然日本との交渉を明確に拒否すべきであり、国際連盟理事会の決議によって、日本の占領地よりの撤兵を要求すべきだ」②と主張した。蔣介石、宋子文はこの意見に賛成した。顧維鈞のこの回想は十一月二日の会議のことを指すかのようである。若しそうだとすれば、十一月二日の決定はライヒマンの主張によるものであったといえる。ライヒマンは国際連盟の衛生局長として、当然国際連盟の権威を建てようとしたと思われる。

　その数日後、関東軍は嫩江に侵攻し、戦局は一大転換期に入った。十六日再開された理事会も新しい試練を迎えた。国際連盟規約と不戦条約等に依る努力は日本に対しなんらの効果もなかった。国際連盟は幣原外交の直参交渉による線に沿って、国

---

①『民国档案』、1985 年創刊号、20 頁。
②『顧維鈞回想録』（1）、418 頁。

際法的法律問題を避けて、経済問題特に鉄道問題を中心とする両国間の直接交渉を通じて日本軍を撤退させようとした。理事会に出席した英国外相サイモンは、施代表に次のような案を提出した[①]。

(一) 中国は日本に対し、満洲における条約上の義務を尊重することを厳かに声明する。

(二) 中国は列強及米国に対し覚書で(一)の点を再度声明する。

(三) 中日両国は鉄道専門委員会を派遣することに賛成し、主席は国際連盟から指名派遣する。鉄道専門委員会の中日委員数は同数である。その目的は満洲鉄道営業に関する協定を締結し、不良な競争を防止して、以て同一系統の営業協定のようなものを出来得る限り求める。

(四) 第一、第二を保証し、第三の協定を締結した後、即時に撤兵する。

これは、所謂経済外交であり、まず経済問題特に鉄道問題に関する交渉で協定を締結し、その後に撤兵するとのことになるから、理事会の十月二十四日の決議案より一歩後退したものであった。

十一月十八日、サイモンのこの案を受けた特別外交委員会は、十九日蒋介石の参席の下でこの案を検討し、この案に大体賛成する意味で、施代表に次のような指示をした[②]。

(一) 中日両国は相互に国際連盟と米国に対し国際条約の原則を尊重することを声明する。

(二) 条約に関する如何なる問題或は争議は、国際連盟理事会或は中日共同で組織した調和委員会に提出する。

---

① 『民国档案』、1985 年創刊号、22 頁。
② 『民国档案』、1985 年創刊号、23 頁。

（三）　サイモンが提出した第三の理事会が代表を派遣し国
　　　　際連盟が協力するとの建議は承諾する。ただし、その
　　　　末段は「以て共向の利益を図る」と修正する。

（四）　撤兵問題に関しては、確実に完成の期日と各段階に
　　　　おける措置を規定する。

（五）　中立国代表は各地における撤兵と接収に対し協力を
　　　　する。

（六）　中日間の一切の交渉は、中立地区でおこなうことが
　　　　最もこのましい。

　特別外交委員会のこの指示は、南京政府が撤兵後に交渉する
従来の方針から撤兵前に交渉するとの方針に転換し始めたこと
を示す。この転換をせざるを得なかった理由は、当時関東軍が
黒竜江省の馬占山の嫩江防衛線を突破し、チチハルに進攻し、
軍事情勢が一大転換をするのとも関係があったと思われる。故
に、この時期における直接交渉というものは関東軍の撤兵のた
めだというよりも、寧ろ関東軍の北進を阻む意味での直接交渉
になったものであった。

　だが、恰も十九日、関東軍はチチハルを占領した。南京側も
このチチハル占領を通じて日本が東三省全地域を占領し、固有
の東北政権を駆逐するその目的を明らかに判断し、直接交渉の
対象であった幣原外交もチチハルに侵攻の前後には不拡大から
平和的拡大を経て軍事的拡大へと転換したから、これに対応す
る南京側の対日政策も変化せざるを得なくなった。十一月二十
日、特別外交委員会はサイモンの提案に対する六項目の上記決
定は、「目前の厳重な状態の下では不適切なものである」[①]とし
て、施代表に十九日の指示を取消すようにした。同日、開催中

———————————

①『民国档案』、1985 年創刊号、23－4 頁。

　の国民党第四回大会も「国民政府主席蒋中正同志は速やかに北上して国土を防衛する」①との緊急決議を採択した。張学良も二十二日対外宣言を発表して、「まず日本が撤兵しない限り、他の問題を議論することは出来ない」②と断乎直接交渉を拒否した。

　南京政府は、直接交渉を拒否すると同時に、国際連盟規約第十六条により日本を制裁することを国際連盟に訴えた。十一月十六日再開された国際連盟理事会は、関東軍のチチハル、錦州侵攻に対し規約第十六条でそれを裁こうとしなかった。南京政府は数日前日本との直接交渉を拒否したが、このような内外情勢の下で、又直接交渉にもどろうとした。錦州地域の中立化問題は外交部の代理部長であった顧維鈞が提出し、蒋介石が批准した案であり③、その裏には顧の直接交渉の意図がきざまれていた。蒋介石は当時直接交渉のことを直接に触れていないが、直接交渉を主張する顧維鈞を二十八日部長代理から外交部長に任命したのは、蒋も日本との直接交渉に応じようとしたことを物語るものである④。

　顧維鈞が外交部長に就任した後、幣原外相は顧を非常に重視した。重光公使は十一月三十日幣原外相の私的書翰を持参して南京に来て、顧維鈞の就任を祝うと同時に錦州中立問題を相談し、帰りに幣原外相の書翰を顧維鈞に伝えた。幣原は書翰でワシントン会議の時顧と共に山東問題を双方の交渉で解決したことを回想しながら、今の問題をも解決する方法を探り出す可能性があることを暗示した。顧は幣原のこの好意に感謝し、大変感動したようであった⑤。当時顧維鈞と重光との会面に対し『民国日報』が、「満洲全体の問題に関する中日直接交渉の道をきり

---

① 羅家倫編『革命文献』第三十五輯、1250 頁。

② 『晨報』、1931 年 11 月 24 日。

③ 宿夢公「九・一八事変に関する一側面の回想」、『文史資料選編』第 12 輯。

④ 『顧維鈞回想録』（1）、425 頁。

⑤ 同上書、421 頁。

開くかも知れない」①と評したのも過言ではなかったと思われる。その後、十二月二日顧維鈞は上海に行って重光公使と、三日は重光がまた南京に来て顧と会談した。その内容は不明であるが、当時マスコミは中日直接交渉のニュースを流し、学生と民衆はこの直接交渉に猛烈に反対した。顧維鈞はその回想録で、この反対は表面的には政府の対日直接交渉政策への反対のようであったが、実際には、反蒋政治勢力による反蒋運動で、彼らがそれに対日直接交渉を利用したため、対日直接交渉は実現出来なかったと述べている。これは顧維鈞の対日直接交渉に対する自己弁解であるといえるが、国民党内部の反蒋勢力の存在とその役割をも無視することは出来ないと思う。

　事変以来の中日直接交渉は一つの夢のようなもので、日本または中国の現実から見て実現される可能性もなかったし、また直接交渉をしたとしても満洲事変と満蒙問題は解決される筈がなかった。このようなものが事変における中日外交において、幣原外交には国際連盟と米国の干与の排除或は列強との激化した矛盾の緩和においてプラスになったが、中国の外交においては完全にマイナスのものであり、失敗に失敗を重ねたものであった。故に対日直接交渉反対の嵐の中で、蒋介石は十二月十五日南京国民政府主席を辞任し、顧維鈞もその数日後外交部長を辞任した。

　幣原外交は、米国の事変への直接干渉と国際連盟への協力をさしとめるために大いに活躍したが、南京政府はこれにはどう対応しただろうか。南京政府は国際連盟に依頼すると同時に、米国にも大きな期待を抱いていた。米国への期待は国際連盟に対するものよりは第二次的であったが、国際連盟に対する信頼

---

① 上海『民国日報』、1931 年 12 月 1 日。

が日本軍の不撤退により薄くなるに連れて、米国への期待が大きくなっていった。では、南京政府は米国へなにを期待していたか。それは、米国の事変への直接的干渉と九ヵ国条約にもとづく国際会議の開催であった。国際連盟規約、不戦条約は第一次大戦後の国際関係を規定した国際公法ではあるが、中国問題を特別に規定したものではなかった。だが、九ヵ国条約は中国問題に対する国際条約であり、またこの条約の締結において核心的役割を果した米国は当時国際的にも最大強国であった。故に、対外依存一本で日本に対応する南京政府は、若し国際連盟で解決出来ない場合には、米国に依頼して九ヵ国条約締結国の国際会議を開いて日本を制裁しようとした。十月十四日の特別外交委員会では、多数の委員がこのように主張したので[①]、南京外交界の元老である顔恵慶は米国公使と交渉して、九ヵ国条約締結国の国際会議を開催しようとした[②]。幣原外交と満洲事変のイニシアチブを掌握していた関東軍は事変の拡大或はかいらい満洲国の樹立問題において、九カ国条約の発動を恐れていたから、南京政府がそれに期待したのも無理なことではなかったと思う。問題は米国がこの期待にどう応ずるかにあった。十月十六日、米国のオブザーバーが国際連盟の理事会に出席した。南京側はこれに対し大きな期待を持ち、顧維鈞は張学良に「現在米国の国際連盟への参席のため、情勢はますます良くなる」[③]と打電し、中国の各新聞も最大のニュースとしてこのことを報道した。だが期待とは逆に、米国は不戦条約第二条にもとづき、事変の起因・性質を問わず、ただ平和的方法で解決することを中日両国に勧告するにとどまった。これは事変に対する米国の

①『民国档案』、1985 年創刊号、11 頁。
②　秦孝儀編『中華民国重要史料初編−対日抗戦時期緒編』（一）、台北、1981 年、296 頁。
③『民国档案』、1985 年創刊号、13 頁。

態度を明らかに示したものであった。

　だが、南京政府はそれに失望せず、依然として米国に期待していた。特別外交委員会会長戴季陶は国民党中央政治会議に提出した対日政策報告書で、米国の態度に対する判断として、「今迄は極力意見の発表を避けているが、将来必要の時には九ヵ国条約を利用して、日本に対し力強い抵抗をする可能性がある。現在その態度はますます平和的で、中国に譲歩をするよう勧告する意を表明しているが、これは皆将来活躍する準備をするためである」①と述べた。この判断の根拠は不明であるが、これは自己慰安のものであった。

　十一月二十三日外交部代理部長に就任した顧維鈞も「若し国際連盟が円満に解決する案がなければ、我国はワシントン会議の九ヵ国条約署名国に依存して国際会議を開くようにする」②と発表した。

　十二月になって関東軍が錦州方面に侵攻した時にも特別外交委員会は依然として米国に期待し、会長戴季陶は米国は「現在なにも表していないが、必要の時に至れば、九ヵ国条約にもとづいて適切に日本に抵抗する可能性が大きい」③といった。

　だが、米国は九ヵ国条約にもとづいて国際会議を開催しようともせず、日本を制裁しようともしなかった。南京政府の米国に対する期待は自己慰安と幻想的なものになったが、幣原外交の対米対策は所期の目的を達したといえる。

　では、民衆と輿論は米国をどう見ていたか。政府側の立場に立っているマスコミは政府同様の見解を持っていたが、その他のマスコミと民衆は米国に期待することに反対した。北平の『晨

① 李雲漢編『九一八事変史料』、正中書局、1982 年、325 頁。
②『晨報』、1931年11月24日。
③ 羅家倫編『革命文献』第三十五輯。

報』は十月十二日の社説「米国の中日事件に対する態度と傾向」
で、米国の対満貿易及び投資量の角度から米国の態度を分析し
た。一九三〇年、米国の対満蒙輸出は六百六十九万海関量、輸
入は二千七十二万海関量であり、投資は三千九百五十九万元で
あった。この数字は米国の対外貿易と対外投資総額から見て大
変ささやかなものであった。社説はこのような分析から結論と
して、「米国は今の普遍的経済危機の下で、『ドル外交』と『商
人政府の立場』から、満洲事変に対して口を出す道理が絶対に
ない。たとえ口を出したとしても、それは一種の空洞な表明で
あって、なんの力にならないものだ」①といった。陳啓修氏は
「日本の東三省における暴行の意義と我国の講ずるべき対抗方
法」で、米国の対独投資と対日投資の比較から米国がアジアよ
りも欧米に対する関心が強く、「目前の大きな利益を犠牲にし
て日本に干渉し、その小さな利益を保護しようとはしないだ
ろう」②と分析した。このような分析と結論は、事実が証明し
ているように、正しいものであった。だが、南京政府はこれに
耳を傾けようとしなかった。

　最後に、天津事件と日本軍の錦州侵攻に対する南京政府と張
学良の対応を考究するようにする。

　十一月八日、いわゆる天津事件が発生した。この事件は天津
駐屯軍と土肥原賢二等が謀略により挑発したものであった。事
件挑発の目的は、（一）は張学良政権に対する崩壊工作、（二）
は錦州作戦への軍事的、輿論的準備、（三）は溥儀の天津脱出で
あった③。南京政府と張学良は（一）、（二）の目的に対しては

---

①『晨報』、1931 年 10 月 12 日。
②『晨報』、1931 年 10 月 5 日。
③ 日本国際政治学会太平洋戦争原因研究部編『太平洋戦争への道』（2）、朝日新
聞社、1962 年、174-5 頁、臼井勝美『満州事変』、中央公論社、1974 年、102-8 頁参
考。

判断していたが、第三の目的に対しては知っていなかった。土肥原等は、この事件において、実は先ず（三）の溥儀の脱出の目的を達成して、かいらい満洲国への樹立にとりかかったのであった。だが、南京政府と張学良は双方の衝突を避けることを重視しその対策だけを講じた。十一月十三日、蒋介石は宋子文、戴季陶、顧維鈞とその対応策を検討し、まず列強が天津等中国の沿海、沿江に持っている植民地的権益が日本の謀略による行動により脅かされるのを利用して、各列強が日本の行動を阻止する対策を講ずるようにと決定し、顧維鈞外交部長は同日英、米、仏三国公使にこの意を伝えた。三国の公使は、顧維鈞の要求に応ずる態度を示した①。顧維鈞は、双方の衝突を避ける方法として、日本租界地外の三百メートルの緩衝地帯に国際的巡察隊を派遣してパトロールする案を提案したが、三国公使はこれに賛成しなかった②。列国はこの行動が日本を刺激すると思って慎重に対処しようとした。これにも、列強の対中国政策の二重性を見出すことが出来る。

　南京政府は、関東軍が錦州への侵攻を企む情況の下で、天津駐屯の日本軍の背後からの軍事行動を阻む措置として、天津市に臨時的な団体を組織して、各国もそれに代表を派遣して参加し、共同に治安を維持し、また有力な軍隊をこの組織の管轄下に配属させて、その機能を一層発揮させるようにしようと計画にした③。十二月二日、南京の国民党中央政治会議は、天津は日本租界と繋がっているので、若し中立国が確実に保障するならば、その中間に緩衝地帯を設定して、双方の衝突を避けるようにと決定した。顧維鈞外交部長はこの決定を張学良に打電し

①『民国档案』、1985 年創刊号、21 頁。
②『民国档案』、1985 年創刊号、21 頁。
③『民国档案』、1985 年 2 号、9 頁。

た①。軍事的措置としては、南京政府財政部に属する「税警団」の三連隊五、六千人を張学良の指揮下に配属させ、天津地区の塩田のためだということを口実に、天津方面に配置した②。このような措置は、天津事件そのものに対する対応策であると同時に、また錦州問題に対する対応策でもあった。

　関東軍はチチハルを占領した後に、その矛先を遼西の方に転じ、錦州侵攻を準備した。錦州に対する南京政府の対応は、満洲事変勃発の時とは異なった対応策を講じた。特別外交委員会は十一月二十五日に、(一)各国の援助の下で平和的方法で錦州を維持し、(二)若しこの努力が無効であれば自己の実力で守る、と決定した③。南京政府は錦州問題に対し、終始この方針を執行しようとした。

　平和的方法として、二十四日蒋介石と宋子文、戴季陶、顔恵慶、顧維鈞は、まず英・米・仏三国に依頼しようと決定した。この決定にもとづき、顧維鈞外交部代理部長は同日この三国の公使と会見し、次のような案を提出した。日本側が中国軍隊の山海関までの撤退を要求するので、我軍は山海関まで撤退する、ただし、日本軍はこの地域に進入しないこととこの地域内での中国の行政及び警察の実務に干渉しないことを英・米・仏三国に保証し、三国も日本のこの保証に満足すれば、中国軍は山海関まで撤退する、と述べた④。これはいわゆる撤退の二つの先決条件であった。三国公使はこの提議に賛成し、各国政府に伝えると述べた。

　だが、三国はこの二つの条件を保障しようとしなかった。二十六日、米国公使ジョンソンは国務長官スチムソンの意見とし

---

① 『民国档案』、1985 年 2 号、9 頁。
② 『民国档案』、1985 年 2 号、9—10 頁。
③ 『民国档案』、1985 年 2 号、4 頁。
④ 同上。

て次のように述べた。まず中国軍隊が自動的に山海関まで撤退して衝突を避け、将来事実と条約にもとづき「満洲問題」を全般的に解決するようにする、現在の情勢では戦争を阻止するのが大事なことであるから、保障等は話しにならないことである、といった①。同日午後、英国公使ランプソンも政府の緊急訓令として、中国政府が情勢を一層悪化させる行動を取らないようにと勧告した②。これは、中国が自衛的軍事行動を取らないようにと要求したので、日本に有利なものであった。

　南京政府は、若し日本軍が一歩一歩前進する場合には、実力を持って錦州を防衛しなければならないと明言し、外交部代理部長顧維鈞は十一月二十六日、二十七日に南京政府のこの決意を張学良に伝えた③。だが、張学良は、日本との協議の上、山海関まで撤兵しようとした。十一月末頃、北平日本領事館の参事官矢野は張学良を訪問して、英・米・仏と中国が提議した錦州一帯の中立化問題と中国軍の山海関までの撤兵に対し日本は原則として賛成すると述べ、張が賛成するならば日本は代表を派遣して協商に当たる意があることを表した④。矢野のこの提議は、十一月二十四日顧維鈞が英・米・仏三国公使に提出した二つの先決条件を排除し、日本と中国が直接交渉して錦州を無血占領しようとしたものであった。張学良は、個人の意見として、この提議に大いに賛成し、それに次のような三つの意見を付け加えた。（一）日本軍は現在の派遣地点巨流河駅より前進しない、（二）中国の少数軍隊を錦州中立地帯に残して治安を維持する、（三）将来日本側が代表を派遣する時には軍人でなく外交

---

① 『民国档案』、1985 年 2 号、5 頁。
② 同上。
③ 同上。
④ 『民国档案』、1985 年 2 号、6 頁。

官を派遣するようにする①。この第二に対し矢野は、中国軍隊が全部撤退するよう要望した。張学良は二十九日の矢野参事官との交渉意見を蒋介石に報告し、それに応ずる意見を上申した。

南京の日本総領事も南京政府外交部に同様の提議を提出したが、顧維鈞はこの協議に応じなかった。二十九日、顧維鈞は張学良に打電し、日本側と直接交渉をしないようにと勧告した。その理由として顧維鈞は、（一）日本側が中立国のオブザーバー（国際連盟は二十六日オブザーバーの派遣を決定）を排除して、我方と協議する時に苛酷な条件を提出し、それを我方が承諾するのも困るし、若し承諾しなければ交渉は破裂する、（二）日本は自分がすでに撤兵したことを口実に、我方も山海関まで撤兵するようおし迫り、若し我方が撤兵しなければ、我方が協定に違反したとして我方を攻撃する、と分析した②。顧維鈞のこの分析は日木側の企らみを正確に分析したものであった。顧維鈞は張学良に、若し日本側がまた交渉に来た時には、直接交渉をさしとめて、中立国のオブザーバーを通じてその意見を伝えるようにするようにと具申した③。

だが、日本側は南京政府に双方の直接交渉による中国軍隊の撤退を強硬に要求した。十二月三日、重光公使は顧維鈞外交部長を訪問して、日本軍が満鉄附属地まで撤退したから、中国軍隊も山海関まで撤退するよう再要求した。顧維鈞は撤退問題を避けて、中国が中国軍隊を錦州から前進させないことを国際連盟のオブザーバーに保証し、オブザーバーがこの保証の有効性を保障するならば、両軍隊の衝突は避けられると回答したが、

---

①『民国档案』、1985 年 2 号、6 頁。
②『民国档案』、1985 年 2 号、7 頁。
③『民国档案』、1985 年 2 号、7 頁。

重光はそれに賛成しなかった①。その裏には、中国軍隊の撤退後に錦州を無血占領しようとする企みがあったからであった。

　南京政府は依然と第三国の干与を要求し、その保障がない条件の下では撤退しない方針を示した。十二月二日、国民党中央政治会議は、次のような時局処理方針を決定した②。

　　一、東三省事件に対しては積極的に努力して、国際連盟の適切な保障の下で解決する。

　　二、錦州問題は、若し中立国の確実な保障がなければ、緩衝地帯を設置しない。若し日本軍が進攻すれば、積極的に抵抗する。

　国際連盟においては、施肇基代表が中立地帯を設置し、第三国が軍隊を派遣してこの中立地帯を守り、日本軍が撤退した地域に進入しないように要求した。だが、第三国である列強はこれに賛成せず、ただオブザーバーを派遣することにとどまった③。この時期、第三国の外交官と武官が続々と山海関と錦州方面に出動し、情勢を視察した。南京政府は、第三国の保障がない情況の下では、絶対に撤兵したい方針を堅持した。

　だが、先示したように、張学良の方針と対応は南京政府と異なっていた。張学良はこの時期に自動的に錦州から一部の軍隊を撤退させ、日本軍との決戦を避けて、自分の軍事力を保持し、華北一帯における一軍閥としての地位を維持しようとした。

　南京政府の一部の要人の中にも錦州からの撤兵を主張するものがいた。南京政府軍の参謀長である朱培徳は、十二月八日の特別外交委員会において、錦州の軍隊が撤退しないのは当然のことではあるが、若し双方が戦闘状態に入れば一週間ももたな

---

①『民国档案』、1985 年 2 号、10 頁。
②『民国档案』、1985 年 2 号、9 頁。
③『民国档案』、1985 年 2 号、8 頁。

いし、こちらからも援助する可能性がないと述べ、日本と戦って負けるのを知りながらも日本と対決するか、或は日本と協議して方法を講ずるのか、二つの中で一つを選択しなければならないとして、撤退、交渉の方法を主張した①。戴季陶もこの意見に賛成する傾向を見せた。この意見は張学良の主張とほぼ同様なものであった。

　外交部長顧維鈞は張学良のこの撤退行動に反対し、十二月三日張学良に打電してその行動を延期するよう要望した②。十二月五日、顧維鈞はまた張学良に打電し、国家のために、貴方の前進のために、困難を排除して抵抗するよう要望した③。顧維鈞は国際連盟理事会が日本の中立地帯設置の提議を拒否したから、若し軍隊を錦州から撤退するならば、国際連盟理事会の主張に違反することになると彼を説得し、若し撤兵すれば国内の「誤解」を惹起する可能性があるから撤退せずに、断平として現在の前線を守るべきだと助言した④。十二月八日、蒋介石も張学良に、「錦州の軍隊はこの時期に撤退しないよう」にと指示した⑤。このような説得・助言と指示のもとで、張学良は一時北平の矢野参事官の直接交渉による撤退を拒否した。

　このような状況の下で、日本軍は錦州の流血的占領を決定した。十二月七日南陸相は本庄司令官に遼河の西に進撃するように命じた。関東軍は十二月十二日に錦州攻撃方略を確定し、二十四日第二師団に二十八日に戦闘を開始するよう命じた。だが、南京政府は日本軍の謀議の内幕を知らず、在日の蒋作賓公使は、

　　①　羅家倫編『革命文献』第三十五輯、1276頁。
　　②　『民国档案』、1985年2号、10頁。
　　③　『民国档案』、1985年2号、10−1頁。
　　④　『民国档案』、1985年2号、12頁。
　　⑤　秦孝儀編『中華民国重要史料初編−対日抗戦時期緒編』（一）、台北、1981年、312頁。

各国の勧告により、日本の錦州に対する態度は緩和されたと報告した。顧維鈞も十二月中旬に錦州問題に対し張学良に別に打電しなかったし、それに対する関心が前より薄くなったようであった。南京政府は十二月二十日以後になって錦州問題の危険性を再確認し、二十二日、国際連盟の中国代表施肇基に打電し、連盟が措置を講じて日本軍の行動を阻止するよう訓令した①。同時に、顧維鈞外交部長は在中国の英・米・仏公使と会見して、本国に日本の攻撃を阻止する対策を講ずるよう打電することを要望した。

　南京政府は、十二月二十五日と三十日に張学良に日本軍の錦州侵攻に積極的に抵抗するよう打電・命令し②、一九三二年一月一日南京政府の外交部長に就任した陳友仁は宣言を発表し、抵抗する意を表した③。だが張学良は抵抗せず、錦州から撤退した。関東軍は一月三日錦州を無血占領した。

二　上海事変に対する対応

　上海事変勃発前，南京政府には大きな変化が起った。十二月十五日、蒋介石は国民政府主席、行政院院長、陸海空軍総司令官の職を辞任し、郷里奉化に帰った。蒋介石のこの下野は、外部的要因としては北平、南京、上海の学生を中心とした反蒋、反政府運動、内部的要因としては蒋介石の江浙財閥と汪兆銘の広東派との対立であった。江浙、広東両派は、十月二十七日から十一月四日まで調和・統一の予備会議を開き、蒋も満洲事変

①『民国档案』、1985 年 2 号、16 頁。
②　秦孝儀編『中華民国重要史料初編－対日抗戦時期緒編』（一）、台北、1981 年、313－4 頁。
③　秦孝儀編『中華民国重要史料初編－対日抗戦時期緒編』（一）、台北、1981 年、314 頁。

以来の責任を負い、辞職する意を表した。蒋辞職後二週間の空
白期を経て、一九三二年一月一日広東、江浙両派の統一政府が
成立し、政府主席に林森、行政院院長に孫科、外交部長に陳友
仁、国民党中央政治会議常務委員に汪兆銘、胡漢民、蒋介石が
就任した。統一された新しい南京政府では、広東派の勢力が著
しく進出した。だが、南京政府の財政、軍事大権は依然として
蒋介石一派が掌握していた。浙江、江西、江蘇、安徽、河南、
湖北省の実権も蒋一派ににぎられていた。このような情況の下
で、孫科等はあいつぐ内外の危機に対応することが出来ず、一
月二十五日辞職せざるを得なくなった。外交部長陳友仁も辞職
した。一月二十八日、汪兆銘が行政院院長に、羅文幹が外交部
部長に就任した。対日政策を検討、制定する特別外交委員会は
十二月一時解散され、一月二十七日あらたに外交委員会を設け、
国民党中央政治会議管轄下の一機関となった。常務委員に顧孟
餘、顧維鈞、王正廷、羅文幹等が就任した。事変の第一線上海
には国民党中央委員会上海辦事処が設立され、上海の問題を直
接処理し、その中に外交組を設けて、対外問題を審議、決定し
た。その主任には陳友仁、委員に顧維鈞、岳軍、膺白等が就任
した。

　上海事変は、南京政府のこのような混乱・変化の最中に勃発
した。事変の勃発は、蒋介石の政界への復帰を促進し、蒋は一
月二十九日軍事委員会委員に、三月六日軍事委員会委員長に就
任し、南京政府の軍事大権を掌握した。こうして、南京政府は
汪兆銘の政治、蒋介石の軍事の二頭政治を行なうようになった。
南京政府のこのような情況は、上海事変に対し一定の影響を及
ぼすようになり、上海事変に対する中国側の対応を考究する前
に、南京政府のこの変化を念頭におく必要があると思う。

　上海事変は、満洲事変と同様に、日本の中国に対する侵略戦

争でありながらも、またその特異性を持っていた。このような
上海事変に対する認識は、南京政府がこの事変に対応する前提
であり、その対日政策決定の根拠でもあるべきものであった。
では、南京政府は上海事変に対しどのような認識と理解を持っ
ていただろうか。

　上海事変は、侵略の視点からいえば、満洲事変の連続であり、
且つまたこの事変の拡大でもあり、対中国侵略の新しい一段階
でもあった。当時、南京政府はこの両事変の連続、拡大、段階
の視点から上海事変を認識・理解していて、上海事変の特異性
―かいらい満洲国の樹立から中国と列強の目をそらし、その樹
立に対する干渉を牽制する一面に対しては、現在の史料から見
て、理解と認識がなかったと思われる。これは、次の諸問題に
対する対応から証明出来ると思われる。

　上海事変の特異性は、事変の引き金となった板垣征四郎と田
中隆吉の共同謀議で惹起された一月十八日の日本人僧侶襲撃事
件で端的に表されているが、当時日本人もその謀議の内幕を知
らない情況の下で、南京側がその事実を知る筈がなかった。故
に、日本側が負うべき襲撃事件の責任を南京政府が負い、一月
二十八日上海市政府の兪秘書長は市政府を代表して、上海総領
事館に遺憾の意を表した①。翌二十日、この事件の「復仇」と
して日本青年同志会会員三十余名が三友実業社を襲撃した事件
に対する村井上海総領事の四項目の要求に対しても、一月二十
八日上海市長呉鉄城は全面的に承諾し、日本側が負うべき責任
を中国側が負った。上海駐屯の十九路軍も抗日団体の取り締ま
りには難色を示したものの、事件そのものに対する責任は負う
べきだとの態度を示した②。南京政府は事変の引き金に対する

①『国民政府軍事機関档案』（二十五）、一八一（南京第二档案館所蔵）。
② 同上、（二十五）、3007。

認識が不明であったために、その後の一連の問題に対しても明確な認識を持つことが出来なかった。

　次に、板垣が中国の他の地方を選択せずに、上海を選択して事変を挑発したのは、上海の特徴—列強の中国侵略の拠点であり外国の植民地権益が集中したこの点を利用しようとしたからであった。これに対し南京側は知っており、羅文幹外交部長も二月八日の談話でこの点を指摘している①。だが、これは日本が列強を上海事変に巻きこむがために上海を選択したとのことまでは至らなかった。羅部長は上海の通商、金融、交通と南京との関係の重要性から事変の原因を分析するに止まっていた。

　南京政府は上海事変を満洲事変の連続・拡大の視点で認識し、日本軍が上海、南京および長江流域を占領する軍事行動だと判断して、特に首都南京に対する脅威を強く感じていた。二月四日日本陸海軍が制定した「上海方面軍事行動指導要領」は、その占領地域を上海附近にすることを決定し、「若シ支那軍ニシテ駐屯及侵入禁止地域外ニ撤去後更ニ我カ軍ニ対シ攻撃ヲ反覆シ又ハ各方面抗日行動ヲ継続スルニ於テハ自衛上更ニ支那軍ニ一撃ヲ加ヘ一時南京ヲ保障占領スル場合アルヲ予期ス」、「帝国カ全面的日支交戦関係ヲ決セサル限リ陸軍ノ軍事行動ハ南京以西ニ之ヲ拡大セサルヲ方針トス」②と規定した。南京とその西の占領は条件があって、上海事変初期における占領計画の範囲には入っていなかった。だが南京側は逆に、南京に対する日本軍の攻撃を大変重視し、二十九日発表した上海事件に対する宣言も「上海を攻撃するのは首都に対する直接的な危害と脅威になる」③と見て、一月三十日南京政府の中央機関を洛陽に移転す

① 羅家倫編『革命文献』第三十六輯、1510頁。
② 稲葉正夫編『太平洋戦争への道』、別巻・資料編、190−1頁。
③ 秦孝儀編『中華民国重要史料初編−対日抗戦時期緒編』（一）、433頁。

ることを決定した①。蔣介石はまた日本軍の武漢占領を予測し、一月二十九日湖北省主席何成濬と第四師団長徐庭瑤に「日本軍の海軍が必ず漢口、武昌で軍事行動を取るから、厳密に警備・自衛し、絶対にそれに屈服すべからざるべし」②と命令した。

　蔣介石は上海事変の後期においても日本軍の南京、長江の占領を強調し、三月十日作成した「第二期抵抗作戦案」において、日本軍の戦略に対する推測として「その軍事目的は南京を占領し、長江をコントロールするほかになし」③と分析した。

　以上の事実は、日本軍の侵略に対する警戒心を高める点においては重要な意義があるが、日本軍の上海事変に対するその目的判断においては正しい判断だとはいえない。

　では、戦局が上海にまで拡大された原因に対してはどう考えていただろうか。行政院院長汪兆銘は数回の講演の中で「我々が喪権辱国の条件に断乎として署名しないために……日本は更にもう一歩陸海空軍を動員して上海を攻撃し、以て首都を脅かしている」④と述べ、その原因が中国側の不屈服にあったと説明した。これも上海事変の一面性だけを説明したもので、事変の特異性から来るその原因に対する分析は欠けていた。

　南京政府は上海事変に対するこのような分析・判断から、事変に対してはどう対応しようとしただろうか。事変勃発の翌日、蔣介石は「一面交渉・一面抵抗」の方針を制定した。汪兆銘も同様な方針を主張し、その方針を「日本とは戦ふことが出来ないから抵抗するのである。また和することが出来ないから交渉するのである。国民政府の困難に処する態度は、和せず戦はず

---

① 秦孝儀編『中華民国重要史料初編－対日抗戦時期緒編』（一）、435－6頁。
② 同上書、432頁。
③ 同上書、517頁。
④ 羅家倫編『革命文献』第三十六輯、1556頁。

でなくして、抵抗と交渉とを併行せんとするものである」①と
説明した。汪・蒋の二頭の指示により、南京で政務、軍事の総
指揮を担当していた軍政部長何応欽は、一月二十九日中央の方
針として各省に「一面正当な自衛に従事し、尺土寸地をも他人
に与えず、また一面においては依然として外交方式で各国がそ
の条約上の責任を執行するようにする」②との通告を発した。
この方針は満洲事変の時の無抵抗・不交渉と対照的であり、特
に抵抗を強調したのは特異なものであった。

　上海では十九路軍が第一線に立っていた。該軍団は第六十・
六十一・七十八師団で構成され、戦闘力の強い軍団であった。
同軍は一月二十三日軍将校の緊急会議を開き、日本の侵略に対
応する動員と作戦準備をし、軍長蔡延鍇も、「上海・呉淞民衆に
告ぐる書」を発表し、日本の侵略に抵抗する決心と市民の軍に
対する支援を呼びかけた③。十九路軍はこのような準備があっ
たために、日本の突然の攻撃に対応することが出来た。十九路
軍は、一月二十八日から三十一日までの日本軍の第一回目の攻
撃と、二月二日から五日までの第二回目の攻撃を撃退した。日
本政府は二月二日第九師団と混成第二十四旅団を増援すること
を決定し、増援軍は六日から十六日の間に上海に到着・上陸し
た。南京政府はこれに対応して、杭州の第五軍団を二月十四日
上海に派遣し、十九路軍の左翼の防衛を担当させ、二月二十日
からの第三回目の大攻撃をまた撃退した。

　では、南京政府は上海事変ではなぜ満洲事変の時とは異なっ
て抵抗をしたのであろうか。その原因はどこにあったか。蒋介
石は浙江・江蘇両省を基盤とする軍閥であり、上海は蒋一派の

---

① 松山悦三『汪精卫』、東京人生社、1940 年、100 頁。
②『歴史档案』、1984 年 4 号、64 頁。
③『国民政府軍事機関档案』（二十五）、3007 頁。

政治、経済の根拠地であった。日本軍が蒋派の一番重要な地域上海に侵撃したのは、彼等に対しては死活の問題であった。故に、蒋一派は抵抗せざるを得なかった。満洲事変の場合には、それは張学良の支配する地域であり、蒋一派とは相対的に直接的な関係がなかったこととも一定の関係があったと思われる。

　次に、経済的、民衆的基盤が強かった。上海は中国の民族資本が最も発達した地域であり、近代中国ブルジョアジーの集結地でもあった。同時に上海は中国労働者階級の集中地であり、五四運動以来反日・反帝闘争の中心地でもあった。一九三一年七月の朝鮮における華僑排斥事件以来展開されて来た日貨ボイコット運動には広汎な各層が参加し、運動は満洲事変勃発後にも引き続いた。故に、上海は民族的、民衆的反日基礎が厚く、近代民族主義の要素が強かった。この点において、東三省は上海と一定の差があった。このような民族・民衆的なものが南京政府の抵抗方針の基礎と背景になり、またその抵抗を支持、促進したと思われる。

　第三に、満洲事変における無抵抗が中国に与えた教訓と青年学生を中心とした反蒋・反政府運動も南京政府の抵抗を促進した。

　だが、南京政府のこの抵抗は徹底的な抵抗ではなかった。一月二十日からの第三回目の攻撃に失敗した日本は、二十三日第十一師団と第十四師団を上海に急遽派遣することを決定し、三月一日からの第四回目の大攻撃を準備していた。南京政府はこのことを事前に知っていながらも、その対策を講じなかった。故に、三月一日の大攻撃で日本軍は中国軍を一ヵ月余り堅持していた防衛線から予定した二十キロの地点まで撃退した。若し南京政府がその前に二、三個師団を第五軍の左翼に配置し、日本軍が第五軍の背後を襲った楊林口、七丫口附近の防衛を強化

したならば、また一ヵ月間の抵抗で損失を受けた十九路軍と第五軍に適切な補給を与えたならば、日本軍の攻撃を撃退する可能性があったと思われる。だが、南京政府は日本の二個師団派遣に対する増援措置を取らなかった。これは偶然的なことではなく、そこには必然的な原因があった。

　その主な原因は中国共産党の工農紅軍に対する「囲剿」作戦であった。南京政府はこの時期に共産党の工農紅軍に対する第三次「囲剿」作戦を実施する最中であり、それに動員された師団は三十個師団に達していた[①]。これに対し上海には五個師団の兵力しか配置しておらず、これは「囲剿」作戦に動員された師団の六分の一にしかならなかった。これは国民党としては共産党の工農紅軍に対する作戦が対日作戦よりも重要であったことを示す。例えば、二月初め何応欽は江西省から一個師団を上海に動員しようとした。だが、江西省主席熊式輝はこれに反対した。熊式輝は何応欽に、江西省の軍隊は対共産党作戦に余裕がない、江西省より一個師団を引き出しても日本軍に対する勝利の希望はなく、逆にまず共産党に負ける虞がある、若し江西省の防衛線が一部動揺する場合には、その影響の及ぶこと思うに至るべきことではない、と述べている[②]。これは、共産党の工農紅軍に対する「囲剿」作戦が対日作戦より重要だとのことを強調したものである。

　当時、南京政府には対日と対共産党のバランスをどう取るかの問題があった。二月十四日何応欽が上海市長呉鉄城に「一面抵抗、一面交渉」の政府方針を説明する時に、この問題をどう処理すれば良いかの意見を述べたことがある。彼は、南京政府の力から見て対日作戦と対共産党の「囲剿」作戦を同時に進行

　①『歴史档案』、1984年4号、68頁。
　②　同上、65−6頁。

させるのは困難である、若し徹底的に抗日しようとするならば、
共産党と妥協して、その作戦に出動している師団を移動して、
日本軍に対戦させなければならない、若し引き続き対共産党の
「囲剿」作戦をする場合には、日本に対し徹底的に抵抗する余裕
がない、故に両者の中で一つを選択しなければならない、と述
べた①。何応欽が述べたように、南京政府には二つの選択の余
裕があった。南京政府は共産党に対する「囲剿」作戦を即時中
止し、共産党と共に抗日統一戦線を結成して、両党両軍の連合
した力で日本の侵略に対応すべきであった。だが、南京政府は
この選択をしたのではなく、第二の選択をした。これは南京国
民党政権の反共の根深さを表すものであった。

　次に、日本の戦略に対する判断の錯誤とも関係があった。前
にも述べたように、南京政府は日本の上海事変に対する目的を
正確に理解していなかったため、上海、南京、武漢等長江流域
に対する全面的防衛体制を構えていた。これに対し、日本軍は
上海に兵力を集中し、二十日以後は特に第五軍に対し集中攻撃
をして、二十七日に江湾鎮の防衛線を突破し、三月一日には防
衛力の薄弱な楊林口、七丫口（一個中隊駐在）から上陸して、
第五軍を背後から包囲する作戦を取った。若し南京政府が上海
事変の目的を明確に判断していたならば、長江流域の軍隊を上
海地域に集中して、その侵攻を撃退する可能性もあったと思わ
れる。だが、これは主要な原因ではなかった。

　以上の事実と分析から見て、南京政府の抵抗は不徹底な、ま
たは消極的な抵抗であったといえる。では、なぜ抵抗しながら
もこのような消極的な抵抗をし、積極的な抵抗をしなかったの
か。それは、その抵抗の裏に抵抗しても負けるという「敗戦論」

---

　①『歴史档案』、1984 年 4 号、71 頁。

があったからであった。蒋介石は二月十三日何応欽を通じて、「我軍が進撃してどのように犠牲しても、如何なる目的をも達することは不可能である」[①]と上海の総指揮官蒋光鼐に指示したことがある。これは戦っても負けるという「敗戦論」である。このような論調は上海事変だけではなく、満洲事変からの一貫した指導思想であった。故に、積極的に抵抗してもそれは無意味なものだと思っていた。彼等は無意味な抵抗をしても目的を達することが出来ないから、外交的交渉によってその目的を達成しようとした。

　それでは、抵抗と交渉の関係はどうであったか。抵抗と交渉は平行するものでなく、抵抗は交渉に従属するもので、一定の抵抗で外交交渉の前提と条件をつくることにあった。南京政府は事変初期における一時的抵抗の勝利を利用して日本と交渉して事変を速やかに結束させようとした。

　以上の分析から、南京政府の「一面抵抗・一面交渉」は、交渉が主導的なものであったといえる。故に、南京政府の上海事変に対する対応は本質的には抵抗でなく、交渉にあったといえる。

　では、どのようなルートで、どのように交渉をしたのだろうか。交渉には三つの種類があった。一は国際連盟における間接的交渉、二は第三国の斡旋と参加の下での直接交渉、三は日本との直接交渉である。国際連盟の間接的交渉における南京政府の対応は第四章の「国際連盟における対応」ですでに述べたため、ここでは省略することにする。列強の斡旋・参加の下での交渉の具体的過程も第四章の「停戦交渉をめぐる対応」ですでに述べたため、ここでは日本と中国の列強をめぐる対応の仕方

---

①『歴史档案』、1984 年 4 号、69 頁。

を比較することにする。

　停戦交渉において中国も日本も皆事変の勃発と同時に主動的に、積極的に列強が斡旋・参加することを望んでいた。これは同一的な現象であるように見えるが、その目的と内容は異なっていた。日本は列強との協調を主張し、以て列強を事変に巻きこみ、かいらい満洲国の樹立から列強の目をそらそうとしたのに対し、中国は列強に対する依存であり、列強に依存して上海事変を解決しようとした。中国と日本との列強に対する依存と協調という異なった形態を取ったその原因は、事変に対する双方の目的の相違と上海地域における双方の軍事力の差から出て来るものといえる。このような相違から出て来る異なった二つの形態が、列強の斡旋による停戦交渉でうまく結ばれ、双方とも停戦交渉を通じて所期の目的を達成したのは、列強の上海事変に対する二重政策にあったと思う。二重政策とは、列強の上海における植民地的権益を事変から守るために、一面においては南京政府の抵抗に「同情」と「支持」を与えながらもまたその抵抗に制限を与え、一面においては日本軍の軍事行動に抗議しながらもまたそれに支持を与える両面的政策である。列強はこの政策を微妙に利用して上海事変における自己の目的を達成したと思われる。

　列強を通じての交渉において目立つことは、南京政府の九ヵ国条約署名国に対する位置付けである。満洲事変の時には、まず国際連盟に訴え、九ヵ国条約締結国に訴えたのはその後のことであったが、上海事変の場合には、一月三十日国際連盟と九ヵ国条約署名国に同時に訴え、日本軍の軍事行動が直接に九ヵ国条約を侵犯したから、署名国は「該条約の神聖な責任にもとづいて速やかに有効な措置を取り、日本の中国領土内における一

切の軍事行動と該条約違反の一切の行動を厳正に阻むよう」①と
要求した。これは満洲事変以来の国際連盟に対する失望から出
た現象であった。

　だが、前にも述べたように、上海事変に対する国際連盟の対
応は満洲事変の時よりも積極的であった。九ヵ国条約締結国の
核心である米国の反応も満洲事変の時より強硬になり、上海停
戦交渉においては英国と米国は国際連盟加盟国と非加盟国との
区別なしに歩調を合わせて行動した。これは、列強の中国侵略
の拠点上海とその植民地的権益を維持し、且つまた上海地域に
おける日本の権益の拡大を阻もうとしたためであった。若し、
英米列強の植民地的権益が満蒙にも上海のように集中していた
ら、英米列強も上海事変に対するような積極的態度で対応し、
満洲事変も上海事変のように結束される可能性があったかもし
れない。

　上海事変における南京政府の対応において特異なことは、列
強の斡旋・参加なしに日本側と直接交渉をしたことである。満
洲事変の時に幣原外相は列強を排除しての南京政府との直接交
渉を主張し、南京政府は列強の参加の下での日本軍の撤退を先
決条件とした直接交渉を主張したが、双方の直接交渉は成り立
たなかった。だが、今回は南京政府が主動的にこの直接交渉に
乗りだした。

　事変勃発の翌二十九日、蒋介石は対日交渉の原則と方法とい
う方針を制定した。その方法第二には「日本とまず非公式の名
目でかけあい、その最大の限度（最大の要求－筆者）を必ず知
り得るべきだ」②と規定し、国際連盟と九ヵ国条約締結国には
ただその交渉を通告するようにとしている。これから見れば、

①　秦孝儀編『中華民国重要史料初編－対日抗戦時期緒編』（一）、434頁。
②　同上書、431頁。

列強はこの交渉に直接参加していなかった。だが、中国の背後で
それを黙認し、助言を与えていたのは事実であったと思われる。

　南京政府が日本と直接交渉をしようとしたその目的は、上海
事変における日本の最大の要求を探知し、速やかに日本と停戦
協定を締結しようとしたことにあった。日本側の目的は、数回
の攻撃が挫折した情況の下で、南京側との直接交渉でその反撃
を阻もうとしたかのようである。これは第九師団の援軍が上海
に上陸した後に直接交渉における日本側の態度が急激に強硬に
なったことから推測することが出来る。

　では、この交渉はどのように行なわれただろうか。この交渉
は、南京側が主動的に提出した。蒋介石の対日交渉の方針によっ
て、陸軍歩兵学校の校長である王達天（王俊）がまず始めた。
王は二月九日軍政部長何応欽にこの時期に日本側と直接交渉を
する必要性を上申した。王はその必要性として、まず二月六日
から英国の中国艦隊司令官ケリーの斡旋での停戦交渉が挫折し
たことを指摘し、列強を通じての直接交渉が不順調だから中日
間の直接交渉が必要であるとのことを強調し、次に増援した混
成第二十四旅団と第九師団が上海に上陸した後日本軍は必ず閘
北、呉淞一帯を占領する筈であるから、この時期に至って日本
と交渉するようになれば、日本が優勢になり、停戦交渉におけ
る日本の要求も厳しく、中国の損失ももっと巨大なものになる
から、今の小勝利の機会に交渉するのが有利だと述べた①。何
応欽は王の意見に賛成し、王は二月十二日第九師団参謀長田代
皖一郎少将と三時間交渉・会談した。会談で田代は、双方が同
時に撤退し、その撤退した中間地帯で中国の警察が治安を維持
することに対し反対の意はなく、ただ執行するには困難がある

①『歴史档案』、1984 年 4 号、67 頁。

ことだけ述べた①。期日に不明だが、陳公侠も原田熊吉（公使館付武官代理）と交渉し、双方はまず射撃を中止し、中止の時間、撤退の方法及び撤退地域での治安維持方法等に対しては呉市長と田代少将が協商する、と協議した②。

何応欽は王等の報告を外交部長羅文幹、南京・上海警備司令官陳銘枢等と検討した後、次のような決定をした③。

一、双方共に自動的に撤兵する。日本軍は租界内に、我軍も相当の地点まで撤退する。

二、両軍が撤退した中間地帯に平和区を設置し、双方共に中立国が小部隊を派遣して臨時的に駐在することを要請する。

三、平和区の行政、警察等の一切の管理は、日常通り中国側が担当する。

何応欽はこの決定を呉市長と王達天に打電し、引き続き田代少将と交渉するよう指示した。

だが、初めは順調に進むようだったこの直接交渉も、日本の援軍の上海上陸に伴って、日本側の強硬な態度のために行詰った。日本側は中国軍がまず撤退するよう要求し、その後日本軍が撤退するか否か、中国軍が撤退した地域に日本軍が侵占するか否かの問題等に対し明確な態度を示さなかった④。このような情況で、呉市長は羅外交部長に、直接交渉を通じて停戦する可能性が極めて小さいと報告し、新しい対応策を指示するよう上申した。これに対し何応欽は十五日呉市長に、「私的方面で調和・停戦案を協議するのも本件の解決を促進する上で大変役立つことであるから、貴方は私的資格で田代と引き続き平和案を

①『歴史档案』、1984年4号、68頁。
② 同上、70頁。
③ 同上、68頁。
④ 羅家倫編『革命文献』第三十六輯、1451－2頁。

協議し、日本側の真の意図を探り出して、外交当局の検討に提供するよう」①にと指示した。その後この直接交渉はどう進行されたか不明であるが、停戦交渉は列強を通じての交渉が主になり、この直接交渉は特別な役割を果さなかったようである。

停戦交渉において注目すべきことは、南京政府が「平和区」、「第三国」の用語を使用したことである。これは単純な用語の問題でなく、そこには意味深いことが挟まれている。旧来に「中立区」、「中立国」の用語を使っていたが、「中立区」を「平和区」に改めたのは、上海の共同租界が元中立地帯になっていて、今また「中立区」を新設することは停戦を借りて共同租界地を拡大する虞があったからであった。「中立国」を「第三国」に改めたのは、上海事変において列強は日本軍が共同租界地を軍事行動のために使用するのを阻止しなかったため、列強が純粋な中立国でなかったからであった。この意見は二月四日上海市商会が国民党中央に提出したもので、南京政府はその意見を受け入れたのである②。このことは、南京政府が列強に依存しながらも、またそれに警戒をしていたとのことを示すものである。南京政府外交部はこの件に対し、一月三十一日、二月五、六、十四、二十五日英米公使に抗議し、二月二十七日にはフランス、ドイツに抗議し、租界地における日本軍の軍事行動を禁止するよう強要した。これは列強が上海の租界地における権益を守るために日本軍を支持するその側面に対する反対的対応であった。

南京政府は、芳沢外相が二月二十六日提出した円卓会議に対してはどう対応しただろうか。円卓会議は直接交渉と関係がありながらも、また性格の異なった別の交渉問題でもある。直接交渉は主に停戦に関する交渉であり、円卓会議は停戦後外国人

---

① 『歴史档案』、1984 年 4 号、71 頁。
② 羅家倫編『革命文献』第三十六輯、1440頁。

のいわゆる保護のための中立区の設置等政治的問題を協議する
会議である。このような会議は停戦協定締結後に開催すべきも
のであるが、芳沢外相は戦闘が続く情況でもこの円卓会議を開
催し、列強を事変に巻きこもうとした。三月三日、松平日本代
表は国際連盟臨時総会で「将来列強の権益を保障する措置を取
るために」①日本、中国と関係列国による円卓会議を上海で開
催するよう提案した。

　日本側のこの提案に対し、南京政府は慎重な態度を取った。
外交委員会は三月五日午後この問題を協議したが、上海で円卓
会議を開催することには賛成することが出来ぬと決定した②。
外交委員会の常務委員であった蒋作賓も七日「日本軍が占領地
から撤退する前にいわゆる円卓会議に関する討論を承認するこ
とは出来ない」と明言した③。南京政府は日本或は列強がこの
会議を借りて上海における植民地的権益を拡大しようとしてい
る点に警戒を抱いていたから、それに反対し、且つまた停戦交
渉と円卓会議とを明確に区別しようとした。三月四日の国際連
盟臨時総会の決議により、上海での停戦交渉が始まった時、羅
文幹外交部長は、停戦交渉は敵対行動を中止し、日本軍の撤兵
問題を協議する会議であり、円卓会議でなく且つ政治問題にも
触れていない、と明言した④。五月五日上海停戦協定が締結さ
れた後、汪兆銘行政院院長は五月九日「この協定には政治的意
味は含まれていない」⑤と強調した。英米列強も日本が上海事
変を利用して上海で租界地をつくること等に警戒していたから、
この円卓会議には興味をもたず、その開催に賛成しなかった。

---

① 羅家倫編『革命文献』第三十九輯、2481 頁。
②『晨報』、1932 年 3 月 6 日。
③『晨報』、1932 年 3 月 8 日。
④ 羅家倫編『革命文献』第三十六輯、1551－2 頁。
⑤ 同上書、1606 頁。

南京政府と列強のこのような対応のため、停戦協定締結後にも円卓会議は終始開催されなかった。

　南京政府の上海事変における対応において重要なことは、上海事変と満洲事変との関係をどう処理するかの問題であった。前にも述べたように、上海事変は満洲事変の重要な一部分であり、軍部がかいらい満洲国の樹立から列強の目をそらし、その成立に列強が干渉するのを牽制し、また上海を中心とした中国人民の反日闘争を武力で弾圧し、中国人民と南京政府のかいらい満洲国樹立への抵抗を背後から牽制するために挑発し、そしてまた上海事変を通じてその予期の目的を達成しようとした。これに対し南京政府はどう対応したか。南京政府は上海事変のこの特異性に対しては了解と認識がなかったために、上海事件を満洲事変の継続と拡大だと思い、日本とは逆に、上海事変における中国の抵抗と初期の軍事的勝利を借りで、両事変を同時に解決しようとした。満洲事変は、国際連盟において該連盟規約第十一条により取り上げていたが、中国代表顔恵慶は一月二十九日国際連盟事務総長ドラモンドに連盟規約第十条と第十五条により中日間の一切の問題を解決するよう提案した。第十条[1]の提出は、明確に日本のかいらい満洲国樹立に対する対応策であったと思われる。

　列強も南京政府と同様な対応を示した。二月二日英米が日本外務省に提出した通牒で、「中立国のオブザーバー或は参加者の協力の下に、一切の懸案に関する紛争を協議して速やかに解決する」[2]よう要求した。顧維鈞はこの要求が我等の従来の主張と一致するので、英米が積極的に調停に出るこの機会を利用し

---

　① 国際連盟規約第十条は『連盟国ハ連盟各国ノ領土保全及現在ノ政治的独立ヲ尊重シ且外部ノ侵略ニ対シ之ヲ擁護スルコトヲ約ス右侵略ノ場合又ハ其ノ脅威若ハ危険アル場合ニ於テハ連盟理事会ハ本条ノ義務ヲ履行スヘキ手段ヲ具申スヘシ』である。

　② 羅家倫編『革命文献』第三十六輯、1504頁。

て、中日間の一切の問題を解決し、若し上海問題だけを先に解決すれば、瀋陽事件はますます解決しにくいと主張した。

　芳沢外相と国際連盟の日本代表は、満洲問題は十二月十日の理事会決議に依り処理方針が決定していることを口実に、南京政府と列強の提案と要求に反対した。軍部も「上海事件ハ飽迄モ満洲問題ト別個ニ取扱」[1]うと決定した。日本側がこのように対応したのは、若し中国と列強の提案と要求通りになれば、上海事変はその挑発の目的とは逆に、かいらい満洲国の樹立を妨げるようになるからであった。

　英国は、日本の断乎たる反対により、まず上海問題を解決しようとした。ケリーは二月七日外交委員会の宋子文、顧維鈞と呉市長にまず「上海問題の局部的解決」[2]を希望した。それは、ケリーは列強の利害と直接関係ある「上海租界の安全を主に考えた」[3]からであった。外交委員の顧維鈞は「上海問題は中日間の全体問題の一部分であるから、必ず四国提案によって解決すべきだ」[4]と強調した。同日午後、外交委員会はケリーの停戦案を検討し、その具体的条件には基本的に賛成したが、上海・「満洲」の両問題に関しては「中日両国と関連ある外国代表が共に会議を開き、中日間に存在する一切の問題を討論し、あらゆる問題を解決する方法を探る」[5]と決定した。翌日、ケリーはこの意見を重光公使に伝えたが、重光公使はこれを拒否した。

　だが、上海滞在の国民党中央委員会委員等は重光公使の反対にもかかわらず、依然として同時解決を主張し、二月十二日国民党中央と政府に、「上海問題は東三省問題と同時に解決する」

---

① 稲葉正夫編『太平洋戦争への道』、別巻・資料編、190 頁。
② 羅家倫編『革命文献』第三十六輯、1535 頁。
③ 同上。
④ 同上。
⑤ 『民国档案』、1985 年 2 号、18 頁。

よう上申し、その具体的対策として「即時に北方の各軍が関外（東北―筆者）に反撃を開始するよう命令する」ことを要望した①。この要望は上海・満洲両事変解決において意義ある提案であり、上海地域の愛国的ナショナリズムの高揚を反映したものであった。彼等はこの提案で抵抗を主張し、十九路軍に充分な援助を与え、上海を断乎として守ることを要望し、またその決心を表明した。彼等はこのような決心があってこそ始めて上海・満洲両事変を同時に解決する適切な方法を提出することが出来たのであった。

　このような提案に対し、国民党中央部と南京政府は耳を傾けず、それに反対する態度を取った。何応欽は二月八日上海呉市長に、「昨日英国海軍司令官が上海で調停のことに対し相談した時、貴方達の多数は各国の通牒第五条にもとづいて東北問題をも含む全部の問題を解決することを主張し、その結果なにも解決されなかったと聞いているが、この良い斡旋の機会を失われたことは大変遺憾なことである」と述べ、「貴方は上海滞在の外交委員と協議して速やかに方法を講じてまず戦争を中止しなければならない。全体的問題は外交を通じて正式に解決するまで待ち、戦局がますます拡大され片づけられない状態にまで至らないよう」にと指示した②。何応欽のこの指示は、南京政府の事変に対する指導思想と関係があった。南京政府は表においては「積極的抵抗」等を唱えていたが、実は消極的な抵抗を主張していた。二月八日、何応欽は呉市長に、上海事件は「適当にまでやってやめて、出来得る限り早期に片づけることを期待し、国家のために精気を少しでも多く留保したい」③と指示し、九

① 『民国档案』、1985 年 2 号、1586 頁。
② 『歴史档案』、1984 年 4 号、66 頁。
③ 同上。

日には、「我軍が優勢な地位に立っている時期に方法を講じて停戦し、絶対に躊躇することなく、この良い機会をのがさぬよう」①にと再指示した。その理由として何応欽は、抵抗すればするほど事変が長期になり、十九路軍の意義なき犠牲もますます大きく、且また呉淞、真茹、南翔等の地域をも失うようになると述べている。この論理からすれば、抵抗すればするほど犠牲が大きくなるから、抵抗しない方がよいとのことである。犠牲にしないということは自己勢力の温存であり、何応欽が述べたように「精気を少しでも多く留保したい」とのことであった。自己勢力の留保・温存の目的は、その温存した力で共産党の工農紅軍に対する「囲剿」作戦をしようとしたことにあった。事実、上海停戦協定締結後の七月、蔣介石の南京政府は工農紅軍に対する第四次作戦を開始した。

　この指示により上海の外交委員もその主張を改めた。二月十三日、顧維鈞は米国公使に、まず上海問題を解決する意を表した。これに対し羅文幹外交部長も賛成し、いま米英仏三国の公使と密接な関係を保つのが将来全体的な問題を解決するための準備として重要なことであり、他の一切の問題は外交ルートを通じて解決するようにすると打電した②。このようにして上海事変と密接な関係がある満洲事変は上海事変と切りはなされるようになった。

　だが、これは南京政府の内部的方針であり、表においては依然として両問題を同時に提出した。例えば、二月十九日の理事会決議により、二十二日ドラモンド事務総長に提出した説明書では両事変を同時に提示した。これは両事変の内在的関係を知って提出したものでもなく、また両事変を同時に解決しよう

① 『歴史档案』、1984 年 4 号、67 頁。
② 羅家倫編『革命文献』第三十六輯、1538−9頁。

として提出したものでもなかった。これは寧ろ両事変の連続性
を強調し、満蒙問題に対する列強の注目を喚起させるようなも
のであったと思われる。

　日本は上海事変をかいらい満洲国樹立の煙幕として利用し、
事変の最中にかいらい満洲国を樹立した。南京政府外交部は二
月二十一日いわゆる東三省独立運動に対する宣言を発表し、二
月二十四日と三月十日重光公使に東三省でかいらい組織を成立
することに対する抗議を提出し、三月十二日南京政府は東三省
で成立したかいらい政府は叛乱機関だとの宣言を発表した。こ
れは孤立した宣言と抗議であり、上海事変との関連に対しては
何も触れていなかった。この点からいって、日本は上海事変を
挑発したその目的を達成したといえる。

　関東軍が満洲事変を挑発した目的は、中国の東三省を占領
して、日本の植民地にしようとしたのにあった。だが、これ
に対する南京政府の判断は大変遅れていた。これは事変初期
における幣原外交と軍部との対満蒙政策に対する二重外交と、
特に幣原外交の影響の下にその判断が遅れたと思われる。だ
が、日本の二重外交に対する認識は事変初期から明確であり、
幣原外交に期待を抱いていた。この期待がチチハル占領によ
り破滅し、それと同時に、幣原外交の転換と日本軍の東三省
全部を占領しようとする満洲事変の目的を判断したので
あった。

　上海事変に対しては、南京政府はその特異性に対しなんらの
認識もなく、満洲事変の継続性だけを重視し、主に首都南京と
長江流域に対する侵略だと判断していた。この判断は誤まりで
あり、南京政府の対応に一定の影響を及ぼした。

　南京政府は、満洲事変に対しては無抵抗と不交渉の方針で対

応したが、上海事変では一面抵抗、一面交渉の方針で対応し、その対応の仕方は異なっていた。日本の上海事変に対する外交政策も、直接交渉の面においては、満洲事変の時とは異なっていた。日本は上海事変の目的性が満洲事変と異なっているために、その外交政策も異なっていたが、南京政府は主に東三省と上海の地域性の差別のためその対応の仕方が異なっているといえる。

　南京政府の満洲事変における無抵抗と上海事変における抵抗には、一定の相違がありながらも、また共通な点があったといえる。上海での抵抗は、表面的には積極的な抵抗のように見えるが、実は、交渉のための抵抗であり、日本の侵略を軍事的に撃退するがための抵抗ではなかった。このような消極的な抵抗には、依然として無抵抗の要素が含まれていた。

　南京政府のこのような無抵抗と消極的抵抗には、日本軍と戦っても負けるという「敗戦論」があると同時に、自己の軍事力を保存して共産党の工農紅軍に対する「囲剿」作戦を進行しようとしたものがあった。南京政府は対日と対共産党の両面作戦を避けようとした。その方法は、日本の侵略に対抗せず、その軍事力を保存して、主に共産党に対する「囲剿」作戦を積極的に推進しようとした。これは蒋介石の攘外するには先ず国内を「安定」しなければならないとの方針によるものであった。蒋介石と国民党は日本の侵略による民族矛盾よりも、国内の両党、両階級の矛盾を最大なものと見ていた。それは、日本の侵略は一部の地域を占領し、南京政府は一部の地域を喪失するが、若し共産党の革命が払大、成功すれば、この支配全般が打倒されるから、必死になって対共産党作戦を執行した。これが、国民党と南京政府の問題であり、その対応の本質であった。

　満洲事変と上海事変における南京政府と日本政府の外交政策

を比較した場合、双方は真っ向から対決したといえる。日本は国際連盟と米国の介入・干渉を排除しようとしたのに対し、南京政府はそれに依存・依頼し、その介入を積極的に要求した。この外交的対応において、中国は終始主導権を掌握し、日本は被動的地位に処されていた。

　直接交渉の問題において、幣原外交はこれを不拡大方針と第三国の介入・干渉を排除する一手段として利用したが、南京政府はこれに反対し、連盟と第三国の介入を積極的に要求した。十月九日以後、幣原外交は直接交渉を関東軍の不撤兵のために利用し、撤兵の先決条件としたのに対し、南京政府は撤兵を先決条件として、幣原外交と真っ向から対決した。十一月中旬、南京側はこの先決条件をゆるめ、鉄道問題を中心に先ず直接交渉をする態勢を示そうとしたが、関東軍のチチハル占領により実現されなかった。だが、この点において南京政府と幣原外交の接近点があったような感じがする。

　上海事変に対する対応において、双方共に第三国の介入の下に直接交渉をすることを初めから主張し、先決条件を付けなかった。これは現象的には一致したが、その裏においては各自の異なった目的を持っていた。日本の軍部と芳沢外交はかいらい満洲国の樹立から列強の目をそらすために列強の介入を希望したが、南京側は第三国の依存により事変を解決しようとして第三国の介入を要望した。各自の異なった目的の達成のために双方が取った手段は同一であり、同一の手段で各自己の目的を達成しようとした。

　上海事変において目立つことは、列強の対応であった。上海は列強の植民地的権益が集中した地域であるために、列強はその権益の擁護のために事変に積極的に介入して、上海問題を事変前の状態にまで回復させた。だが満洲事変においては、事変

前の状況にまで回復するのに列強は賛成しなかった。これは上海地域とその事変の特異性及び列強の本質から生ずるものであった。若し列強が東三省に上海のような植民地的権益を持っていたならば、満洲事変に対する対応も積極的であったと思われる。

第六章 「満洲国」の樹立と日本外務省

　関東軍が、満洲事変を起こした目的はかいらい満洲国を樹立して、満蒙を日本の殖民地にかえることにあった。従来、満洲国樹立に関しては、主に関東軍と陸軍中央の角度からの研究がなされている。本章では、かいらい満洲国樹立における外務省の役割を三つの時期に分けて述べ、事変初期の関東軍・陸軍中央との対立から徐々にかいらい政権樹立に賛成、協同する過程およびその原因を分析し、さらに上海事変を利用してかいらい満洲国の樹立を保障し、リットン調査団および国際連盟においてかいらい政権の国際的承認を獲得しようとした外務省の外交政策を解明しようとするものである。

一　「満洲国」の樹立問題と幣原外交

　事変初期、外務省は関東軍・陸軍中央とかいらい満洲国政権の樹立に関し意見が対立していたが、事変の遂行過程において徐々に一致し、最後には協力してかいらい満洲国政権を樹立した。ここで、この三者が対立から一致協力するその過程を解明し、外務省と軍がほぼ一体化した内面的関係を分析したいと思う。

　満洲事変は関東軍が軍中央の一部将校の慫慂の下で起こした

戦争であり、事変の最後の目的たるかいらい政権の樹立も、関
東軍がそのイニシアチブをとり、大胆にその樹立をおし進めた。
関東軍は、その一挙占領の計画が、外務省、軍中央部の牽制で
一時中断された後、即時かいらい政権樹立の工作に踏み切った。
九月二十二日関東軍参謀部は「満蒙問題解決案」を作成し、「我
国ノ支持ヲ受ケ東北四省及蒙古ヲ領域トセル宣統帝ヲ頭首トス
ル支那政権ヲ樹立」①すると決議した。この決議にもとづき、
関東軍は板垣参謀を中心に、各地の特務機関と一部大陸浪人ら
を利用して、いわゆる政略的謀略工作を展開し始めた。関東軍
は親日的地方軍閥を手先として、吉林では熙洽、洮索では張海
鵬、熱河では湯玉麟、東辺道では于芷山、ハルビンでは張景恵
らを利用して、まず各地方のかいらい政権を建て始めた。

　陸軍中央では、参謀次長、第一部長代理、第二部長、軍務局
長らがかいらい政権樹立に賛成し、その実施を主張したが、金
谷参謀総長は反対し、かいらい政権樹立に関する起案を中止さ
せた。

　若槻首相は、二十六日の閣議で、「満洲政権樹立ニ関シテハ一
切関与スヘカサル」②旨を表明し、幣原外相は「本事変ノ交渉
ヲ先ツ南京政府トノ間ニ行ヒ若シ之カ応セサレハ張学良ト張学
良応セサレハ満蒙新政権ト交渉スヘキ意向」③であった。南陸
相は閣議のこの意見を参謀総長に伝え、総長は各部長を集め、
この運動には一切関与しないように指示した。

　外務省、内閣と陸軍中央は右の如き態度でかいらい政権樹立
運動に対応したが、関東軍はかいらい政権樹立の工作をさらに
一歩推し進めた。十月二日、関東軍参謀部は石原が起草した「満

　①『現代史資料・満洲事変』、みすず書房、1980年、189頁。
　② 稲葉正夫等編『太平洋戦争への道』、別巻・資料編、朝日新聞社、1963年、130頁。
　③ 同上。

蒙問題解決案」を審議し、「満蒙ヲ独立国トシテ之ヲ我保護ノ下ニ置」くとし、「既得権擁護」の旧スローガンを「新満蒙建設」にかえ、九月二十二日案の「支那政権」を「独立国」とかえ、中国本土から独立したかいらい政権を建てることを明確に提起した①。関東軍は、「万々一政府カ我方針ヲ入レサル如キ場合ニ於テハ在満軍人有志ハ一時日本ノ国籍ヲ離脱シテ目的達成ニ突進スルヲ要ス」②とその決意を表した。

　だが、十月六日の閣議では、「満蒙新政権ノ樹立ニハ日本人ハ一切干与セス其樹立セラルヘキ新政権ノ性質ニ関シテハ何タルヲ問ハス」と決定し、南陸相はこの決議に賛成したけれども、その「真意ハ何等カノ方法アラハ之カ樹立ヲ促進スヘキ意向」で、「満蒙問題ハ満蒙ニ於テ解決スルヲ要ス」と主張した③。幣原外相はこれに反対し、［支那中央政府ト交渉スル」を力説した④。

　以上の事実は、内閣、外務省と関東軍・陸軍中央が、かいらい政権樹立問題で意見の対立があったことを示す。

　内閣・外務省は、満蒙問題をかいらい政権の樹立で解決するのでなく、南京政府との交渉で解決しようとした。当時外務省は南京政府と次の如きことを交渉しようとした。

　　一、排日空気ノ改善

　　二、満蒙ノ特殊権益ノ確保

　　三、鉄道問題

　　四、支那領土保全ニ関スル件

　　五、赤化協同防止ノ件

　　六、右各種条項保障ノ件

①『現代史資料・満洲事変』、みすず書房、1980年、198−9頁。
② 同上書、199頁。
③ 稲葉正夫等編『太平洋戦争への道』、別巻・資料編、朝日新聞社、1963年、137頁。
④ 同上。

　だが、内閣・外務省はかいらい政権の樹立に関し意見の対立はあったけれど、まっこうから反対したわけではなかった。内閣・外務省は主にそれに「関与」することに反対しただけであった。当時、若槻首相は「満洲に独立政府を樹てるやうなことに、陸軍が関係することは面白くない」①といい、閣僚も皆同感であった。また、若槻首相は南陸相に「いかなるものが独立しても、とにかく交渉は中央政府を相手にしてやらなければならない」②といった。これは、若槻首相が南京政府との交渉とかいらい政権樹立の問題を区別してみていたことを示す。しかし、南京政府との交渉が主張されたとしても、内閣・外務省が、かいらい政権の樹立に完全に反対したとはいえないし、また関東軍の主張に外務省が完全に賛成したともいえないのである。

　さて、内閣・外務省のこの態度はなにを示したものであっただろうか。若槻首相は「まづ今日は静観すべき秋である」③と主張した。いわゆる「静観」とは事変に対する列強の動向を静観するとのことである。若槻首相と幣原外相は事変前から列強との協調を主張し、ワシントン体制の枠内で満蒙における日本の権益を拡大しようとした。故に、権益を拡大しようとする点は関東軍・陸軍中央と一致したけれど、主に列強との関係を考慮したのであった。当時若槻首相が関与しないように主張したその理由は、一、「満洲に独立政府を樹てるといふことは、かねて政府が中外に声明して、領土的野心は寸毫もないと言っているにも拘はらず、これを裏切ることになる」、二、「九箇国条約に反するのみならず、さうなれば世界を敵とすることになる。今日の経済状況から見ても、ほとんど孤立とならなければなら

---

① 原田熊雄『西園寺と政局』、第二巻、岩波書店、1982 年、89 頁。
② 同上。
③ 同上。

ない」①であった。

　だが、関東軍は十月二十四日「満蒙問題解決の根本方策」を作成し、「支那本土と絶縁し表面支那人に依り統一せられ其の実権を我方の手裡に掌握せる東北四省並内蒙古を領域とする独立新満蒙国家を建設することを目的とし此間政権の神速なる推移を促進する」②と決定した。この決議の実施のため、関東軍は嫩江、チチハル方面への北進を準備すると同時に、天津に居た溥儀を連れ出して、かいらい政権の首脳に擁立しようとした。このため十月二十五日奉天特務機関の土肥原大佐が渡津した。

　外務省は溥儀の脱出および擁立に反対した。幣原外相は十一月一日在天津田尻総領事代理に連続して四つの電報を打ち、「宣統帝ノ動静ニ付常ニ厳重ナル監視ヲ加ヘ、我租界外ニ出ツルコトヲ極力阻止セラレ」③るよう指示した。二日田尻は後藤を派遣して、幣原外相の意を溥儀に伝えた。だが、土肥原大佐が十月二十九日天津に到着し、在天津桑島総領事に溥儀連れ出しに関し相談した時、桑島は「少クトモ学良カ名実共ニ満洲ト関係ヲ断ツカ或ハ今少シク満洲ノ地方政権ノ形態備ハリ帝ヲ要望スル輿論起ル等ノ場合ニ至ル迄右申出ヲ拒ケ」④たいと幣原外相に報告した。これに対し、幣原外相は十一月一日桑島総領事に、「宣統帝擁立ノ如キハ全ク時代錯誤ノ計画ト申ス外ナク右ハ将来ニ於ケル帝国ノ満蒙経営ニ対シ重大ナル禍根トナルノ虞アリト存ス」⑤とし、その擁立運動の中止を指示した。幣原の理由は、一、「此ノ際満洲ニ独立国ヲ形成スルカ如キハ直チニ華府九国条約第一条第一項抵触ノ問題ヲ生シ必スヤ米国其他九国条約

調印国ノ間ニ重大ナル紛議ヲ生スヘク」、二、「現在満洲住民ノ
殆ト全部カ漢民族ナルコトニ顧ミ宣統帝ノ擁立ハ満洲自身ニ於
テモ不評判ナルヘク況ヤ其ノ支那本部及世界各国ニ与フル影響
ハ反革命、反民主主義陰謀等ノ標語ノ下ニ想察ニ余リアル次
第」①であるといった。これは、幣原外相が主に列強と世界輿
論を恐れたからであった。

　土肥原大佐は十一月八日天津事件を引き起こし、この機を利
用して十日溥儀を天津から連れ出した。

　外務省は、溥儀が連れ出された後には逆に関東軍のこの謀略
について弁解し、外交的側面から関東軍の行動に協力した。当
時天津の各国領事は溥儀に関して日本領事館に質問したが、桑
島総領事は天津軍司令官との打ち合わせでその具体的内幕を知
りながらも、「内査ノ結果本月六日ヨリ十日迄ノ間ニ其居宅ヲ脱
出シタルコト判明セルカ其行先ハ勿論所在地モ不明ナル」②と応
酬した。幣原外相は十四日「宣統帝脱出事件」に関する至急の電
報を桑島総領事に発し、次のように発表するよう指示した③。

　　「溥儀氏ハ満洲事件勃発以来種々ノ脅迫ニ会ヒ身辺ノ危
　　険ヲ感シ居リタル模様ナルカ十一月六日夜何者カ生果ノ
　　賜物中ニ爆弾二個（民国十六年製）ヲ入レ之ヲ届ケ又ハ『中
　　国共産党天津支部鉄血団本部』名義若ハ匿名ヲ以テ脅迫状
　　ヲ送レル者アリ次テ八日夜当地華街方面ニ於テ暴動発生
　　セル為ニ愈々危害ノ身辺ニ迫ルヲ覚ヘタルモノカ最近当
　　地中国新聞ニ其ノ脱出ヲ伝ヘラルルヲ以テ側近者ニ就キ
　　取調ベタル処暴動突然ノ際密ニ脱出セルコト判明セリ行
　　先地ニ付テハ未タ当地ニ於テ判明セス」

---

① 外務省編『日本外交文書・満州事変』、第一巻第二冊、18−9頁。
② 同上書、68頁。
③ 同上書、74頁。

　幣原外相は関東軍の謀略的活動を中国共産党等が溥儀をおど
したと歪曲した。だが、このような歪曲では世界輿論を納得さ
せることはできなかった。幣原外相は、二十日その内容を訂正
して「溥儀ハ先般天津ニ於テ暴動勃発シタル際危害ノ其ノ身ニ
及ハン事ヲ虞レタル為カ十日同地ヲ脱出シタルモノノ如キ処十
三日突然営口ニ上陸シ保護方ヲ申出テタルカ其ノ要請ヲ拒ム場
合実際同人ノ身辺ニ危害ノ及ハサルコトヲ保証シ得サル事情ナ
リシヲ以テ我方ニ於テハ人道上ノ見地ヨリ其ノ申出ヲ容レ之ヲ
安全ノ地点ニ収容シ保護ヲ加ヘルコトトセリ」①と関東軍の謀
略をおおい隠し、国際的に溥儀の脱出を弁護しようとした。

　幣原外相が、溥儀擁立反対からその脱出への協力に転換した
のは、偶然的現象ではなかった。幣原外交は、この時期すなわ
ちチチハル侵攻前後に、事変初期のいわゆる不拡大から拡大へ、
かいらい政権樹立への不関与からそれへの関与、賛成に転換し
始めた。故に、溥儀の問題においても必然的に変化せざるを得
なかったのであった。

　当時、関東軍は十一月十六日に再開される連盟理事会前にチ
チハルを占領し、同時に溥儀を連れ出してかいらい政権の既成
事実をつくりだそうとした。チチハル方面には、黒龍江省の馬
占山軍が、関東軍の北進に抵抗していた。関東軍は洮南地区の
軍閥張海鵬を手先として、彼の辺境保安軍を利用して馬占山軍
に対抗させ、黒龍江省の政権をのっとろうとした。だが、張軍
の北進は順調にいかなかった。関東軍は武力で嫩江、チチハル
方面を占領しようと主張した。これに対し、幣原外相は「兵力
ノ使用ヲ避ケ」、「目立タサル方法ニ依リ南満ニ於ケル我カ既得
ノ地位ヲ固メ其ノ努力ヲ漸次平和的ニ北満ニ浸潤セシムルコト

---

① 外務省編『日本外交文書・満州事変』、第一巻第二冊、86頁。

適当ト思考」①と主張した。その具体的方法としては、張海鵬
「軍ノ実力ヲ強化シ以テ馬軍ヲシテ抵抗ノ無意味ナルコトヲ悟
ラシムルト同時ニ馬占山ヲ買収其他ノ方法ニ依リ懐柔シテ平和
裡ニ政権ノ授受ヲ行ハシムル」②ことであった。この事実は、
幣原外交がいわゆる不拡大から北満への「平和」的拡大へ転換
し、張海鵬が黒龍江省で「平和」的にかいらい政権を建てるこ
とを主張したのを示す。当時ハルビン総領事大橋は張海鵬が黒
龍江省の政権を「平和」的にのっとるため、関東軍と直接協力
していた。幣原外相は十一月十日大橋総領事に、「貴地政権ノ平
和的授受ニ関スル貴官ノ御努力ハ当方ノ大ニ多トスル所ニシテ
此ノ際軍側トノ連絡ヲ密接ニシ精々目的達成ニ努メラレ度」③
とその行動を支持し、その謀略が暴露されるを恐れ、「我方ノ内
政干渉ト見ラルル如キ文書ヲ後日ニ残スコトハ面白カラサルニ
付出来得ル限リ口頭ニテ取運ハルル様致度シ」④と指示した。
幣原外相は陸軍と協議して、この謀略工作の費用として、満鉄
を通じ三百万円を提供した⑤。

　幣原外相は、この時期各地において成立した治安維持会にも
賛成と支持を与えた。幣原外相は十一月十二日の「満洲事変処
理に関する政府方針伝達について」の電報で、「此間我方ニ於テ
ハ支那側ノ地方的治安維持機関ノ内容充実ヲ計ラシメ其ノ実勢
カノ奥地方面ニモ波及スルヲ俟チ漸ヲ追フテ自発的ニ我軍ノ付
属地集結ヲ行フ外ナカルヘシ」⑥といった。十一月十五日の「再
開理事会への対策について」の指示でも、「地方治安維持会等カ

　　①　外務省編『日本外交文書・満州事変』、第一巻第三冊、533頁。
　　②　外務省編『日本外交文書・満州事変』、第一巻第一冊、459頁。
　　③　同上書、519頁。
　　④　同上。
　　⑤　同上書、474頁。
　　⑥　外務省編『日本外交文書・満州事変』、第一巻第三冊、519頁。

漸次其ノ機能ヲ発揮シ来ルニ於テハ之ニ伴ヒ自発的ニ出来得ル限リ撤兵ヲ実行スル」①といった。この二つの指示で、幣原外相は関東軍が治安維持の名義で建てているかいらい政権の地方的組織をつくることに賛成し、その成立に期待を持っていたのは事実であった。これは、幣原外相のかいらい政権樹立問題における一大転換であった。

　かいらい政権に関する幣原外相のこの転換は、軍事的不拡大から拡大への転換となっていた。幣原外相は十一月上旬北満に対する「平和」的拡大すなわち謀略的拡大に賛成し、十一月中旬チチハル侵攻の時には軍のチチハル侵攻に賛成した。若槻首相、幣原外相と南陸軍大臣は十七日「東支線を越えてチチハルまで行くことは已むを得ないとしても、一旦そこで敵軍を屈服させた以上は、チチハルを占拠しないで、直ちに軍の拠点に引返す」②と決定した。これは、幣原外相が北満に兵力使用を認めたことを意味し、占拠しないで引返すということは、武力で元黒龍江省政府を打倒し、張景恵、張海鵬らのかいらい政権を建て、そのかいらい政権確立の目的達成後に引返すことを意味するものであった。これは、幣原外相が、謀略的方法でかいらい政権の樹立が不可能になった場合には、武力を使用しても已むを得ないと判断したことを意味した。

　錦州侵攻はかいらい政権の樹立において重要な意味を持つ作戦であった。関東軍が奉天城を占領した後、遼寧、瀋陽の政府は錦州に移転した。錦州侵攻は、東北のこの政権を駆り出し、かいらい満洲国の西端を確定する作戦であった。関東軍はチチハル占領後、その主力を遼西に移動させ、錦州方面に出動させ始めた。この時、南京政府は錦州地区中立地帯案を提出した。

---

①　外務省編『日本外交文書・満州事変』、第一巻第三冊、559頁。
②　原田熊雄『西園寺と政局』、第二巻、岩波書店、1982年、134-5頁。

外務省と幣原外相は、錦州の無血占領のため、南京政府と国際連盟に対し積極的な外交交渉を行い、最終的には張学良との交渉で東北地区張軍の山海関以西への撤兵を実現し、錦州の無血占領を成し遂げ、かいらい満洲国樹立の基盤をつくり上げたのである。

　錦州占領後、外務省は陸軍中央と関東軍とほぼ一体になってかいらい満洲国の中央政権樹立のために全力をあげた。一九三二年一月六日、外務省は陸・海軍省と共に次のような「支那問題処理方針要綱」案を作成し、関東軍参謀板垣大佐に手渡した[①]。

　　　「満蒙ハ之ヲ差当リ支那本部政権ヨリ分離独立セル一政権ノ統治支配地域トシ逐次一国家タルノ形態ヲ具有スル如ク誘道ス

　　　右目的ノ為満蒙各省政権ノ迅速ナル確立安定ヲ計リ殊ニ従来ヨリ一段積極的ニ之ヲ援助ス

　　　成立セル各省政権ヲシテ逐次聯省統合セシメ且機ヲ見テ新統一政権ノ樹立ヲ宣言セシム」

　この事実は、幣原外交の初期の不関与政策がこの時期に至って、かいらい満洲国の樹立に賛成・協力する政策に転換したことを示す。

二　「満洲国」の樹立と上海事変・リットン調査団

　一九三二年一月から、外務省は関東軍・陸軍中央とほぼ一体になってかいらい満洲国の樹立を推し進め、三月一日にかいらい満洲国を成立させた。

　かいらい満洲国成立前後、外務省は上海事変とリットン調査

---

① 稲葉正夫等編『太平洋戦争への道』、別巻・資料編、朝日新聞社、1963年、171－2頁。

団の満蒙地区への調査を利用し、かいらい政権の樹立とその存
在に国際的保障を与えるために、積極的な外交活動をくりひろ
げた。

　まず、外務省は、日本が一手で建てたかいらい政権を東北人
の独立運動の産物だと主張し、かいらい政権樹立の国際世論を
つくり始めた。一月二十五日、国際連盟の第四次理事会が開催
されるようになった。この理事会の対策として、芳沢外相は日
本理事に、満蒙独立運動は「所謂東北人ノ東北ヲ目的トスル政
治運動カ今次事変後ノ時局ヲ利用シ表面ニ現レ来リタルモノノ
如ク認メラルル処……所謂独立云々ハ支那ニテハ有勝ノコトニ
テ今次運動モ要スルニ純然タル支那側内部ノ問題ニシテ我方ノ
関与スヘキ筋合ニ非ルナリ」①と弁明するように指示した。二
十五日再開された理事会で、佐藤尚武理事は、「日本軍ノ満洲ニ
出兵シタル以来モ支那官民ハ依然同地方ニ安住シ居リ唯地方政
府ノ更迭ヲ見タルノミナリ」②と弁明した。

　関東軍と陸軍中央は満蒙でのかいらい政権樹立工作から列強
と中国の目をそらすために、一月二十八日謀略的手段で上海事
変を起こした。外務省はこの謀略には参加していないが、事変
勃発後には、軍のこの目的に相応しい以下の如き外交対策を講
じた。

　中国理事は二十九日の理事会で連盟規約第十条、第十五条に
より満洲事変と上海事変を処理するよう強く要求した。規約第
十五条第四項は「紛争解決ニ至ラサルトキハ連盟理事会ハ全会
一致又ハ過半数ノ表決ニ基キ当該紛争ノ事実ヲ述ヘ公正且適当
ト認ムル勧告ヲ載セタル報告ヲ作成シ之ヲ公表スヘシ」③と規

---

① 外務省編『日本外交文書・満州事変』、第二巻第二冊、23頁。
② 同上書、34頁。
③ 立作太郎『国際連盟規約論』、国際連盟協会、1932年、11頁。

定している。日本は連盟がこの規定にもとづき事変および樹立
しつつあるかいらい政権問題に対し不利な勧告をするのを恐れ、
第十五条の適用に強硬に反対した。だが、上海事変の目的は中
国と列強の目を満蒙からそらし、満蒙におけるかいらい政権の
樹立を保障するためのものであった。外務省は軍のこの目的に
適応する外交措置として、上海事変には第十五条の適用を黙認
し、満洲問題にはその適用に反対した。これは上海問題で譲歩
し、それでかいらい満洲国の樹立を確保するという対策であっ
た。二月一日、連盟事務局長沢田節蔵は、芳沢外相に、もし第
十五条を適用する場合、当事国は陳述書を提出するが、その第
三の方法として「満洲問題ハ十二月十日理事会決議後新事実発
生セサリシヲ理由トシ第十五条ノ適用を上海事件ノミニ限ルコ
トトシ陳述書ヲ提出スル」[①]ことを提案した。三日、芳沢外相
は沢田に「連盟側カ上海事件ニ限リ第十五条ノ適用ヲ為サント
スルニ於テハ我方ハ法律上ノ問題ヲ留保シタル上連盟側ノ措置
振ヲ成ル可ク好意ヲ以テ静観スル考ナリ」[②]と指示した。芳沢
外相は、もし連盟理事会が「強テ第十五条ニ依リ満洲問題ヲ審
議セムトスルカ如キ圧迫的態度ニ出テ来ル場合ニハ我方トシテ
ハ帝国ノ連盟ニ対スル関係ニ付根本的ノ考慮ヲナスノ要アリト
存ス」[③]と威嚇した。

　　理事会では、上海での戦闘がますます激しくなるにともない、
中国側も列強も上海方面に注意を集中し、上海問題が論議の焦
点になった。中国理事は規約第十五条九項にもとづき一週間以
内に総会を開催するよう要求した。理事会は十九日総会開催の
問題を審議し、三月三日に総会を開くことを決定した。

---

① 外務省編『日本外交文書・満州事変』、第二巻第二冊、61頁。
② 外務省編『日本外交文書・満州事変』、第二巻第一冊、96頁。
③ 外務省編『日本外交文書・満州事変』、第二巻第二冊、63頁。

　三月三日に開かれた総会に対し、外務省はどう対応しただろうか。今回はリットン調査団の派遣を理由に、総会がかいらい満洲国の問題を審議するのに反対しようとした。沢田は二月二十六日芳沢外相に「満洲問題」に関しては「一応満洲問題ニ関スル我方ノ立場ヲ闡明スルト同時ニ十二月十日理事会決議ニ依リ連盟調査委員会モ既ニ現地ニ到着セントシ居ル今日ニモアリ満洲問題ノ善後処置ハ同委員ノ報告ヲ俟チ之ヲ講スルコト当然ノ措置ナルヘシトノ理由ノ下ニ満洲問題ノ討議ヲ打切リ事実上上海事件ノ解決ニ重点ヲ置カシムルコトトスル」[①]と上申した。彼はまた、調査団は規約第十一条により派遣したものだから、それにまた第十五条を適用するのは法律的に問題があるともいった。芳沢外相も沢田の意見に同調し、「右ニ当リテハ該調査委員ハ規約第十一条ニ基クモノニシテ第十五条ニ依ルモノニ非ルコト及満洲問題ハ日支間ニ於テ解決セラルヘク調査委員ハ右日支間ノ解決ニ貢献スル為メノモノナルコトニ充分留意」[②]するように指示した。

　三月三日、総会が開催された。上海では、日本軍は二月二十八日に成立した停戦交渉をやぶり、三月一日増援部隊を上陸させ、新しい攻撃を開始した。これで総会の焦点はまた上海問題に移り、列強は小国をおさえて、三月十一日に三部からなる総会決議案を採択した。この決議案は広汎に連盟規約と不戦条約を再確認し、十九人委員会の設置とその任務を規定した。十九人委員会の任務は五月一日まで上海問題に関する報告を提出するに限られ、「必要アル場合ニハ規約第十五条第四項目所定ノ報告書案ヲ準備スル」[③]と規定し、「満洲問題」には第十五条を適

① 外務省編『日本外交文書・満州事変』、第二巻第二冊、147頁。
② 外務省編『日本外交文書・満州事変』、第二巻第二冊、165頁。
③ 外務省編『日本外交文書・満州事変』、第三巻、467頁。

用せず、その審議はリットン調査団の報告書提出後に延期され
るようになった。日本はこの決議に棄権したけれど、芳沢外相
は「該決議ノ程度ナラハ我方カ従来諸条約及理事会決議等ニ依
リ負担セル義務以上ニ何等新ナル具体的ノ義務ヲ負担セシムル
モノニ非スト認メ」①一定の満足を感じた。

　総会後、芳沢外相は今回の総会に対し、「連盟側ニ於テハ我方
カ上海事件ニ関シ妥協的態度ヲ示シタルコトヲ以テ満洲問題ニ
付テモ従来ノ強硬ナル方針ヲ変更スルモノナルヤニ想像シ居ル
向モアルヘキ処……元来我方ニテハ満洲問題ノ前途ヲ円滑ニス
ル為ノ支那本部等ニテハ出来得ル限リ事議ノ発生ヲ避クル方針
ヲ執リ居リ（軍部モ同意見ナリ）上海事件ニ関スル我方ノ妥協
的態度モ亦前記考慮ニ出テタル次第ニテ右妥協的態度ハ我方カ
満洲問題ニ付確固タル決意ヲ有スルコトヲ黙示コソスレ同問題
ニ対スル我カ既定方針ノ変化ヲ意味スルモノニ非サルナリ」②
と、上海問題を利用して満洲かいらい政権の樹立を確保したこ
とを自白した。

　かいらい満洲国は、上海事変の硝煙におおいかくされ、列強
の無抵抗の中で、三月一日成立した。成立したかいらい政権は、
国際的承認を獲得するのが最大の外交課題であった。かいらい
外交部総長謝介石は、三月十二日に英、米、仏、独、伊、ソ連
等十六ヵ国にかいらい政権の成立を通知し、「貴政府ト満洲国政
府間ニ正式外交関係ヲ確立セラレンコトヲ切望」③した。満鉄
調査課は、この通知は「少クモ現状ニ於テハ単ニ満洲国側ノ
一方行為テアリ、実質ヲ具ヘナイ一片ノ空文ニ等シ」④いと
いった。

---

① 外務省編『日本外交文書・満州事変』、第二巻第二冊、279 頁。
② 同上書、279－80 頁。
③ 同上書、252 頁。
④ 外務省編『日本外交文書・満州事変』、第二巻第一冊、866 頁。

　外務省はかいらい政権は「独立国」で、その成立は日本と無
関係だと列強に弁明し、その国際的承認を得ようとした。三月
十四日、芳沢外相は英国大使に満洲国は治安維持会→民治運動
→新国家樹立運動が満洲国に発展したものだと力説し、「独立国
家其ノモノハ支那人ノ樹立ニ係ルト同時ニ東京政府ニ於テハ全
然関係ナキ次第ナル」①と強く弁明した。外務省はかいらい満
洲国に対し正式な承認を与えるよりも、その国際的承認を得る
条件を整えるために努力した。芳沢外相は三月十五日在米国出
淵大使と沢田連盟事務局長に、「新国家ニ対シテハ帝国トシテハ
差当リ国際公法上ノ承認ヲ与フルコトナク出来得ヘキ範囲ニ於
テ適当ナル方法ヲ以テ各般ノ援助ヲ与ヘ以テ漸次独立国家タル
ノ実質的要件ヲ具備スル様誘導シ将来国際的承認ノ機運ヲ促進
スルニ努ムルコト」②と訓示した。当時即時承認を与えなかっ
た理由は、主に国際的影響を憂慮していたからであった。沢田
は、その理由として、「此際単独ニ承認ヲ与ヘラルル如キコトア
ラハ世論沸騰シ前記支那派遣調査委員会ノ最終報告ヲ待タスシ
テ十九人委員会等ニテ論議盛トナリ大国側ニ於テモ亦我方ニ対
スル態度ヲ変更スル処アリ結果我ニ対シ甚タ不利益ナル報告ノ
提出又ハ総会ノ再招集ニ至ルヘキヲ恐ル」③と述べた。
　外務省の以上のような外交活動により、列強はかいらい満洲
国の成立に特別な措置をとらず、英国等はかえって一定の了解
を示した。英国外相は三月二十二日下院の議員質問に答え、「満
洲問題ニ付テハ連盟調査員ノ報告ヲ待チ事態ノ真相ヲ明カニシ
タル後ニ非サレハ日本ノ措置ヲ彼是批判スル能ハス……満洲政
権ハ日本側ノ設立セルモノニシテ且其援助ノ下ニアルヤモ計ラ

---

① 外務省編『日本外交文書・満州事変』、第二巻第二冊、253 頁。
② 同上書、257 頁。
③ 同上書、255 頁。

レサルモ何人モ事実ノ取調ヲ為サス而モ当事者カ否定スルニモ拘ハラス然リト判断スル能ハサルヘク現ニ日本ハ他国同様新政権ヲ承認スルカ如キコトナカルヘキコト、新政府カ日本ノ守立テタルモノニ非サル旨ヲ声明シ居ルコトヲ特ニ指摘シ置キタシ」といい、「支那ノ如キ国柄ニ有リテハ新満洲政府ノ如キ独立政府ノ出現ハ必スシモ稀有ノコトニ非サルコトヲ認メサルヲ得ス」[①]と説明して、かいらい政権の成立を了解するという立場を表明した。

　外務省とかいらい政権はかいらい満洲国の存在を列強に認識させ、そのいわゆる独立性を証明するのが、かいらい政権の国際的承認を獲得する条件だと考え、リットン調査団の来満を利用して、その目的を達成しようとした。このことに対しては、第七章の二「調査団の行動をめぐって」で詳しく述べることにする。

　リットン調査団が中国東北地区で調査をする時機に、日本国内では五・一五事件が起り、犬養内閣が倒れ、五月二十六日斎藤内閣が成立した。五・一五事件は日本のかいらい満洲国承認を促進した。外務大臣を兼職した斎藤首相は六月三日衆議院の答弁で、「満洲国ハ出来得ル限リ速ニ承認シタキ考ヲ有ス」[②]と明言した。六月七日かいらい満洲国外交部次長兼総務長大橋も「満洲国ハ日本カ承認セサル為地位不安定ナル……日本ノ速カナル承認ヲ希望シ居ル次第ナル」と斎藤外相に要望した。その結果、六月十四日衆議院本会議は「政府ハ速ニ満洲国ヲ承認スヘシ」[③]との決議を採択した。

　この決議にもとづき、外務省は十八日幹部会議を開き、満洲

---

① 外務省編『日本外交文書・満州事変』、第二巻第二冊、273頁。
② 外務省編『日本外交文書・満州事変』、第二巻第一冊、516頁。
③ 同上書、531頁。

国承認の時期、承認の方法、日満基本条約の内容等につき検討
した。承認の時機に関しては、「日満関係ノ整備」、「満洲国ノ独
立国トシテノ内容充実ノ程度」、「過早ナル承認ノ国際関係ニ及
ボス影響」、「我国内ニ於ケル承認促進論」、「承認遅延ニ伴フ満
洲国側ノ不安及関東軍其他在満邦人側ノ焦燥」等を考慮して、
適当な時機に承認することに一致した。

　だが、外務省内部には早期承認に反対する意見もあった。連
盟の長岡代表は「『リットン』委員会ハ我方ノ提案ニ依リ設ケラ
レ而シテ今ヤ特ニ問題ノ核心ニ触レントスル時期ニ到達シタル
ニ拘ラス其ノ報告提出前早キニ及ンテ承認スルニ於テハ実質的
ニ其ノ進言ノ自由ノ一部ヲ奪フ結果トナリ世界ニ対シ日本ノ行
動カ公正ニ非ストノ誤解ヲ抱カシムルコト当然ノコトト思ハル
ル」①とし、リットン報告提出まで満洲国承認を差控えるよう
に内田外相に上申した。

　だが、外務省はかいらい満洲国の早期承認で、調査団の報告
書起草を牽制しようとした。当時外務省は起草される報告書に
日本に不利な点が多いことを知っていたからであった。七月六
日外相に着任した内田外相は、調査団が起草する満蒙政権解決
の腹案を次の如く予想していた②。
　（一）　支那ハ日本ノ既得権益尊重ヲ誓約シ満蒙ニ対スル統治
　　　　権ヲ回復スル案
　（二）　支那ノ宗主権ノ下ニ満蒙ニ自治権ヲ認ムル案
　（三）　連盟ニ責任ヲ負フヘキ満蒙国際行政案
　（四）　九国条約又ハ不戦条約関係列国会議ニ依リ満蒙問題ヲ
　　　　決定スル案
　（五）　決定ヲ後日ニ延ハシ暫ラク満洲国ノ事態ノ推移ヲ見極

①　外務省編『日本外交文書・満州事変』、第二巻第一冊、581頁。
②　同上書、946頁。

　　　ムル為メ常設的満蒙委員会ヲ設置スル案

　この五つの案は、日本としては受入れられないものであった。故に、満洲国承認で日本の強硬な態度を調査団にみせ、その起草工作を牽制しようとした。だがその確実なる腹案を得る前までには、一定の余地を残そうとした。この方針にもとづき、内閣は七月十二日「満洲国承認問題ニ関スル件」を決定し「国際連盟支那調査委員ヨリ満洲国承認問題ヲ提起シ来ル場合ニハ帝国ハ出来得ル限リ速カニ承認ノ意向ナルモ其ノ時期ハ之ヲ明言シ難シ」、「先方ヨリ更ニ進ンテ調査委員ノ最終報告提出前又ハ調査委員カ東洋ヲ去ル以前ニハ承認セサルコトトスル様ノコト出来マシキヤ等ノ質問出ツル場合ニハ承認ハ帝国政府自身ノ認定ノ問題ニシテ右ノ如キ事柄ト之ヲ相牽連セシムルコトヲ約スルヲ得ス」①と答えるようにした。この決定は、一方ではその起草工作を牽制し、一方では調査報告内容如何により承認の時期を決定しようとしたものであった。

　かいらい政権を承認する衆議院の決議は、中国と列強の反響を引き起した。中国理事は六月二十三日イーマンス十九人委員会委員長に覚書を提出し、連盟規約第十条にもとづきこの事件を処理するよう要求した。二十五日には南京政府外交部が、九ヵ国条約関係国に「満洲国ハ日本人ノ一手請負ニシテ日本政府カ遂ニ之ヲ承認スルハ支那領土ノ保全ヲ破壊スルモノナル」②と列強の注意を喚起した。外務省は連盟が中国の要望にもとづき日本のかいらい政権承認を阻止する対策を講ずるのを恐れ、有田外務次官は、六月二十五日、在日英国大使に「今回支那側ハ承認問題ニ付連盟ニ「アピール」セル処若シ連盟ニテ之ヲ取上ケ日本ノ承認ヲ禁スル如キ趣旨ノ如何ナル意味ノ決議等ニテモ

① 外務省編『日本外交文書・満州事変』、第二巻第一冊、584頁。
② 外務省編『日本外交文書・満州事変』、第二巻第二冊、359頁。

為ス如キコトアラハ日本国論ヲ刺戟シ政府ヲシテ承認ノ時期ヲ早ムルノ余儀ナキニ至ラシムルコトアルヤモ知レス」[①]と威嚇した。英国政府は斎藤外相（五月二六日から七月六日まで首相兼任）に「九同条約ハ満洲ニ対シ其ノ独立宣言ヲ禁スルモノニ非ストスルモ同条約ハ其ノ調印国ニ対シ斯ル行為ヲ奨励スル如キコトヲ何等為スヘカラサル義務ヲ課セル」[②]と伝え、かいらい政権に対する両面性的態度を示した。斎藤外相は、英国等のその好意的一面を利用して、威嚇的態度でその承認を阻止しようとする他の一面を抑圧しようとしたのであった。外務省のこのような対応により、十九人委員会および理事会は中国側の要望を取上げず、かいらい政権承認に対し特別な措置を講じなかった。

　七月中旬、日本政府はかいらい満洲国の正式承認の時期を決定し、七月十五日英、伊等大使にその意を表した。二十八日には中国公使にその意を伝えた。八月八日、関東軍司令官武藤信義陸軍大将をかいらい満洲国の大使に任命し、十九日日満議定書を決定し、九月十五日この議定書に調印し、正式にかいらい政権を承認した。

　日本政府がこの時期に承認の期日を決定したのはリットン調査団の来日と関係があった。調査団は中国での調査を終え、七月四日から十五日まで東京に滞在し、調査報告書の起草工作の準備をし始めた。日本政府は調査団との会談で調査団のかいらい政権不承認の意向を知り、調査団が報告書を提出する前に既成事実をつくり、それで調査報告書の起草工作を牽制し、連盟に対応しようとしたからであった。

---

① 外務省編『日本外交文書・満州事変』、第二巻第二冊、360頁。
② 外務省編『日本外交文書・満州事変』、第二巻第一冊、544頁。

三　「満洲国」の承認問題をめぐって

　満洲事変は関東軍の柳条湖附近鉄道破壊を導火線として勃発したが、満洲事変の結着は外務省が事変の最後の目的たるかいらい満洲国の国際的承認の獲得で結ぼうとした。

　かいらい満洲国を承認するか否かは、日本と列強が満蒙を争奪する闘争でもあった。十九世紀末以来、日本は列強との争奪の中で南満における植民地的権益を獲得したが、今は全満蒙に対する覇権を争奪していたのであった。列強は、南満における日本の権益は承認したが、日本の全満蒙における覇権の確立には反対し、日本と満蒙を争奪した。

　日本と列強は両面性の関係を保っていた。両面性とは、一は相互間の争奪、二は相互間の妥協と協調である。九月三十日連盟に提出された報告書は列強と日本のこの両面性を集中的に現わした。

　報告書は、かいらい満洲国の問題に関し、「単ナル原状回復ガ何等解決タリ得ザルコト……満洲ニ於ケル現政権ノ存置及承諾モ亦等シク不満足ナルベシ」と述べた①。これは、一にはかいらい政権の承認を拒否し、二には中国が、完全に事変前の主権を回復するのにも反対したものである。承認の拒否は列強と日本との争奪を示し、主権完全回復の反対は列強と日本との妥協・協調の一面を示すものである。この妥協と協調は、帝国主義国家としての列強と日本が中国に侵略する共通性を利用して、相互に協同して中国に対応しようとするものであった。列強はこの妥協と協調的方法で事変とかいらい政権問題を解決し、そ

---

①　外務省編『日本外交文書・満洲事変』、別巻、245頁。

の中で日本と満蒙を争奪しようとした。このため、報告書第九章「解決ノ原則及条件」の第七、八項で「満洲ノ自治　満洲ニ於ケル政府ハ支那ノ主権及行政的保全トノ一致ノ下ニ東三省ノ地方的状況及特質ニ応ズル様工夫セラレタル広汎ナル範囲ノ自治ヲ確保スルガ如キ方法ニ依リテ改メラルルコトヲ要ス」、「内部的秩序及外部的侵略ニ対スル安全保障　満洲ノ内部的秩序ハ有効ナル地方的憲兵隊ニ依リ確保セラルルコトヲ要シ外部的侵略ニ対スル安全保障ハ憲兵隊以外ノ一切ノ武装隊ノ撤退ト利害関係国間ニ於ケル不侵略条約ノ締結トニ依リ与ヘラルルコトヲ要ス」①とした。この満洲自治案は、かいらい政権と元の満蒙政権も否定し、自治政府は「広汎ナル権能ヲ行使スベキ」②外国人顧問および官吏を採用し、憲兵隊は「外国人教官ノ協力ノ下ニ組織」され、東三省中央銀行の総顧問は国際決済銀行理事会が任命する、と提案した③。この自治政府は列強の顧問と教官が支配する国際管理の政権であり、この自治政府を通じ列強が自己の努力を満蒙に拡大しようとしたのであった。日本はこの提案に反対し、ただ「原状回復ガ何等解決タリ得ザルコト」だけに賛成した。

　こうして、かいらい満洲国を承認するか否かの問題をめぐって、日本と列強は三二年九月から三三年三月まで連盟理事会と総会において攻防戦を展開した。この攻防戦で外務省は重要な役割を果し、関東軍の軍事的、謀略的手段で建てたかいらい満洲国の国際的承認を外交的手段で獲得し、その存在を保障しようとした。外務省は、リットン調査報告書とそれを審議する理事会と総会に対応するため、次のような措置をとった。

① 外務省編『日本外交文書・満州事変』、別巻、250-1 頁。
② 外務省編『日本外交文書・満州事変』、別巻、259 頁。
③ 同上書、258-9 頁。

　第一に、満蒙に対する日本の侵略を弁明する書類を準備した。例えば、「旧東北政権ノ秕政」、「満洲国成立ノ事情」、「新国家ノ生存能力」、「二十一ヶ条問題及日清会議録ノ効力問題」、「支那側ノ連盟調査団ニ提出セル主要調書ニ対スル反駁」、「満洲国承認ニ関スル法律問題」等十二種類の調書を作成し始めた。

　第二に、理事会議長に調査報告書審議期日の延期を要求した。九月八日内田外相は次の如き要求を理事会議長に提出した①。

　（イ）　本件報告ニ関スル帝国政府ノ「オブザーヴェーション」ヲ作成シ且右「オブザーヴェーション」ヲ寿府ニ携行スル為メ最短六週間ノ期間……ヲ与フルコト

　（ロ）理事会ノ報告書審査ハ帝国政府「オブザーヴェーション」ノ理事会接到後ニ非レハ開始セラレサルヘキコト

　（ハ）　理事会ニ提出サルヘキ報告ハ帝国ノ「オブザーヴェーション」ヲ付スルコトナク連盟国ニ通報セラレザルコト

　（ニ）　新聞紙上ノ不当ナル論争ヲ避クル為報告ハ帝国政府ノ「オブザーヴェーション」ヲ付スルコト無クシテ之ヲ新聞ニ発表セサルコト

　内田外相のこの要求は、日本が如何に報告書の発表を恐れていたかを証明し、同時に日本の「オブザーヴェージョン」を報告書とおなじ効力を持つ文献にしようとたくらんだことを示したものであった。この要求に対し、長岡春一代表も「若シ我方ヨリ本件ノ如キ申入ヲナシタリトセンカ恰モ我方カ『リットン』報告カ日本ニトリ不利益ナリト見テ斯ノ如キ申入レヲナシタリトカ或ハ日本ハ審議ヲ遷延シテ満洲ノ事態ヲ固定セシメントスル」②懐疑を持たせるとし、（ハ）（ニ）を削除し、（イ）（ロ）だけを提出するようにした。

---

① 外務省編『日本外交文書・満州事変』、第二巻第二冊、394頁。
② 外務省編『日本外交文書・満州事変』、第二巻第二冊、397頁。

　九月二十四日、理事会は報告書の公表および審議の期日を討議したが、日本理事は十一月中旬以後を主張し、中国理事は「遅クモ十一月一日以前ニ審査開始ヲ予想セルモノナリ」①とし、日本の遷延策に反駁した。結局、十一月十四日に決議し、事情によりては一週間延期することもありうるとのことを付加えた。これは理事会議長が日本の主張に好意的であったからであった。

　第三に、「国際連盟支那調査委員会報告書ニ対スル帝国政府意見書」を作成し、リットン報告での日本に不利な部分に対し強硬なる反駁を加えた。同時に、意見書は日本の満蒙侵略とかいらい満洲国成立に強弁し、かいらい政権存在のいわゆる理由を力説した。

　第四に、かいらい満洲国の「門戸開放」で列強の承認を促そうとした。かいらい政府外交部次長大橋はニューヨーク「タイムス」記者との会見で、「満洲ノ門戸ハ長春政府ノ独立ヲ承認シタルモノニ対シテノミ開放セラルヘシ」と述べ、外交部総長謝介石は「四ヶ月乃至六ヶ月以内ニ右承認ヲ実行シ又ハ承認ノ交渉ヲ開始セサル国家ニ対シテハ同国カ満洲国内ニ有スル権益ヲ認メス無条約国トシテ遇スヘシ」②との宣言を発表するようにした。

　第五に、十月十日長春、奉天、ハルビン、吉林等で日本の満洲国承認を祝う祝賀大会を開き、連盟事務総長と英、米、独、ソ、伊等の外務大臣に承認要請の電報を出し、かいらい満洲国承認の世論をつくり始めた。

　第六に、十月十一日に「満蒙は我国の生命線である」と強調した松岡洋右を連盟理事会、総会に出席する首席代表に、在仏国大使長岡春一と在ベルギー国大使佐藤尚武をそれぞれ代表に

①　外務省編『日本外交文書・満州事変』、第二巻第二冊、423 頁。
②　同上書、431－2 頁。

任命した。

　かいらい満洲国は丁士源をジュネーブに派遣した。かいらい政権は外国人ブロンソン・リーを顧用し、ジュネーブでかいらい政権を美化する講演会等を開き、かいらい政権承認の世論をつくりだした。

　第七に、日本代表に対する訓令を作成し、十月二十一日松岡洋右に手渡した。訓令要綱は、「満洲問題ニ対スル帝国ノ方針ハ日満議定書ノ条章及精神並九月十五日帝国政府ノ声明ノ趣旨ニ即シテ其ノ解決ヲ計ルコト」とし、列強が、この原則に制縛するが如き決議をしようとする場合には、「極力之ト抗争スルト共ニ連盟側ヲシテ翻意セシムル為メ有ラユル努力ヲナスモノトス」①と規定した。この訓令は、満洲における既成事実の一切を連盟が承認するよう強要し、もしこの要求を受入れない場合には連盟と抗争する態勢をみせた。

　第八に、外務省は理事会前後の国際関係を分析し、日本に有利な外交態勢をつくるために積極的な活動を始め、外相は陸・海軍大臣と共に八月二十四日「国際関係より見たる時局処理方針」を作成し各国に対する外交対策を講じた。

　（1）英国。英国は連盟の統制権を持っており、またリットンは英国が推薦した調査団団長であったから、調査団の報告書には英国の影響がかなり強かった。当時在英国松平大使は英国の態度に対し「来ルヘキ臨時総会ニ於テ愈「リットン」報告審議ノ際我方ト連盟ト正面衝突ヲ起ス如キ場合ニ立至ラハ英国政府ハ余地アル限リ調停ノ労ヲ採ルコトトハ思ハルルモ若シ連盟ノ権威ヲ潰スカ或ハ我方ノ連盟ヲ傷クルカ二者一ヲ採ルヨリ外無キ場合ニ立至ラハ英国政府ノ対欧洲方針カ連盟ニ重キヲ置ク関

---

① 外務省編『日本外交文書・満州事変』、第三巻、16−7頁。

係上及英国連盟協会カ英国ノ輿論ヲ動カス上ニ大ナル勢力ヲ有
スル関係上英国政府ノ態度ハ決シテ楽観ヲ許サス」①と分析し
た。この分析は正しかった。当時セシルらは「政府カ『リット
ン』報告書ニ対シ出来得ルタケ強キ支持ヲ与ヘ且右報告カ連盟
ニ依リ採択セラルル様全力ヲ注カンコトヲ切望セサルヲ得ス
ト」②強調した。時局処理方針は、英国との関係を気にし、「日
英協調ノ回復ニ努ムルコト（尚ホ英国側ノ重点ヲ置ク所カ支那
本部就中上海、広東其他長江沿岸及南支方面ニ存スルニ鑑ミ該
地方ニ於ケル英国ノ立場ヲ適当ニ尊重シツツ協調ノ歩武ヲ進ム
ルコト可然）」③と規定した。

　（2）仏国。外務省は英国との関係が緊張するのを予想し、仏
国との関係を重視した。時局処理方針は、仏国政府は「今次ノ
日支紛争事件ニ付テモ我方ニ対シ比較的有利ナル態度ヲ示シ来
レル一方仏国側トシテハ其ノ欧洲制覇政策遂行ノ関係上極東ニ
於ケル日仏両国ノ政治的接近ヲ求メムトスル空気アルモノノ如
キニ付最近ノ機会ヲ捉ヘテ極東ニ於ケル日仏間ノ一般的諒解ニ
関スル話合ヲ促進スル」④と分析した。これにもとづき、在仏
国長岡大使は、九月十二日、エリオ首相を訪問し、「対独条約ノ
問題ハ仏国ニ取リ死活ノ問題タル如ク満洲問題ハ日本ニ取リ死
（活）ノ問題ナレハ仏国モ前記日本ノ態度ニ照応シ満洲問題ニ関
シ殊ニ寿府ニ於テ我方ヲ支持セラレンコトヲ期待ス」⑤と述べ、
エリオ首相も「寿府ニ於テ日本カ難局ニ立タルル如キコトアラ
ハ出来得ル丈ケノ努力ヲ為シ之ヲ緩和スルニ尽力シ日本ノ期待

①　外務省編『日本外交文書・満洲事変』、第二巻第二冊、410頁。
②　外務省編『日本外交文書・満洲事変』、第三巻、118頁。
③　外務省編『日本外交文書・満洲事変』、第二巻第二冊、385−6頁。
④　同上書、386頁。
⑤　同上書、401頁。

ニ副フヘシ」①と答えた。十一月二十一日、理事会終了後松岡
洋右は、仏国代表ボンクールに「日本ハ仏国ヲ最良ノ友人ト信
スル」②といい、仏国の支持を希望した。またパリでは、大使
館付武官笠井平十郎が、エリオ首相に対し特別な工作をし、エ
リオ首相の協力を要望した。その結果、エリオ首相は「会議間
日本ノ採ルヘキ方策ハ巧ニ会議ヲ指導シ、性急ナル解決ニ猪突
スルコトナク、成ルヘク会議ヲ永引カセルコトニ存ス、然ルト
キハ仏国ハ適当ニ之ヲ支援シ日本ノ主張貫徹ニ努力スヘシ」、仏
国は「日本ヲ信頼シ極力其主張ノ貫徹ヲ援助スヘシ」③と保証
した。

　(3) 米国。時局処理方針は、「我カ満蒙経営ニ対スル極メテ強
力ナル障害ノ原因カ米国側ニ存スル」と分析し、「門戸開放機会
均等主義ノ運用ニ依リ米国側ヲシテ満洲国ニ於ケル経済的利益
ニ相当ニ均霑セシムル等ノ方法ヲ講シ以テ米国側態度ノ牽制乃
至緩和ヲ計ル」④ようにしようとした。

　外務省はまた日米の対外侵略の共通性を利用して、米国を納
得させようとした。九月二十二日、ジュネーブで開かれた軍縮
会議幹部会で、日本代表佐藤尚武は米国代表ウィルソンに「日
本カ満洲ニ於テ執リタル措置ハ英米等カ埃及若ハ中米諸国ニ於
テ執リタル措置ヲ真似タルモノニアラスシテ自己ノ生存上已ム
ヲ得サルニ出テタルモノナルコト言フ迄モナシ而シテ米国自身
必要ノ場合ニ於テハ日本カ今回満洲ニ於テ執リタル如キ処置ヲ
既ニ屢々中南米ニ於テ実（行）シタル事実ハ今尚日本人ノ記憶
ニ新ナル所ニシテ……彼此非難攻撃ヲ受クルハ日本国民ノ了解
シ得サル所ニシテ貴下モ之ヲ諒トセラルルナルベシト思考

① 外務省編『日本外交文書・満州事変』、第二巻第二冊、401-2頁。
② 外務省編『日本外交文書・満州事変』、第三巻、82頁。
③ 同上書、104-5頁。
④ 外務省編『日本外交文書・満州事変』、第二巻第二冊、386頁。

ス」①と述べ、米国側を説得しようとした。

　外務省は、米国大西洋艦隊の西海岸からの撤退を米国側に要求し、米国の軍事的脅威を解除しようとした。上海事変の時、米国大西洋艦隊の一部が西海岸に出動していた。この艦隊が、その後そのまま西海岸に淀泊して、日本に無言の圧力を加えていた。これに対し、在米国斉藤博臨時代理大使は、十一月十四日、キャッスル国務次官に「米国大西洋艦隊カ永ク太平洋岸ニ留ル事ハ徒ラニ日本側ノ輿論ヲ刺戟スルノミナルヲ以テ此ノ際何トカ大英断ヲ以テ常時ノ状態ニ復スル様御尽力願ヘ間敷ヤ」②と要求した。だが、キャッスルはこの要求を拒否した。

　斎藤臨時代理大使は、理事会と総会に米国がオブザーバーを派遣することと、理事会終了後米国が不戦条約、九ヵ国条約の関係国からなる委員会等を成立させてかいらい満洲国問題に干渉する可能性を警戒し、キャッスルにこのこと等も尋ねたが、キャッスルは否定した。

　(4) ソ連。時局処理方針は「近時北満方面ノ形勢ニ関シ日蘇関係ハ相当ノ危機ヲ蔵シ居ルモノト認メラルル」と分析し、「現下ノ国際関係ニ顧ミ少クトモ此際ハ蘇連ト衝突ヲ避クルコト極メテ肝要ナルヲ以テ我方ヨリ進ンテ蘇連側ヲ刺戟スルカ如キ措置ニ出テサル様留意ス……但シ蘇連カ進ンテ帝国ノ満蒙経略ヲ阻止妨害スル等積極的態度ニ出テ来ル如キ場合ニハ断乎トシテ之ヲ排除スル」③と規定した。

　この規定にもとづき、外務省は対ソ政策を講じ始めた。リットン報告書第九章の解決原則及条件の第二項は「『ソヴィエト』聯邦ノ利益ニ対スル考慮隣接諸国中ノ二国間ニ於テ第三国ノ利

①外務省編『日本外交文書・満洲事変』、第二巻第二冊、416頁。
② 外務省編『日本外交文書・満州事変』、第三巻、40頁。
③ 外務省編『日本外交文書・満州事変』、第二巻第二冊、386-7頁。

益ヲ尊重スルコトナクシテ平和ヲ講ズルコトハ公正若ハ賢明ナ
ラザルベク将又平和ニ資スル所以ニモ非ザルベシ」①と勧告し
た点を利用して、在仏国長岡春一大使は、十月二十五日、内田
外相に「蘇連カ満洲国ヲ正式ニ承認セハ同報告ノ認メテ最大利
害関係国トナセル日露両国カ満洲国ノ存在ヲ認メタルモノナル
ニ付満洲国ニ関シ何等利害ヲ有セサル小国側ノ理論ニ拘泥セル
主張モ此ノ事実ノ前ニハ空論ニ終リ従テ我方ニ同情アル大国ノ
行動ヲ容易ニスヘク満洲国ノ存在ヲ基調トシテ問題ノ解決ヲ計
ルヘシトスル我方主張ハ益々其ノ力ヲ加フルニ至ルヘシ」②と
上申した。

　長岡大使はまた列強が「日本ノ満洲ニ於ケル行動ニ付多少同
情又ハ理解アル態度ヲ執レル者ハ結局日本カ東洋ニ於ケル共産
化防止ノ第一線ニ立テリト認メ居ル点ニ在リ従テ満洲国ノ存在
ヲ認ムル必要アリト言フ我方ノ主張ヲ彼等ニ「アッピール」セ
シムルニハ現在支那本部ニ於ケル赤化運動ノ拡大浸潤ヲ放置ス
レハ各国ハ支那本部ニ於ケル市場ヲ失フヘク……斯ノ如キ事態
ヲ防止スルニハ満洲国ヲ介在セシムルノ外ナシトノ論法ヲ以テ
スルコト最有効ナル」③と上申した。

　長岡大使は、ソ連との不侵略条約締結が列強に対応する良い
政策だと考えた。ソ連は、一九三一年十二月三十一日、芳沢謙
吉に日ソ不侵略条約締結に関して日本側の内意を打診したこと
があった。長岡はこの条約の締結で日ソ提携するとの危虞を列
強に与え、列強をして日本に背くが如き結果を避けるようにし、
またこの条約の締結でソ連の日本および満洲における「共産宣
伝運動ヲ禁止シ得ルニ於テハ蘇連ヲシテ満洲国ヲ承認セシメ然

---

① 外務省編『日本外交文書・満州事変』、別巻、250 頁。
② 外務省編『日本外交文書・満州事変』、第三巻、22 頁。
③ 同上書、22－3 頁。

モ英仏等ノ同情ヲ失ハサルコトヲ得ヘシ」①と内田外相に上申
した。長岡大使の上記上申に対し、内田外相は十月二十八日に
「蘇連ニ依ル満洲国承認ノ実現ハ満洲国ノ安定ノ為メ望マシキ
義ナルノミナラス我方ノ連盟対策上ニモ甚タ好都合ナルコト貴
見ノ通リニテ当方ニ於テモ予テ考慮ヲ加ヘ居ル次第ナリ」、「不
侵略条約ノ締結方ニ付テハ政府ニ於テ目下各般ノ利害ニ関シ慎
重考究中ナルモ未タ決定ニ至ラサル次第ナリ」②と述べた。以
上の事実は、この時期外務省の対ソ政策の内幕を明示した。

　(5) 中国。時局処理方針は「帝国ノ対支那本部策ハ帝国ノ対
満蒙策ト切離シ主トシテ其ノ貿易及企業市場タル性能ヲ発揮セ
シムルヲ以テ主旨トスヘク従テ我カ満蒙経略ニ支障ヲ及ホササ
ル限リ列国ト協力シテ支那本部殊ニ経済上列国ト重要関係ヲ有
スル地域ノ和平ヲ保持シツツ其ノ門戸ヲ開放セシムルニ努ムヘ
シ」、「上海方面ノ平静確立及安全保障ニ関シテハ専ラ外交手段
ニ依リテ之カ解決ヲ図ルコトトシ」、「山東地方及北支ニ於テハ
……出来得ル限リ平静ヲ保持スルニ努ムヘク……絶対的必要ア
ル場合ニハ派兵ヲ行フコトアルヘシ」③と規定した。

　パリでは、在仏国長岡大使が、次の理事会、総会の中国代表
に予定されていた顧維鈞に、「満洲国ノ存在及同国ヲ日本カ承認
セル事実ナリ此ノ二点ニ関シ日本ハ断乎タル決心ヲ有シ何等ノ
譲歩ヲモ為シ得ス連盟其ノ他ニ於テ如何ナル態度ニ出ツルトモ
日本ハ既定ノ態度ヲ変更セサルヘシ依テ此ノ前提ノ下ニ何等解
決案ヲ求ムル要有ル」と強硬的態度を中国側にみせて、「満洲問
題ニハ手ヲ触レサルニ有リ」④と警告した。同時に、中国内部
における北平、広東、南京政府間の内訌を利用し、南京政府が

① 外務省編『日本外交文書・満州事変』、第三巻、23頁。
② 外務省編『日本外交文書・満州事変』、第三巻、24頁。
③ 外務省編『日本外交文書・満州事変』、第二巻第二冊、383-5頁。
④ 外務省編『日本外交文書・満州事変』、第三巻、23-4頁。

強固なる中央政府を樹立するのに協力することを条件として、南京政府がかいらい政権を承認するよう要求した。

　では、連盟側に日本に対しどう対応したか。連盟にリットン報告書の解決原則を堅持し、その両面性的政策から出発して、相互の妥協を図ろうとした。総会代表代理コットは「日本政府ニ於テ『リ』報告ヲ全然排斥シ去ルコトハ連盟ト正面衝突ヲ来ス所以ナルヲ以テ之ヲ基礎トシテ討議シ自己ニ有利ナル部分ヲ強調シ以テ当分問題ノ解決ヲ延期シ時局ノ推移ヲ見極ムルヲ得策」①だと日本側に説得した。連盟事務総長ドラモンドも「問題解決延期ヲ断行シ来年ノ夏頃再ヒ会合シ更ニ解決案ヲ講スル事政治的ノ遣方ト認ム然レトモ単ニ延期シタルノミニテ来年ノ夏迄ノ間ヲ無為ニ過ス事能ハサレハ少クトモ当事国ヲシテ何等カノ交渉ヲ開始セシメサル可ラサル次第」②とし、延長と日中交渉の方法で妥協の目的を達成しようとした。連盟としてはこの方が自分に有利だと思ったからであった。だが日本側は「日支間ノ協定ハ満洲問題ニ対シ根本的諒解ヲ前提条件トナスヲ以テ先ツ支満ノ間ニ話合ヲ始メテハ如何」③と提案したが、かいらい政権を承認しない南京政府はこの提案に賛成するはずがなかった。

　リットン報告書を審議する理事会は十一月二十一日に開かれた。理事会では三つの問題が中心になった。

　一は、日本代表松岡と中国代表顧維鈞の激論であった。まず松岡が発言した。松岡は「満洲は軍事上並びに経済上、日本自身にとっても重大な生命線である」と力説し、報告書が「満洲は中国領土の一部分である」とする論議にも賛成できない、「現

---

① 外務省編『日本外交文書・満州事変』、第三巻、8頁。
② 同上書、28頁。
③ 同上。

制度の支持、承認も亦同様に不当である」といっているのにも
「我々は全く不賛成であり」と報告書に反駁し、かいらい政権成
立について全面的に弁解をした①。中国代表顧維鈞は翌日松岡
の発言に反駁し、日本が策動してかいらい政権を建てた事実を
暴露し、理事会が有効かつ迅速な措置を講ずるよう要望した。
松岡と顧維鈞は田中上奏文、中国の日貨ボイコット等をめぐっ
て激論をした。

　二は、調査団の権限問題であった。松岡は報告書の中には日
本に不利な点があるから、出来得るかぎり調査団の権限を制限
し、調査団は調査する義務があるのみで、事変解決の勧告をす
る権利はないと主張し、「委員会ノ任務ハ既ニ報告提出ニ依リ終
了シタルモノナルヲ以テ右提出以後ニ於テ提出セラレタル日本
政府「オブザーベーション」及代表ノ「エクスポゼ」、「ステー
トメント」等ニ対シ何等意見ヲ表明スルノ権限ヲ有セサルモノ
ナリ」②と強調した。だが、バレラ理事会議長は調査団は正式
解散を命ずるまで存続するし、各国代表の意見にもとづき報告
書の内容を補足、変更する権利があると主張した。松岡は「委
員会ハ既ニ存在ヲ失ヒ単ニ報告ノ範囲内且現地ニテ調査セル点
ニ就テノミ理事会ノ質問ニ対シ説明ヲ与フル」③とし、バレラ
の意見に反対した。

　三は、規約第十五条の問題であった。理事会での数日間の激
論で、日本側は単なる現状回復は解決にあらずという点を除い
てはリットン報告書の解決原則を受諾せず、中国側も報告書の
解決十原則の第三（「如何ナル解決ト雖モ国際連盟規約、パリ条
約、ワシントン九国条約ノ規定ニ合致スルコトヲ要ス」）の承認

① 松岡洋右伝記刊行会『松岡洋右—その人と生涯』、講談会、1974年、444−5頁。
② 外務省編『日本外交文書・満州事変』、第三巻、85頁。
③ 同上書、92頁。

を明言したのみで、両国間に何らの一致点もないことが判明し、規約第十五条にもとづき総会の審議に委ねなければならなかった。

内田外相はこのことを予想し、十一月十八日に「連盟規約第十五条留保問題などに関し追訓について」の訓令を発し、理事会対策として「報告書ヲ総会ニ移牒スルノ件ニ付テハ第十五条留保ノ関係ヲ宣明シテ「アブステーン」シ実質上右移牒ヲ阻止セサル態度ニ出テラレ差支ナシ」①と指示した。この指示にもとづき、松岡は総会への審議に反対したが、総会付託に関する議長提案は全会一致採択され、かいらい満洲国問題は総会で審議されるようになった。

総会は十二月六日に開催された。日本からは首席に松岡および長岡、佐藤両大使、これを援けて吉田、堀田、沢田の各大公使それに追川中将、石原大佐等数十名が出席した。総会は連盟規約第十五条に依り事変とかいらい満洲国問題を審議し始めた。

中国代表顔恵慶は、「日本ヲ以テ三条約ノ侵犯者ト宣言スル事」、日本「軍ヲ満洲ヨリ完全ニ撤収スルニ至ル迄先ツ付属地内ニ撤収セシメ且ツ満洲国政府ヲ解消セシムル事」、「総会ハ規約第十五条第四項ニ規定セラルル紛争締結解決ノ報告ヲ出来ル丈ケ速ニ日ヲ定メテ作成公表スル事」②等の要求を提出した。松岡は日本の満蒙侵略に全面的に弁解をし、日本軍の出動は英軍の上海出動と同様なことであるとし、帝国主義の共通性からその侵略を合理化しようとした。

総会では小国が激烈に日本の侵略を非難した。アイルランド代表コンノリは「日本ハ帝国主義的膨脹政策ニ依リ他国ノ領土侵略トナルヤ否ヤヲ顧ミス行動セルノミニテ日本官憲カ満洲国

---

① 外務省編『日本外交文書・満州事変』、第三巻、46頁。
② 外務省編『日本外交文書・満州事変』、第三巻、129頁。

樹立ニ参与セルコトハ如何ニ抗弁スルモ打消スニ由ナシ……連盟ハ満洲国ノ承認ヲ拒絶スルヲ要ス」[1]とし、ノルウェーの代表ランゲらもアイルランドの意見に賛成した。スペイン代表マダリアガは大国の調停的立場を批評し、「連盟ノ任務ハ調停ノミニ限定セラレ居ラス連盟ノ権威ト主義ヲ再建スルハ吾人ノ責任ナリ」[2]と強調した。

　大国は調停・妥協的方法で事変とかいらい政権の問題を解決しようとした。仏国代表ボンクールは「吾人ノ使命ハ先ツ調停ニ在リ」[3]と言い、英国代表サイモンも「妥協セシムルヲ要ス」、もし当事国の直接交渉が何ら成果を得ない場合には十九人委員会を開き「米露両国ヨリ代表者ヲ入レシムルコトヲ得ルナラハ一層有効ナルヘシ妥協ヲ勧奨スル」[4]と述べた。サイモンはこの妥協目的達成のため、「問題ノ複雑性ヲ認識スルコトハ絶対必要ナリ」、「事実ニ立脚シ実際的ナラサルヘカラス」[5]と強調した。これは例外論であった。十月二十一日に日本政府が日本代表に発した訓令も「支那問題特ニ満洲問題カ世界ニ比類ナキ特異性ヲ有スル複雑困難ナル問題ニシテ右ノ如キ例外的性質ノ濃厚ナル問題ノ取扱振ハ世界ノ他ノ何レノ問題ノ取扱振ニ対スル先例トモナルヘキモノニ非ルコト」[6]を総会で説明するように指示していた。小国はこの例外論に反対した。

　総会では、スペイン、スウェーデン、アイルランド、チェコスロヴァキア四カ国が決議案を提出した。この決議案は次のような五つの認定を基礎とし、「当事国接触ヲ保ツ為北米合衆国政

① 外務省編『日本外交文書・満州事変』、第三巻、145頁。
② 同上書、153頁。
③ 同上書、157頁。
④ 同上書、159頁。
⑤ 同上書、158−9頁。
⑥ 外務省編『日本外交文書・満州事変』、第三巻、17頁。

府及「ソヴィエット」連邦政府ノ協力ヲ要請スルノ権限ヲ十九ヶ
国委員会ニ付与ス」[①]と提案した。五つの認定とは、次の通り
である[②]。

　　一、「報告書中ニ明ニ支那ノ領土タリシモノノ重要ナル一
　　　　部カ宣戦ノ布告ナクシテ武力ヲ以テ日本軍ニヨリ侵略占
　　　　拠サレ右行動ノ結果該部分カ支那ノ他ノ部分ヨリ分離セ
　　　　ラレ独立ヲ宣言セラレタルコト明確ナル旨宣言シタルコ
　　　　トヲ思ヒ」

　　二、「報告書中ニ於テ満洲ノ現制度カ自発的且真摯ナル独立
　　　　運動ノ結果トシテ認メラレ得サルコトヲ宣言シタルコト
　　　　ヲ思ヒ」

　　三、「一九三一年九月十八日ノ事件ニ引続ケル広範ノ行動及
　　　　軍事占領カ正当防衛ノ手段ト認メラレ得サルコトヲ認メ」

　　四、「満洲ニ設立セラレタル制度ハ日本軍隊ノ存在ニ俟タ
　　　　サルハ実現セラレ得サリシコトヲ認メ」

　　五、「満洲ニ於ケル現制度ノ承認ハ現存ノ国際上ノ義務ト
　　　　両立セサルコトヲ認メ」

　この五つの認定は、日本を侵略者と規定し、かいらい満洲国
を承認しない前提で両当事国の接触をうながそうとするもので
あった。

　この提案は大国の妥協的方針に反対する小国の意見を代表し
たが、大国の反対を招いた。日本代表松岡は公然とこの提案の
撤回を強要した。

　スイス・チェコスロヴァキアも二ヵ国の決議案を提出した。この
案は、十九人委員会に次の如きことを委託することを提案した[③]。

────────────

　①　外務省編『日本外交文書・満州事変』、第三巻、151 頁。
　②　同上。
　③　同上書、152 頁。

　　一、討議中発表セラレタル意見及為サレタル示唆並ニ総会
　　　ニ提出セラレタル決議案ヲ研究スルコト
　　二、一九三二年二月十九日ノ理事会決議ニ依リ総会ニ提出
　　　セラレタル紛争ノ解決ノ為提案ヲ起草スルコト
　　三、能フ限リ短期間内ニ右提案ヲ総会ニ提出スルコト

　この提案は一九三一年十二月十日の決議、リットン調査報告
書、日中両国の意見書および一九三二年十一月二十一日より二
十八日まで開かれた理事会の議事録を接受する前提でその提案
を起草するとした。故に、大国はこの提案に賛成し、これをも
とにして総会決議案を起草しようとした。

　九日、総会幹部会議はこの草案を審議し、総会で可決した。
決議案の内容は二国案とほぼ同様であった。こうして、総会は
事変とかいらい政権の審議および解決案の作成を十九人委員会
に委託し、調停・妥協のため単に解決を遷延させただけであっ
た。日本代表は総会でかいらい政権の承認を獲得できなかった
けれど、「四国案ハ決議案トシテハ黙殺セラレ日本側ノ緊急動議
ノ目的モ達セラレタ」①と総会を評価した。内田外相も連盟の
日本代表に、総会が比較的日本に有利に経過し、ことに四国決
議案が葬り去られ、最後に日本の立場を極めて適切に表明して
一段落したのは御同慶の至りと打電した。

　総会の決議にもとづき、十二月十二日、十九人委員会が開催
された。委員会は英・仏・スペイン・スイス等九ヵ国より構成
される起草委員会を組織し、次の総会に提出すべき最終報告書
および宣言を起草する準備を始めた。

　起草委員会では依然大国対小国の意見対立があったが、英国
代表サイモンは小国の意見をおさえ、調停・妥協を強調し、決

───────────────

　① 外務省編『日本外交文書・満州事変』、第三巻、177頁。

議案は三月十一日の総会決議案を踏襲し、主義上の決定と宣言をするようにし、具体的問題は調停委員会を設置して、米・ソをも出席させ、日本と中国間の調停をなしとげようとした。

十二月十五日、十九人委員会は中間決議のような第一、二決議草案と理由書を提出した。この第一決議案と理由書は、リットン報告書を基礎として起草し、事実としては報告書の第一章から第八章、解決方針としては第九章の「解決ノ原則及条件」を基礎として、かいらい満洲国維持と原状回復とをともに否定し、日中両国間を調停させる調停委員会を成立させて、これに米ソ両国をも参加させるというものであった。

十九人委員会はこの決議案と理由書を日本側に内示したが、日本代表と内田外相はこれを受諾するはずがなかった。十七日、日本側は修正意見を提出した。この修正案は、調停委員会は単に日中両国間に直接交渉開始の途を拓くため努力するに止め、解決原則たる第九章の十原則中第七・八両原則を除いた他の原則を考慮し、米ソ両国の不参加、理由書の原状回復不可および満洲国不承認の宣言削除等を提案した。

日本の修正案に対し、ドラモンドは「第九章ノ十原則ヲ基礎トスト言フハ右原則ヲ全部一体トシテノ話ニテ其ノ内七及八ヲ除クト言フカ如キ事ハ承諾シ得ス」「米露ノ招請ヲ全部抛棄スル事ハ不可能ナリ」[1]と、日本の修正案に反対した。内田外相も「何等妥協ノ余地ヲ示シ居ラス」[2]といった。十九人委員会は十二月二十日休息に入った。だが、委員会は「現在ニ於テハ多大ノ意見ノ相違アルハ事実ナルモ右ハ誠意ニ依リ排除シ得ヘシ交渉ノ失敗及右失敗ニ伴フ結果ヲ避クル為ニハ調停及商議コソ最モ肝要ナリ依テ委員会ハ当事国ト交渉ヲ継続シ且又各国政府カ解

① 外務省編『日本外交文書・満州事変』、第三巻、217 頁。
② 同上書、219 頁。

決達成ニ協力シ得ル様必要ナル余裕ヲ認ムルコト」①を決定した。

委員会休息後、外務省は在外大使にそれぞれ任国当局を説得する工作をするよう指示し、在スイス矢田公使がモッタ外相に、在チェコ堀田公使がベネシュ外相に、在仏長岡大使はボンクールに、在英松平大使がサイモン外相に、在ベルギー大使佐藤はイーマンス議長に、在独藤井代理大使は外務次官に、在伊松島大使と松岡はアロイジに、それぞれ日本修正案の理由を説明し、かいらい政権の承認を要望した。だがその効果は薄く、仏国しか支持しなかった。

連盟首脳部は依然として調停・妥協的方法で解決しようとし、三三年一月十一日に事務局の決議試案を日本側の杉村陽太郎にわたした。この試案を基礎に、ドラモンドと杉村は十二、十三日私的交渉をし、「ドラモンド・杉村試案」を作成した。この試案で両側は一部の問題で妥協した。例えば、リットン報告書を全部採用せず、報告書第十章（考察及理事会ヘノ提議）には触れず、原則の第九章を変更して解決の有益な基礎とし、その適用は極東の新事態に応ずるよう按配し、原状回復不可・満洲国否認等に触れず、総会は連盟規約第十五条三項に従って事変処理を探求する等であった。この妥協案で、杉村も一部譲歩したが、ドラモンドの譲歩はかなり目立つものがあった。

十九人委員会は一月十六日に再開された。委員会では、ドラモンド・杉村試案に対する中国側の抗議、小国の不満および外務省の日本修正案の堅持により、この試案は葬られてしまった。

この時、内田外相は米ソ特に米国の参加に強烈な反対をした。その理由は次の通りである②。

一、「万一米国カ参加スルトナラハ其ノ結果極東ニ利害関

---

① 外務省編『日本外交文書・満州事変』、第三巻、220頁。
② 同上書、278-9頁。

係深キ英米力当面ノ満洲問題ニ限ラス其他各種ノ問題ニ
付共同『フロント』ヲ以テ我方ニ対抗スルノ端ヲ開クニ
至ル虞アル」

二、「米国ハ満洲国不承認ノ趣旨ヲ相当明確且強硬ニ「コン
ミット」シ居ル処右ハ満洲国ノ承認及助長ヲ以テ満洲問
題解決ノ唯一ノ方法ナリトスル我方ノ確信ト正面衝突ヲ
ナス次第ナル」

三、「米国ヲ参加セシメテ問題ノ解決ニ資スルト云フ連盟
ノ言分ハ窮極スル所米国ノ協力ニ依リ我方ヲ圧迫セムト
ス」

四、「一旦米国ヲ招請セル上ハ露国ノ参加ヲ拒ム理由ナキ
ニ至ルヘキコト」

五、「米露殊ニ米国ノ参加ハ他力本願主義ノ支那ヲ増長セ
シメ益々以夷制夷的ノ策動ヲ逞ウセシムルニ至ルヘク其
ノ結果問題ノ解決ハ益々困難トナルヘキコト」

　こうして、米ソの招請問題が第一の焦点になった。十九人委
員会は、もし米ソ招請を削除すれば委員会の十二月十五日の試
案を受諾するかを打診した。これは委員会が日本と妥協しよう
とすることを日本側に示したものであった。故に、内田外相は
辛抱強く堅持するならば、委員会側はまた譲歩すると思い、第
二の問題すなわち理由書第九項の満洲国現状の不承認の削除を
要求した。これはかいらい満洲国の承認をもう一度要求したの
と同様であった。

　日本側の強硬的態度により、委員会は日本と妥協不可と認め、
二十一日「紛争解決ノ為ノ手続ヲ総会ニ提案スルノ試力目下ノ
処失敗セルコトヲ認メ……一九三二年三月十一日ノ決議第三部
(第五項)ニ依ル任務ニ基キ爾後規約第十五条第四項所定の報告

案作成ヲ開始スル」①コミュニケを発表し、二十三日議長・仏・独・伊・スペイン・スェーデン・スイス、チェコスロヴァキア・英国等から構成する九国起草委員会は、第十五条四項にもとづいて、総会に提出する報告書を起草し始めた。

　だが、英国は依然として日本との妥協をはかり、一方では在日英大使を通じて内田外相と、一方では連盟でドラモンドを通じ杉村と、理由書第九項のかいらい満洲国問題について交渉を続けた。英国外相サイモンは満蒙争奪のため第九項の原状回復不可と現状承認も不可との立場を堅持し、内田外相は「理由書第九項ハ十二月十五日原案ノ如ク満洲国不承認ノ趣旨ヲ直接明確ニ誌シ為メニ帝国ノ対満政策ヲ正面ヨリ誹議シ日本国民ノ自尊心ヲ傷クル結果トナル記載振ハ到底容認シ難キ」②とし、一九三二年三月十一日の総会決議またはドラモンド・杉村試案の様に「漠然タル記載振トナスニ於テハ受諾方考慮スヘシ」③といった。内田外相は、これは日本の最終的且つ最少限度の要求なりと述べ、連盟と英国側の譲歩を要求した。

　連盟では、ドラモンドと杉村が引き続き交渉し、二月四日、かいらい政権問題で次の如く妥協し始めた。

　第一決議案四項は、「十九人委員会ハ調査委員会報告書第九章ニ表明セラレタル諸原則及結論ヲ其ノ後進展シ居ル各個ノ事件ニ調和シツツ基礎トシテ紛争ヲ解決スルノ目的ヲ以テ和協ヲ確保スル為両当事国ト協力シテ努力スルノ任務ヲ有スヘシ」④とし、さらに議長宣言書第八項は元の理由書の第九項を修正して、「十九人委員会ハ満洲ニ於テ樹立セラレタル現制度ヲ日本カ承認シタルコト及他ノ連盟国ハ同様ノ措置ニ出テ居ラサルコトヲ

①　外務省編『日本外交文書・満州事変』、第三巻、309頁。
②　同上書、328頁。
③　同上。
④　同上書、347頁。

承知セリ」①とする。

　この案はかいらい満洲国を承認してはいないが、日本の承認した事実を十九人委員会が承知したと規定したことで、また解決の十原則と日本がかいらい政権を承認した事実と調和するとの点で、元の案よりは一歩妥協的であった。だが、内田外相は、二月六日、この案に対し「我方トシテ満足シ難キ」②といった。日本代表は日本側主張を連盟首脳に納得させるために説得工作を行なったが、仏国代表以外は殆んど賛成の意を表しなかった。

　十九人委員会は、二月八・九両日右試案について意見を交換したが、かいらい政権を承認せずとする委員会案と非常な懸隔があり、もう一度日本の態度を確かめるために、九日リットン報告書第九章の第七原則—満洲自治に関し次の如き質問書を出した③。

　「日本政府ハ右原則（第九章の第七原則—筆者）ヲ受諾スルコトニ依リテ其ノ独立国トシテ承認シタル「満洲国」ノ存立ノ継続カ今次ノ紛争ノ解決方法ヲ供スルモノニ非スト認ムルカ故ニ同政府ハ和協委員会ノ会合ノ節ハ其ノ任務カ満洲国ノ継続ニモ非ス又事件前ノ原状ヘノ復帰ニモ非サル解決方法ニシテ支那ノ主権及行政的保全ト両立シテ満洲ニ於ケル良好ナル秩序並ニ満洲ニ於ケル日本ノ権利及合法ナル利益ノ適当ナル保護ヲ確保スルモノヲ発見スルニ在ルコトニ同意シタルモノト推定ス」

　この質問書は、完全にリットン報告書の解決原則にもどり、かいらい政権への不承認を明確に示した。この質問に対し、内田外相は、二月十三日「満洲国ノ独立ノ維持及承認」④が総ての問題を解決する基礎だと返事し、確固たる態度を委員会に示

① 外務省編『日本外交文書・満州事変』、第三巻、349 頁。
② 同上。
③ 同上書、359 頁。
④ 同上書、372−3 頁。

した。この返事に対し、委員会は十四日「貴翰中ニ提起セラレタル種々ノ点ニ対シ充分ナル考慮ヲ加ヘタルモ当該事情ノ下ニ於テハ此等ノ点ノ討議ノ開始ニ依リ何等ノ成果ニモ違スルコトヲ得スト認ム」①と答えた。こうして日本と列強の妥協は不可能となり、外務省は代表引揚げと連盟脱退の件を検討し始めた。

　当時外務省内部には連盟脱退に関し、代表引き揚げおよび脱退論と代表引き揚げ後の情勢に鑑み決定するとの二つの意見があった。在ソ連大使大田為吉は「此ノ際断乎連盟脱退相成リ今後ハ専ラ三国干渉後臥薪嘗胆時代ニ返リ官民一致満洲経営ニ全力ヲ集中セシムル様仕向クルコト」②と内田外相に上申した。在かいらい満洲国大使武藤は「即時脱退ノ御決意有ランコトヲ切望ス」③と具申した。内田外相は総会で「反対ノ投票ヲ為シタル上直チニ代表ノ引揚ヲナス」と決定したが、連盟脱退については憲法上必要の手続等を執るを要するからとして即時脱退には賛成しなかった④。

　連盟は二月十五日、「国際連盟規約第十五条第四項ニ依ル国際連盟総会報告書」―所謂最終報告書を日本代表に手渡した。この報告書は一万五千語の膨大なもので、第一部は「極東ニ於ケル諸事件」、「調査委員会報告書ノ最初ノ八章ノ採択」、第二部は「連盟ニ於ケル紛争ノ経過」、第三部は「紛争ノ主タル要因」、第四部は「勧告ノ記述」であった。第四部の勧告の記述では、リットン報告書第九章の十原則を全面的に採用し、日本軍の付属地内への撤兵と満洲自治政府の建立を勧告し、同時に米ソ委員を含む委員会を設置し、両当事国間の交渉を促進すると規定した⑤。

① 外務省編『日本外交文書・満州事変』、第三巻、379 頁。
② 同上書、505 頁。
③ 外務省編『日本外交文書・満州事変』、第三巻、506 頁。
④ 同上書、505 頁。
⑤ 同上書、482－7 頁。

　この報告書を受取った日本政府は、二月二十日、連盟脱退を次の如く決定した[①]。

　　「今般連盟側ノ提示シ来レル報告書案ハ帝国対満方針ト相
　　容レサル所述並ニ勧告ヲ為シ居ル処我方ハ飽迄既定ノ方
　　針ヲ遂行セサルヲ得ス従テ総会ニ於テ該報告書案ヲ採択
　　シタル上ハ帝国政府トシテハ連盟脱退ノ方針ヲ定メ憲法
　　上ノ手続ヲ執ルノ要アルニ付差当リ報告書採択ノ際ハ帝
　　国代表ヲシテ之ニ反対投票ヲナスト共ニ我方ノ毅然タル
　　立場ヲ闡明スル適当ノ声明ヲナシタル上即時総会ヨリ引
　　揚ケシムヘシ」

　この決定にもとづき、外務省は連盟脱退、脱退後の欧米との関係、連盟との関係等に対し具体的対策を講じ、連盟脱退の準備をととのえた。

　二月二十四日、総会は十九人委員会提出の上記報告書を可決することになった。議長はまず十九人委員会を代表して、「十九人委員会ハ討議中日本代表部ノ表明セル総テノ意見ヲ細密ニ検討セルカ同委員会ハ報告書案ニ如何ナル変更ヲモ加フルヲ欲セス尚本案ハ同委員会一致ノ意見ヲ表明スルモノナルニ顧ミ各委員ハ総会ニ於ケル討論中何等発言セサル事ニ決定セリ」[②]と宣した。これは、総会では討論・審議の必要はなく、直接投票可決しようとするものであった。松岡は長文の「連盟規約第十五章第五項ニ依ル日本政府陳述書」を朗読し、連盟報告書に対抗しようとした。

　総会は連盟報告書の採択に入り、指名投票を行った結果、賛成四二、反対一（日本）、棄権一（シャム）となり、報告書は採択された。報告書の採択は、国際連盟と列強が、かいらい満洲国を否定したことを意味し、日本がその国際的承認を獲得出来

---

① 外務省編『日本外交文書・満州事変』、第三巻、511頁。
② 同上書、528-9頁。

なかったことを示した。これにより日本は三月二十七日国際連盟の脱退を通告したが、その後かいらい満洲国の承認獲得のために引き続き外交活動を展開した。

　かいらい満洲国の樹立過程において、軍部は主に軍事行動と謀略活動でこの政権を建てる役割を果し、外務省は主に国際連盟において中国と対抗し、列強と満蒙を争奪する役割を果し、かいらい政権の樹立に国際的保障を与えようとした。外務省はかいらい政権の樹立を外交的手段により保障したとはいえるが、その国際的承認を獲得する外交では失敗した。その原因は、列強間の満蒙に対する覇権の争奪にあった。この事実は、列強間の満蒙争奪は外交手段で解決することが不可能だということを証明した。

第七章　リットン調査団と日本外務省の対応

　　リットン調査団とその報告書は満洲事変において重要な地位
を占めている。日本外務省がこの調査団およびその報告書にど
のように対応したかは、事変時期の日本外交史の研究において
重要な研究課題である。

　　リットン調査団は国際連盟における大国の利益を代表する調
査団である。故に、リットン調査団と日本との関係は列強と日
本との関係でもあり、その本質は帝国主義諸国が満蒙を争奪す
る関係でもあった。

　　日本は日清戦争から本格的に満蒙に侵略し、列強と満蒙の支
配権を争奪した。この争奪戦で、日本は英国の慫慂の下で南満
における独占的地位を確立した。だが、日露戦争後、満蒙にお
ける日本勢力の拡大にともない、列強はその拡大を制限し始め
た。第一次大戦後に作られたワシントン体制は、列強が協同し
て日本の満蒙および中国本土に対する拡大を牽制しようとした
システムであった。日本はこの牽制を打破しようとして満洲事
変を引き起こし、このシステムに挑戦した。この挑戦は、日本
が列強と満蒙を争奪する戦でもあった。リットン調査団に対す
る外務省の対応は、この争奪戦の内幕を端的に現わしていると
考えられる。

　　本章では、リットン調査団と日本外務省との関係を三つの時

期に分けて述べ、列強の事変に対する両面性政策とこれに対する外務省の対応を分析し、事変における帝国主義間の抗争と妥協の関係を解明しようとするものである。

一　調査団派遣をめぐって

　事変初期には、日本と列強は連盟のオブザーバー派遣問題を中心として対決した。連盟は満洲事変に干渉する第一歩として、連盟のオブザーバーを満蒙に派遣して事変勃発の事実を確認し、それに適応する対策を講じて満蒙における日本の軍事的拡大を制限しようとした。外務省は対外的において、関東軍が事変を挑発した事実をおおいかくし、事変に対する連盟と第三国の干渉を排除し、国際的に事変を正当化するため、連盟の派遣要求に反対し、連盟とまっこうから対決した。

　事変勃発後連盟五人委員会は日本の代表理事芳沢謙吉と杉村陽太郎に連盟のオブザーバー派遣を打診した。芳沢理事はこの要望に反対し、「目下国民ノ感情モ特ニ高マリ居ル際トテ『オブザーバー』派遣ノ適否ハ頗ル疑問ナリ日本側ニ対シ他国ヨリ干渉ヲ受ケタリトノ印象ヲ与フルカ如キ案ハ却テ日本人ノ感情ヲ刺戟シ本件ノ解決ヲ困難ナラシムル懸念アリ従テ日本カ同案ヲ甘受スヘキヤ否ヤ大ニ疑問ナルモ一応政府ノ意向ヲ確ムルコトハ取計フヘシ」[1]と答えた。連盟理事会は日本側の回答をまたずに九月二十三日の理事会で「『オブザーバー』ヲナルヘク速ニ現地に派遣スルコトトシ其人選ハ北平駐在ノ五国公使ニ一任ス場合ニ依リテハ『オブザーバー』ヲ更ニ一名増加ス　（米国ヲ予想ス」[2]）と決定し、日本代表部の内諾を求めた。日本代表

---

① 外務省編『日本外交文書・満州事変』、第一巻第三冊、168頁。
② 同上書、173−4頁。

は「昨日ノ五人委員会ニ於テ芳沢ヨリ反対ヲ表明シ目下本国政府ニ取次キ中ナルニ其翌日直ニ我方ノ承諾ヲ求ムルカ如キハ我ヲ強要スルモノニシテ絶対ニ承認シ得サ」①る旨を強調した。理事会は日本代表の反対により秘密理事会を開き、オブザーバー派遣問題を検討した。中国理事施肇基に中国側が選定する第三国人を調査委員に任命する案を提出したが、芳沢は依然反対の意を表した。理事会は双方の意見を調和させる案として、「日本政府及中国政府ノ選定ニ依ル各二名ノ第三国人及理事会ノ任命スル三名ノ第三国人合計七名ノ第三国人ヲシテ現地ヲ調査シ理事会ニ報告セシムル案」②を提出した。施肇基は調査委員全部が理事会の調査委員たるべきことを条件としてこの案を承諾したが、日本側は依然として反対した。幣原外相は二十五日芳沢理事に「帝国政府トシテハ本件『オブザーバー』派遣ノ議ハ目下ノ事態ニ於テハ全然其ノ必要ヲ認メ難ク此ノ際理事会トシテハ日本政府ノ誠意ニ信頼シ事態ノ推移ヲ静観スルコト賢明ノ措置ト認メラルル」③と指示し、オブザーバーの派遣に反対した。

　外務省はオブザーバー派遣反対について、アメリカを利用した。アメリカは非連盟国であるが、その強大な経済力と軍事力により、連盟と国際政治に強い影響をおよぼしていた。連盟はアメリカもオブザーバー派遣を要望するように申し入れたが、スチムソン国務長官は「此際主張スルコト不適当ナリ」④として拒否した。出淵米国大使は九月二十五日キャッスル国務次官を訪問して、オブザーバー派遣に反対する日本政府の意見を述べ、アメリカの同情と支持を希望した。これに対し、キャッス

① 外務省編『日本外交文書・満州事変』、第一巻第三冊、174頁。
② 同上。
③ 同上書、185頁。
④ 同上書、9頁。

ル次官は「調査委員派遣ノ如キハ何等実効ヲ収メスシテ徒ラニ
国論ヲ刺戟スルモノナルコトハ満洲問題ニ対スル日本ノ心理ヲ
ヨリ諒解シ居ル自分ニハ極メテ明瞭」①であるといい、日本の
反対に同情した。アメリカのこの反対の態度がこの時期に連盟
のオブザーバー派遣を実現させなかった一つの原因にもなった
と考えられる。

　外務省はなぜ連盟のオブザーバー派遣に反対したのだろうか。
第一の理由は、事変勃発の事実をおおいかくすためであった。
幣原外相は奉天総領事林久治郎の電報で関東軍が事変をひきお
こした事実を知っていた。そこで幣原は、連盟オブザーバーの
来満によって必ずこの事実が調査され、日本が侵略戦争を挑発
したことが世界に暴露されて、国際的に不利な情況におとされ
ることを恐れ、オブザーバーの来満を拒否して、張学良軍が満
鉄を破壊したため事変が勃発したように世界の輿論を欺こうと
した。次は、オブザーバーの派遣は連盟が直接事変に干渉し、
その結果日本の満蒙侵略に大変不利な情況を招来することを幣
原が憂慮したからであった。事変勃発後の外務省の最大の任務
は、国際的干渉を排除し、事変の遂行を外交上保障することに
あった。日本は当時第二流の帝国主義国で、第一流帝国主義の
英国等が事変に直接干渉する場合には、軍事的には「勝利」し
たとしても外交的にその「勝利」を保障することができない可
能性があった。日清戦争後遼東半島の返還と第一次大戦後の山
東問題は、日本が外交的に軍事勝利の獲得物を保障することが
できなかった例であるが、それは第三国の干渉を受けたからで
あった。故に外務省の主観的念願は、終始第三国と連盟の干渉
を排除することにあったのである。

---

①外務省編『日本外交文書・満州事変』、第一巻第三冊、13頁。

当時外務省の第三国に対するこのような対応は、軍部と完全に一致していた。南陸軍大臣は閣議で「本事件ハ帝国ト特殊的関係ヲ有スル満蒙問題ノ処理ニ属スルヲ以テ敢テ第三国ノ容喙干渉ヲ許スヘキモノニアラサルノミナラズ……若シ夫レ万一ニモ第三国ニシテ実力ヲ以テ之カ干渉ヲ為スカ如キ場合ニ於テハ其ノ干渉何レノ方面ヨリ来ルモ帝国ハ敢然之ヲ拒否スルノ決意アルヲ要ス」[①]と述べた。外務省はこの意見通り外交対策を講じたのであった。これは外務省が、事変初期に対内的には軍の拡大方針に反対しながらも、第三国の干渉に反対する面では軍と一致していたことを示し、軍の行動に外交的保障をあたえようとしていたことを明らかにするものであった。

　だが、十一月中旬関東軍がチチハルに侵攻し、十六日パリで第三期連盟理事会が再開された時、幣原外相は連盟調査団の派遣に賛成した。十一月十五日に、幣原外相は「再開理事会への対策について」の訓令で、「理事会ヲシテ視察員ヲ現地ニ送ラシムル様仕向クルモ一策ナルヘク場合ニ依リテハ我方ヨリ進ムテ右視察員ノ派遣ヲ要求スルコト却テ有利ナルカ如キ事態モ予想シ得ラルル」[②]と指示した。幣原外相はなぜ従来反対した調査員派遣に賛成したのだろうか。

　一、この時期、関東軍の北進により連盟では関東軍撤兵の要求がかなり高まり、再開された理事会では撤兵の問題が最大の焦点になった。これに対し、外務省は調査団の派遣で対応しようとした。沢田連盟事務局長は「次回連盟理事会対策に関する請示について」の幣原外相宛の電報で「此ノ際連盟視察員ヲ現地ニ送リ現下ノ如キ実状ニテハ到底早急撤兵シ難キ事ヲ実感セシムル様仕向クル事トシ理事会トシテハ右委員報告提出迄本件

　①『満州事変作戦指導関係綴』、別冊其二、防衛研究所記録。
　② 外務省編『日本外交文書・満州事変』、第一巻第三冊、56頁。

ヲ懸案ト為サシメ審議ヲ延期セシムル様仕向ケル努力ヲ試ミテ
ハ如何ト存スル処右御異存アルヘキヤ」①と尋ねた。幣原外相
はこの意見に賛成して上記の指示を沢田に与えたのであった。
これは調査団の受け入れを条件として撤兵を遷延し、関東軍の
軍事占領を確保しようとしたことを示す。

　二、列強は満蒙を争奪するために関東軍の付属地内への撤兵
を要求したが、列強の侵略に抵抗する中国ナショナリズムを抑
圧するものとして、関東軍の満洲軍事占領に対し同情する一面
を持っていた。幣原外相はこの一面を利用しようとした。幣原
外相は十月二十九日奉天総領事の「当方面ノ実情ヲ視察セル諸
外国人ヲ見ルニ其多クハ満洲現下ノ状態ニ於テ急速日本軍撤退
ノ不可能ナルコトヲ了解セルモノノ如クナルニ付テハ此際我方
ニ於テ従来ノ行懸ヲ離レ進ンテ連盟ヨリ調査員ヲ派遣セシムル
様仕向クルコトハ連盟ヲシテ満洲ノ実情ヲ了解セシムルニ力ア
ルヘキノミナラス今次事変ノ処理ニ付殆ト行詰リノ状態ニアル
連盟ニ対シ一ノ抜道ヲ与ヘ之ヲ善導シ得ル所以ナルヤニ存セラ
ル尚本庄司令官モ連盟調査員ヲシテ当方面ノ実状ヲ知ラシムル
ヲ有利トストノ意見ナリ」②という電報で、中国における各自
の権益を維持しようとする帝国主義の共通性から、列強が日本
軍の不撤兵を容認しうる事実を認識し、列強と日本とのこの共
通する側面を利用しようとして、調査団の派遣に賛成したので
あった。

　この目的から、幣原外相は「視察員ノ任務ハ……支那ノ全般
的形勢ヲ実地ニ就テ見聞スルニ存スルヲ要スルコト勿論ナリ即
チ詳言スレハ……支那各地ニ於ケル対日不法行為乃至一般的生
命財産ノ安固ヲ確保スルノ能力アリヤ又現ニ右安固カ確保セラ

---

① 外務省編『日本外交文書・満州事変』、第一巻第三冊、511－2頁。
② 外務省編『日本外交文書・満州事変』、第一巻第三冊、427－8頁。

レツツアリヤ、支那ハ日本其他各国トノ条約ヲ履行スルノ能力アリヤ又現ニ右条約力履行セラレツツアリヤ等ノ問題ニ付再検討スルニ存セサルヘカラス」として、「単ニ満洲ヲ視察ノ目的トシ殊ニ我軍撤退ノ能否ニ直接関係アル事項ノミノ調査ヲ行フト云フカ如キモノトナラサル様」[①]に指示した。この指示は幣原外相が連盟調査団派遣に賛成した理由を明らかに示している。

理事会の日本代表部は幣原外相の指示にもとづき代表部の試案を作成し、日本側が提出した五項目大綱にもとづき日中両国が協定を締結することを理事会が受諾すれば、連盟視察員の派遣を考慮するとした[②]。これは視察員派遣を日中直接交渉の交換条件として提出したものである。

連盟理事会首脳部は幣原外相と日本代表の提案に賛成し、英国外務大臣サイモンは「支那ノ一切ノ真相例ヘハ日本力貿易上大ナル打撃ヲ蒙リツツアル『ボイコット』ノ状勢其他満洲ノ事情等ヲモ含メ調査報告セシムル事ハ日本ノ為ニモ最都合良キ事ト思考ス」[③]と述べた。

日本代表は十一月九日に視察員派遣に関する決議案を作成し、幣原外相とドラモンドに提出した。幣原外相は「今次事件ニ関スル日支ノ直接交渉ニ干渉シ或ハ日本軍ノ行動ヲ監視スルカ如キ趣旨ヲ絶対ニ含マサルコト」[④]との了解の下でこの決議案を提出することに異存なしとし、その決議文のなかに「（イ）支那ノ各地ニ於ケル排外排貨運動ノ状況ヨリ進ンテ（ロ）支那ハ外国人ノ生命財産ノ安固ヲ確保スルノ能力アリヤ又現ニ在支外国人ノ生命財産ノ安固ヲ確保セラレツツアリヤ（ハ）支那ハ外国トノ間ノ条約ヲ履行スル能力アリヤ又現ニ既存ノ此等条約力完

---

① 外務省編『日本外交文書・満州事変』、第一巻第三冊、561 頁。
② 同上書、570 頁。
③ 同上書、591 頁。
④ 外務省編『日本外交文書・満州事変』、第一巻第三冊、609 頁。

全ニ履行セラレツツアリヤ等ノ問題ヲ検討セムカ為権威アル委員会ヲ任命セム」①とのことを明確に記入するよう訓令した。

　だが、幣原外相の主観的念願とは反対に、列強は依然として満洲事変に関心をよせ、調査団の調査目的・範囲に対し幣原外相と異なった立場を示した。連盟事務総長ドラモンドは、「日本側ニ於テハ支那全般状況ノ調査ヲ重要視セラルルノ余リ満洲ニ於ケル今回ノ事件ニ関スル調査等ハ比較的軽視セラルルヤニ認メラルル」とし、これに反し「支那側カ満洲事件ノ調査ヲ中心点ト為サントス」②るため、双方の相違は妥協の余地なしとし、ドラモンド自身の決議試案を提出した。幣原外相はドラモンドの試案は「恰モ規約第十五条③ニ基ク委員会タル如」④しといい、その修正を要求した。

　当時、中国側は関東軍の北進にともない、連盟が規約第十五条により事変を処理し、調査団も第十五条により調査するよう希望していた。だが、日本は依然として規約第十一条⑤により処理すべきであるとし、第十五条の適用には強硬に反対した。故に調査団派遣の問題に関し、派遣の目的、派遣の根拠、調査の範囲について外務省と連盟・中国とのあいだに論争が生じた。この論争は今次理事会の決議案および議長宣言案の起草を中心としてくりひろげられた。この論争で、連盟は日本と中国に対し二重の政策をとった。その結果、理事会は十二月十日調査団

①　外務省編『日本外交文書・満州事変』、第一巻第三冊、609頁。
②　同上書、614頁。
③　第十五条四項には、『紛争解決ニ至ラサルトキハ連盟理事会ハ全会一致又ハ過半数ノ表決ニ基キ当該紛争ノ事実ヲ述ヘ公正且適当ト認ムル勧告ヲ載セタル報告書ヲ作成シ之ヲ公表スヘシ』と規定している。
④　外務省編『日本外交文書・満州事変』、第一巻第三冊、634頁。
⑤　連盟規約第十一条には、『戦争又ハ戦争ノ脅威ハ連盟国ノ何レカニ直接ノ影響アルト否トヲ問ハス総テ連盟全体ノ利害関係事項タルコトヲ茲ニ声明ス仍テ連盟ハ国際ノ平和ヲ擁護スル為適当且有効ト認ムル措置ヲ執ルヘキモノトス此ノ種ノ事変発生シタルトキハ事務総長ハ何レカノ連盟国ノ請求ニ基キ直ニ連蒙理事会ノ会議ヲ召集スヘシ』と規定している。

派遣の決議と宣言を採択した。

　決議の第五項目は、調査委員会の調査の目的・範囲に関し、「国際関係ニ影響ヲ及ホシ日支両国間ノ平和又ハ平和ノ基礎タル良好ナル諒解ヲ攪乱セムトスル虞アル一切ノ事情ニ関シ実地ニ就キ調査ヲ遂ケ理事会ニ報告」すべしとし、「両当事国カ何等カノ交渉ヲ開始スル場合ニハ右交渉ハ本委員会所定任務ノ範囲内ニ属セサルヘク又何レカノ当事国ノ軍事的施措ニ苟モ干渉スルコトハ本委員会ノ権限ニ属セザルモノト諒解ス」[①]と規定した。この規定では、満洲事変という特定の問題を調査するという中国側の意見が無視され、日本側の要求した広汎な範囲の調査が認められた。次に、この調査団は依然として規約第十一条にもとづいて成立し、中国側の要求した第十五条の適用は否定された。九月三十日の理事会決議は規約第十一条により成立したものであるが、今回の決議も「本委員会ノ任命及審議ハ日本軍鉄道附属地内撤収ニ関シ九月三十日ノ決議ニ於テ日本政府ノ与ヘタル約束ニ何等影響ヲ及ホスモノニ非ス」[②]と規定し、中国側の第十五条適用の要求を否定した。

　だが、議長の宣言では、決議の第五項につき議長の説明を加えたが、その説明のなかでは日本側にも不利なことが記載されていた。例えば、調査委員会が到着するまでに九月三十日の決議が実行されない場合には、「委員会ハ成ルヘク速ニ理事会ニ対シ其ノ事態ニ付報告スルコトヲ要スル」[③]と明記し、それは、関東軍の不撤兵に関し委員会が報告する権利があるということである。次に、決議では委員会が両国の直接交渉と当事国の軍事的施措に干渉しないと規定したものの、宣言ではこの規定は

①　外務省編『日本外交年表並主要文書』下、原書房、1966年、192頁。
②　同上。
③　同上書、193頁。

「委員会ノ調査ニ関スル権能ヲ毫モ制限スルモノテハナイ又委員会カ其ノ報告ニ必要ナル情報ヲ得ル為充分ナル行動ノ自由ヲ有スヘキコトモ明白テアル」[①]と説明した。これは、満蒙争奪をめぐる列強と日本との矛盾を反映するものであったといえよう。

調査団の派遣問題で、日本と列強との間には矛盾と論争があったが、調査団の受け入れにより嫩江・チチハル侵攻に伴って激化した矛盾は一時緩和された。外務省はこれにより、連盟がチチハル問題と撤兵問題に対し特別な措置をとることを阻止し、関東軍のチチハル占領のために有利な国際条件をつくった。撤兵問題に関しては、ただ「九月三十日理事会カ全会一致ヲ以テ採択セル決議ヲ再ビ確認」[②]しただけであり、十月二十四日の決議草案にみるような期限付撤兵は要求されなかった。この意味からすれば、十二月十日の決議は十月二十四日の決議草案より正に後退しており、その後退の原因の一つは調査団の派遣にあった。沢田は幣原外相に連盟側の決議案を受諾するよう上申した際、連盟の首脳は「視察委員案ヲ切掛トシテ是ニ依リテ今次理事会ノ結末ヲ付ケ以テ連盟トシテハ日本ニ対シ期限ヲ付シテ撤兵ヲ強要スル等ノコト無」[③]しと述べている。これは調査団派遣賛成によって外務省が獲得した外交的「賜物」であった。

上記のように、幣原外相の時代には、前半期においては調査団の派遣に反対し、後半期には逆にその派遣に賛成した。これは矛盾した現象のようにみえるが、その目的は皆関東軍の軍事行動に外交的保障を与えるためであった。これは幣原外交の調査団に対する政策の特徴であった。

日本は調査団の受け入れで対外的に一時有利な地位を保った

---

① 外務省編『日本外交年表並主要文書』下、原書房、1966 年、192 頁。
② 同上。
③ 外務省編『日本外交文書・満州事変』、第一巻第三冊、649 頁。

が、一方、列強は調査団の派遣を直接干渉の第一歩とし、その後調査団の現地調査報告書を「武器」として、日本と満蒙を争奪する新しい外交態勢をつくった。

二　調査団の行動をめぐって

　第二の時期は、リットン調査団が成立して、日本と中国において調査を行う時期である。この時期は犬養内閣の芳沢謙吉外相の時代である。外務省はこの時期に、幣原外相時代よりもう一歩進んで、前半期には調査団を日本に有利な方面に誘導するために努力し、後半期には顧維鈞の入満問題等を通じ、かいらい政権のいわゆる自主・独立性を調査団に示して、かいらい政権に対する調査団の好意と承認を獲得しようとした。これはこの時期にかいらい政権が成立し、日本と列強との闘争の焦点がかいらい政権問題に転換されたからであった。これに対し、調査団は満蒙問題解決の妥協的方法を採り始めた。

　連盟理事会は十二月十日の決議にもとづき調査団を成立させる仕事に着手した。外務省はまず調査団に親日的な人物を参加させるために努力した。理事会決議は調査団のメンバーを五名と規定し、英・米・伊・独・仏が各一名の委員を出すこととなった。十四日理事会起草委員会のアブノールは、沢田に非公式に五名の名簿を内話し、日本側の意見を聞いた。沢田はドイツ委員シュネーに反対し、親日的なゾルフが参加するよう希望した。沢田は「日本トシテハ「ゾルフ」出馬ノ条件ノ下ニ独逸側参加ヲ承諾シタル次第ニシテ今ニ至リ之ヲ変更セラルル事ハ日本トシテ頗ル面白カラス」①といったが、アブノールは「支那側ニ

---

①　外務省編『日本外交文書・満州事変』、第二巻第一冊、661頁。

於テ強キ反対アリ当事国ノ一方ニ於テ故障アル以上之ヲ採択ス
ル事困難ナリ」①と拒否した。外務省は在独日本大使館を通じ
ゾルフの参加を要望したが、ドイツ外務省はゾルフを含む三名
の候補者を推薦し、最後の決定は連盟事務局と日中両国の理事
によって決定されるのだとして、その要求を拒否した。犬養毅
外相は依然としてゾルフの参加を要求したが、理事会は二十日
正式に五名の委員を決定した。イギリスはリットン、フランス
はクローデル、アメリカはマッコイ、ドイツはシュネー、イ
タリアはアルドロヴァンディで、委員長にはリットンが推薦
された。

　上記の委員は皆大国の委員であった。非常任理事国である小
国は、一名の委員を派遣することを議長に希望したが、理事会
と日本理事は反対した。これは小国の代表が中国側に同時的で
あったからであった。

　調査団の費用は当然連盟が負担するのであるが、犬養外相は
中国側が半分負担する場合には日本も半分負担するとし、調査
団に「好意」を示した。

　外務省は調査団の調査範囲に関し格別な注意をはらい、沢田
は外相の指示通り十二月十四日にアブノールに調査範囲は「満
洲」を含む中国全土にわたるべきことを確認し、二十三日には
ブリアン議長にその再確認を希望したが、ブリアンは「当然ノ
事ニシテ此ノ点ニ付決議ノ字句カ明瞭ナル以上支那側カ如何ナ
ル解釈ヲ下スモ之ヲ動カスヘカラサル」②と明言した。

　調査団は一月二十一日第一次予備会議を開き、二月三日ヨー
ロッパを出発して、二月二十九日横浜に到着した。外務省は調
査団に対し日本の立場を弁明する十八種類の資料調書を作成し、

① 外務省編『日本外交文書・満州事変』、第二巻第一冊、661 頁。
② 外務省編『日本外交文書・満州事変』、第二巻第一冊、667 頁。

調査団を誘導する万端の準備をととのえてその来日を迎えた。

　新しく着任した芳沢謙吉外相は二十九日調査団一行が来訪した際、事変の勃発について、「過去数ケ年間国民政府カ所謂革命外交ナルモノヲ振回シ暴力ニ依リ外国ニ当リ一方的行為ニ依リ条約ヲ変動スルカ如キ態度ニ出テタルコトヲ以テ最近ノ原因トナス」と述べ、おりから勃発した上海事変については、「南京、上海ノ間ニ駐屯シ居リタル十九路軍ナルモノカ一月二十八日我軍ニ向テ発砲シ日支兵ノ衝突トナリタル次第ナル」①と歪曲し、調査団に予備的「啓蒙」をした。

　その後、犬養首相、芳沢外相はリットン調査団と五回（三月三、四、五、七、八日）会談をした。その会談で、芳沢外相は二十一ヵ条条約の見本まで出して、満蒙における日本の特別な地位と植民地的権益をくりかえし強調し、満鉄の並行線問題を取り上げて、その権益が脅やかされていると述べた。リットンは芳沢外相の話を借りて、日中間の現存条約上の義務が厳格に実施されるならば日本は満足しえるか、と数回芳沢外相に質問した。この質問には「満洲国」を排除して事変を解決しようとする意味が含まれていたと思う。故に、芳沢外相はこの質問に答えることが出来なかった。それは、この時期に外務省も「満洲国」の樹立に関与していたからであった。

　リットンはまた日本軍は撤退せずに、今は軍隊自体が治安維持会等をつくって、直接「治安維持」に当っているが、日本軍が撤退しないのは何故なのか、と芳沢外相に質問した。これに対し、芳沢外相は自衛のためだと答えた。これは道理と事実に背く強弁だといわざるを得ない。

　リットンは事変の解決方法として「満洲の国際管理」　　は日

---

　①　外務省編『日本外交文書・満州事変』、第二巻第一冊、694-5頁。

本に受け入れられるか、と芳沢外相に質問した。芳沢外相はこの方法は日本人のフィーリングに合わないとして断乎拒否した。そうなれば、地方自治政府を建てる方法しかない、とリットンは述べた。これはリットンの満洲事変解決の初歩的方針を示したものであった。

　以上のように、会談の焦点は「満洲国問題」であった。リットンは「満洲国」を排除して事変を解決しようとし、芳沢は「満洲国」の樹立・承認で解決しようとした。この数回の会談を通じて、日本側はリットン調査団の事変に対する初歩的意向を知ったと思う。三月十二日調査団が東京を去った翌日、犬養内閣は、三月一日成立した「満洲国」を育成する方針を内閣の決定として採択して、リットン調査に対応する態勢を示した。

　調査団は神戸をへて三月十四日上海に到着した。重光葵公使は、列強の間に共通する反共反ソ政策を強調して日本の満蒙侵略について弁解し、調査団の諒解を得ようとした。二十二日重光公使は調査団に対し、ソ連は「支那ノ混沌ニ乗シ先ツ以テ支那ノ赤化ヲ飽迄遂行シ儼テハ印度ニモ其魔手ヲ延ハシ亜細亜ノ赤化ニ成功シタル暁之ヲ以テ再ヒ世界革命ノ道程ニ上ラント志セルモノノ如シ」であると述べ、この際「若シ支那側ノ希望スル通リ日本カ弱腰ニテ満蒙ヨリ引下カランカ其ノ瞬間ニ於テ露西亜ハ直ニ南満ニ迄侵入スヘキハ一点ノ疑ヲ容レス吾人ハ独リ日本ノ存立ノミナラス東亜全局保持ノ責任感ヨリスルモ斯ル事態ヲ防遏スルノ手段ヲ講セサルヲ得ス満蒙ハ東亜全局ヲ安定スルノ鍵ナリ満蒙一度乱ルレハ東亜全局ハ更ニ崩壊ノ速度ヲ早ムヘシ此ノ観点ニ立チ之ヲ見レハ日本ノ満蒙ニ対スル行動ハ明瞭ニ了解シ得ヘシ」[1]といった。重光は日露戦争当時日英がロシ

---

[1]　外務省編『日本外交文書・満州事変』、第二巻第一冊、705－6頁。

アと対抗する共通目的で同盟を結成し、イギリスの後援のもと
に遼東半島を奪いとった昔の夢を思いだしたのであろう。

調査団は九江・漢口・南京・北平での同査をおわり、中国東
北地区すなわち「満洲地区」への調査に入った。この時期には
すでにかいらい政権である満洲国が成立させられていたから、
国際的にその承認を得るのが外務省の最大の外交課題となった、
外務省とかいらい政権は調査団の満洲地区への調査を、この目
的達成のために利用しようとした。

このため、かいらい政権はまず調査団に同行する顧維鈞の入
境を拒否する問題をつくりだした。十二月十日の理事会決議に
は「日支両国政府ハ委員会ヲ助クル為各一名の参与委員ヲ指名
スルノ権利ヲ有」①すると規定した。この決議にもとづき日本
側は在トルコの吉田伊三郎大使を、中国側は前外交部長顧維鈞
を参与に指名した。顧維鈞は決議にもとづき東北に行く権利が
あったが、かいらい政権外交部はこれを拒否した。当時かいら
い外交部には元ハルビン総領事であった大橋忠一が次長兼総務
長として実権をにぎり、その外交政策を左右していた。大橋は
拒否の表面的理由として、「顧カ連盟委員ノ公正ナル調査ニ対シ
種々邪魔ヲ入レ新国家側ニ不利ナル結果ヲ招来スルノ惧アル」②
と述べたが、実は満鉄調査課の「顧維鈞の満洲国入国拒否問題
の経過調書」は、「同調査団参与員トシテ支那政府ノ任命シタ顧
維鈞ノ入満ヲ阻止シテ事実上満洲国カ完全ニ支那政府ノ覇絆ヲ
脱シテ独立国ノ形態ヲ具備シテ居ルコトヲ調査団自身ニモ体験
セシメ度全世界ニモ知ラシメル上ニ於テ、満洲国ノ右ノ主張ヲ
貫徹セシメルコトハ甚有意義テアルト云フコトカ当局者ニ考ヘ

ラレテ居ツタモノ」①と分析していた。この分析はまさにただ
しく、問題の本質を指摘している。大橋も四月二十日芳沢外相
に、「満洲国トシテ此ノ機ヲ捉ヘ独立性ヲ強調シテ世界ヲシテ之
ヲ認識セシメ一ハ以テ早晩来ルヘキ満洲問題ニ関スル国際的討
議ニ対スル日本ノ立場ヲ軽易ナラシメ二ニハ新シキ植民地統治
形式トシテノ独立国家主義ノ特徴発揮ヲ促進セシメントシタル
コト」②と、その拒否の目的を率直に述べた。

　顧の入満問題に対し、外務省はどのように対応しただろうか。
芳沢外相は四月十二日長春の田代重徳領事宛の電報で、「満洲国
政府ノ願維鈞入国拒絶ハ同政府ノ立場上尤モノコトト信スルモ
帝国トシテハ客年十二月十日理事会決議ニ依リ調査委員ノ任務
遂行ニ便宜ヲ供与スヘキコトヲ約束シ居ルノミナラス調査委員
ヲシテ満洲ノ事情ヲ公正ニ判断セシムル為メ支那側参与委員ノ
満洲入国ヲ希望スヘキ立場ニアルヲ以テ此ノ際我方ハ積極的措
置ニ出テ外務側ノ努力ニ依リ満洲国政府ト支那政府トノ間ヲ斡
旋シ支那側参与委員ノ満洲入国ヲ可能ナラシムル如ク調停シ且
之ヲ調査委員側ニ通報スル如ク処理セラルル筈ニ付承知置アリ
度」③と述べた。これは芳沢外相が、かいらい政権はかいらい
でなく、完全に自由意志にもとづいて成立し、また独立した政
策を決定する政権であることを立証して、かいらい政権の国
際的承認を獲得するのに有利な状況をつくろうとしたからで
あった。

　当時かいらい政権外交部が顧の入満問題に対し強硬な態度を
とったことの裏には関東軍の支持があった。橋本虎之助関東軍

---

① 同上書、866－7頁。
② 外務省編『日本外交文書・満州事変』、第二巻第一冊、772頁。
③ 同上書、737頁。

参謀長は、「顧維鈞ノ阻止ハ満洲国ノ自由意志ニ存スヘシ」[①]と
いい、かいらい政権のいわゆる独立性を対外的に示そうとした。
在北平矢野真参事官も調査団に対し、「長春政府ハ必スシモ日本
政府ノ意思ニ従フモノニ非サルヲ以テ同政府カ顧ノ入満ニ反対
声明ヲ為シ居ル以上之ヲ阻止スルコト困難ナル」[②]と述べ、そ
の独立性を証明しようとした。

　調査団は顧入満問題に関し「理事会決議ニ基キ日支両政府以
外トハ交渉セス満洲ニ於ケル保護ハ日本政府其責ニ任スヘキモ
ノナル」ことを主張し、「支那参与ナクシテハ入満セサル」[③]旨
を在北平矢野参事官に伝えた。だが、かいらい政権は依然とし
て顧の入満を拒否し、もし顧維鈞が調査団とともに入満したら
即時強制下車をさせると警告した。芳沢外相は長春政権の諒解
を得るには相当の時間がかかるという口実で、調査団の一部と
顧は大連経由で満洲に入境するよう調査団に申し入れた。リッ
トンと南京政府は始めは反対したものの、最後には妥協して、
調査団の一部と顧維鈞は大連経由で、一部は秦皇島・山海関経
由で、四月二十一日同時に奉天についた。これは調査団が日本
とかいらい政権の圧力の下で、かいらい政権問題に関し日本と
妥協しようとする第一歩であった。

　調査団と顧維鈞が入満した後、かいらい政権と関東軍は国の
安全保障を口実に調査団の長春以北・顧維鈞の付属地外の調査
活動を制限しようとした。芳沢外相は調査団に便宜を供与する
ように希望したが、奉天の森島総領事代理は反対し、「若シ日本
ノ威圧ニ依リ当初ノ態度ヲ改メ顧ヲシテ調査団ト共ニ自由ニ行
動セシムルカ如キ事有ラハ満洲国ハ日本ノ傀儡ナルコトヲ証明

---

① 同上書、741頁。
② 外務省編『日本外交文書・満州事変』、第二巻第一冊、743頁。
③ 同上書、739頁。

スルノミナラス満洲国要人ノ一般民衆ニ対スル威信失墜シ日本ノ立場ニモ不利ナル影響ヲ及ホス」①とし、調査団の感情を一時害しても調停する余地はないと芳沢外相に具申した。これも調査範囲を制限することで、かいらい政権の存在と独立性を認めさせようとしたのであった。

　調査団は入満前後かいらい政権の存在を無視し、かいらい政権となんらの連絡をもとらなかった。これに対し「満洲国政府側ハ極度ノ不快ヲ感シ居」②リ、その復仇対策として調査団に制限をくわえた。これについて森島守人奉天総領事代理は、「吉田大使ニ対シ調査団ニ対シ適当ノ理解ヲ与ヘ権力ノ存在ヲ認識セシメ満洲国側ニ相当ノ礼譲ヲ示スコト調査団ノ為ニモ亦日本ノ為ニモ必要ナルコトヲ力説シツツアリ右ハ調査団カ結局如何ナル報告ヲ為スヘキヤハ予測シ難キモ満洲ニ於テ支那本部ト関係無キ別箇ノ権力カ存在スル事実ヲ承認セシムルコトカ公正ナル報告ヲ為サシムル基礎条件ナリトスル本使ノ堅キ信念ニ出タルモノナリ恐ラク調査団ニ於テモ何トカ弁法ヲ案出スルナラント思ハル」③と芳沢外相に上申した。

　調査団も入満後は徐々にかいらい政権の要人と接触し始め、その存在の完全無視からその存在を認める妥協的態度にかわっていった。リットンは二十三日本庄繁関東軍司令官を訪問した時、「軍司令官閣下ノ斡旋ニ依リ新政権側トノ連絡ヲ取リ得ラレハ幸甚ナリ」④と申し出で、二十五日にはかいらい外交部総長謝介石に挨拶の電報を出した。かいらい政権はこの電報を受けて態度を若干緩和し、顧維鈞の付属地外での活動を許容した。森島奉天総領事代理はこれをきっかけに、調査団とかいらい満

① 同上書、780頁。
② 外務省編『日本外交文書・満州事変』、第二巻第一冊、743頁。
③ 同上書、780−1頁。
④ 外務省編『日本外交文書・満州事変』、第二巻第一冊、784−5頁。

洲国要人との接触をはかった。

　調査団は五月三日かいらい外交部総長謝介石を訪問し、謝は「（イ）満洲国成立シタルヲ以テ委員ハ寿府出発当時ノ満洲ト現在ノ事態トヲ充分区別スルノ必要アリ（ロ）清朝ハ三百年前満洲ヨリ興リテ支那ヲ征服シタルモノニシテ支那ハ満洲ノ植民地ニ過キス後者ヲ以テ前者ノ一部ト見ルハ誤リナリ」、「外国人ノ利益及外国ニ対スル債務ハ新国家成立当時ノ声明ノ如ク之ヲ尊重スヘシ」[①]と語り、かいらい満洲国の承認とかいらい政権に対する列強の好意を獲得しようとした。四日にはかいらい満洲国国務総理鄭孝胥と会談し、五日には執政溥儀が接見した。その時、リットンは「此ノ困難ナル時局ニ際会シ御苦労ノ事ト思フ特ニ敬意ヲ表ス」[②]と挨拶し、別室で杯を挙げて互に健康を祈り、記念撮影をおこなった。軍部は「調査団ノ首長各機関歴訪ハ新国家承認ノ前提」[③]だと考えていた。調査団もこのような接触を通じ、かいらい政権の存在を完全に無視せず、報告書で現状回復の不可能性を強調することになる。

　調査団は関東軍司令官本庄、参謀長橋本、参謀板垣征四郎、石原莞爾、土肥原賢二とも会談した。関東軍側は万宝山事件、中村事件から柳条湖事件までに関する説明において、その侵略的行動について弁解し、一切の責任を中国側におしつけた。橋本参謀長は五月五日調査団に対しソ連の極東方面兵力増加状況を説明し、関東軍の対ソ戦略の意義を認識させようとし、反ソという列強との共通性を利用して、その好意を得ようとした。

　リットン調査団のハルビンにおける調査活動において、馬占山との会見がまた一つの問題になった。調査団は五月十四日馬

---

① 外務省編『日本外交文書・満州事変』、第二巻第一冊、811 頁。
② 同上書、819 頁。
③ 憲兵隊司令部『満州事変ニオケル憲兵隊ノ行動』、第十号日本国会図書館史料。

占山と会見する要求をだした。馬占山は黒竜江省代理主席兼駐江副司令官として嫩江・チチハル方面で関東軍と対決したが、その後かいらい政権の樹立に参加した。だが、その後またかいらい政権を脱退し海倫方面の武市で反日運動をくりひろげていた。調査団は「委員会トシテハ両方面ノ意見ヲ聴ク事任務遂行上必要ナリ」①とし、大橋に便宜供与を希望したが、大橋は「馬ハ委員ノ来満ヲ利用シテ反対運動ヲ為シ居ル事情モアリ此ノ際委員カ反軍タル馬ニ会見スルコトハ満洲国ノ治安ニ関係シ且其ノ利益ニ面白カラサル影響ヲ与フルヲ以テ委員会ノ希望ニ応スル事ハ困難ナリト述ヘ」②、その要望を拒否した。

外務省も馬との会見を阻止する対策をとった。奉天総領事代理森島は芳沢外相に「連盟委員会ト馬トノ会見ハ今後満蒙ニ於ケル帝国ノ立場ニ大ナル悪影響ヲ及ホスヘキコト馬ノ従前ノ態度ニ照シ明カナル処何レノ途此際武市入ノ為ニハ東支東部線又ハ呼海線ヲ利用スルノ外無カルヘキニ依リ満洲国ヲシテ前記鉄道ノ利用ヲ拒絶セシムル等ノ方法ニテ委員ノ露領通過ニ依ル馬トノ会見ヲ阻止スルノ必要アリ」③と上申した。

調査団は日本側とかいらい政権が阻止する場合にはソ連のチタよりブラゴエスチェンスクを回っても馬占山と会見しようとした。これを阻止するため長春の田代領事はハルビンのソ連領事にその便宜を供与しないように警告をだした。芳沢外相も安全を口実に「之ヲ差控ヘシムル外ナシ」、「蘇連側査証ノ取付ニ関シ我方ノ口添ヲ求ムルカ如キハ全ク筋違ノコトニテ我方トシテ承諾シ得ヘキ限リニ非ス」④と指示した。ソ連も査証の発行を拒否したため、馬占山との会見は実現できなかった。

---

① 外務省編『日本外交文書・満洲事変』、第二巻第一冊、861頁。
② 外務省編『日本外交文書・満洲事変』、第二巻第一冊、860頁。
③ 同上書、862－3頁。
④ 同上書、865頁。

　調査団は奉天・長春・ハルピン、チチハル・鞍山・撫順・錦
州・大連等での調査をおわり、報告書の作成にとりかかった。
ここでまた報告書作成の地点が問題になった。リットンは北戴
河で作成するよう希望したが、芳沢外相は北戴河に反対した。
その理由は「委員側ニ於テ態々張学良ノ「インフルエンス」濃
厚ナル土地ヲ報告書起草地トシテ選フハ同委員会カ何等カ不純
ノ原因ニ依リ動カサレ居ルモノナルヤノ世間ノ疑惑ヲ生シ……
延イテハ報告書其ノ物ノ価値ヲ疑ハシムルコトトナル」[①]とし
て、日本に有利な青島にするよう要求した。リットンは依然と
して北戴河を起草地にするよう主張し、張学良も青島は日本の
勢力濃厚な地域だと反対した。論議の結果、調査団は報告書の
起草地点を東京および北平と決定した[②]。
　調査団は六月二十八日北平を出発し、朝鮮経由で七月四日東
京に到着し、七月二十日には北平にかえり、九月二十日連盟に
調査報告書を提出した。

　三　調査団報告書をめぐって

　第三の時期は調査報告書の起草から審議の時期で、斎藤内閣
の内田外相の時代である。この時期には、かいらい満洲国を承
認するか否かが問題の焦点となった。かいらい満洲国は主に関
東軍が銃と剣で建てた政権であるが、外務省はその存在の国際
的承認を獲得するために、国際連盟において列強と必死に戦い、
満洲自治を主張するリットン報告書に対抗した。
　リットン報告書は、連盟が満洲事変とかいらい満洲政権に対
し結論を出す根拠になる重要な文献であり、かいらい政権が国

---

① 外務省編『日本外交文書・満州事変』、第二巻第一冊、882頁。
② 同上書、906頁。

際的承認を得るか否かを決定するものであった。故に、外務省
はこの報告書の起草に大きな関心をはらい、それに対する対策
を事前に講じた。

このため、外務省は調査団に随行する外務省官吏・吉田参与
および中国各地の領事を通じ、調査団の動向、内部の意見、解
決腹案などについて探知した。調査が終わる頃の五月二十三日、
芳沢外相は奉天・北平・南京の総領事と公使に「此ノ際一層委
員側トノ接触ヲ密接ニシ此ノ上共先方ノ腹中ヲ探知スルト共ニ
右我方ノ重キヲ置ク点ヲ機会アル毎ニ徹底セシメ其ノ結果随時
電報」せよと指示した①。

芳沢外相は各方面の累次の報告および電報等を総合分析し
て、リットン調査団が提出する解決腹案に対し、次にように
予想した②。

　　（イ）日支直接交渉ニ依リテ支那側ヲシテ日本ノ既得権尊
　　重ヲ約セシメ満蒙ニ対スル支那ノ統治権ヲ回復セントス
　　ル案（ロ）支那ノ宗主権ノ下ニ満蒙ニ自治権ヲ認メムトス
　　ル案（ハ）国際的機関ニ依リ満蒙ヲ管理スル案（ニ）九国
　　条約関係国等ノ会議ニ依リ満蒙問題ヲ決定セム」

おりから、五・一五事件により犬養内閣は倒れ、芳沢外相も
辞任し、満鉄総裁の内田康哉が七月二十六日外相に着任した。

内田外相も解決腹案に対し芳沢外相とほぼ同様の予想をし、
第五番目の可能性として「決定ヲ後日ニ延ハシ暫ラク満洲国ノ
事態ノ推移ヲ見極ムル為メ常設的満蒙委員会ヲ設置スル案」を
付け加えただけであった③。

この予想に対応し、内田外相は次のような満蒙問題解決の二

---

① 外務省編『日本外交文書・満州事変』、第二巻第一冊、878頁。
② 同上書、877頁。
③ 同上書、946頁。

つの原則—「（イ）永久的性質ヲ有スヘキコト（ロ）将来ニ対ス
ル禍根ヲ排除スヘキコト……満洲国成立ノ事実ヲ無視スヘカラ
ス」①をたてた。これはかいらい満洲国を承認するという原則
であった。「帝国政府トシテハ満洲国ヲ承認シ之ヲ守リ立テ行ク
外ナシト」②と内田外相は決心した。だが承認の期日をリット
ン報告書提出の前にするか後にするかは、その影響を考慮して、
未決定であった。

　リットン調査団は七月四日東京に到着した。今次調査団と外
務省の論議の焦点は前回と異なって、かいらい満洲国の承認問
題になった。内田外相は十二日、十四日調査団と会談した。リッ
トンは日本政府がかいらい満洲国承認を決意したか否か、又日
本政府が他の解決案を考えているか否かを尋ねた。内田外相は
「本問題ノ唯一ノ解決策ハ満洲国ヲ承認スルニ在リ」、「満洲国ノ
存在ハ現実ノ事実ニシテ之ニ依リ全般ノ事態一変セリ吾人ハ此
事実ヲ無視スルコトヲ得ス」③と答え、かいらい政権承認につ
いて強硬な態度をみせた。リットンは、この承認と九ヵ国条約
との関係および関係国との討議の必要性がないかと質問したが、
内田外相は「満洲国ハ満洲人ニヨリ自発的ニ創成セラレタル国
家ニシテ右ニ対シ九国条約カ適用セラルルモノトハ思考セス従
テ之カ承認ハ同条約ニ抵触セス又之ニ付関係国ト討議スル必要
ヲ認メス」④と答え、独自承認の意気込みを調査団にみせ、調
査団の報告書起草に影響をあたえようとした。

　調査団は七月二十日北平にもどり、報告書を起草した。外務
省は起草される報告書の内容が日本に相当不利なものであるこ
とを知り、その起草工作を牽制しようとして次のような対策を

---

① 外務省編『日本外交文書・満州事変』、第二巻第一冊、946—7頁。
② 外務省編『日本外交文書・満州事変』、第二巻第一冊、947頁。
③ 同上書、956頁。
④ 同上書、957頁。

講じた。

　第一に、外務省は調査団の任務と権限を制限しようとした。八月二十日、内田外相は北平の調査団に対し、調査団は支那全般の事態を調査する任務だけで、事変解決に関する勧告を提出する権限はないと主張し①、もし調査団がこの権限を逸脱した場合には、「委員会ノ権限逸脱ヲ攻撃」②べしと威嚇した。

　第二は、かいらい満洲国を承認し、既成事実によってリットン報告書の作成を牽制しようとした。日本政府は、八月八日武藤信義をかいらい満洲国特命全権大使に任命し、かいらい政権の正式承認にとりかかった。外務省は武藤大使が八月二十日満洲に行き基本条約締結の交渉を開始することを、八月二十四日に調査団参与吉田大使に伝え、「右条約ノ締結ヲ以テ満洲国ニ対スル正式承認トナサムトスルモノナリ帝国政府ハ調査団カ現実ノ事態ニ即シタル報告ヲ作成スル上ノ考慮ノ為メ『コンフィデンシャリー』ニ右『インディケーション』ヲ通報スルヲ有益ナリト思考セリ」③と指示した。また、二十五日内田外相が議会においておこなったかいらい満洲国承認の演説内容は「調査団カ前記ノ趣旨ニ依リ報告ヲ作成スル上ニ貴重ナル資料ト認メラル」④と指摘し、この意をリットン調査団に伝え、報告書作成に対して牽制または影響をおよぼそうとした。

　二十六日、内田外相は調査団に対し、「熱河ハ満洲ノ一部」⑤であると主張し、熱河に対する領土的欲望を示した。この欲望は三三年熱河侵攻により実現された。

　リットン調査団は九月四日北平で調査報告書を完成し、五人

① 外務省編『日本外交文書・満州事変』、第二巻第一冊、977頁。
② 外務省編『日本外交文書・満州事変』、第二巻第二冊、379頁。
③ 外務省編『日本外交文書・満州事変』、第二巻第一冊、983頁。
④ 外務省編『日本外交文書・満州事変』、第二巻第一冊、983頁。
⑤ 同上書、985頁。

の委員会は報告書に署名した。この報告書は連盟理事会と総会
が満洲事変について審議・決定するうえで強い影響を与える重
要な文献であった。この報告書は満洲事変をどのように分析し、
どのような解決原則を連盟に提出したであろうか。

　調査団は主要な列強の代表で構成された。報告書を論議する
前に、まず列強と日本・中国との関係を分析するのが報告書の
評価に役立つと考えられる。列強と日本は皆帝国主義的国家で
あり、中国を侵略し、中国での殖民地的権益を保護拡大しよう
とすることで共通性を持っており、そのために相互に協力また
は同情し、相手の既得権益を保護することを支持する一面を
もっている。だが他面で、日本と列強は中国侵略において各自
の権益と勢力範囲拡大のため相手を排斥し、相互に争奪をする。
その争奪のため、時には相手国の侵略に反対または制限を加え
ることがある。この二重の関係が列強と日本との基本的関係で
ある。列強と中国との関係は侵略と被侵略の関係である。列強
は中国における自己の権益を維持拡大するために他の列強の侵
略を支持することもある。また他面では、他の列強の侵略の拡
大を牽制するために中国を利用することもある。そのために、
時には中国の反侵略の部分的要求を考慮せざるを得ないことが
ある。これはすなわち列強が、中国との間に二重の関係を保っ
ているということである。この二重性は列強が日本と中国との
関係を処理する主な根拠になる。列強の代表者で構成された調
査団が、満洲事変を分析・解決する原則的立場も、ここから出
てくるのである。

　リットン報告書は、日本と中国に対する列強のこの二重性を
集中的にあらわしている。事変の挑発について報告書は、「日本
軍ノ軍事行動ハ合法ナル自衛ノ措置ト認ムルコトヲ得ズ尤モ斯
ク言ヒタリトテ本委員会ハ現地ニ在リタル将校ガ自衛ノ為行動

シツツアリト思惟シタルナルベシトノ想定ハ之ヲ排除スルモノ
ニ非ズ」①とし、関東軍の自衛説を否定しながらも、また完全
には否定せず、一部肯定した。関東軍の嫩江・チチハル・錦州・
ハルビン侵攻については、報告書はその侵攻を弁護した。例え
ば錦州問題に関し張学良軍は「三万五千人即チ当時満洲ニ於テ
有シタル自国軍ノ全兵力ノ約二倍ナリト評価シタル日本軍事当
局ヲシテ相当ノ不安ヲ感ゼシメタルハ無理ナラザルコトナルベ
シ」②と錦州出兵を肯定した。報告書は満蒙における治安維持
会等の成立は肯定したけれども、その基礎の上に作られた「現
在ノ政権ハ純真且自発的ナル独立運動ニ依リテ出現シタルモノ
ト思考スルコトヲ得ズ」③と否定した。満洲は日本の生命線で
あるという主張に対しては「満洲ヲ其ノ国土ニ対スル敵対行動
ノ根拠地トシテ利用スルコトヲ防止セントスル日本ノ関心ヲ認
メ且或情勢ノ下ニ外国ノ軍隊ガ満洲ノ国境ヲ越エ来ル場合有ラ
ユル適当ナル軍事的手段ヲ執ルコトヲ可能ナラシメントスル日
本ノ希望スラモ之ヲ認ムル」④としたが、また「目下執リツツ
アル高価ナル方法ニ依リ獲得セント欲スル所ヨリモ更ニ確実ナ
ル安全保障ヲ得ル可能性モ存スルコトヲ知得シ得ルベキナリ」⑤
として、軍事占領の方法を否定した。

　報告書は、満蒙は「法律的ニハ支那ノ一構成部分ナリ」とし
ながらも、「本紛争ノ根底ヲ成ス事項ニ関シ日本ト直接交渉ヲ遂
グルニ充分ナル自治的性質ヲ有」⑥するとした。かいらい政権
の問題では、「満洲ニ於ケル現政権ノ存在及承認モ亦等シク不満

---

① 外務省編『日本外交文書・満州事変』、別巻、137 頁。
② 同上書、145 頁。
③ 外務省編『日本外交文書・満州事変』、別巻、184 頁。
④ 同上書、247 頁。
⑤ 同上書、248 頁。
⑥ 同上書、243 頁。

足ナルベシ」とする一方で、九月以前における「状態ノ回復ハ単ニ紛糾ノ反覆ヲ招来スニ止マル」①として反対し、一面では中国にも有利なことを主張しながらも、他面では中国に反対する立場をとった。

報告書は列強のこのような立場から、第九章の「解決ノ原則及条件」で、満洲事変を解決する十大項目の原則を提出した。その中で重要なのは第四・七・八項目である②。

第四項は、「満洲ニ於ケル日本ノ利益ノ承認　満洲ニ於ケル日本ノ権利及利益ハ無視スルコトヲ得ザル事実ナリ之ヲ承認セズ且満洲トノ日本ノ史的関聯ヲモ考慮ニ入レザル如何ナル解決モ満足ナルモノニ非ザルベシ」

第七項は、「満洲ノ自治　満洲ニ於ケル政府ハ支那ノ主権及行政的保全トノ一致ノ下ニ東三省ノ地方的状況及特質ニ応ズル様工夫セラレタル広汎ナル範囲ノ自治ヲ確保スルガ如キ方法ニ依リテ改メラルルコトヲ要ス」

第八項は、「内部的秩序及外部的侵略ニ対スル安全保障　満洲ノ内部的秩序ハ有効ナル地方的憲兵隊ニ依リ確保セラルルコトヲ要シ外部的侵略ニ対スル安全保障ハ憲兵隊以外ノ一切ノ武装隊ノ撤退ト利害関係国間ニ於ケル不侵略条約ノ締結トニ依リ与ヘラルルコトヲ要ス」

これは、日本の満蒙権益を承認し、満蒙に対する中国主権を認める条件の下で、満蒙自治政府をたて、その内部秩序は憲兵隊により確保し、日本軍と中国軍共に満蒙から撤兵するということである。報告書は、日本の権益を承認し、日本軍の撤兵を要求し、かいらい満洲国政権を否定した。他方、中国に対して

① 外務省編『日本外交文書・満州事変』、別巻、245頁。
② 同上書、250-1頁。

は、満蒙に対する主権は認めたが、自治政府の形式で中国主権を犯し、中国軍の撤兵を要求した。これは列強の両面性にもとづき、双方を妥協させる方法で満洲事変を解決しようとしたものであった。

　またこの妥協的満蒙自治案には、この機会を利用して満蒙に浸透しようとする列強の欲望が含まれていた。報告書は「東三省内ニ於ケル唯一ノ武装隊タルベキ特別憲兵隊ヲ外国人教官ノ協力ノ下ニ組織スベキコトヲ提議」①し、外国人教官がこの憲兵隊を統制し、行政機関では外国人顧問を採用し、外国人顧問が、広汎な権能を行使するようにした。東三省中央銀行には国際決済銀行理事会推薦の外国人を総顧問として任命するようにした。この軍事教官と顧問が「満洲自治政府」の軍事・政治・経済をコントロールすることを通じて、列強は満洲における列強の権益を維持・拡大しようとしたのであった。

　このようなリットン報告書は、九月二十日連盟事務局に提出され、二十一日印刷にまわされ、三十日に理事会と加盟国に配布された。外務省は国際連盟におけるリットン報告書の審議に対する種々の対応策を講じて、十一月二十一日と十二月六日に開催される連盟理事会と総会を迎えた。理事会と総会における外務省の対応は第六章の三「『満洲国』の承認問題をめぐって」で詳しく述べたので、本章では省略することにする。

　日本政府は二月二十日「総会ノ採択セル報告書ハ我方ノ承認シ得サルモノニシテ茲ニ帝国政府ハ日支紛争事件ニ関シ連盟ト協力シ得ル限度ニ達シタルモノト認ムルト共ニ帝国ト連盟トハ……所信ヲ異ニセルコトヲ体得セリ」②とし、連盟脱退を決定した。

---

① 外務省編『日本外交文書・満州事変』、別巻、258頁。
② 外務省編『日本外交文書・満州事変』、第三巻、510頁。

　二十四日の連盟総会では、十九人委員会がリットン報告書にもとづき作成した報告案を採択することになった。二月二十四日、連盟総会はリットン報告書を基礎として、連盟規約第十五条四項により総会の最終報告書を採択した。

　最終報告書の採択と共に、松岡を首席代表とする日本代表は退場し、三月二十七日日本政府は連盟事務局に脱退の通告を送り、正式に連盟から脱退した。この歴史的事実は、日本と列強との間には妥協的側面はあったけれども、列強間の満蒙争奪は絶対的なものであり、その妥協的側面は一時的なものであることを示すのである。この絶対的な争奪が日本と列強とが妥協しえなかった根本的原因である。日本と列強が妥協しえなかったその他の原因には次のようなものがあると考えられる。

　一、満洲事変は大恐慌の産物であり、大恐慌は日本が列強と妥協するのを許さなかった。歴史上最大の恐慌におそわれた日本は、対外侵略と植民地の拡大で恐慌から脱出しようとしていたからであった。

　二、軍と外務省はリットン調査が来日する前にかいらい満洲国をつくり、既成事実で調査団に対応し、調査団にその既成事実を承認せざるを得ないようにしようとした。だが、調査団は既成事実を否定した。この情況の下で列強と妥協する場合には、自己の政策を自己否定することになるため、妥協は不可能になったのであった。

　三、当時日本国内世論はナショナリズムにまきこまれ、強硬な対外侵略の意識にもえあがり、列強との妥協に強烈に反対した。この強烈な世論が日本の強硬な対外政策をささえていたからであった。

　リットン調査団に対する外務省の対応は、事変の遂行過程にともなって多少の変化がみられるが、幣原・芳沢・内田三人の外相はおのおのその過程にふさわしい対策をとり、関東軍と陸軍中央の軍事行動とかいらい満洲国の樹立に積極的な国際的保障を手に入れようとした。

　外務省は関東軍の謀略によって挑発された満洲事変をかいらい満洲国の国際的承認の獲得で結着させようとした。これがリットン調査団およびその報告書の審議における外務省の役割であり、このことでは軍と外務省は終始一致し、協力的であった。

　リットン調査団およびその報告書に対する分析・評価にはさまざまな意見がある。中国における従来の研究では、調査団およびその報告書が日本の満蒙侵略に対し好意的同情と支持を与えたことだけを強調し、列強が日本と満蒙を争奪するその側面をみのがしている。だが日本の研究では、調査団およびその報告書の日本に対する制限と争奪の側面を重視しながらも、日本に対する好意的側面をみのがすこともある。故に、本章では調査団およびその報告書の二重性を分析し、その日本に対する好意的側面を明らかにすると同時に、日本と満蒙を争奪する側面を強調した。日本の連盟脱退はこの争奪の必然的結果であると考えられる。

第八章　リットン調査団と中国の対応

　リットン調査団は、国際連盟の調査団でありながら、また列強特に五大国を代表する調査団でもあった。南京政府の調査団に対する対応を述べる前に、まず調査団と中国との基本的関係を究明することにする。

　調査団と中国との関係は、国際連盟と中国との関係でありながらも、また列強と中国との関係でもあった。それは、国際連盟は英国等大国が統轄している国際組織であり、調査団は五大国より構成された団であるから、その関係の本質は列強と中国との関係でもあるといえるのである。

　列強の満洲事変における対中国政策は二重性を持っていた。その二重性とは、列強も資本主義国家として日本と同様に中国を侵略する国であり、また中国に多数の植民地的権益を保持していた。故に、満洲事変において、まずこの既成権益を確保すると同時に、一部の権益を伸張・拡大しようともした。これは列強の対中国政策の侵略的一面性である。この一面性から生ずるのが他の一面性である。それは、満洲事変における日本との争奪である。日本の満蒙侵略と上海地域における軍事行動により、列強の在中国の権益は脅かされた。また、事変により日本の植民地的権益が激増することに対しても、列強としてはそれを黙認することも不可能だし、日本と満蒙或は他の地域におけ

る権益と勢力範囲の争いをせざるを得なくなった。これはいわゆる列強と日本との争奪戦であった。この争奪戦において、列強は国際連盟と連盟派遣の調査団を通じて、日本の侵略を阻止し、占領地から日本軍を撤退させようとした。列強のこのような行動は、当時中国の日本の侵略に反対する要求と行動と、客観的に、部分的に一致する可能性があった。これは、列強も中国を侵略する一勢力でありながらも、また中国と共に日本の侵略に対抗する一側面性を持っていたため、その対中国政策は二重性を持っていたといえるのである。故に、主に列強の利益を代表する調査団の中国における調査活動とその調査報告書にもこの二重性が終始貫徹されていた。

　列強と調査団のこの二重性に対し、南京政府は一面においては、その日本の侵略拡大に対する争奪・対抗の一側面を利用して、列強と調査団に依存して満洲事変を解決しようとし、他面においては、列強と調査団の対中国侵略から出て来るその本質とそれに伴う日本に対する宥和・妥協に対しては、温和な方法で反対した。南京政府のこの二面的対応において、前者が主で、後者の方は二次的で、また前者の依存のための附属的なものでもあった。

　このような基本的見解から、南京政府のリットン調査団及びその報告書に対する対応を四つの問題に分けて述べることにする。

一　調査団の派遣と行動をめぐって

　事変勃発後、南京政府は日本軍が事変を挑発した原因と事実を国際連盟に訴えるために、連盟と共にそのオブザーバーを中国の東三省に派遣するよう要望したが、日本の反対と米国の不

賛成により実現されなかった。

　九月三十日、国際連盟理事会は日本軍の早期撤退の決議を採択した。日本軍の撤退はこの時期における事変解決のポイントであった。南京政府はこの決議にたよって日本軍を撤退させようとして、十月三日に中国に公使館を設置している連盟加盟国と米国に、私的資格の代表を東三省へ派遣して、日本軍の撤退情況とそれに関連する情況を収集して国際連盟に報告するよう要望した[①]。その後在中国公使館の武官或は外交官・マスコミ関係の人達が続々と東三省に来て事実を視察した。

　その後、日本はチチハル侵攻の時期に至り、国際連盟の調査団の派遣を拒否する方針を放棄し、その派遣を承諾することを国際連盟に提議した。その理由は第七章ですでに述べた。

　だが、調査団の派遣を要望していた南京側が、この時期に逆に調査団の受け入れに一時難色を示した。その理由は、（一）に日本軍の撤兵の期日が確定されていない条件の下で日本のこの提案を承諾することは困難だとし、日本側の不撤兵のための調査団受け入れとは逆に、この提案承諾の先決条件としてまず撤兵することを要求した[②]。（二）に、この時期関東軍のチチハル占領により戦局が拡大され、撤兵の問題が一層緊迫した問題になったが、調査団は日本軍の撤退を監視する使命がないから、撤兵問題を解決することが出来ない[③]。（三）に、国際連盟が調査団派遣とその調査報告書の提出を口実に、事変の解決を遷延する可能性がある[④]。（四）に、顧維鈞が十一月二十一日張学良に上申したように、このような緊急な事態では、調査団の派遣よりも国際連盟規約第十、十二、十三条により、日本が国際連

---

① 羅家倫編『革命文献』第三十九輯、2351－2頁。
②『民国档案』、1985年1号、24頁。
③『晨報』、1931年11月26日。
④ 同上。

盟の規約と精神に違反したことを理由に、第十六条により日本を制裁することが重要であったからであった[①]。

　だが、南京政府は、関東軍がチチハル占領後南下して錦州方面に侵攻する情況の下で、調査団の派遣を拒否して、国際連盟と対立するわけにはいかなかった。南京政府はその受け入れを承諾すると同時に、派遣の法的根拠として国際連盟規約第十五条にもとづいて派遣するように希望した。だが、日本と国際連盟理事会は第十一条にもとづいて派遣することを主張した。次に、南京政府と国際連盟理事会の中国代表は、派遣の目的と調査の範囲において、満洲事変と東三省の問題だけに限ろうとしたが、日本は中国における日本と列強の共同的植民地権益にかかわるいわゆる排外問題・外貨ボイコット問題・外国人の生命財産の保障問題・中国と列強が締結した条約履行問題等、全中国に対する広汎な問題を調査することを主張し、調査団が日本軍の東三省における軍事行動、撤兵等に対し調査・干渉しないことを強調した。国際連盟は対中国、対日本に対する二重の政策から、一面日本に宥和な態度を取りながらも、一面日本と満蒙を争奪するその目的から、調査団の行動の自由を強調した。これは中国側にも有利な面があったから、南京政府は十二月十日の調査団派遣に関する決議に賛成した。だが、その第十五条にもとづく派遣等の要求は拒否され、決議も双方の意見を折衷したものになってしまった。

　調査団派遣の決議は、列強の対中国政策の二重性を表したものであったために、南京政府はその中の中国に不利な面を抑えて、中国に有利な面を発揮・利用しようとした。これは調査団の二重性に対し、南京政府も二重的な政策でそれに対応しよう

---

　①『民国档案』、1985 年 1 号、24 頁。

としたことを示す。

　南京政府は調査団の五人のメンバーに満足の意を表した。リットン調査団の参与として調査団に随行した顧維鈞は、国際連盟が世界においても著名な政治・軍事・外交官を指名派遣して中日紛争を調査せしめるのは大変確実且つまた適切なことであるとして歓迎した[①]。この五人は皆大国の代表であり、小国の代表が一名も参加していないのは、当時中国代表が国際連盟における小国の地位と役割に対する認識が薄かったこととも一定の関係があったと思われる。

　リットン調査団はヨーロッパを出発し、米国、太平洋経由で二月二十九日東京に到着した。その翌日、日本はかいらい満洲国を樹立し、調査団の来日に対抗した。これは調査団の来日が時期遅れになったことを物語るものであった。調査団がシベリア鉄道を利用して来るならば、一月末には日本または中国に到着し、その調査活動を通じてかいらい満洲国の樹立を牽制する可能性はあったと思われるが、日本が既成事実を造った後には手遅れになり、かいらい満洲国の問題が調査団の調査活動と報告書において重要な問題となった。

　調査団は三月十四日上海に到着した。南京政府は調査団に対応するため、調査団の中国側参与である顧維鈞委員を中心に、政府各部分の代表と専門家よりなる委員会を設けて準備工作を推進した。顧維鈞は調査団に提出すべき総合的備忘録を作成し、各分野の問題に対しては専門委員会を設置してそれに関する備忘録等を作成し、調査団に提供して南京政府の立場と見解を紹介しようとした[②]。

　調査団は上海で上海事変の現状を調査し、南京、済南、天津、

---

① 羅家倫編『革命文献』第四十輯、2651 頁。
②『顧維鈞回想録』(1)、中華書局、1983 年、426 頁。

北平で調査を開始した。南京政府は調査団に期待を抱き、彼らの来華を歓迎した。南京政府は歓迎のパーティーで、調査団の調査によって極東の問題が永久的に解決されることを希望し、調査団は「中国の領土、主権の保全を尊重することに対し相当の方法があり、平和条約に対する尊厳を必ず回復することを信ずる」①とその期待を表明した。張学良も我等は事件が「諸君の明哲な意見と公正な精神により公平に解決され、また解決されるのを希望する」②と調査団に述べた。このような希望は、リットン調査団が第三者として客観的な立場で調査して、公平に解決してくれるよう希望したものであった。

　このような希望に対し、リットン調査団はその列強の立場から二重の態度で中国に対応することを初めから明言した。三月二十八日、リットンは南京政府行政院院長汪兆銘の歓迎パーティーで、国際連盟は「一加盟国に協力する時に他の如何なる加盟国にも損害を与えないことを条件とし、国際連盟は一加盟国に協力を与えて他の加盟国に損害を与えることは出来ない」③と述べた。これはリットンがその後顧維鈞に述べたように、公平な解決でなく、中日双方を妥協させて事変を解決しようとしたものであった④。

　リットン調査団は関内（万里長城以内の地域）での調査を終り、関外即ち東三省の調査に行くことになった。日本とかいらい満洲国は、かいらい政権の独立性を「証明」しようとして、いわゆる顧維鈞の「入満問題」を起こした。これはかいらい満洲国の不承認問題にかかわることであるから、南京政府は断乎として顧維鈞の東三省への随行を堅持し、日本政府がその責任

---

① 羅家倫編『革命文献』第四十輯、2651－2頁。
② 同上書、2662 頁。
③ 同上書、2655 頁。
④ 『顧維鈞回想録』（2）、中華書局、1985 年、149 頁。

を負うべきだとして、四月十日日本政府に「将来国際連盟調査
団或は中国代表が東北においてその権限を行使することが不可
能になるとか、または予想以外のことが生じた時には、その責
任は日本政府が負うべきであり、中国代表顧維鈞は依然として
国際連盟の決議にもとづき、国際連盟調査団と共に東北の各地
方に行き視察をする」①と提議した。関東軍とかいらい政権は、
表においては、顧が山海関を越えて「入満」したら即時に強制
下車をさせると脅迫し、裏においては、顧の生命を脅かす活動
をした。この情報をキャッチした在中国のフランス、ベルギー
公使は、特別に顧の夫人と面接して、顧の「入満」の危険性を
説得した。だが、顧は断乎として東北に行くことを決定し、四
月十二日記者会見で、若し国際連盟が適当な措置を取らない場
合には、中国側が適切な人を派遣して護送する、と述べた②。
北平の『晨報』はその翌日の社説で、我国が軍隊を派遣して護
送するのは正当且つ合理の挙動であるとして、顧維鈞の意見を
支持した③。だが、南京政府は四月十七日中国軍隊の派遣を否
定し、日本政府がその安全に対して責任を負うべきだとの声明
を発表した。

　顧維鈞は四月二十日リットンと共に秦皇島港を出発して、海
路二十一日大連経由で瀋陽に到着した。顧維鈞の調査団への随
行は一九三一年十二月十日の決議にもとづき、日本側は在トル
コの吉田伊三郎大使が、中国側は顧維鈞が指名されたことによ
るのである。それは調査団に対する中国と日本との平等の地位
を表したものであった。だが、顧が瀋陽に到着した時に、かい
らい政権は「独立性」を調査団に示そうとして、顧維鈞の「入

---

①『晨報』、1932 年 4 月 11 日。
②『晨報』、1932 年 4 月 13 日。
③『晨報』、1932 年 4 月 13 日。

満」とその活動の許可を交換条件として、元ハルビン総領事であり、かいらい政権の外交部次長兼総務長としてその実権を掌握している大橋忠一が調査団に随行することを要求し、中国とのいわゆる平等を獲得しようとした。リットン調査団はこの要求を認め、その随行を許可した。

　リットン調査団は「入満」以来、かいらい政権の存在を無視し、その政権とたんらの連絡をも取らなかったが、かいらい政権の復仇的対抗により妥協的態度を取り、四月二十五日にかいらい政権の外交部総長謝介石に挨拶の電報を出した。これをきっかけに、調査団はかいらい政権の要人との接触をはかり、これに対する顧維鈞の賛成を求めた。これに対し顧維鈞は四月二十五日リットンに備忘録を提出し、国際連盟の十二月十日の決議は第三者（「満洲国」を指す）との接触に対し如何なることも触れていないので、中国側はかいらい政権との如何なる接触にも参加しえないと声同し、また調査団が直接或は間接にかいらい政権の要人と接触することに対する承認と賛成を求めようとする行動に対し慎重に対応して、リットン調査団のかいらい政権の要人との接触を牽制しようとした[①]。このため顧維鈞は、調査団がその要人と接触する時には、予めその人の履歴書等を調査団に提供し、その人物が如何に売国奴になって民族を裏切り、日本に随従したかを紹介した。

　顧維鈞は調査団に随行しながら、調査団が東北で調査・接触すべき人物の名簿を作成して調査団に提供し、調査団が出来得る限り「満洲」の事実を調査するように便利を提供した。顧維鈞はリットン調査団がハルビンに到着した後、五月十二日リットンに黒竜江省の馬占山主席と会見するよう提案した。馬占山

---

① 羅家倫編『革命文献』第四十輯、2730－1頁、2743－4頁。

は関東軍の嫩江侵攻以来、日本軍とかいらい政権に抵抗する主要な抗日の勢力であった。リットンはこれに賛成した。調査団がかいらい政権と対立する馬占山と会見しようとしたのは、かいらい満洲国に対する直接的な否定であり、また日本とかいらい政権が「満洲」を完全に支配していないとのことを立証するものであった。顧維鈞は五月十四日英国の在ハルビン領事館でリットン調査団と共に馬占山と会見する具体策を検討した[①]。顧維鈞は、調査団が直接馬占山に打電して彼と会うように提議し、顧等がこの電報を馬占山に伝達し、かいらい満洲国を通さず直接馬占山と会見するよう強調した。米国代表マッコイはこの意見に賛成し、かいらい政権を通さずに、直接連絡することを主張した。だが、フランス代表クローデルは馬占山とかいらい満洲国との間に戦闘状態がつづいているから、まずかいらい満洲国と交渉するよう主張した。その結果双方の主張を折衷して、調査団の秘書長アースの意見通り、一方でかいらい満洲国と交渉しながら、他方で顧維鈞等が馬占山と会見の可能性を探索するように決定した。だが、この要求はかいらい政権の反対とソ連の不協力により実現されなかった。けれども、このこと自身が「満洲」にはまた日本とかいらい政権に抵抗する勢力が存在し、かいらい政権が「満洲」を完全に統制していないことをリットン調査団に認識させるために役立った。また、この要求がかいらい満洲国に対する直接的或は間接的否定でもあった故に、調査団に随行した大橋総務長はこのことに大いに「憤激」して即時長春にかえり、調査団に「抗議」した[②]。

　顧維鈞は東北における調査活動において、随員の人数、活動の制限、待遇の差別等種々の制約を受けたが、原則としてはそ

---

① 羅家倫編『革命文献』第四十輯、2730-1頁、2732-3頁。
② 羅家倫編『革命文献』第四十輯、2732頁。

れに対抗しながら、部分的・局部的問題においては譲歩・妥協
せざるを得なかった。それは、調査団の調査任務の完成のため
であり、若し不妥協・不譲歩により破裂になる場合には、調査
が中途半端になる可能性があったからであった。

　リットン調査団は東三省での調査を終り、六月五日北平に
帰って来た。南京政府の汪兆銘行政院院長と宋子文副院長が北
平に来て、十九日、二十日リットン調査団と二回会談した。そ
の具体的内容は不明だが、汪兆銘が「満洲国」の自治案を提出
したとも伝えられている。

　リットン調査団は九月四日北平で調査報告書を完成し、五人
の代表は報告書に署名し、四日と五日中国を離れた。顧維鈞は
在パリの中国公使として赴任するためリットン、米国の代俵
マッコイ、イタリアの代表アルドロヴアンデイと共に九月五日
船で上海を出発してヨーロッパに向かった。船がイタリアのベ
ニスに到着したのは九月三十日であった。この三週間余りの旅
で、顧維鈞はリットン調査団と日本が調査報告書および国際連
盟にどう対応するかということと、これに対し国際連盟はまた
どう対処すべきかの問題に対し意見を交換した。九月十三日、
顧維鈞はリットンと長時間の談話をした。その内容は次の通り
である。

　リットンは日本が報告書と国際連盟に対し、二つの方法の中
で一つを選択する可能性があると予測していた。その一つは、
中国との直接交渉であり、その交渉のために一定の条件を提出
するであろうと述べた。当時、南京政府も同様な予測をしてい
た[1]。顧維鈞が上海を出発する時に、日本の新任公使有吉明が
九月四日南京に到着した。南京政府はこの時期に新公使が就任

---

①『顧維鈞回想録』（2）、中華書局、1985 年、19 頁。

するのは、新案——直接交渉案を持参して来たと予測していた。
その理由は、調査報告書の発表と国際連盟における報告書の審
議は必ず日本に不利になるから、報告書と国際連盟を排斥する
方法として従来の直接交渉をまた提議する可能性があったから
であった。顧維鈞が上海を出発する前に南京政府の首脳等は顧
に新任公使がこのような案を提議してもリットン報告書が発表
される前にはこの交渉には応じない、と指示したことがある①。
リットンはその報告書で双方を妥協させて衝突を解決しようと
したので、このような直接交渉には反対せず、国際連盟が一定
の限度を設定して、その枠内で中日間の問題を解決する可能性
があると述べた②。これに対し顧維鈞は、中国は調査報告の提
議を交渉の基礎とする場合のほかには、当然この直接交渉には
応じないといった③。顧維鈞はリットンとの談話の内容を南京
に報告した。これに対し、南京の外交部長羅文幹は九月二十四
日顧維鈞に、当面新任の日本公使が我国と直接交渉をしようと
する希望がない、若し我国を誘導して直接交渉をしようとして
も、我等は調査報告書にもとづいてそれを拒否するであろう、
と打電して来た。

　リットンが予測したもう一つの選択は、日本が「満洲国」の
樹立を口実に、国際連盟理事会と総会に出席することを拒否す
る可能性があるとのことである。「満洲国」成立後、日本は「満
洲国問題」は「満洲国」と国際連盟との問題であるから、「満洲
国」の代表が出席すべきであり、日本は「満洲国」を代表して
発言することは出来ない、日本がこのような立場を堅持するな
らば、国際連盟も別の方法がなく、ただ自己の意見を述べ、こ

---

①『顧維鈞回想録』（2）、中華書局、1985 年、27 頁。
② 同上書、19 頁。
③ 同上。

の問題を棚上げにするであろう、とリットンは述べた①。これに対し顧維鈞は、若し日本がこのような立場を取る場合には、国際連盟は日本に対し経済的制裁を加えるべきだと述べた。リットンは、小国がこのような経済制裁の実施を要求するだろうが、大国はこのため経済的影響を受けるからそれには不賛成であろう、と述べた。顧維鈞は、ジュネーブでは若し日本が公然と国際連盟規約と世界輿論に対抗するならば、国際連盟は即時に日本が連盟を撤退するようにするか、または強制的に日本を駆逐するかの議論があるそうだ、とリットンに述べた。リットンはこのような方法でも問題は解決されないから、取るべき方法ではないと否定した②。

　顧維鈞がリットンと会見した二日後、日本はかいらい満洲国を正式に承認した。

　九月二十二日、顧維鈞は米国代表マッコイと談話した。顧は、日本が「満洲国」代表の参加を主張し、国際連盟の会議の順調の進行を障害する可能性があるか否かをマッコイに質問した。マッコイは、日本の「満洲国」承認により、国際連盟はまた一つの既成事実に直面するようになり、調査団の報告書も複雑になってくる・中日双方が「満洲国」問題に対し各自の意見を固執しているため、この問題を即時に解決することは不可能である・日本は現在この問題を討論することを願っていないけれども、「満洲国」は最終的には中国に返還されるであろう・中国はその返還を三十年或は五十年まで待つことにはならないだろう、と予言した。これに対し顧維鈞は、若し日本が国際連盟における審議を拒否したら、米国は九ヵ国条約にもとづいて国際会議を召集して「満洲国問題」を討論することを提議するか否かを

――――――――――
①『顧維鈞回想録』（2）、中華書局、1985年、17－8頁。
② 同上書、18頁。

質問したが、マッコイは明確な回答を与えなかった[①]。

　その後、顧維鈞はイタリアの代表アルドロヴァンディにもこの問題に対し質問したが、彼は明確な回答をせず、若し日本が拒否したとしたら、九ヵ国条約にもとづく討論は拒否すべきではないと強調し、ワシントン会議のように日本を抑えて一つの解決法を承諾するようにすべきだ、と主張した[②]。

　顧維鈞が、以上の談話を通じて痛感したことは、今後の報告書審議と日本に対する制裁における米国の役割の重要性であった。若し米国の協力と率先的行動がなければ中日紛争の解決は不可能であると判断して、顧維鈞はこの意見を南京に打電し、対米外交を強化するよう具申した。

二　調査団報告書に対する評価

　リットン調査団の報告書は十月二日ジュネーブで公式に発表された。南京政府は九月三十日英国公使館から英文の報告書を送ってもらった。

　この報告書は、国際連盟規約第十一条により起草され、国際連盟と列強の満洲事変に対する二重性の政策を集中的に表わしたものであった。では、南京政府と中国の輿論はこの報告書をどう評価していたであろうか。一般的共通の評価は、報告書の前八章は公正だとして肯定した。南京政府の外交部長羅文幹は調査報告書に対する十月三日の宣言で、報告書が最も明確に表した二点は、（一）に九月十八日およびそれ以後の日本軍の一切の軍事行動は正当な理由がなく且つ自衛の手段だと認めることが出来ないこと、（二）にいわゆる「満洲国」は真に自然的独立

---

　①『顧維鈞回想録』（2）、中華書局、1985 年、22−5 頁。
　② 同上書、25−6 頁。

運動により生じたものでなく、日本軍および日本の文武官吏が操作して造った産物であるとしたことであり、この二点に対しては評価すべきだといった①。報告書に対する不満と批判は主に第九章「解決の原則及び条件」と第十章「考察及び理事会への提議」にあった。孫科は、報告書が九月十八日以前の状態を回復することは出来ぬということに不満を表し、広汎な自治と顧問委員会のような支配形式は国際的共同管理であり、実は日本が代理して管理するのと同様だと非難した②。外交部の各司の司長会議も顧問委員会と東三省の自治は報告書の最大の欠点であり、中国に対するその損失は一言でいえないと非難した③。このような評価・非難とは別に、国民党西南委員会は、この報告書は一九一五年の二十一ヵ条と同様なものだと激烈に批判をした。天津の『益世報』もそれに対する肯定よりも不満な部分を指摘して責めた。

　では、南京政府はこの報告書とこれを審議する国際連盟にどう対応しようとしただろうか。国民党中央政治会議は十月五日一時仕事を中止していた外交委員会を回復してそれに対する対応策を検討するよう指示した。外交委員会は国民党の最高機関である中央政治会議直轄の委員会であり、南京政府の外交政策を審議、決定する核心的機関であった。外交部は政府の機関であり、外交委員会の決議または中央政治会議の決定を執行する機関であった。外交委員会の常務委員には汪兆銘、羅文幹、宋子文、朱培徳、顧孟餘が任命された。外交委員会は六日午後より連日報告書を審議し、十月二十日にジュネーブの中国代表に報告書に対する次のような決定を打電した④。

---

① 『上海新聞報』、1932 年 10 月 4 日。
② 『上海新聞報』、1932 年 10 月 5 日。
③ 『上海新聞報』、1932 年 10 月 10 日。
④ 『顧維鈞回想録』（2）、716－8 頁。

（甲）第九章の十項目条件

　第一項目　異議を表する必要なし。ただし中国国家の生存
　　および主権保持のための利益を特に重視することを声明
　　するようにする。

　第二項目　異議を表する必要なし。

　第三項目　積極的に賛成する。

　第四項目　我方は日本の東三省における正当な権益を承認
　　する。

　第五項目　必ず中国の主権及領土行政の保全に損失を与え
　　ない原則の下で。

　第六項目　和解の項目で説明する。

　第七項目　中国は国際連盟に東三省の行政改善を積極的に
　　遂行することを声明する。この計画には徐々に人民代表
　　機構を設置し、中央と地方の均権制度を実施し、地方政
　　府に広汎な自治範囲 Self Government を与える。

　第八項目　この項目の計画を実施すれば、中国は重大な犠
　　牲を蒙るが、平和の永久的保障を確実にするため、中国
　　は誠意をもって考慮することを願う。この項目の計画の
　　目的を達成することを補助するために、中国、日本だけ
　　が相互不侵犯条約を締結し、他の多数の友好国家がその
　　保障に参加しなければ、このことは役にたたない。故に、
　　この項目の計画実行には、必ず適切且つ有効な保障条約
　　を附加えるべきである。

　第九項目　異議を表する必要なし。ただしその方法及程度は
　　東三省の問題が円満に解決されるかにもとづいて定める。

　第十項目　必ず第三項目に違反しないようにする。

（乙）中日の直接交渉　中国と日本は交渉することが出来る。
　　ただし国際連盟理事会或はその他の関係方面が終始協力

すべきことにする。

(丙)顧問会議　この項目の実施には多数の同僚等が反対するから、中国政府が東三省の自治制度を推進する時に、地方の人民が適当の方法で表示した真の意思を出来るだけ受け入れて参考にする。

(丁)　中央政府の保留権　中国は自主的に東三省の自治制度を設定し、外交・国税・郵政・交通・国籍法・司法制度及重要な官吏の任免権は中央に保留する。これは内部の計画であり、必要のない時には外部に声明する必要なし。

(戊)憲兵と警察　中国政府はもっともよい訓練を受けた憲兵と警察を派遣して東三省の治安を維持するようにする。

(己)外交顧問　中国は東三省の政治を改善するため外国の専門家を召聘して輔佐するようにする。ただし、欧米専門家の任免は必ず中国の法令によっておこない。如何なる条約の束縛も受けない。

(庚)　中日経済条約の目的

第一目的　十項目原則の第五項目を参考する。

第二目的　我方は如何なる解決法或は新条約を東三省に限ることを希望する。

第三目的　東三省内で雑居、商租権を実施しようとするならば、領事裁判権を完全に取消し、日本軍隊の撤退と警察の解散を条件とすべし。領事裁判権を取消した後の裁判所の設置に関しては、中国政府が別に規定し、或は自主的に外国の咨議を採用することをも考慮する。

第四目的　鉄道問題　門戸開放の政策にもとづき、国際的投資を歓迎し、東（三）省鉄道の完全と発達をめざす。

(辛)中日和解、公平な断定、不侵犯及互助条約　若し東（三）省の問題が一応結束し、その方法も実行されたならば、

　　　　この項目の提議は当然有利無害である。和解、公平な断
　　　　定には第三国の人が参加すべきである。

　(壬)中日商業協定で中国の外貨ボイコット禁止の規定　　この
　　　　項目の提議は、東（三）省の問題が円満に解決されるか
　　　　否かによって規定すべきである。

　(癸)　其の他　　我方が主張すべき重要原則

　　　　(一)日本の条約違反による侵略がもたらした結果に対し
　　　　ては、当然承認を与えることが出来ないし、また被侵略
　　　　者がその損害を蒙るようにすることは一層不可能なこと
　　　　である。

　　　　(二)国際連盟理事会及総会の日本撤兵の決議は継続的に
　　　　有効であり、報告書によって変更するものではない。故
　　　　に、日本撤兵の義務と武力の圧力の下で交渉しない原則
　　　　はまた存在する。日本の撤兵の一切の期限は、予め詳し
　　　　く確実に規定する。

　この決議は長文ではあるが、報告書に対し、特に第九、十章
に対する南京側の見解と南京側が東北問題をどのように解決し
ようとしたかを明確に知ることが出来る。

　この時期、軍事委員会の委員長蒋介石は漢口で共産党の工農
紅軍に対する第四次「囲剿」作戦を指揮していた。羅外交部長
は十月十四日漢口に行って蒋に報告書に対する外交委員会の見
解とその対策を報告した[①]。蒋はその報告にもとづき、十月二
十一日ジュネーブの中国代表に国際連盟における具体策を次の
ように指示した[②]。

　蒋はこの指示で、国際連盟と国際輿論の同情を獲得するため、

----

　①『上海新聞報』、1932 年 10 月 15 日。
　② 羅家倫編『革命文献』第四十輯、2756−8 頁、『顧維鈞回想録』(2)、68−9 頁。

報告書に対し温和な態度を取り、過激な反抗の意は表さない、ただし、十九人委員会と国際連盟総会が審議・決定する前には、最大の努力をしてその改正を望むようにと指示した。

　蒋はリットン報告書に対する日本側の態度の判断として、列強が日本に対し経済制裁或は武力的制裁をする決意と日本国内で軍閥に不利な重大な変化が起る情況以外には、日本はこの報告を承諾しないし、また、この二つの仮定的事情も現在実現される可能性もない、故に中国側がいかに譲歩しても紛争の解決には役立たないばかりでなく、それは却って将来の交渉或は行動に束縛を与え、且つまた国内の重大な攻撃を引き起こす、と述べた。

　蒋は、報告書の前八章の事実に対する陳述は公平であり、第九、十章の提議は完全に日本の要求を重視し、九月十八日の責任も追求していない、故に国際連盟が必要の修正をするよう要求した。

　蒋は以上のような分析と判断にもとづいて、取るべき態度として、前八章は承諾し、第九、十章は修正し、調査団が提議した顧問委員会の召集、外国顧問の強制任命、中日鉄道の合併、排貨運動の永遠禁止等の項目は廃棄或は根本的に修正するよう要求した。

　蒋は取るべき政策として、東三省の問題を解決する案として中国は必ず九月十八日以前の状態を回復することを原則とするよう指示した。その具体策は十月二十日の外交委員会の決定とほぼ同様なものであった。

　外交委員会の決定と蒋介石の指示は、中国代表が国際連盟において満洲事変に対する南京政府の立場を陳述する原則であり、行動の指導的方針であった。

　南京政府は満洲事変解決のために、列強との外交関係を改

善・強化するため、主要な国家の公使に有力な人物を派遣した。在米公使には元ジュネーブの国際連盟代表であり外交部長であった施肇基を、在英公使に外交部の次長郭泰祺を、在仏公使に顧維鈞を、在ソ公使に顔恵慶を派遣した。同時に、欧洲小国に対する外交をも改善するために、その公使を調整した。

　南京政府は十一月から再開される国際連盟理事会と総会を重視し、顔恵慶、顧維鈞、郭泰祺を全権代表に任命した。国際連盟駐在の中国辦事処には常時二十五人乃至三十人の職員がおり、最高百人乃至百二十人が仕事をしていた時もあった。これは厖大な組織であり、南京政府がどのような意気込みで今回の理事会と総会に対応しようとしたかを示すものでもあった。

　国際連盟における中国代表は、蒋介石の指示にもあった様に、日本が報告書の原則と提議を承諾するとは信じなかった[①]。中国代表は報告書の審議を通じて中国側の公正且つ合理的な立場と主張を表明して国際輿論の同情・支持を獲得して、(一) 満洲事変は日本軍の自衛的行動でなく侵略であり、(二) かいらい満洲国は独立国家でなく日本が一手で建てたかいらい政権であり、(三)国際連盟規約第十五条四項による満洲事変の裁決と第十六条による経済的制裁等の目的を達成しようとした。このため、中国代表は再開される国際連盟理事会に対処するため、次のような措置をとった。

　第一に、中国代表の満洲事変に関する中国代表処の備忘録を四万部（英・仏・中文）印刷してジュネーブで散布し、在米公使は英文の備忘録を米国で散布して、満洲事変の事実を世界に暴露し、中国の要望を訴えた。

　第二に、中国国内の新聞等で報導された東北義勇軍の抵抗、

---

　①『顧維鈞回想録』（2）、71頁。

民衆団体の抗議、日貨ボイコット等のニュースを国際連盟の正
式な記録として即時に連盟秘書処に送り、日本の侵略に対する
中国の抵抗を表明、宣伝した。

　第三に、国際連盟理事会再開に対応出来る国内体制を確立す
るよう南京政府に要望した。一九三二年九月以来、中国国内で
はまた軍閥混戦が起った。四川省では劉湘軍と劉文輝、山東省
では韓復榘と劉珍年①、チベットではチベット軍と四川省軍と
の衝突等があいついで起った。過去、日本は中国国内の混戦を
利用して、中国は統一的な国家でないから国際連盟に加入する
資格がないとか、または軍閥混戦が列強の対中国貿易に与える
影響等を利用して、列強を煽動して中国に対抗しようとした。
今回の国際連盟理事会においてこの問題がまた中国を攻撃する
重要な一問題になる可能性があった。故に、中国代表は南京に
打電し、速かに内戦を中止する様要求した。南京政府も具体的
措置を取り、ジュネーブの代表が直接四川省と山東省に打電し
て内戦の中止を要望するよう指示した。中国代表は十月三十日
直接この両省の軍閥に内戦の中止を呼びかけた②。当時中国の
新聞はこの電報を大きく取り上げ、軍閥混戦の中止に役立つよ
うにした。だが、共産党の工農紅軍に対する第四次「囲剿」作
戦停止は要求しなかった。

　第四は、連盟理事国特に大国の態度に対する分析とそれに対
する対応策であった。これらの国はリットン報告書の審議にお
いて決定的な役割を果す国であるから、中国代表はジュネーブ
到着以来主動的にこれらの国の代表と接触し、中国の立場を説
明すると同時に、相手の態度を探った。

　英国　顔恵慶と顧維鈞の英国に対する見方は、英国は調査報

---

①『上海新聞報』、1932 年 9 月 21 日。
②『上海新聞報』、1932 年 11 月 1 日。

告書の提出により日本を憤怒させるのを恐れているようであり、その態度は不明であると述べ[①]、英国に疑惑を抱いていた。

　米国　米国は非連盟国であるが、中国代表は満洲事変解決における米国の役割を重視し、顧維鈞は解決のポイントは米国にあるとまで思っていた。顧維鈞は米国が裏でひそかになんらかの措置を取りつつあると分析した[②]。在米公使施肇基は、米国がソ連と共にジュネーブで国際会議を開き、来年三月の国際連盟総会にその報告書を提出すると顧維鈞に伝えた。中国の米国に対する期待はこのように大きかったが、米国は中国の希望通りに日本に対応しようとはしなかった。十一月一日、顔恵慶代表はジュネーブの海軍軍縮会議に出席する米国の代表テビスと会談したが、テビスはスチムソンは中日紛争が日米紛争に変化するのを好まないし、連盟の行動を待っているだけだと述べ、米国が連盟よりも率先的行動を取ることを否定していた[③]。

　仏国　当時南京政府は仏国が日本と秘密の諒解があり、日本が仏国から一五五ミリの大砲を購入するとの情報を入手していた。またリットン調査団の仏国代表クローデルは調査過程において日本に同情する傾向を見せたので、中国側は仏国に警戒心を抱いていた。顧維鈞等はジュネーブ・パリでこの事実を調査して確認しようとしたが、これは事実ではなかった。顔恵慶は、日仏の関係が日増しに悪化し、仏国は米国の意見に傾くと分析した[④]。顧維鈞も仏国は米国と協調すると見ていた[⑤]。

　伊国　顧維鈞は伊国は英国に追随すると分析した[⑥]。

---

① 『顧維鈞回想録』（2）、66頁、羅家倫編『革命文献』第三十九輯、2511頁。
② 『顧維鈞回想録』（2）、66頁。
③ 同上書、76－7頁。
④ 羅家倫編『革命文献』第三十九輯、2511頁。
⑤ 『顧維鈞回想録』（2）、66頁。
⑥ 同上。

　独国　今は沈黙を守っているが、ドイツの態度は変化する、と顧維鈞は分析した①。

　小国　小国は皆中国に同情すると見ていた。

　以上の分析から見て、中国代表の列強に対する分析は楽観的なものではなかった。顧維鈞は、国際連盟は米国の連盟への協力と率先的行動を希望し、米国は国際連盟の一致した行動を期待し、相互に率先的に、積極的に行動しようとはせず、相互に相手を見る態度を取っているようだと分析していた。

　第五は、日本に対する対応であった。リットン調査報告書発表以来、南京側は日本の政府・軍部の要人の報告書に対する言論を蒐集整理し②、「上海新聞報」等は十一月四日と二十一日に調査報告書に対する日本政府の意見概要と意見書の全文を掲載した。南京側は調査報告書に対する日本の見解を充分に把握していたといえる。顧維鈞代表は在パリの中国公使として、十月二十五日在パリの長岡大使を訪問した。長岡大使は、「満洲国」の存在とその承認問題をのぞいた他の如何なる問題をも相談・交渉することが出来ると述べた。これに対し顧維鈞は、この問題が中日間の核心的な問題であると反論した③。中日双方は理事会が再開される前からこのように対立・論争し始めた。

　第六に、中国代表は理事会の早期開催を督促した。調査報告書の審議は、七月一日の総会決議により十一月一日以前に開始すべきであった。だが日本は報告書発表後の六週間後の十一月十七日から審議するよう要求した。顧維鈞代表はこれに反対し、即時審議を要求した。その結果、双方の意見を折衷して十一月十四日に開始するように決定し、事情により延期する時には一

---

　①『顧維鈞回想録』（2）、66頁。
　②羅家倫編『革命文献』第四十輯、2766-75頁。
　③『顧維鈞回想録』（2）、75-6頁。

週間延期することにした。

　第七は、リットン調査報告書を審議する順序の問題であった。国際連盟総務局は調査報告書を理事会→総会→十九人委員会→総会の順序で審議し、審議の期限を明確に規定していなかった。これは、その審議を遷延し、なるべく双方を調整、妥協せしめて、連盟規約第十五条三項により解決し、四項による裁決を避けようとしたものであった。これは国際連盟の日本に対する好意的一側面を反映したものであった。連盟の事務長ドラモンドは、この遷延策を説明する時に、中日双方が「満洲国」問題に対し各自己の見解を強調し真っ向から対決する現在、別に解決の方法はない、米ソの協力の下で徐々に圧力を加え、最後に至って問題を解決するする方法しかない、若し現在採用出来る一切の方法を使っても解決されなければ、それは明智な方法ではない、と顔恵慶代表に述べた[①]。これは口実であり、米国は列強として、同様の列強である日本を出来得る限り国際連盟規約第十五条四項により或は第十六条により裁こうとしなかったことにその遷延策の本質があった。

　中国代表はこの遷延策に反対し、十一月十五日外交部にその反対の理由として、（一）に、このような審議の順序は決議の採択を遷延し、日本が東北での地位を固めるため、日本が希望する政策である。（二）に、こうなれば国際連盟が非連盟国である米国とソ連の方にその責任を転移し、若しソ連がなにかを要求する場合には政局が複雑化する可能性があり、中国が連盟に訴えた目的を達成することが不可能になるかも知れない。（三）に、このような遷延策は東北問題に対する世界の関心を減小し、今後その関心を集中することが出来ない等を挙げた[②]。故に、中

①『顧維鈞回想録』（2）、76頁。
② 同上書、82頁。

国代表は国際連盟が速やかに連盟規約第十五条により裁決し、その解決法を提出すべきであると主張した。十一月十七日、南京政府外交部はこの意見に賛成し、速やかに国際連盟総会を開催して、連盟規約第十五条にもとづき最終報告書を提出して裁決すべきことを連盟に要求し、若し総会がこの最終報告書を十九人委員会に依託して起草する場合には、総会は臨時決議を採択して、十九人委員会に具体的指示を与え、同時にそれを起草する期限を具体的に決定すべきだ、と指示した①。

　若し十九人委員会がリットン報告書と連盟規約第十五条により最終報告書を起草するならば、十九人委員会が実際にリットン報告書の審議・解決案の提議をするようになり、国際連盟総会はそれを採択するようになるから、十九人委員会の役割が大変重要であった。中国代表は、十九人委員会がリットン報告書を審議する形式として次のような四つの方式を予想していた②。

　　一、十九人委員会自身が審議する。

　　二、十九人委員会と米国・ソ連が共に審議する。

　　三、十九人委員会がワシントン条約の九つの署名国とソ連が協議するように提議する。

　　四、十九人委員会が不戦条約署名国が協議するように提議する。

　中国代表は、この中で第二の形式が好ましいと思っていた。

　南京政府と中国代表は以上のような準備を経て、国際連盟理事会と総会を迎えた。

---

①『顧維鈞回想録』（2）、76頁。
② 同上書、80頁。

三　国際連盟における対応

　十一月十四日開催されるべき国際連盟理事会は日本のために一週間延期され、十一月二十一日に開催された。理事会の任務はリットン調査団の報告書を総会に提出する手続をすることであった。中国代表は外交部の指示により、日本の代表松岡洋右がまず演説をするようにし、中国代表顧維鈞はそれに反論する形式で中国の立場を表明した。顧維鈞はまず松岡の「自衛説」に反論し、その侵略性を暴露し、日本大陸政策の発展過程と「満洲国」のかいらい性を力説した[①]。理事会における中日双方の対立は予想通り妥協する余地がなかった。顧維鈞はリットン調査団の第九章の原則に、（一）侵略を励まさざること、（二）中国の損害に対する賠償、（三）日本軍の撤退は先決条件であり、日本軍の占領下或は実力的圧力の下では直接交渉は行なわない、等の三原則を付け加えるよう要望した[②]。理事会は中日間の論争を経て、十一月二十八日リットン報告書を総会に移牒することを決定した。日本代表は第十五条に対する保留を条件としてこれに賛成した。

　総会は十二月六日に開催される予定であった。南京政府とジュネーブの中国代表はその準備にとりかかった。

　南京政府はこの時期に至り遷延策を取ろうとした。十二月一日、行政院代理院長宋子文と外交部長羅文幹はジュネーブの代表に、日本の「満洲国」承認を先決条件とする頑固な態度に鑑み、短期内に有利な解決を得ることは不可能であるから、遷延するのが有利であると指示した。その理由は、遷延すれば、（一）

---

① 羅家倫編、前掲書第三十九輯、2542－65頁。
② 『顧維鈞回想録』（2）、84頁。

米国の支持を獲得するのに有利である、(二) 日本経済破壊の可能性を促進する、(三) 我等の境遇を改善すること等が出来ると説明した①。南京政府のこのような遷延策は、「満洲国」問題は日本が崩潰されなければ解決出来ないとの判断から出たものであった。南京政府はその指示で、「一旦日本が崩壊すればこそ原状を回復することが出来るし、略奪された一切の財物も返還し、政府と個人の損害も賠償することが出来る」、と述べた②。南京政府はこう判断し指示しながらも、また解決されることに希望を抱き、次のような最低条件で「満洲国」問題を解決しうるならば、この最低条件を流しても良いと指示した。その条件は、次のようなものであった③。

　　一、強迫的でなく、自らの意思で東北自治政府を建立する。

　　二、国際保障の下での日本軍全部の撤退を含む非軍事化、ただし「永久非軍事化」の用語は避ける。

　　三、自ら志願的に外国技術者を雇用して顧問にする。

　　四、経済領域における国際協力。

　　五、一九三二年三月汪精衛が南京においてリットン調査団と会見した時に提出した基本原則にもとづいて新条約締結に関する交渉をする。

　　六、「満洲国」の廃棄。

　　七、賠償原則の承認。

　だが、ジュネーブの中国代表は遷延策に賛成せず、出来得る限り即時解決の方向に問題を推進しようとした。中国代表等は十二月六日の総会に提出すべき要求を検討し、次のように南京

---

　①『顧維鈞回想録』(2)、88-9頁。
　② 同上書、89頁。
　③『顧維鈞回想録』(2)、89頁。

の外交部に上申した①。

　　一、総会は期限内に紛争に関する報告書と公正且適切の提
　　　　議を提出し、公表すべきである。

　　二、総会はこの報告書を公表する前に日本がすでに国際連
　　　　盟規約、パリ条約およびワシントン条約に違反している
　　　　ことを宣言する。

　　三、その報告書を公表する前に、総会は日本が責任を持っ
　　　　て次のような項目を執行するようにする。

　　　甲、「満洲国」の解散。

　　　乙、まず軍隊を鉄道沿線に撤退し、その後もう一歩撤退
　　　　する。

　　　丙、東三省とその行政機関を中国政府に移行する。

　この上申に対し外交部は賛成した。だが、「もう一歩撤退する」
の用語は国際連盟の以前の決議の要求を上回ることになるし、
また非軍事化計画を指すおそれがあるから、「日本軍撤退」にあ
らためるようにと指示した。当時南京政府は日本軍撤退の目的
を達成するために「非軍事化」の問題に賛成したが、これはま
た中国軍隊をも東北から撤退または駐屯させないことになるか
ら、なるべく「非軍事化」の用語を避けようとした。外交部はも
し三の甲項目が採択されない場合には、強烈に日本を責め、断乎
として「満洲国」を承認しないよう要求することを指示した②。

　十二月六日、国際連盟総会が開催された。中国代表顔恵慶は
上記の要求を提出し、連盟規約第十五条四項による決裁を要求
した③。小国の代表は中国の要求に同情し、支持を与えた。大
国は逆に「満洲」の特異性と複雑性を強調し、現状とリットン

---

①『顧維鈞回想録』（2）、89—90頁。
②『顧維鈞回想録』（2）、90頁。
③　羅家倫編、前掲書第三十九輯、2599—2600頁。

報告書の第九・十章により解決しようとした。英国外相サイモンはその発言において、中国の排貨運動、排外教育等を非難し、日本に対する批判と裁決では問題を解決することが不可能だから、規約第十五条四項による裁決よりも、その前に双方を妥協させて解決するよう主張した。中国代表はこの発言に大いに反感をもち、総会の模様とサイモンの発言を南京に伝え、それに対する対応策を講ずるよう上申した。南京政府はマスコミを動員して反英・反サイモンのキャンペーンを展開すると同時に、在中国の英国公使ランブソンに抗議を提出し、英国に圧力を加えた。これは南京政府の国際連盟と列強に対し二重的に対応しようとした一面を物語るものであった。

　総会は十二月九日スイス・チェコスロヴァキア両国の提案により、十九人委員会が次の総会に提出すべき最終報告書を起草するように決定した。

　十九人委員会は上海事変の最中であった二月十一日の総会の決裁によって成立したものであった。当時、中国代表は連盟規約第十五条の適用を要求し、総会もこの要求を受けいれて、第十五条の九項によりこの委員会を設置し、中日紛争に対する報告書を起草して総会に提出するようにした。十九人委員会は総会議長、日本と中国を除く十二ヵ国理事および三月十一日の総会で選出されたスイス、チェコスロヴァキア、コロンビア、ポルトガル、ハンガリ、スウエーデンの六ヵ国委員から構成されていた。

　十九人委員会はその管轄下に起草委員会を設置して、十九人委員会が起草すべき最終報告書を起草するように委託した。十九人委員会の最終報告書は、満洲事変とかいらい満洲国の問題を解決するにおいて重要なものであり、一九三一年九月十八日以来国際連盟の満洲事変、「満洲国問題」に対する仕事がこの報

告書の採択によって一段落を告げるのであった。南京政府と
ジュネーブの中国代表はこの重要さを認識し、十九人委員会が
中国に有利な報告書を起草・提議するようにするため、次のよ
うな中国の八つの要求を出来得る限りこの報告書に反映させよ
うとした。

　　一、連盟規約第十五条四項により最終報告書を起草し、妥
　　　　協的遷延策を取らず、速やかに総会に報告書を提出する。
　　二、米ソ両国の十九人委員会への参加。
　　三、日本の連盟規約・不戦条約・ワシントン条約違反に対
　　　　する責めとその責任の追求。
　　四、かいらい満洲国の不承認と将来もそれと協力関係を結
　　　　ばずまた承認を与えない保障。
　　五、日本軍撤退の明記。
　　六、中国の外貨ボイコット運動を非難しない。
　　七、最終報告書は事実の記述に限らず、解決の具体策を提
　　　　議する。
　　八、最終報告書に対する日本の保留権を拒否する。

　このほかに、中国代表の最高要求は連盟規約第十六条による
経済的制裁であった。この制裁によってかいらい満洲国を廃除
し、日本軍を撤退させ、その後に中日間に東北に関する具体的
問題を交渉しようとした。ために、この最終報告書ではその先
決問題である「満洲国」と撤兵の問題をまず解決しようとした
のであった。

　このような要望と目的を達成するために、南京の外交部は在
中国の各国公使に対し、国際連盟の中国代表はジュネーブの各
国代表に対し、積極的な外交活動を展開した。

　米国　羅外交部長は十二月十日在中国米国公使ジョンソンに、
かいらい満洲国を廃除し日本軍を撤退しなければ、日本と絶対

に和解しないと強調し、この意を米国政府に伝えるよう要望した[①]。十二月十一日、ジュネーブの中国代表顧維鈞は海軍軍縮会議に出席した米国代表テビスに、かいらい満洲国の不承認とそれと協力しない声明等を含む裁決を要求することを強調したが、彼は日本を責める決議に対しては大国が興味がないし、却って大国にその責任を避けて日本に同情する機会を造ってあげることになると述べ、反感を惹起する裁決には賛成出来ないと明言した[②]。

　英国　十二月十二日、顔恵慶、郭泰祺と顧維鈞はサイモンに、連盟総会は最低限、（一）リットン報告書の調査結果を採択し、（二）「満洲国」不承認と「満洲国」と協力しないとの声明を発表し、（三）調整・解決の基礎的条件を確定する等の三つのことをしなければならないと述べた[③]。これに対しサイモンは（一）だけに賛成し、（二）（三）は明智な方法ではないと反論した。サイモンは強硬な裁決の採択は調整・解決の可能性を破壊するとして、連盟規約第十五条四項による裁決よりも、それ以前に妥協的方法で解決しようとした。サイモンは双方の調整・解決の斡旋人としてリットンを推薦した。サイモンのこの意見と態度は当時の国際連盟の意見と態度を表明したものであり、かなり日本側に偏していた。

　この時期の南京政府の対外活動において特に注目すべきことは対ソ外交であった。一九二七年四月、蒋介石はクーデターを起して共産党を弾圧し、ソ連と断交した。満洲事変後には、ソ連の力を利用して日本の満蒙侵略に対抗するため、一九三二年十二月十二日にソ連との外交関係を回復した。顔恵慶はジュ

①『顧維鈞回想録』（2）、96頁。
② 同上書、95−6頁。
③ 同上書、97頁。

ネーブの海軍軍縮会議に出席しているソ連の外務人民委員リト
ビノフと十二・十三日連続して接触し、ソ連が米国と共に十九
人委員会に参加して紛争を調整・解決する可能性を打診した①。
リトヴィノフは、米国の態度を考慮して、明確な回答を与えな
かった。顔恵慶はソ連の参加を求めようとするならば、まず米
国の参加を促進しなければならないと判断して、羅外交部長に
在中国の米国公使ジョンソンを通じて対米工作を強化するよう
要望した。

　国際連盟におけるリットン報告書の審議と満洲事変解決の会
議は、連盟事務所の事前に制定した順序により予定通り進行さ
れた。十二月十五日、十九人委員会は中間決議のようなものと
して中日紛争に関する決議草案第一号、第二号及決議草案理由
書を公表した。決議草案第二号はリットン調査団に対する感謝
の意を表するものであり、第一号と理由書は、この時期の十九
人委員会の立場とその解決法を表明したものであった。その主
な内容は次の通りである②。

　　一、総会は出来得る限り連盟規約第十五条三項により双方
　　　を調停させて本紛争を解決するように努力し、現在はま
　　　ず報告書を起草しない。

　　二、若し調整・和解に失敗した場合には、該条四項により
　　　事実を陳述し、紛争に対する建議を提出する。

　　四、十九人委員会は特別調停委員会を設置し、米国とソ連
　　　が参加することを希望する。

　　五、特別調停委員会の会員は、法律的根拠としては三月十
　　　一日の総会決議第一、二節で指摘したパリ条約・国際連
　　　盟規約及国際連盟理事会の一九三一年九月三十日、十二

---

① 『顧維鈞回想録』（2）、98頁。
② 羅家倫編、前掲書第四十輯、2825−8頁。

月十日決議、一九三二年三月四日の総会決議に遵うべき
であり、事実の陳述ではリットン調査報告書の第八章に
もとづき、解決方法では調査報告書の第九章の原則にも
とづきながらまた第十章の提議にも注意をはらってその
解決案を提案する。

　六、十九人委員会は、紛争の特異性に鑑み、一九三一年九
　　月以前の状態を回復するのも永久的解決に至らず、「満洲
　　国」の現状を維持・承認するのも解決の方法ではないと
　　思う。

　七、該委員会は一九三三年三月一日以前に委員会の活動に
　　関する報告書を提出する。

　この決議草案と理由書は十九人委員会における大国の立場を
表明し、日本に対する裁決よりも遷延策による妥協的方法でま
ず紛争を解決しようとしたものであり、列強の対中国、対日本
の二重政策を端的に表明したものであった。

　中国代表は十九人委員会の上記のような態度と解決方針に満
足するはずがなかった。顔恵慶代表は事務総長ドラモンドにま
ず十九人委員会が大会に最終報告を提出する期限を確実に規定
していないことを指摘し、中国はこの草案と理由書に失望する
意を表した。だが、中国代表はこれに対する修正権を留保し、
日本代表がまず反対意見を提出するのを待っていた。日本代表
は十二月十六日の内田外相の指令により満洲国不承認と米ソ参
加反対の意見を提出した。この反対意見は、十九人委員会に双
方の妥協・和解の困難さを再確認させた。

　十九人委員は十二月十六日から休会し、中国代表の要求によ
り二十日に休会の声明を発表した。だが、その主な趣旨は依然
として和解であり、双方の意見相違が大変大きいので、その調
整には時間が必要であるから、来年の一月十五日まで休会して、

関係諸国と協議する必要性を表明したものであった。

中国代表は日本の代表と十九人委員会が以上のような態度を示した以後に、中国の修正意見を十二月二十七日ドラモンドに提出した。その主な内容は次の通りである[①]。

　一、一委員会を設置して、中日双方と協議して紛争の解決をはかる。

　二、紛争解決法は、リットン調査報告書の前八章を指導的なものにして、一九三二年三月十一日の総会決議と調査報告書の第九章の原則を基礎とする。

　三、委員会と中日双方の協議が一九三三年三月一日前に一致した意見に到達しない場合には、委員会はその協議に関する報告を提出し、同時に十九人委員会は連盟規約第十五条四項によって最終報告書を総会に提出する。その期限は一ヵ月以内とする。

　四、十九人委員会は、紛争の特異性に鑑み、中国の主権、領土、行政保全を充分に尊重すると同時に、ただ一九三一年九月以前の状況を回復するのも持久的解決を保障するに不充分であるし、「満洲」現政権の維持と承認を紛争解決の方法だと認めることも出来ない。

中国側のこの修正案は、満洲国の不承認と期限付の早期解決を原則としながら、一部の問題に対しては十九人委員会に譲歩的態度を示し、その主要な目的を達成しようとしたものであった。

一九三三年一月七日、中国の代表顔恵慶は事務総長ドラモンドと中国の修正案と調整・妥結の可能性等に関し会談した[②]。この時、中国側の断乎たる態度と日本側の強硬な反対により、ドラモンドの態度にも新しい変化が起こった。ドラモンドは双

①『顧維鈞回想録』（2）、102−3頁。
②『顧維鈞回想録』（2）、125−6頁。

方の調整・妥結は不可能だから、連盟規約第十五条三項による最終報告書の起草を放棄し、該条四項による裁決的報告書を起草せざるを得ない、と顔恵慶代表に述べた。だが、ドラモンドはまだ調整・妥結の意を完全に放棄せずに、若し日本がリットン報告書の第九章の原則を承諾し、山東問題解決のような小委員会をつくって直接交渉をしようとしたら中国はどう対応するか、と質問した。顔恵慶は、如何なる交渉の先解条件も皆「満洲国」の放棄だと回答した。ドラモンドは、米ソか参加した小委員会をつくって中日双方と共に交渉すれば紛争が解決される可能性があるだろう、と述べた。ドラモンドは確実に日本に偏し、十五条四項による裁決を避けようとした。

　この時期、ドラモンドは日本の代表とも接触し、調整・妥結の方法を探り出そうとした。中国代表はこれを警戒し、顔恵慶代表は一月十五日十九人委員会委員ハイマンスに、委員会は第十五条四項により最終報告を起草すべきであり、若し日本と妥結して軟弱な案を提出したら中国はそれに対する拒否権を留保すると警告した①。南京外交部も一月十七日若しこのようなことがあれば、それに対する抗議として国際連盟会議への出席を拒否するよう訓令した②。これは、南京政府が国際連盟と列強に対する二重的対応の抵抗的側面を端的に表したものであった。

　一月十六日、十九人委員会が再開された。日本代表は十八日委員会に日本の案を提議した。その主な内容は、小委員会を設置して日中双方を調整し、その調整の基礎は「満洲国」の承認であり、この問題では譲歩の余地がないと強調した。日本案は、非連盟国の米ソが十九人委員会の特別調停委員会に参加するのに反対し、第十五条四項によって最終報告書を起草・提出する

①『顧維鈞回想録』（2）、129−30頁。
② 同上書、132頁。

必要もないと主張した①。

　中国代表は一月二十日決議草案に対する宣言を発表し、「満洲国」の不承認、米ソの参加、調停委員会と中日両国との共同交渉による紛争の解決等を提案し、日本案と真っ向から対決した②。

　十九人委員会は二十一日日中双方のこのような対決から双方を妥結させる可能性はないと判断して、一月二十三日起草委員会を発足させ最終報告書を起草するように決定した。こうして国際連盟が日本に対する裁決を避けようとした狙いは完全に挫折した。

　この時期に至り、中国代表はその要求を一層高め、第十六条の発動による日本への経済制裁を要望した。一月二十一日、顧維鈞はリットンにこの要望を提出したが、列強の利益を代表するリットンは、大国がその制裁を好ましく思っていながら、それに賛成しないと述べた③。

　顧維鈞は英国側にもこの要望を提出したが、英国は双方が断交していないから「戦争に訴へ」ていないといい、これを口実に第十六条による経済的制裁に反対した。

　十九人委員会内部でも最終報告書の起草をめぐって経済的制裁をすべきか否かの問題を検討したが、小国の代表はそれに賛成し、大国の代表は反対し、一致した意見にまとまらなかった。大国は列強であり、侵略国であるから、侵略する日本を制裁しようとはしなかった。

　十九人委員会は、一方では最終報告を起草しながらも、他方では日本との妥結に一定の余地を残しておいた。二月四日の連

---

① 羅家倫編、前掲書第四十輯、2831－2 頁。
② 同上書、2833－5 頁。
③ 『顧維鈞回想録』（2）、148 頁。

盟公報は、日本が十二月十五日の決議草案と理由書を承諾するようにと強調しながらも、理由書に対し保留的意見を提出することが出来るとし、日本の主張の通り米ソを十九人委員会に招請しないと決定した。ドラモンドも同日日本側の杉村陽太郎と一つの妥結案を作成し、十九人委員会に提出した。だが、十九人委員会はこの案を受け入れなかった。こうして、日本と妥結する余地は完全になくなり、十九人委員会は二月十四日に最終報告書を採択し、十七日これを公表した。中国では、十八日これを翻訳し、十九日新聞に発表した。

　この最終報告書は、法的には国際連盟規約とパリ不戦条約及び国際連盟の満洲事変に関する決議にもとづき、事実の陳述ではリットン調査報告書の前八章の部分にもとづき、解決方法ではリットン調査報告書の第九章を基礎として作成されたものであり、国際連盟と列強の対中国・対日本の二重性の政策を表したものであった。この最終報告書に対する中国側の評価と対応も国際連盟、列強と対照的に二重であった。ジュネーブの中国代表はこの報告書を検討した後、二月十七日、次のような評価をした。

　中国に対し有利だと評価した点は[1]、

　　一、中国の東三省に対する主権の確認、

　　二、連盟加盟国が法律的にまたは実際上において「満洲国」を不承認し、今後も「満洲国問題」に対しては一致共同に行動し、単独行動を取らないこと、

　　三、日本が満鉄附属地以外における一切の軍事行動及び「満洲国」をもりたててそれを承認したことが責められたこと、であった。

---

[1]『顧維鈞回想録』（2）、178頁。

中国に対し不利であった点は①、

　　一、日本軍の撤退は日本が交渉に応ずるか否か、また撤退
　　　　の準備及び撤退の具体的方法等に賛成するか否かにかか
　　　　わる、交渉の性格、範囲は一九三一年十月二十四日の決
　　　　議よりもっと広汎であり、武装警察の設置及び東北三省
　　　　の武装解除等の問題も含まれる可能性がある、

　　二、若し日本がこの報告書の解決法に対する提議を拒否し
　　　　た場合、それに対する対応策を規定していない、報告書
　　　　の最後の一章ですこし補充してはいるが不充分である、

　　三、日本が報告書を承認する前に、我方が東三省の自治を
　　　　布告するのは、中国が処罰を受けるのと同様だから、日
　　　　本が報告書を全部承諾する意を明確に表明する前にこの
　　　　ことを布告することは絶対に出来ない、

ことにあると分析し、二月十七日に以上の意見を南京に打電
した。

　南京政府の外交当局も二月十八日最終報告書に対する談話を
発表し、「報告書は大体我方に有利である」と評価し、「大体満
足する」②と述べた。中国が有利または満足し得る点は、（一）
満洲事変は日本の自衛的行動でなく、その責任は日本が負うべ
きだと規定したことであり、これは我方の道義上の勝利である。
（二）東北の裏切者の組織（かいらい政権）は日本が一手でつくっ
たものであり、日本の勢力に依頼して生存しているから、民衆
の真の意思によって出来たものでない、故にこれを承認せず且
つまたこれと協力もせずとしたこの点は重大なことであり、裏
切者の生命もこれで死刑に判決されるのである。（三）日本軍は
満鉄の附属地内に撤退する。（四）交渉委員会に米ソを招請する。

①『顧維鈞回想録』（2）、177 頁。
② 羅家倫編、前掲書第四十輯、2853 頁。

（五）交渉委員会の交渉期間を三ヵ月とし、三ヵ月後必ず交渉の経過を大会に報告し、この報告は当事国の賛成を得る必要なし、等にあった。南京政府の外交当局はこの談話で、最終報告書起草過程における英国の外相サイモンと連盟事務総長ドラモンド①が日本に偏したことを指摘し、東三省の九・一八以前の状態に完全回復出来ないことおよび東三省に自治政府を設置すること等に対し遺憾の意を表した。これは南京側の報告書に対する二重的態度を表明したものであった。

南京の外交委員会はこの最終報告を審議し、二月二十二日提議を含む報告書の主要な部分を承諾するようジュネーブの中国代表に訓令した。中国はこの報告書を承諾したが、その具体的措置まで皆賛成したものではなかった②。

この時期、日本軍は熱河作戦を開始しつつあった。これは報告書の採択に有利な客観情勢をつくるためであった。

最終報告書を採択する国際連盟総会は二月二十一日に再開された。中国代表顔恵慶は二十四日の総会で最終報告書に対する上記のような中国側の態度を示し、満足の意とすべてに皆賛成の意を表明することが出来ない態度を表明した③。総会は四十二対一でこの報告書を採択した。日本代表は反対の投票をした後、総会会場から撤退し、日本政府は三月二十七日に国際連盟の脱退を連盟に通告した。これに対し南京政府の外交部長羅文幹は三月二十八日声明を発表し、日本が連盟脱退後の二年間は連盟規約第一条三項により④、連盟にとどまり中日紛争以来連

---

① 羅家倫編、前掲書第四十輯、2850−5頁。
②『上海新聞報』、1933年2月25日。
③ 羅家倫編、前掲書第四十輯、2860−3頁。
④ 国際連盟規約第一条三項には『連盟国ハ二年ノ予告ヲ以テ連盟ヲ脱退スルコトヲ得但シ脱退ノ時迄ニ其ノ一切ノ国際上及本規約上ノ義務ハ履行セラレタルコトヲ要ス』と視定している。

盟理事会と総会が採択した決議は依然と日本に対し有効であり、日本はこの決議に服従する義務があることを強調した[①]。

　満洲事変に関する国際連盟の仕事は最終報告の採択によって一段落をつげたが、「満洲国問題」は依然と解決されなかった。

四　熱河作戦の利用

　一九三三年初、日本軍は山海関事件を挑発し、二月下旬から熱河作戦を始めた[②]。この事件と作戦は恰も十九人委員会が満洲事変と「満洲国」問題に関する最終報告を起草し、総会がこの報告を採択しようとした時期に発生した。この両者の間には、客観的には、日本軍が上海事変を挑発するその目的と似た点があると思われる。山海関事件と熱河作戦は、上海事変のように、まず国際連盟・列強と南京政府の視線を山海関と熱河の方に集中させ、国際連盟の最終報告書からその目をそらさせ、また天津、北平に対する軍事的脅威により国際連盟における列強と中国の活動を牽制しようとしたものだと思われる。だが、山海関事件と熱河作戦は異なった時期に異なった地方でひき起こされたため、その結果は、逆に最終報告の採択を促進すると同時に、また牽制的な役割を果した点もあったと思われる。

　では、南京政府とジュネーブの中国代表は、山海関事件と熱河作戦および最終報告の採択等との関係をどう処理し、それにどう対応したのだろうか。

　山海関事件発生後、英国は上海事変の時期と同様に即時に双方の衝突を調停しようとした。英国は山海関の南に開灤炭鉱を

---

① 羅家倫編、前掲書第四十輯、2927−9 頁。
② 日本国際政治学会・太平洋戦争原因研究部編『太平洋戦争への道』、第三巻、朝日新聞社、1962 年、3−50 頁参考。

持ち、秦皇島にも一定の権益があったから、その権益擁護の立場からこの事件を即時に処理しようとした①。

　だが、南京政府は上海事変の時とは異なって、この両事件を上海事変のように局部的地方問題として処理しようとはせず、中日間の総合的問題の一部として取り扱おうとして、張学良に日本の侵略行為に抵抗するよう指示した②。南京政府は国際連盟が最終報告書を起草・採択しようとするこの時期に日本に軍事的に抵抗するのは東北問題の解決に、また国際連盟における列強との交渉に有利だと思っていた。南京政府は、英国の意見通り即時に停戦協定を締結するのは日本に有利になり、日本の困難を中国が解決してやるのと同様だと分析していた。また、南京政府は上海事変の教訓から、英国は上海事変停戦協定締結後自分の上海地域における権益を擁護した後に、東北問題に対してはなんらかの措置を取らなかったことから、英国が即時停戦を斡旋するのもこの地域における自分の権益擁護のためだと分析していた③。このような分析は、南京政府が日本が熱河作戦を発動するその目的に対する判断があったからであった。二月十八日、南京の外交当局は、十九人委員会が最終報告を採択した時に日本が熱河侵攻を始めるのは、その外交が絶望し、「国際視線を移転させようとしたもので、我等が予想した通りである。故にこのニュースを聞いても別に驚くことはない」と述べた④。

　ジュネーブの中国代表も国内に打電して、停戦協定を締結せずに全力を挙げて抵抗するよう希望した。代表等は、若し最終報告書を採択する前に日本が熱河を占領することになれば、日本の熱河占領もこの報告書の採択によって一段落を告げるよう

①『顧維鈞回想録』（２）、121－2頁。
② 同上。
③ 同上書、122頁。
④ 羅家倫編『革命文献』第四十輯、2854頁。

になり、これは日本に有利になるのであるから、抵抗するように
とと希望したのであった[1]。

　また、ジュネーブの一般的興論も中国軍が熱河で抵抗して戦
局を拡大すれば、列強も連盟規約第十六条の発動を避けられな
いと評論していた。

　このような情況で、ジュネーブの中国代表は熱河問題を最大
限に利用して、国際連盟に対する有利な外交態勢をつくろうと
した。先に示したように、最終報告書は日本がこれを拒否した
時にそれにどう対応するかの具体的政策を規定していないし、
国際連盟もこの報告書を採択した後に東北問題をどう解決する
かの具体的計画がたっていなかった。こうなれば、総会での最
終報告の採択が国際連盟で東北問題を取扱う最後の機会になる
可能性もあったのであった。中国代表はこの時期が熱河の問題
を総会に提出する絶好の時期だと判断した。それには以下の三
つの理由があった。(一) 日本がジュネーブで日本の熱河侵攻を
弁解する備忘録を散布し、ジュネーブの視線を熱河の方に集中
させようとしている。(二) 国際連盟の二月六、九、十三日の公
報で日本の熱河への軍事的行動に対し警告を発しているから、
連盟もこの問題にかなりの関心を寄せている。(三) 総会が最終
報告書を採択した後に東北問題を手放す可能性があるから、こ
の時期に熱河の問題を取り上げて、総会が引き続き東北問題を
取扱うようにし、また日本軍の熱河侵攻を「戦争に訴へ」てい
るとして、連盟に第十六条の経済的制裁を要求するのに有利で
ある[2]。中国代表は、二月二十一日総会が開催された後に、熱
河問題を総会に提議することを決定した。二十二日、南京外交
部もこの決定に賛成した。恰も二十三日、南京の日本総領事館

---

　[1]『顧維鈞回想録』(2)、127 頁。
　[2]『顧維鈞回想録』(2)、179−80 頁。

は熱河侵攻の最後の通牒を羅文幹外交部長に提出した。

　ジュネーブの中国代表顧維鈞は二十四日の総会で、日本は連盟の三回の警告を公然と無視して熱河方面に侵攻していると述べ、この行動は戦争に訴える行動であるから、国際連盟はこれに対し「制裁措置を取るべきであると強調した」①。これは、実に、連盟規約第十六条②による最高の制裁を要求したものであった。

　だが、国際連盟と列強は第十六条による制裁をしようとしなかった。その口実は、日本の行動は「戦争に訴へ」ている行動ではない。それは、中国自身が日本との外交関係を断絶していないからである。外交関係を保っているということは、中国自身がまだ日本と「戦争に訴へ」ていないと判断しているからであると弁解した。

　これを予想したジュネーブの中国代表は、一月から南京外交部に日本との断交の必要性を強調し、二十四日総会が最終報告を採択した後にも数回打電して、この意見を上申した。南京外交部も日本を制裁するためにこの意見を検討し、二月二日には代表に断交する可能性があると打電した。外交部はこの問題を三十三年初に成立した国防委員会に提案した。国防委員会は対外問題を決定する最高の機関であり、断交の問題を決裁すべきであったが、慎重な態度を取り、断交の決裁を下さなかった③。二月二十七日、外交部はこの慎重な態度をジュネーブの中国代表に打電した。代表は大いに失望した。

---

　①『上海新聞報』、一九三三年二月二十六日。『顧維鈞回想録』（2）、182頁。
　② 国際連盟規約第十六条一項には『第十二条、第三条又ハ第十五条ニ依ル約束ヲ無視シテ戦争ニ訴ヘタル連盟国ハ当然他ノ総テノ連盟国ニ対シ戦争行為ヲ為シタルモノト看做ス他ノ総テノ連盟国ハ之ニ対シ、直ニ一切ノ通商上又ハ金融上ノ関係ヲ断絶シ自国民ト違約国国民トノ一切ノ交通ヲ禁止シ且連盟国タルト否トヲ問ハス他ノ総テノ国民ト違約国国民トノ間ノ一切ノ金融上、通商上又ハ個人的交通ヲ防遏スヘキコトヲ約ス』と規定している。
　③『顧維鈞回想録』（2）、183頁。

この時期、中国代表は熱河における中国軍の抵抗を最大に希望し、世界にこの戦争状態を示し、以て国際連盟を東北問題に縛り付け、その支持と同情で第十六条による制裁を発動し、国際連盟における中国の外交を成功させようと思った。だが、中国軍隊は熱河で連続的に敗北し、抵抗らしい抵抗は出来なかった。軍事的抵抗のバックがない外交が成功するはずはなかった。ジュネーブの中国代表は国際連盟におけるその外交の責任を感じ、辞職することを南京に申し入れた[①]。

南京政府は、代表の留保を希望すると同時に、日本軍が中国の沿海を封鎖し、北平、天津地区に侵攻する時になれば日本と断交すると返事した[②]。南京政府がこのように断交問題を慎重に考慮したのには、次のような理由があった。

一、中国が日本と断交した後、列強がそれに伴って第十六条によって日本を制裁するか否かの問題があった。三月二日、外交部は中国代表にこれに対する仏国の態度を打診するよう訓令した。顧維鈞は三月十日仏国の代表ボンクルを訪問して、それに対する意見を聞いた。ボンクルは、中国と日本は事実戦争状態にあるが、断交すればこれは宣戦布告と同様なもので、法律上には戦争状態になる。そうなれば日本は中国の沿海を封鎖するであろう、故に中国は断交問題を慎重に考慮すべきだと述べた。制裁問題に関しては、ボンクルは米国が参加しない場合にはこの問題を考慮することが出来ない、仏国は情勢を悪化する如何なる措置も取らないし、中日戦争に巻き込まれていない国をこの戦争に巻き込むことも好ましくないと述べ、日本を制裁する意がないことを示した[③]。これは列強の対中国政策の二重

---

① 『顧維鈞回想録』（2）、192－3頁。
② 同上書、211頁。
③ 同上書、198頁。

性の一側面を端的に表明したものであった。

　二、南京政府はなによりもまず北平・天津と河北地区の安全を保障しようとした。若し断交し、制裁措置を取ったら、日本がその復仇的行動として北平・天津を占領することを恐れていた。故になるべく日本を刺激しないようにしようとした。

　三、南京政府は、対内的には、共産党の工農紅軍に対する第四次「囲剿」作戦の最中であり、蒋介石も江西省と湖北省でこの作戦を指揮していた。南京政府は従来対共産党作戦を重視し、日本との戦争を避けて、軍事力を集中して対共産党作戦を進めようとした。この年の秋、南京政府は百万の軍隊を出動して共産党に対する第五次「囲剿」作戦を実施した。

　二月二十四日総会が閉幕した後、国際連盟は極東の平和のために顧問委員会を設置した。委員会は「満洲国」問題組と武器輸出禁問題組を設立した。顧問委員会は、かいらい満洲国不承認とそれに協力しないことでは一致した。中国代表は日本への武器輸出禁止で日本を制裁しようとしたが、この問題では足並がそろわなかった。中国代表は、在日の各国大使或は公使を引揚させる方法を講じて日本を国際的に孤立させようとした。だが、列強は中国のために日本との関係を悪化させる措置を取ろうとはしなかった。これは、列強の中国に対する二重政策においてのいわゆる「支持」・「同情」というものは限度があり、それは中国のためというよりも自分自身のための「支持」・「同情」であつたからであった。

　この時期南京政府では、汪兆銘だ三月下旬欧洲から帰国して、国防委員会の委員長になり、対外政策決定におけるイニシアチブを掌握した。汪兆銘は日本に対し制裁的措置を取ることに反対し、四月一日ジュホーブの中国代表に、若し日本に対し制裁を加えたならば日本は我等に急激に反撃して来て、我等がそれ

に対する対応策が整っていない情況の下で全般的動揺が来る恐れがあるとして、そのような対策は講じないようにと訓令した[1]。四月七日、汪兆銘はまた代表に、在日の公使を東京から引揚させることも日本の体面に傷をつけるかも知れないが、中国に対しては実際的利益にはならない、故にその措置を取ることも必要でないと指示した[2]。汪兆銘のこのような訓令と指示の裏には、日本に反撃または制裁をしても占領された失地を回復することは不可能だとの考えがあった。

　このようにして、ジュネーブの中国代表が日本の熱河侵攻を利用して国際的に日本を制裁しようとした努力は、南京政府の不賛成と列強の反対により成功せず、「満洲問題」は国際連盟から姿を消し始めた。

　南京政府は、日本軍が熱河を占領した後、北平、天津に対する日本の脅威に対応する対策を重視すると同時に、共産党の工農紅軍に対する第五次「囲剿」作戦を準備した。このため、列強の南京に対する経済的、軍事的援助を要望した。

　だが、日本軍は五月から山海関西方の灤河を越えて関内の方に侵攻し始めた。南京政府は、「一面抵抗・一面交渉」の方針で、日本側と停戦交渉を始め、熱河作戦期の不交渉政策を放棄した。だが。このような緊急状態でも、南京政府は国際連盟と列強が日本に対し経済的、軍事的制裁を講ずることを望まなかった。五月二十五日、汪兆銘は中国代表に国防委員会が日本と停戦協定を締結することを決定したと通告した[3]。五月三十一日中日双方は塘沽協定を締結した。この協定の締結により、満洲事変も一段落し、南京政府もかいらい満洲国の不承認を唱えながら

---

① 『顧維鈞回想録』（2）、214頁。
② 同上書、216頁。
③ 同上書、237－8頁。

も事実にはこの協定の締結により、「満洲国」の存在を黙認せざるを得なかった。だが、あくまでもかいらい満洲国は承認しなかった。「満洲国」の承認問題は、その後の中日外交において重要な一焦点になり、一九四五年八月の終戦によりかいらい満洲国は解体され、中国は東三省における主権を回復した。

リットン調査団とその報告書をめぐる南京政府の対応は、国際連盟と列強に対する対応とまたそれを通じての日本に対する対応という両面性があった。この両面性のうち、主眼は連盟と列強に対する対応であり、日本に対する対応は二次的なもののように見える。だが、南京政府の連盟と列強に対する対応の目的は、中国特に東三省に侵略する日本と対決するためであり、最終的にかいらい満洲国を排除し、日本の勢力を東三省から駆逐することにあった。

このため、南京政府は連盟と列強の対中国政策における二重性の中の一側面である所謂「同情」・「支持」の面に依存・依頼して、事変と事変の落し子である「満洲国問題」を解決しようとした。だが、連盟・列強の「同情」・「支持」は、日本と東三省を争奪するためのものであり、中国に対する真の「同情」と「支持」ではなく、自分のためのものであった。中国のためのものでない「支持」・「同情」を中国のために利用しようとした南京政府は、リットン調査報告書とそれにもとづく連盟の最終報告書の起草・採択をめぐって、終始連盟・列強に対し、一方においては依存・依頼し、他方においては非難或は対抗した。これは連盟と列強の対中国の二重性の政策に対する二重的対応であった。この二重性において、前者は目的であり、後者は前者の目的を達成するための手段でもあり、補助的かつ二次的なも

のであった。故に、この非難と対抗は列強を刺激しない程
度の温和なものであり、また妥協的なものでもあった。

　南京政府の対連盟、対列強の対応は、複雑な要素がから
みあっていた。南京政府の対外政策は、中国国内の政治・
軍事情勢特に共産党の工農紅軍に対する「囲剿」作戦と密
接な関係があり、この関係が南京政府の対連盟、対列強、
対日本の政策を制約していた。また、対連盟、対列強の対
応も、連盟・列強そのもののほかに、連盟・列強と日本と
関係がからみあっていたため、日本の牽制を受けざるを得
なかった。

　リットン調査団とその報告書及連盟の最終報告をめぐっ
て、中日両国は満洲事変とその落し子「満洲国問題」で真っ
向から対立した。連盟と列強は対日本、対中国の二重政策
で対立する双方を調停・和解させようとしたが、その狙い
は挫折し、最後には、連盟規約第十五条四項により、日本
を裁決した。この裁決において、南京政府は満洲事変にお
いての日本軍の侵略行動に対する非難、かいらい満洲国の
不承認等の道義的勝利を獲得した。だが、事変前の状態へ
の回復、かいらい満洲国の廃除等の目的は達成し得なかっ
た。この両面的結果は、連盟と列強の二重的政策の直接的
産物であった。若し、連盟と列強が国際法に違反した日本
を国際法にもとづいて強硬に制裁し、また中国が積極的抵
抗をしたならば、日本軍を撤退させた上かいらい満洲国を
解放させ、事変前の状態を回復する可能性はあったと思
われる。だが、このような積極的な対応は出来なかった。
これは列強と南京政府の本質と直接の関係があったといい
える。

第九章 「満洲国」の植民地体制と日本外務省

　一九三一年三月一日かいらい満洲国が成立した後、日本の「満洲」に対する課題は、「満洲」において植民地体制を確立して、それを支配することであった。この過程において問題になったのは、「満洲国」は植民地的かいらい政権でありながら、所謂独立国家の形式を取ったことであった。これは、裏の植民地的かいらい性と表の独立形式の矛盾した現象であり、帝国主義の植民地史においても珍しいことであった。この矛盾した現象をどう処理するかは、日本の対満政策において重要な一課題になった。外務省は関東軍と共に、裏においては露骨な植民地体制と植民地支配を確立するために努力しながら、表においてはそのかいらい性をおおいかくし、また虚飾するために努力した。本章では、かいらい満洲国に対する外務省のこの二面性的役割を日本の「満洲国」の承認、植民地体制の確立、「満洲国」のかいらい外交等の三つの問題に分けて究明したいと思う。

一　日本の「満洲国」承認をめぐって

　「満洲国」に対する承認には、列強の承認と日本の承認という二種類の承認がある。これは同様な承認のように見えるが、実は、その性格が異なっているのである。

　列強の「満洲国」承認は、列強が日本の満蒙侵略を承認し、その結果成立したかいらい満洲国を日本の植民地として国際的に承認することである。これは帝国主義時代においての列強間の植民地争奪から発生する現象であり、他の列強の承認を獲得することなしにその植民地を国際的に確保することは出来ないからであった。

　だが、自分の植民地を自分が承認するということは、日本の「満洲国」承認で見られる特異な現象だと思う。植民地は宗主国に附属しているもので、独立国家ではない。独立国家でない植民地を独立的国家の形式で建てたから、その承認問題が起こり、また承認を通じてそのかいらい政権の所謂独立性を虚飾する必要性が発生した。これは、かいらい満洲国の表裏不一致性から出る現象である。

　日本のかいらい満洲国承認問題を検討するには、まずその独立国家的形式を取った植民地体制を建立する過程を考察して見る必要がある。

　関東軍は事変初期から「日本人を盟主とする在満蒙五族共和国を策立すべき」①だと主張し、十月二十一日には「満蒙共和国統治大綱案」を作成し、中国本土から分離した独立国家の形式を取った「立憲共和制」の政権を建て、大統領制を採用しようとした②。十二月下旬錦州攻略を機として、軍事作戦は一段階を画し、植民地体制の確立が緊急な課題となった。荒木陸相もこのことを痛感し、板垣参謀の上京を希望し、この問題を検討しようとした。一九三二年一月四日板垣参謀が上京する前に、関東軍司令官本庄は軍の三宅参謀長と松木顧問及び板垣・石原参謀と植民地体制の政体問題を検討し、板垣参謀に「此際明瞭

①『現代史資料・満洲事変』、第七巻、みすず書房、1977年、189頁。
② 同上書、228頁。

に支那本部と離脱せしむる為名実共に独立国家と為すを要す」[①]と指示した。日本は、その植民地台湾・朝鮮・遼東半島においては独立国家的形式をとった植民地支配体制を建てていなかったのに、なぜ満蒙においてはこのような独立国家的形式を取ったのか。これは偶然的な出来事ではなく、当時の国際形勢と満蒙の特異性から出てくる現象であった。関東軍司令官本庄もこの現状にもとづいて、そうせざるを得ない理由を次のごとく分析した[②]。

　一、「独立政権と為すときは支那中央政府主権の下に立つものなるが故に動もすれば満蒙の政権が支那中央政府に復帰し去るの嫌もあり」。

　二、独立国家を建てざる場合には「現在各省新政権者は……叛逆者視せらるるが故に常に不安の念に駆られ日本との合作並諸政権者としての執務も積極なる能はず」。

　三、「九ケ国条約に於ても聯盟規約に於ても日本が支那本部と分離せしむとする直接行為を敢てすることは許さざるも支那人自身が内部的に分離することは右条約の精神に背馳せず又之等が干与し得べき限りにあらず……要は唯支那人自身に於て分離独立せしむれば足るべきものにして日本及列国が之を承認すると否とは問ふべき筋合のものに非ざるべし」。故に「支那人自身に於て分離独立」する最適の方法はかいらい的独立国家を建てることにある。

　板垣参謀は一月五日上京し、外務省と陸・海軍省もこの機を利用して、一月六日に「支那問題処理方針要綱」を作成し、「満蒙は之を差当り支那本部政権より分離独立せる一政権の統治支配地域とし逐次一国たる形体を具有する如く誘導」し、「九国条

---

①『現代史資料・満洲事変』、第七巻、みすず書房、1977年、333頁。
②　同上。

約等の関係上出来得る限り支那側の自主的発意に基くが如き形式に依るを可とす」①と決定した。

　在奉天総領事代理森島守人も関東軍の独立的かいらい政権の樹立に賛成し、一月十二日に犬養外務大臣に「大勢茲ニ至リテハ新国家ノ建設ヲ既定ノ事実トシテ対外関係上ニ於ケル善後措置ニ関シ速ニ一定ノ方針ヲ決定シ外国側ノ容喙阻止ニ努メ以テ帝国ノ満蒙ニ於ケル地位確立ニ資スル外途ナキヤニ思考セラル」②と具申し、九ヵ国条約違反に対する対応措置として、「今次新国家ノ建設ニ当リテモ対外的説明上民族自決主義ニ依リ之カ形式ヲ整フルト共ニ第三国関係ノ諸般ノ事項ハ速ニ解決シ且ツ我国ノ裏面的関与アル事実ニ付テモ全然之ヲ隠蔽スルコトハ不可能ナリトスルモ少クモ形式的ニハ右事実ヲ否認シ得ルノ方途ヲ講シ以テ第三国ニ口実ヲ与フルヲ防ク」③ようにと上申した。森島のこの上申は、独立国家的形式の植民地体制を採用したその国際的原因を明白に物語っている。

　だが、犬養首相は独立国家の形式を採用することに躊躇し、二月十五日上原勇作元帥に呈した書簡で「現在の趨勢を以て独立国家の形式に進めば必ず九国条約の正面衝突を喚起すべし故に形式は政権の分立たるに止め事実の上で我目的を達したく専ら苦心致し居候」④といった。これは、犬養首相が独立国家の形式には躊躇していたけれども、満蒙の完全な植民地化には賛成していたことを示している。

　芳沢外相も犬養首相と同様の立場を取っていた。二月二十日、

　①『現代史資料・満洲事変』、第七巻、みすず書房、1977 年、343 頁。
　② Checklist of Archives in the Japanese Ministry of Foreign Affair,Tokyo, Japan, 1865-1945,microfilmed for the Library of Congress. (以下 microfilm と略する)。S563 リール、S1620−2、576 頁。
　③ 同上 microfilm、577 頁。
　④ 篠原一・三谷太一郎編『近代日本の政治指導　政治家研究　2』、248−9 頁。

関東軍の石原参謀が「新政府組織準備要領」を携行して上京した時、芳沢外相は石原に「満洲問題は現在世界の耳目を聳動しているので、只今独立を実行すると云うことになれば、日本の国際間に於ける立場が非常に不利になるから、独立を延期して貰いたい」[1]と述べた。

　犬養の「躊躇」と幣原の「延期」は、その後の内閣と外務省の実際行動が証明するように、政策決定過程における一時的考慮であって、終始一貫した政策ではなかった。

　犬養内閣は、二月十七日首相の決裁を経て、内閣書記官長森恪を委員長とし、外務省のアジア局長谷正之を幹事長とする「対満蒙実行策案審議委員会」を設置し、かいらい満洲国樹立を間近に控えて、満蒙における治安維持、国防、金融、税制、商租権、対満行政機関整備等に関する事項を検討・審議し、かいらい満洲国の樹立に協力をした。

　三月一日、かいらい満洲国は所謂建国宣言を発表し、九日には溥儀が執政に就任した。犬養内閣は、この情勢に対応するため、同月十二日「満蒙問題処理方針要綱」を決定し、「満蒙ハ支那本部ヨリ分離独立セル一政権ノ統治支配地域トナレル現状ニ鑑ミ逐次一国家タルノ実質ヲ具有スル様之ヲ誘導」し、「満蒙政権問題ニ関スル施措ハ九国条約等ノ関係上出来得ル限リ新国家側ノ自主的発意ニ基クカ如キ形式ニ依ルヲ可トス」[2]とし、かいらい的国家形式が九ヵ国条約に対応する上で大変有利且つ便利な外交的措置であることから、かいらい国家としてそれを育成して行く方針を決定した。

　この決定にもとづき、同月十五日芳沢外相は在ジュネーブの沢田と各国駐在大使に、「満蒙新国家ノ出現ニ関シテハ帝国及新

---

① 芳沢謙吉『外交六十年』、自由アジア社、1958年、142頁。
② 外務省編『日本外交年表並主要文書』下、原書房、1969年、204−5頁。

国家ノ対外関係ニ出来得ル限リ支障ヲ生セシメサルコトヲ念ト
シ新国家カ先ツ其ノ内部ヲ充実シテ堅実ナル発達ヲ遂ケ漸次対
外関係殊ニ条約問題乃至承認問題ノ展開ヲ計ルノ態度ニ出ツル
様之ヲ誘導スルコト従テ新国家ニ対シテハ帝国トシテハ差当リ
国際公法上ノ承認ヲ与フルコトナク出来得ヘキ範囲ニ於テ適当
ナル方法ヲ以テ各般ノ援助ヲ与ヘ以テ漸次独立国家タルノ実質
的要件ヲ具備スル様誘導シ将来国際的承認ノ機運ヲ促進スルニ
努ムルコト」①と通告し、将来その国際的承認を獲得する準備
をするよう指示した。

　外務省は斯くの如く行動しながらも、南京政府のかいらい政
権成立に対する抗議に対しては反駁を加え、その成立を弁解し
た。南京政府外交部は二月二十四日と三月十日に重光葵公使に
抗議の覚書を提出し、「日本軍カ不法ニ東北各地ヲ侵占セルハ明
ニ中国領土行政ノ保全ヲ破壊セルモノナリ故ニ右日本軍カ撤兵
セサル限リ中国政府ハ該地ニ成立セラレタル所謂独立或ハ自主
政府ノ行動及中国人民ヲシテ此ノ種傀儡ノ組織ニ参加セシムル
コトヲ絶対ニ承認スル能ハス当ニ貴国政府ニ於テ全責任ヲ負フ
ヘキモノナリ」②と警告した。この抗議は、日本が一手でかい
らい政権を建てた事実を譴責したが、重光公使はこの厳正な抗
議を受入れざるばかりか、三月二十一日には「最近同地方ニ於
テハ行政組織ノ変更ヲ見タル趣ノ処右ハ帝国政府ノ何等関知ス
ル所ニ非サルハ言フ迄モナシ。然ルニ右ニ付貴部長ニ於テ帝国
政府ノ態度ヲ誹謗シ且其ノ責任ヲ問ハムトスルカ如キ申越ヲ為
サレタルハ本使ノ最モ了解ニ苦シム所ナリ。要之右貴翰申越ノ
諸点ハ全然事実ニ反スル憶測ニ過キス我方ニ於テ全部之ヲ容認

① 外務省編『日本外交文書・満州事変』、第二巻第二冊、257 頁。
② 南京『中央日報』、1932 年 3 月 12 日。

スルヲ得ザルモノ」①だと反駁し、かいらい満洲国政権の成立について弁解した。

　かいらい満洲国成立後、外交部総長謝介石は三月十二日に日本と英・米・独・仏・伊・ソ等在満領事館を持っている十六ヵ国に、「貴政府ト満洲国政府間ニ正式外交関係ヲ確立セラレンコトヲ切望ス」②との通知を発表した。この通知は事前に日本側と打合をし、その承認を得て発表したものである。これに対し、芳沢外相は同月十八日長春領事田代を通じ、このことは「新政府ノ前途ノ為歓迎スヘキ事ト思考シ居ル」③と回答した。仏、伊は十八日、エストニヤも二十日右声明に対する回答を送って来た。かいらい外交部は、これが「新国家承認ノ前提ナリトシテ喜ヒ居」④ったが、日本は即時に承認しようとはしなかった。その原因は、前に引用した芳沢外相発在ジュネーブ沢田と各国駐在大使宛の電文（三七三ページ）の通りであり、また国際連盟とリットン調査団の来日、来満とも深い関係があった。

　外務省がかいらい満洲国承認に取りかかったのは六月になってからである。同月三日斎藤首相は衆議院において「満洲国ハ出来得ル限リ速ニ承認シタキ考ヲ有ス」⑤と言明し、衆議院も十四日に「政府ハ速ニ満洲国ヲ承認スヘシ」⑥との決議を採択した。この決議にもとづき、外務省は六月十八日省幹部会議で「満洲国承認ノ件」を決定した。

　外務省は、かいらい満洲国の承認問題を単なる外交上の形式的承認として取り上げたのでなく、その承認を通じてかいらい

---

① Microfilm、S563 リール、S1620-2、709 頁。
② 天津『大公報』、1932 年 3 月 23 日。
③ Microfilm、S563 リール、S1620-3、28 頁。
④ 同上 Microfilm、31 頁。
⑤ Microfilm、S75 リール、S162014 頁。
⑥ 外務省編『日本外交文書・満州事変』、第二巻第一冊、531 頁。

政権の独立性を虚飾すると同時に、種々の条約を締結し、満蒙
における日本の植民地的法律体制を確立し、法的に満蒙を完全
な植民地につくり上げようとした。故に、その承認準備過程は
植民地体制の法的確立過程であり、この過程において外務省は
軍部よりも主導的な役割を果したといえる。

　外務省は「満洲国承認ノ件」で「満洲国問題解決ニ関スル根
本方針」は「満洲国ヲ独立国トシテ立行カシメツツ我カ権益ノ
確保及伸張ヲ期スルモノナリ」①と規定した。この日本の植民
地的権益を確保・伸張しながら「満洲国」を独立国家にするこ
とは不可能なことである。日本権益の確保・伸張に伴ってかい
らい満洲国は完全な植民地になる。だから「独立国」とは植民
地の代用詞であり、その虚飾にすぎないものである。

　外務省記録の中に、元外務省通商局長でありまた満鉄理事で
あった斎藤良衛が外務省に提出した「満洲国承認問題」・「満洲
国承認ト同時ニ日満両国間協定ヲ要スベキ事項案」等の提案が
ある。この提案を通じて外務省が当時承認問題でなにをなしと
げようとしたかを探ることが出来る。斎藤は「満洲国承認問題」
において、「満蒙問題解決ノ基調」即ち満蒙問題を解決する根本
方針は、次のようなことにあると主張した②。

　一、過剰人口ノ処理
　　「満蒙ノ物資ヲ利用シテ国内ニ工業ヲ振興スルコト及衣食
　　住料ヲ満蒙ノ地ヨリ得ル」
　二、国防充実
　三、日支将来ノ紛争ノ緩和
　四、満蒙ニ対スル列強干渉ノ除斥
　　「満蒙問題ハ我国生存ニ関スル重大問題ニシテ我国ハ此地

① 同上 Microfilm、S 75 リール、S 16201、668 頁。
② 同上 Microfilm、607−12 頁。

方ノ軍事及産業等ニ対シ広キ範囲ノ自由行動ヲ留保セサ
ル可カラス然ルニ列強ノ介在ハ我等ノ自由ヲ必然的ニ制
限シ日本ノ運命ニ一大暗影ヲ投セサルヲ得サルヘシ」

　五、対満蒙自主的外交

「満蒙ノ関スル限リ妥協政策ヲ排除シ自主的外交方針ヲ押
通スコト」

　六、仮面ノ抛擲

「我従来ノ仮面ヲ棄テテ我等ノ対満蒙主張ヲ最モ強ク且ツ
最モ大胆ニ世界ニ表明スルコト」

　この方針の主旨は、満洲を資源の供給地としての植民地につ
くると同時に、満蒙から中国及列強の勢力と干渉を放逐し、そ
の対策を講ずることであった。斉藤は、「満洲国承認ノ必要ナル
理由」で、まず中国と列強が日本の満蒙政策に干渉する原因を
次の様に分析した[①]。

　一、支那ノ第三国利用ニヨル日本牽制

　二、支那ニ関スル一般的国際取極ニ累セラレタルコト

　三、妥協外交方針

　四、満蒙ニ対スル我国ノ特殊関係ニ関スル列強ノ認識ノ欠如
　　ナリ

　斎藤は、[満洲国ノ出現ハ右原因除去上我国ニ絶好ノ機会ヲ与
ヘタリ][②]とし、満洲国の成立とそれに対する承認が右の諸原
因を除去するに有利だと、次の如く分析した[③]。

　第一の原因から言えば、「満蒙問題解決方策カ結局支那ヲシテ
満蒙ニ対スル支配ヲ断念セシムル」。

　第二の原因から言えば、「今回ノ満洲国ノ出現ハ事態ヲ急変シ

①　同上 Microfilm、649 頁。
②　同上。
③　同上 Microfilm、649－53 頁。

支那ニ関スル諸取極ハ理論上此新興国ニ付キテ適用ナキニ至レ
リ満洲国ハ其ノ建国ノ当時支那ト諸外国トノ間ノ既存条約ヲ尊
重スヘキコトヲ宣言シタルモ之レ同国ノ一方的宣言ニシテ何等
条約上ノ義分ニ属セサルヲ以テ将来新国家ハ其ノ国策ニ従ツテ
任意ニ之ヲ取消シ又ハ少クトモ新タナル条約ニ依リテ右宣言ヲ
変更スルノ自由ヲ有スルト同時ニ我国ニ於テモ満洲国ニ関スル
必要ノ程度ニ於テ新タナル基礎ノ上ニ新タナル取極ヲ為スノ自
由ヲ有スルコトトナリ満蒙ニ対スル列国ノ干渉排除ノ方策ヲ講
スヘキ好個ノ機会ヲ供与シタリ」、また「我国ノ満蒙ニ対スル施
設ヲ日満両国間条約ヲ以テ之ヲ明カニ規定シ以テ我国カ公々然
各般ノ施設ヲ進ムル地位ニ立ツヲ最モ直截有功ノ方法トス之レ
カ為ニモ我国ハ成ル可ク速カニ満洲国ヲ承認シ之レト各種ノ条
約ヲ締結スルコトヲ必要トス」

　第四の原因からいえば、「列国ニシテ満蒙カ我国防政治及経済
的生存ヲ決スヘキモノタル事実ヲ明確ニ認識シ我満蒙進出ノ阻
止カ我国ノ滅亡ヲ意味シ生存ノ為メノ日本ノ努力ハ極メテ真剣
ニシテ外部ヨリ之ヲ抑止セントセハ窮鼠人ヲ噛ミ世界ノ平和ノ
到底保チ難キヲ痛感セハ国際聯盟又ハ英米仏独諸国ノ態度ハ自
然緩和セラレサルヘカラス」。

　右のような分析は、承認を通じて他の列強を満蒙から排斥し
ようとしたものである。これは、日本が率先的承認を通じて他
の列強の承認を獲得しようとする動機と矛盾するように見える
が、実は一致するものである。列強がかいらい満洲国を承認す
るということは、日本の完全な植民地として満洲国を承認する
ことになるのだから、完全な植民地には半植民地と異なって他
の列強の植民地的権益の存在を許さない。故に、列強の満洲国
承認自身が自分の権益を満洲から撤収することを意味するのだ
から、列強が満洲国を承認しないのも当然なことであった。

六月十四日衆議院がかいらい満洲国の承認を決定した後には、何時どのような方式で承認するかが主な問題になった。外務省は、「満洲国承認の件」において、「左記諸点ヲ考慮シテ適当ノ時機ニ承認スル」と次の如く決定した①。

（イ）日満関係ノ整備

　「日満間ノ諸関係ヲ充分ニ整備スルコトナクシテ過早ニ承認ヲ与フルニ於テハ承認後ノ満洲国ヲ制馭スルコト困難トナル虞アリ」

（ロ）満洲ノ独立国トシテノ内容充実ノ程度

（ハ）過早ナル承認ノ国際関係ニ及ホス影響

　「調査要員ノ報告提出前我方カ重大ナル理由ナクシテ満洲国ヲ承認スルコトハ聯盟ヲ出抜クモノトノ非難ヲ招クヘシ」

　「九国条約国特ニ同条約ノ擁護者ヲ以テ任スル米国ヲ刺戟スルコト勘ナカラサルヘシ」

（ニ）我国内ニ於ケル承認促進論

（ホ）承認遅延ニ伴フ満洲国側ノ不安及関東軍其他在満邦人側ノ焦燥

　要するに、これは、日本に有利な時機に承認するとのことであり、また承認のための準備を十分にするとのことである。

　斎藤は「承認ニ必要ナル我方ノ準備整フト同時ニ速カニ承認ヲ為スヘシト」②主張し、特に承認のための準備を強調した。承認の準備とは、「日満間ニ定メ置クコトノ可能ニシテ且ツ是非共定メ置カサル可カラサル原則的事項ニ関スル準備」③であり、この準備が整っていない限り承認はしないと主張した。斎藤は

---

① 同上Microfilm、669—72頁。
② 同上Microfilm、710頁。
③ 同上Microfilm、711頁。

無準備の即時承認に反対し、「満洲国承認ノ可否ハ我対満政策ノ
遂行上果シテ有効ナリヤ否ヤニ依ツテ決セラルヘキモノニシテ
此ノ観察点ヲ離レテハ承認ハ少クトモ我国ノ権益確立及擁護ノ上
ニテハ無意義トナルヘシ」と強調し、「我対満蒙進展ハ単純ナル形
式承認ニ依リテ期ス可キニアラス満洲ニ対スル我根本方針ヲ確立
シ之ニ基キテ組織的満蒙経営ヲ進ムル素地ヲ作ル為メノ国家的行
動トシテノミ承認ノ利益ヲ認メ得ヘキナリ」[①]と主張した。

　斎藤はまた「承認延期説」にも反対した。「延期説」は主に列
強に与える影響を考慮したので、彼は「我国カ承認ヲ数年延期
シタレハトテ果シテ各国ノ我国ニ対スル反感ハ雲散霧消スヘキ
カ……此際ニ処スル我対策決定ハ列国ノ対日反感ノ永続ヲ予想
スルヲ以テ最モ安全トスヘシ」[②]と主張した。

　かいらい満洲国の承認を通じて法的植民地体制を確立するた
め、斎藤は日満間に「我国防ト満洲国ノ治安維持問題」、「赤化
宣伝防止ノ問題」、「我居留民ノ保護、日満共同利益保護ノ問題」、
「交通ノ実権掌握ノ問題」、「日満経済統制問題」等に関する協定
と、外交問題においては「日満両国ノ協定ヲ要スヘキ外交事項
ノ決定」、「日本ノ満洲国外交官領事官ノ職務代行問題」、「外交
部ニ日本人顧問及輔佐官傭聘問題」等の協定を締結することを
提案した。このような協定は、かいらい満洲国承認前後におい
て大体締結された。顧問協定は形式上締結していないけれども、
日本はかいらい満洲国で次官政治を実施し、表面には満洲人、
裏では次官または総務官の日本人が実権を掌握していた。故に、
顧問と次官は同様なものであった。

　斎藤は、かいらい満洲国政府を統制・支配するために、外務
省に「満洲国内外政務指導方法」案を提出し、「満洲国政府及各

①　同上Microfilm、711−5頁。
②　同上Microfilm、741−2頁。

省政府ノ政務ニ関スル指導ノ根本方針ハ満洲特派総監ノ意見ヲ徴シタル上帝国政府之ヲ定メ其ノ実行ニ関スル細目ノ決定ハ特派総監ニ之ヲ一任ス」、「助言ノ伝達、督励及監視ハ帝国政府ノ推薦スル満洲国中央政府及省政府顧問ヲシテ之ニ当ラシム」、「満洲国政府又ハ省政府カ右助言ヲ容レス又ハ忠実ニ実行セサル場合ニ於テハ特派総監ハ帝国政府ノ指示ヲ仰キタル上必要ナル措置ヲ執ル」①よう上申した。この特派総監制はその後に在満大使制になり、大使が総監の役割を果すようになるが、この提案は日本が「満洲国」を支配する政務の裏を集中的にあらわしている。

外務省はまた日満間の基本条約と附属協定案をも起草し、「満洲国」承認と植民地体制確立のために積極的な態度を取った。

かいらい満洲国の承認における最大の国際的障害は九ヵ国条約の存在であった。かいらい満洲国の成立が九ヵ国条約に違反するのみならず、それに対する日本の承認も当然この条約に違反するものであった。南京政府は一九三二年三月十二日宣言を発表して、このかいらい政権は「叛乱機関」だと非難し、九ヵ国条約に違反すると厳重な抗議をした。列強も九ヵ国条約違反として、満洲国を承認しようとしなかった②。

中国と列強のこのような態度にどう対応するかが外務省の外交課題の重要な一つになった。外務省は立作太郎博士に満洲国承認は九ヵ国条約に違反せずと為すべき論拠の探求を指示し、立博士は「満洲国承認ト九国条約法トノ関係」という報告書を作成して、満洲国承認が生ずる問題とその問題が九ヵ国条約に違反しない所謂理由を民族自決と自衛の角度から分析し、満洲国承認について弁解するいわゆる法的根拠を外務省に提供した。

---

① 同上 Microfilm、697−702 頁。
② 羅家倫編『革命文献』第三十七輯、1892−3 頁。

　外務省は、所謂この民族自決を理屈として中国に反抗議をし、列強にも同様の理屈で対応した。外務省は六月二十三日在日英国大使サー・リンドレーが来訪して日本の満洲国承認に対し質問した時にも、「帝国政府ノ所見ニ依レハ九国条約ハ支那ノ一地方ノ人民カ自己ノ発意ニ依リ支那国政府ヨリ独立シ新国家ヲ建設スルコトヲ禁スルモノニ非ルコト貴見ノ通リナリ従テ九国条約ノ一締約国カ右ノ如クシテ成立セル新国家ニ対シ承認ヲ与フルコトハ同条約ニ抵触スルモノニ非スト」①回答した。

　外務省はまた立博士らに植民地に対する宗主権問題を検討させ、世界植民史から国際法における宗主権等を取り調べ、八月に「宗主権ニ関スル意見集」②を作成し、植民地満洲に対する宗主権を行使する準備をした。これは表面における独立国家に対する承認と裏側においては植民地に対する宗主権との表裏矛盾する現象を現わし、この現象は植民地を独立国家的形式で建てたことに基因する。

　外務省は以上のように満洲国承認の準備を進め、内田外相は八月二十五日第六十三回議会においてかいらい満洲国承認に関する焦土外交の演説をして世間に波紋をおこした。内田外相は、「政府は速に満洲国を正式に承認する決意の下に目下着々準備を整へて居るのでありまして、右準備整ひ次第不日承認実行の筈であります」、「私は支那に対する帝国の態度殊に九月十八日事件発生以来、我方の執り来りし措置が極めて正当且適法のものなること、満洲国は其の住民の自発的意図に依り成立せるものにして支那に於ける分離運動の結果と見るべきものなること、及斯の如くにして成立せる新国家に対し帝国に於て承認を与ふるは九国条約の規定に何等抵触せざること」だと述べ、「帝国政

① 同上 Microfilm、S 75 リール、S 16201、79—80 頁。
② 同上 Microfilm、827 頁。

府が満洲国の承認を以て満蒙問題解決の唯一の方法と認め」、「この問題のためには所謂挙国一致、国を焦土にしてもこの主張を徹することに於ては一歩も譲らないといふ決心を持って居ると言はなければならない」①と言明した。この演説は、外務省の満洲国承認問題に対する強硬な立場とその承認準備における外務省の役割を総合的に物語ったものだといえよう。

　内田外相の右の演説に対し、森恪は「我国の外交が敢然と起って新満洲国に単独承認を与へんとする行為は、我国の外交が自主独立になったことを世界に宣言するが如きものである。満洲国承認といふ動機を藉りて我帝国が外交的に宣戦を布告した如きものである、と言って差支ない」②と述べた。日本のかいらい満洲国に対する単独承認は、正に森恪がいったように中国と列強に対する外交的宣戦布告であり、その後外務省は中国および列強と十余年間の外交戦をするようになり、この外交戦において依然として「満洲国問題」がその一焦点になっていた。

　内田外相の外交的宣戦布告に対し、南京政府の外交部長羅文幹も八月二十九日にこの演説は「日本政府の野望を完全に暴露し、今後中国侵略に対する侵略計画を掩飾する必要もなく、確実に全世界の正義の輿論に対する日本政府の挑戦的行為である」③と反論し、「満洲国問題」を中心とした日本の対華外交に対抗する態度を示した。

二　植民地支配体制の確立をめぐって

　日本はその植民地朝鮮と台湾では総督府を設置し、関東州で

---

① 内田康哉伝記編纂委員会『内田康哉』、鹿島研究所出版会、1969 年、359 頁。
② 内田康哉伝記編纂委員会『内田康哉』、鹿島研究所出版会、1969 年、357 頁。
③ 羅家倫編『革命文献』第三十七輯、1928 頁。

は都督府（一九一九年後は関東庁）を設置して、その植民地支配を実施した。これは、日本の完全な植民地に対する従来の支配方式であった。かいらい満洲国も日本の完全な植民地であるから、それに相応しい支配体制を建てるはずであるが、「満洲」ではいわゆる独立国家の形式をとった政体を採用した。このような独立国家の形式を取った植民地には一体どのような形態の植民地支配体制を建てたらよいのか。これは日本の植民地支配における新しい問題であった。

　かいらい満洲国成立前、満蒙は日本と列強の半植民地であった。南満は主に日本の半植民地であり、満鉄附属地と関東州は日本の植民地であった。日本は在満領事館・関東庁・関東軍と満鉄を通じ四頭政治で満蒙を侵略・支配していた。この支配体制は大変複雑で、例えば満鉄附属地においては、土木・教育・衛生等は満鉄が管理し、裁判、外事は領事館が掌握し、軍事は関東軍に属し、警察権は関東庁の管轄に属していた。関東州においては、行政、警察は関東庁、鉄道は満鉄の管轄になっていた。その上司機構も大変複雑で、内閣総理大臣、外務省、拓務省と陸・海軍省がおのおの管轄下の在満官庁を指揮し、統一的な在満機構はなかった。

　このような情況の下で、奉天総領事林久治郎は一九二九年十二月「満洲ニ於ケル行政機関ノ統一ニ関スル件」を作成し、外務省に提出した。林はこの方案で満鉄附属地における関東長官の権限を制限し、奉天総領事館と在満領事館の権限を拡大しようとした。これには、植民地支配の職務権限の問題もあるが、在満の各官庁間の権力争いもあったことを見逃すことはできない。このような在満機構の統一問題を中心とした職務権限の調整と権力争いが満洲事変後特にかいらい満洲国に対する植民地支配体制の確立期においてもっとも重要な問題になり始めた。

　では次に、かいらい満洲国に対する植民地支配体制確立における外務省の役割を検討してみる。

　かいらい満洲国は軍部特に関東軍が主導権を握って建てたものだから、その植民地支配体制の確立においても軍が主導権を握っていたのは事実である。関東軍はその統一的な支配機構として、まず満洲都督府を設置しようとした。関東軍司令官は、軍の顧問松木俠に「満洲都督府官制参考案」を起草させた。その第一条は「満洲都督府に満洲都督を置く　都督は満洲に於ける陸軍諸部隊を統率し関東州及南満鉄附属地に於ける民政を管轄し並に鉄道鉱山其の他帝国の権益に属する事業を統理す」[①]と規定した。これは日露戦争後採用した関東州の都督制度を「満洲」に適用して、関東軍の軍事的支配体制を確立しようとしたものである。

　在満の外務省出先機関も統一的支配体制の整備に関心を寄せ、奉天総領事代理森島は三二年一月十二日犬養外相に「我在満機関整備ハ新国家ニ対スル我方ノ内面的干与乃至実権把握ノ問題及門戸開放、機会均等ノ実行ト緊密ナル関係アリ我方ニ於テ対外的支障ヲ出来ルタケ排除シツツ新国家建設ノ方策ヲ実現スル上ニ重大ナル影響アルモノナルヲ以テ此際政府ニ於テ新国家問題ニ関スル廟議御決定ノ際之ト不可分ノ問題トシテ方針御決定ノ要アルヘシ」[②]と具申し、都督の名称を用いることは新国家建設の形式と両立せず、かえって対外関係上、或は新国家計画を遂行する上で支障になるおそれがあるとの理由で森島は都督府制に反対し、たとえば高級委員とかその他外国側が首肯しやすい形式を取るよう提案した。森島は、露骨な植民地支配体制が列強に与える影響を考慮し、独立的形式をとった植民地体制

①『現代史資料・満洲事変』、第七巻、287頁。

② Microfilm、S563リール、S1、6、20−2、579頁。

に相応しい機構を設置しようとしたのであった。だが、外務省出先機関の意見も統一的ではなかった。ハルビン総領事大橋忠一は元から関東軍との関係が緊密で、軍と積極的に協力する総領事であったから、軍の都督制に賛成し、「此際帝国政府ニ於テ不必要ニ外国ニ気兼セス（外国ニ対シ注意スヘキハ実質ニシテ形式ニ非ス）進ンテ寧ロ対外的ニ我方ノ満蒙ニ対スル固キ決心ヲ示ス意味ニ於テ断乎トシテ満洲総督若ハ都督制ヲ実現シ所謂四頭政治ヲ統一シ国際関係上益々機微且重大性ヲ加ヘントスル満蒙建設ヲ合理的ニ促進セラルルコト必要ナリト信ス」①と芳沢外相に具申した。大橋は森島とは逆に、その植民地支配体制の表面的形式よりもその裏面の実体を強調し、強硬な態度で列強に対応しようとしたのである。

　三月一日かいらい満洲国の樹立は、日本の在満機構の速やかな統一と植民地支配体制確立の必要性を痛感させ、犬養内閣は三月十二日の「満蒙問題処理方針要綱」において「満蒙ニ関スル帝国ノ政策遂行ノ為メ速ニ統制機関ノ設置ヲ要ス但シ差当リ現状ヲ維持ス」②と決定した。当時の現状では、関東軍の特務部が裏においてかいらい政権を支配・統制していた。この時期は日本政府がまだかいらい政権承認に踏みきっていない状態であったから、一時過渡期的措置として関東軍の特務部がその統制権を掌握せざるを得なかったのであった。

　だが六月、衆議院と政府がかいらい満洲国の承認を決定した後には、外務省はその支配・統制権を獲得するために積極的な態度をとり、外務次官有田八郎は外務省の「在満帝国諸機関統一ニ関スル件」を内閣書記官長に提出した。その主な内容は、

---

① 外務省編『日本外交年表・満州事変』、第二巻第一冊、348頁。
② 外務省編『日本外交年表並主要文書』下、205頁。

次のようであった①。

一、満洲ニ統一機関ヲ置ク

　　統一機関ノ首班（名称ハ別ニ考究ス）ハ満洲ニ於テ帝国官憲ノ施行スヘキ諸般ノ政務ヲ監督統一ス

　　統一機関ノ首班ハ南満洲ニ於ケル鉄道附属地ノ警務上ノ取締ノ事ヲ掌ル

　　統一機関ノ首班ハ南満洲鉄道株式会社ノ業務ヲ監督ス

　　（満鉄カ鉄道附属地ニ於テ施行シツツアル土木、教育、衛生ニ関スル事務ハ差当リ現在通トスルコト）

二、統一機関ノ首班ハ親任トス、現役ノ陸軍大将又ハ陸軍中将ヲ以テ之ニ充テ関東軍司令官ヲシテ之ヲ兼ネシムルコトヲ得

三、統一機関ノ首班ハ内閣総理大臣ニ直属シ渉外事項ニ関シテハ外務大臣ノ指揮監督ヲ承ケ拓務事項ニ関シテ拓務大臣ノ指揮監督ヲ承ク

　首班の問題では満洲の現状にもとづき軍と妥協したが、首班に対する指揮監督においては首相、外相、拓相の役割を強調し、政府の統制を強化しようとした。同時に、外務省はまた統一機関の「政務部長ハ奉天総領事ヲシテ之ヲ兼ネシム」、「南満洲ニ駐在スル領事館ヲシテ統一機関ノ事務官ヲ兼ネシム　領事タル兼任事務官ハ上官ノ命ヲ承ケ鉄道附属地ニ於ケル警務上ノ取締及南満洲鉄道ノ業務監督ノ事ヲ掌ル」②とし、かいらい政権に対する外務省の統制・支配権を確保・拡大しようとした。

　有田のこの案は、六月十六日から外・陸・拓三省の次官会議で審議されたが、陸・拓省次官は種々の異論を出し、この案は結局容れられなかった。その後、三省次官会議と大蔵省を加えた四省次官会議を経て、六月二十五日に「駐満特派総監府官制

① 外務省東亜局第三課作成調書『昭和七年度　満州国関係諸問題摘要』、386−412頁。
② 同上。

案」を作成した。その主な内容は[①]、

　　第一条　駐満特派総監府ニ駐満特派総監ヲ置ク

　　第二条　特派総監ハ関東州ヲ管轄シ南満洲鉄道附属地ニ於ケル行政ヲ掌リ満洲ニ於ケル帝国領事官ノ職務ヲ統轄シ南満洲鉄道株式会社ノ業務ヲ監督ス

　　第三条　特派総監ハ親任トス

　　特派総監ハ関東軍司令官ヲ以テ之ニ任スルコトヲ得

　　第四条　特派総監ハ内閣総理大臣ノ監督ヲ承ケ諸般ノ政務ヲ統理ス但シ外務大臣ノ主務ニ関スル事項ニ付テハ外務大臣ノ指揮監督ヲ承ケ拓務大臣ノ主務ニ属スル事項ニ付テハ拓務大臣ノ監督ヲ承ク

　と規定した。この案は、特派総監としての関東軍司令官の権限を強化し、その結果外務省官制と領事館職務規則も一部改正され、「外務大臣ハ渉外事項及領事官ノ職務ニ関スル事項ニ付駐満特派総監ヲ指揮監督」し、「満洲ニ在勤スル領事官ハ満洲特派総監ノ指揮監督ヲ受クヘシ、外務大臣ハ満洲ニ在勤スル領事官ヲ指揮監督スル場合ニ於テハ満洲特派総監ヲ経由」[②]するようになるのである。こうなれば、外務省の満洲国に対する統制権はいちじるしく弱くなり、又この特派総監府は日本が朝鮮を正式に併合以前に一時朝鮮に設置した統監府のようなものになるから、表面的に独立国家的形式を取った満洲国の体面にも似合わしくない所があった。したがって、外務省はこれに当然不満であった。

　では、所謂独立国家的形式を取った植民地に相応わしい統一的な統制機関は如何なるものであれば良いのか。外務省アジア局長谷正之は特派総監府案を否定し、臨時特命全権大使案を提

　①　馬場明『日中関係と外政機構の研究』、原書房、1983年、252-3頁。
　②　同上書、253-4頁。

議した。この案は、一九一八年シベリア出兵の時に、コルチャークの自衛軍がオムスクで建てた政権を日本が承認した時に臨時特命全権大使を派遣した例に倣ったもので、全権大使には現役の陸軍大将をあて、関東軍司令官と関東長官を兼任し、渉外事項および領事官の職務に関する事項は外相の指揮監督を受け、関東州に関する事項は拓務相の指揮監督を受けるようになっていた。この案は、満洲国のかいらい性と植民地的本質をおおいかくすためにも、また国際的対応からみても誠に相応しい形式であった。七月十五日、外・陸・拓三相はこの案を原則的に承認し、七月二十二日関係省の次官会議もこれを基礎としてさらに具体案を検討したが、大使の随員と関東軍特務部の処理について陸軍と外務省との意見が一致せず、外務はその随員に領事官を兼ねるよう希望したが、結局関東軍の特務部員が全部随員を兼ねるようになった。こうして、七月二十六日の閣議で「在満機関統一要綱」を決定し、関東軍司令官・関東長官及満洲派遣臨時特命全権大使ハ事実上同一人ヲ以テ之ニ充ツ」とし、「特命全権大使ハ外務大臣ノ指揮監督ヲ承ケ外交事項ヲ管掌シ且在満帝国領事官ヲ指揮監督ス」[①]と規定した。

　満洲における統一的統制機関の設置過程において、外務省は自己の権限を確保・拡大するために努力はしたが、その統制権の大部分は関東軍が掌握してしまった。だが、植民地的かいらい政権の所謂独立性をかざる上では、外務省が軍よりももっと重要な役割を果したのであった。

　かくて、軍部は八月八日陸軍大将武藤信義を関東軍指令官に任命し、武藤は同時に臨時特命全権大使と関東長官に任ぜられ、かいらい満洲国に対し三位一体制の支配を実施するよ

---

① 馬場明『日中関係と外政機構の研究』、原書房、1983 年、256 頁。

うになった。

　九月十五日、日本とかいらい満洲国は「日満議定書」に調即
し、武藤は臨時特命全権大使に就任し、全権事務所を長春に設
置した。これは臨時的措置で、十月三十日臨時特命全権大使は
正式の特命全権大使になり、全権事務所は十二月一日に大使館
に昇格し、武藤大使は十二月二十三日に執政溥儀に所謂信任状
を提出した。信任状は共和国に対する形式とし、天皇は溥儀を
「朕ノ良友」と称した。こうして設置された在満日本大使館は、
形式的には独立国家に設置した大使館と同様なものであったが、
その中身は関東軍を中心とした外務、拓務等関係省が共同して
満蒙に君臨する機構であった。

　大使館設置の時、日本はかいらい満洲国に総領事館五コ所、
領事館十コ所、領事館分館十コ所、出張所一コ所を持っていた[①]。
外務省のこの出先機関は、元北平公使館に属していたが、在満
大使館の設置により、関東軍司令官である在満大使の指揮下に
入り、かいらい満洲国を統制・支配する機構になった。

　満洲国に対する統制・支配機構は三位一体制で一時統一され
たが、これは「満洲国」の頭部だけを一体化したに止まり、下
部や東京の中央部の指揮系統は、その内部における権限争いに
より依然として分裂状態にあった。しかし満洲国の植民地化政
策が進むにつれて、下部の統制・支配体制と中央部の指揮系統
を統一する必要性が生じた。この調整・統一過程において、外
務省は関東軍と協力しながらも、また軍とその統制・支配権を
争った。

---

　① 総領事館：哈爾浜、新京、吉林、奉天、間島
　　領事館：満州里、海拉爾、斉々哈爾、鄭家屯、安東、営口、錦州、赤峰、承徳、綏
芬河
　　分館：敦化、琿春、百草溝、延吉、頭道溝、図們、掏鹿、海竜、通化、新民府
　　出張所：黒河

　この問題は、一九三四年後半期において緊急に解決されなければならない問題になった。それは、この時期に至り満洲国の植民地支配が大体軌道に乗り、その統制・支配体制をその現状に相応しいように調整する必要性が出て来たからであった。当時在満大使館の参事であった谷正之は、七月中旬重光外務次官に関東長官が州外において行使する権限（逓信事務を除く）を在満大使に移管し、関東庁を縮小し、在満大使館の権限を拡大する意見を提議した。関東軍もこの意見に賛成し、これと大同小異の案を作成して中央部に提出した。これらの案は、関東州に知事を置き、在満の三位一体制を関東軍司令官と在満大使の二位一体制に改めようとしたものであった。これは「満洲」の植民地化政策が進むにつれて、「満洲」地区が関東州または満鉄附属地のように完全な植民地に変化し、その三者の区別がなくなった現実を反映したものであり、同時にまた、この時期に至り、満洲の統制・支配において関東軍と外務の態度がほぼ一致するようになったことを意味した。

　だが、陸軍中央部は、軍による統制・支配体制を一層強化するために「駐満全権府官制」を作成し、満洲に統監府または都督府式の機構を設置して、関東州をも含む「満洲」の軍事、外交、経済、行政の一切を軍の手中に収めようと企んだ。これは、軍部が外務・拓務両者を完全に除外し、ありのままの植民地支配体制を確立しようとしたものであった。事実、日本の完全な植民地朝鮮と台湾に対する統制・支配において外務省はいかなる権限もなく、またいかなる役割をも果す必要がなかった。これは植民地体制が完璧になるにつれて起こる必然的結果であった。

　外務省は陸軍中央のこのような方針に対応するため、東亜局長桑島主計、条約局長栗山茂等を満洲に派遣して、現地の実情

を視察せしめ、在満領事会議を開いて協議した。外務省として
満洲国の対外問題で最も重要なことは、列強の満洲国に対する
承認問題つまり列強が日本の満洲侵略と日本の植民地としての
「満洲国」の存在の公法性に対する承認を獲得することであった。
このため、外務省としては「満洲国」のありのままの植民的統
制・支配機構を避け、そのかいらい性をおおいかくし、所謂そ
の独立性を立証しようとしたのである。外務省のこのような主
張は一挙両得であり、外務省の満洲支配における地位を高める
と同時に、その権限を拡大することも出来るのであった。外務
省は八月十七日、関東軍が事実上満洲を統制・支配している現
状をも考慮して、暫行的調整案を決定した。その要点は①、

（イ）内閣ニ在満産業監督局ヲ新設シ之ニ拓務省所管ノ満鉄及
　　満洲電信電話会社ノ業務監督ニ関スル権限ヲ移管ス

（ロ）現在ノ三位一体ヲニ位一体制ニ革ムル為関東庁ノ権根ヲ
　　州内ニ限局シ満鉄附属地ニ関スル関東庁ノ権根ハ之ヲ当該
　　地域ヲ管轄スル帝国領事官ニ移シ満鉄及満洲電信電話会社
　　ノ業務監督ニ関スル関東庁ノ権限ハ在満大使ニ移ス

（ハ）在満特命全権大使ハ外務大臣ノ指揮監督ヲ承ク
　　但シ満鉄及満洲電信電話会社ノ業務監督ニ付テハ内閣総
　　理大臣ノ指揮監督ヲ承ク

（ニ）関東州ニ知事ヲ置ク
　　関東州知事ハ拓務大臣ノ指揮監督ヲ承ク但シ渉外事項ニ
　　付テハ外務大臣ノ指揮監督ヲ承ク

（ホ）日満間ノ条約ニ依リ新京ニ日満経済共同委員会（仮称）
　　ヲ常設ス

というもので、この案の特徴は、（ロ）と（ハ）のようにまず

---

① 外務省『満州国関係帝国機関調整ニ関スル件』、その（二）「此ノ際執ルヘキ具
体的弁法」。

在満大使館の権限を拡大し、次に外務大臣が在満大使を指揮監督するような体制を取ることにあった。これは、前述した外務省のその目的に相応しいものであったが、拓務省は外務省のこのような案を「羊頭をかかげて狗肉を売るもので改正の趣旨と内容とが相反する」ものだと辛辣に非難した。拓務省のこの非難通り、外務省はかいらい満洲国の統制機構問題において実にこのような役割を果していた。

　植民地を専門に管轄する拓務省は外務省案をこう非難すると同時に、陸軍案にも反対し、満洲支配におけるその権限を確保しようとした。事実、拓務省は満洲を植民地として取り扱うことについては軍部と一致していたが、その双方の矛盾・対立は、双方の権力争いが激しくなったことを意味するものであった。

　陸・外・拓三省案が鼎立する情況の下で、岡田内閣は官制等形式においては外務省案を容れ、内容、事実の点においては陸軍案を十分に取入れた政府案を作成し、各省との調整・了解を得て、九月十四日の閣議で「対満関係機関ノ調整ニ関スル件」を決定した。その主な要旨は[①]、

一、内閣ニ特別ナル組織ヲ有スル対満事務局ヲ新設シ之ニ拓務省所管ノ対満関係事項ノ大部ヲ移管スルコト対満事務局ニハ特ニ総裁ヲ置クコト

二、現在ノ在満機関ノ三位一体制ヲ関東軍司令官ト駐満特命全権大使トノ二位一体制ニ革ムルコト

三、関東州ニハ知事ヲ置クコト

四、駐満特命全権大使ニ対シ南満洲鉄道株式会社及南満洲電信電話株式会社ノ業務ノ監督、関東州知事其ノ他ノ監督並ニ鉄道附属地行政ヲ行フノ権限ヲ附属セシメ之カ為大使館

---

① 馬場明『日中関係と外政機構の研究』、原書房、1983 年、285－6 頁。

　　　ニ一事務局ヲ設置シ此ノ権限ニ付テハ内閣総理大臣ノ監督
　　　ニ属セシムルコト
　五、条約ニ依リ日満経済会議ヲ新京ニ常置スルコト

　とし、また「駐満全権大使及其ノ下ニアル外交官ハ現行制ニ
基キテ之ヲ存置スルコト」、駐満大使館に行政事務局を設置し、
専任の大使館参事官の外に事務局長を兼任の参事官と為し得る
こと、関東軍参謀長が事務局長を兼ね得ることを勅命に明記す
ることなどを規定した。一方、陸軍は関東軍参謀長が駐満大使
館の参事官を兼職して、外交系統をも実質的に陸軍が統制しよ
うとしたが、これは外務省の反対によって実現されなかった。
参事官と行政事務局長の問題につき、同日閣議において総理、
外務、陸軍三大臣は[1]、

　　(一)行政事務局長ヲ兼任大使館参事官ト為ス場合ニハ渉外事
　　　項及領事職務監督ニ関スル事項ハ専任大使館参事官ニ於テ
　　　之ヲ主掌シ対外的儀式ニ付テモ専任大使館参事官ヲ主トナ
　　　スモノトス
　　(二)行政事務局長ノ任命ニ付テハ予メ内閣総理大臣ヨリ外務
　　　大臣ニモ協議スルモノトス

　との諒解事項を決定した。

　同月二十六日、勅令で「対満事務局官制」が公布され、その
総裁には陸軍大臣が就任するようになった。同日、「関東局官制」
も公布され、在満大使館に関東局を設置し、関東局が関東州の
政務管理、満鉄附属地行政の管理、満鉄及満洲電信電話株式会
社業務の監督等の事務を掌握するようにした。これは、関東州
を「満洲国」に附属させるという行政的調整であるが、実は満
洲国が関東州のように完全な植民地に転換したのであるから、

---

① 馬場明『日中関係と外政機構の研究』、原書房、1983年、287頁。

満洲の関東州化だともいえる。これはかいらい満洲国の植民地
化が進むにつれて発生する必然的結果である。

　今回のかいらい満洲国に対する統制・支配体制の調整におい
て、結局軍部の権限が拡大強化され、関東軍が「満洲」支配の
権力を主に掌握するようになり、外務省はその権限拡大の目的
を達成することが出来なかったが、なおかつその代表を在満大
使館の専任参事官として派遣して、かいらい満洲国支配におい
て一定の地位と権限を保ち、また形式的にかいらい満洲国の独
立を保つために軍の在満全権府、統監府、都督府のような支配
体制をしりぞけ、駐満大使館の形式をひきつづき保持するよう
にしたのは、やはり外務省の所謂功績だといわざるを得ない。
当時、陸軍側も統監府等の官制を主張しながらも、「どういう風
にごまかして独立国といふ体面を保たせるか」ということで悩
んでいたが、この悩みは外務省が解決したのである。

　その後、かいらい満洲国の植民地化政策の進展に伴い、その
支配・統制体制も日増しに完璧になり、外務省がその支配に参
与する必要性は徐々になくなり、駐満大使館は満洲支配の最高
機構として依然存在したものの、在満領事館はその存在の意義
を失い、外務省自身も自主的にそれを閉鎖する措置をとった。
一九三九年十月十二日、外務省は情報部長談話の形式で対満蒙
政策遂行において重要な役割を果した奉天、吉林等十コ所余の
領事館を閉鎖し、一九四一年には、新京（長春）、ハルビン総領
事館と牡丹江、黒河、満洲里の領事館だけを残した。この時期
に至り、この総事館、領事館は満洲に対する統制・支配よりも、
主にソ連との領事関係を処理する役割を果すものになった。

　一九三四年調整された対満支配体制と統制機構は、その後大
東亜省の成立により新しい変化が生じた。太平洋戦争の勃発に
より、日本は西太平洋の広大な地域を占領し、所謂大東亜共栄

圏を確立し、その統制・支配機構として一九四二年十一月一日大東亜省を設置した。大東亜省の設置により、拓務省と対満事務局は廃止され、大東亜省内に満洲事務局を設置して、かいらい満洲国を統制・支配した。

新設された満洲事務は[①]、

一、関東局ニ関スル事項

二、満洲国ニ関スル外政事項

三、満洲国ニ於テ事業ヲ為スヲ目的トシテ特別ノ法令ニ依リ設立セラレタル法人ノ業務ノ監督ニ関スル事項

四、満洲移民及満洲拓殖事業ニ関スル事項

五、対満文化事業ニ関スル事項

六、其ノ他関東洲及満洲国ニ関スル事項

を管理し、従来独立国家だと標榜してきた「満洲国」も公然と日本植民地帝国の一構成部分になった。こうして、大東亜省・満洲事務局は満洲国の純外交を除く一切を指揮・管理し、外務省は所謂純外交だけを管理するようになった。所謂純外交とは、満洲国の所謂独立性を虚飾するための外交儀礼とか条約締結の手続等であり、これは形式的なもので、満洲に対する直接支配に関するものではなかった。

大東亜省の成立過程において外務省と東郷外相は、外務省の東亜局を中心として大東亜共栄圏内の占領地・植民地を支配・管理し、外務省の権限を拡大しようとしたが、結局失敗し、東郷茂徳外相も九月一日辞職せざるを得なくなった。これは植民地政策の必然的結果である。東条英機は公然と「大東亜圏内には外交なし」といった。これは「満洲国」をも含む大東亜共栄圏内のものは日本の植民地であるから外交がないという当たり

---

① 馬場明『日中関係と外政機構の研究』、原書房、1983年、435頁。

前のことを露骨にいいだしたものである。だが、外務省が植民地統制・支配機構問題において、いくらその植民地的かいらい性を隠蔽しようとしても、当然のことながらうまくゆくはずがなかった。

　大東亜省成立後、在満大使館は大東亜省所轄の現地官庁となり、外務省はかいらい満洲国の直接支配から排除されるようになった。これはかいらい満洲国の植民地化がその最高頂に達した必然的結果である。これに対し、当時重慶放送が「従来ノ我東北地方即チ満洲国並ニ陥落地区ニ於テ速成セラレタル傀儡政府治下ハ今後正式ニ日本ノ植民地トナリ日本政府直轄ノ統治地域トナレリ」[1]と論評したのも当然なことであった。

三　「満洲国」のかいらい外交と外務省

　植民地国はその国家主権を宗主国に剥奪されたので、独立な外交はないわけであるが、かいらい満洲国は日本の完全な植民地でありながらも所謂独立国家的形式をとったかいらい政権であるから、その国務院に外交部を設置して所謂外交活動を展開し、その独立性を世界に表明しようとした。しかしそれは逆に、満洲国のかいらい性を物語るものになった。

　関東軍は、かいらい政権を建てたその時から「外交ハ形式上新国家ニ外交部ヲ設クルモ其最高職務員ハ全部日本人ヲ採用シ軍部ノ内面的指令ノ下ニ行動セシムヘク」[2]とし、外交部総長には謝介石を任命したが、その次長には満洲事変で関東軍と積極的に協力したハルビン総領事大橋忠一を任命して、外交部の総務長を兼任するようにした。大橋は次長であったが、外交部

---

　① 馬場明『日中関係と外政機構の研究』、原書房、1983 年、441 頁。
　② Microfilm、S563 リール、S1、6、2、0−2、571−2 頁。

の権限を一手に握って満洲国の所謂外交活動を統制した。これは満洲国のかいらい性を証明する一側面である。

　日本は満洲に大使館を設置したが、かいらい満洲国は東京に公使館（一九三五年六月大使館に昇格）を設置し、公使は丁士源だったが、参事館には原武兵衛が任命され、公使館の実権を握っていた。

　かいらい満洲国はソ連のチタとブラゴウエシチエンスクに領事館を持っていたが、その副領事は皆日本人であった。「満洲国」の外国訪問団の副団長も皆日本人であった。一九三八年七月、「満洲国」はヨーロッパに訪欧修好使節団を派遣したが、その団長は満洲国経済部大臣韓雲階であったが、副団長は甘粕正彦と大連税関長福本順三郎であった。この団は七月十五日長春を出発し、まず日本に到着して二十日間外務省等関係各省の指示を受けた。十二月二十一日欧洲から長崎到着後また日本に一ヵ月滞在して外務省等に訪欧の報告をした。

　「満洲国」のこのような外交活動は、そのかいらい性を自から暴露したものであった。

　外務省は、かいらい満洲国の所謂完全独立と領土、主権保全を尊重するとして、一九三四年から三七年にかけて「満洲」における治外法権撤廃、満鉄附属地行政権移譲という対満外交を展開し、外交的芝居を演じた。

　治外法権は、日本と列強の半植民地中国において有する特権であり、またこの治外法権の存在は中国の半植民地性を象徴している。完全な植民地においては、宗主国の法的支配が確立され、自然的にその法権を持つようになり、法律的に治外法権を特別に規定する必要はない。それゆえに、かいらい満洲国に対する植民地化政策が進むにつれて、全満洲が日本の法的支配下におかれ、従来の治外法権は完全な植民地化政策の進行を妨げ

るようになり、その撤廃は植民地化政策進展の必然的な出来事
になった。

　一九三四年七月、「満洲国」は治外法権撤廃準備委員会を組織
し、三五年二月外務省も本問題を調査審議する委員会を設置し、
同年八月法権撤廃並満鉄附属地行政権の漸進的撤廃の方針を発
表した。これは、三四年七月岡田内閣成立後、日本が満洲国の
統制・支配体制を三位一体から二位一体に変え、在満大使が関
東州と満鉄附属地の行政を監督するようにした時期と同時にお
こなわれた。このことは、治外法権撤廃は、満洲の植民地化政
策の進展に伴い、「満洲」が関東州及附属地同様の完全な植民地
にされたのと同時期に行われたことを意味している。

　日本が「満洲」における治外法権等の所謂撤廃をするには、
まず日本人の「満洲」における法律的、経済的、政治的特権を
規定する条約の締結が必要であった。このため外務省は一九三
六年六月十日、まず「満洲国に於ける日本国臣民の居住及満洲
国の課税等に関する日本国満洲国間条約」を締結し、「日本国臣
民ハ満洲国ノ領域内ニ於テ自由ニ居住往来シ農業、商工業其ノ
他公私各種ノ業務及職務ニ従事スルコトヲ得ヘク且土地ニ関ス
ル一切ノ権利ヲ享有ス」べき権利を法的に獲得した[①]。過去、
日本は関東州と満鉄附属地等限られた地域においてはこのよう
な権利を持っていたが、この条約の締結により法的にその権利
が全地域に拡大された。

　この条約を締結した後、一九三七年十一月五日「満洲国ニ於
ケル治外法権ノ撤廃及南満洲鉄道附属地行政権ノ移譲ニ関スル
日本国満洲国間条約」を締結し、同時に裁判管轄、南満洲鉄道
附属地の行政、警察其の他の行政、神社、教育及兵事に関する

---

　① 外務省編『日本外交年表並主要文書』下、341頁。

行政、施設及職員の引継等に関する具体的附属協定を締結した。条約第一条は「日本国政府ハ現ニ日本国カ満洲ニ於テ有スル治外法権ヲ本条約附属協定ノ定ムル所ニ従ヒ撤廃スヘシ」と規定し、その附属協定では「爾後日本国臣民ハ満洲国ノ裁判管轄権ニ服スヘシ」[①]、「日本国臣民ハ満洲国ノ警察其ノ他ノ行政ニ服スヘシ」とし、恰も日本は「満洲」における治外法権を放棄したようであるが、実は「満洲」における司法、警察権は日本に掌握され、司法部次長は司法省出身の吉田正武、司法部刑事司長も司法省出身の前野茂であり、治安部次長は内務省出身の薄田美朝、警務司長は渋谷三郎であり、下部の裁判、警察にも日本人がその実権を握っており、またその法律も皆日本側がさだめた植民地的なものであったから、満洲駐在の日本国臣民が「満洲」の裁判管轄と警察に服すべしというより、中国人民が日本の裁判、警察に服するようになり、「満洲国」の完全な植民地化が法律的に定められたことを示すものであった。

　故に、治外法権の継続的存在は、日本の在満における植民地的権益の拡大に役立たないばかりでなく、逆に有害なものになった。一九三六年六月三日枢密院で「満洲国ニ於ケル日本国臣民ノ居住及満洲国ノ課税等ニ関スル日本国満洲国間条約」を審議する時、荒井は条約の説明において「帝国政府ノ見ル所ニ依レハ満洲国ニ於テ現ニ帝国カ条約上享有スル治外法権ハ我ガ対満国策ノ進捗ニ伴ヒ漸次其ノ重要性ヲ失フニ至リシノミナラズ……満洲国ニ於ケル帝国臣民ノ全面的発展ヲ可能且確実ナラシメ進ンテ両国ノ特殊関係ヲ永遠ニ鞏固ナラシムル為メニ寧ロ機ヲ見テ之ヲ撤廃スルヲ適当トス」[②]と述べた。この「全面的発展」とは、満洲国の全面的植民地化をさすものである。

---

① Microfilm、WT44 リール、ＩＭＴ331、3－14頁。
② Microfilm、WT30 リール、ＩＭＴ181、13－4頁。

　この治外法権の撤廃は、また他の列強の「満洲」における植民地的特権を制限、排除しようとしたものでもあった。かいらい満洲国成立後、列強の国際的承認を獲得するために、かいらい満洲国を承認していない列強の在満領事館①とその治外法権等をそのまま認めていた。これは、かいらい満洲国の所謂独立性を保つために有利な一面があったけれども、日本が「満洲」における植民地体制を確立してその権益を拡大するのに対しては一つの障壁にならざるを得なかった。これは、半植民地の場合には各列強が一つの国家または一地域に並存するが、植民地の場合にはその宗主国がただ一国になるので、各列強が長期的に並存することは不可能である。故に、六月三日枢密院でその条約を審議する時、荒井は「英米其ノ他ノ諸国カ満洲国ニ於テ現ニ事実上治外法権ト同様ノ地位ヲ保持セルハ同国ノ健全ナル発達ニ著シキ障碍ヲ及ボスモノナルニ由リ帝国カ率先シテ其ノ治外法権ヲ撤廃シ以テ右等国ヲシテ之ニ準シ其ノ事実上ノ治外法権的地位ヲ抛棄セシムルヲ必要トス」②と説明した。十一月五日この条約締結と同時にかいらい外交部外務局長は、日本以外の治外法権を有する国家の取扱いについて、「日本国トノ間ニ治外法権ノ最終的撤廃ニ関スル条約締結セラレ其ノ結果日本国

---

　① 一九三四年一月かいらい満洲国に設置されている外国総領事館と領事館は、

奉天：米、英、「ソ」総領事館、独、仏領事館

ハルビン：米、英、「ソ」総領事館、仏、独、伊、波、チエッコ、ポルトガル、丁抹、和蘭領事館

チチハル：「ソ」領事館

満洲里：「ソ」領事館

営口：英、諾威領事館

綏芬河：「ソ」領事館

墨河：「ソ」領事館

大連：米、英、独、「ソ」領事館

其の他に、領事の資格を有するエストニャ、ラトヴィヤ、リスアニアの代表がハルビンに、フインランド、オランダ、スエーデン、フランス、ベルギーの名誉領事が大連に駐在していた。

　② Microfilm、WT30 リール、ＩＭＴ181、14 頁。

臣民ハ我国一切ノ法令ノ制限ニ服従スルコトトナリタルヲ以テ
帝国政府ハ此ノ機会ニ於テ右条約ノ実施ト同時ニ前記一部外国
人ニ対シテ亦現ニ恩恵的ニ許与シツツアル法外法権的取扱ヲ廃
止スルコトトシタリ」[①]と声明し、十二月一日を期して、これ
を実施するとした。

　日本が列強に対しこのような強硬的措置をとったのは、中日
戦争とも直接の関係があった。日本は中日戦争により華北地区
を占領し、満洲と華北を連結してその支配下におき、引き続き
上海、杭州、南京方面に戦局を拡大した。これは日本と列強の
対立と矛盾を強化した。故に、この時期に日本は「満洲」でそ
の植民地的特権を制限する措置をとったのである。

　外務省は国際連盟において列強のかいらい満洲国の承認獲得
に失敗した後、引き続きその承認獲得のために努力した。これ
は、かいらい満洲国の所謂独立性に対する承認を獲得するとい
うより、むしろ日本の満洲に対する植民地的支配と「満洲」の
植民地的地位に対する国際的承認を獲得するということである。

　かいらい満洲国成立後、一九三三年三月三日まずサルヴァド
ルが「満洲国」を承認をした。サルヴァドルは国際連盟におい
て満洲事変と「満洲国」に関する最終報告書の可決に参加して
いない国であるが、なぜ率先的に承認したかその原因はまだ不
明である。

　次に承認したのはローマ法王庁である。ローマ法王庁は主に
布教の事情により「満洲国」を承認した。その枢機卿フマソニ・
ビオンディと大司教カロルス・サロディは一九三四年二月二十
日在吉林の司教ガスベーに「吉林兼新京司教『ガスベー』ニ対
シ特ニ臨時代理権ヲ授ケ同氏ヲシテ本教会在満洲国境内各教区

---

① 満洲帝国政府編『満洲建国十年史』、原書房、1969 年、90 頁。

ヲ代表シ満洲国政府ト『カトリック』教会ニ関スル諸問題ヲ折衝セシム」①との任命状を与え、ガスベーはかいらい外交部と交渉した結果、四月十三日にかいらい満洲国を承認した。

　日本は満蒙侵略とかいらい満洲国の成立のため国際連盟を脱退し、国際的孤立したが、一九三六年以後は逆に満洲国承認の獲得をかけ橋としてファシズム国家と新しい同盟関係を結び、「満洲国」もファシズム陣営に参加することによって、ファシズム国家の承認を得た。これは日本のファシズム外交の副産物である。

　まず、ドイツとの関係を検討して見る。日本とドイツは日清戦争以来、遼東半島と山東題等のため相互対立した関係であったが、三十年代に至りベルサイユ・ワシントン体制を打破し、新しい力関係にもとづいて世界を分割するため「満洲国問題」をかけ橋にしてたがいに接近し始めた。一九三三年ドイツが国際連盟を脱退する一週間前の十月十八日、ヒットラーは在日の独大使デイルクセンに日独関係を改善するために日本が「満洲国」の承認を要求するならば、一定の経済問題解決を前提として、満洲国を承認しても差し支えないと指示した。この後、外務省の斡旋で独・満の経済関係が結ばれた。一九三四年三月、ドイツ政府の通商代表ハイエ氏が来満し、「満洲」の大豆と独の飛行機交換問題を検討し、十二月にはキプ氏を団長とする経済調査団が来満し、一九三六年四月三十日に「満独貿易協定」が調印された。この協定は三七年に延長され、三九年九月には「満洲国ドイツ国間ノ貿場及支払ニ関スル協定」が、締結され、ドイツは満洲から一億円を輸入するようになるが、「支払ハ其ノ四分ノ三即七千五百万円ニ就テハ外国為替ニテ又四分ノ一即チ二千五

---

① Microfilm、ＷＴ58リール、ＩＭＴ449、165－6頁。

百万円ニ就テハ『ライヒスマルク』ニテ為サルベキモノトシ前
記『ライヒスマルク』ハ満洲国政府ニ依リ指定セラレタル銀行
ノ特別勘定ニ振込マレ満洲国ニ輸入セラレタル『ドイツ』国生
産品ニ関シ為サルベキ支払ニ充当セラレ得ベキモノトス」[①]と
規定している。では、その四分の三である七千五百万円は外国
為替にしてどうするのか明記されていないが、実は日独貿易の
アンバランスを調整するため、日本が指定した銀行に振込み、
日本が使用した。これは満独貿易がかいらい的、植民地的貿易
であることを明らかに示すものであった。

　このような貿易関係とラインランド、満蒙、華北等対外侵略
における共通的行動により、一九三六年十一月二十五日日独両
国は防共協定を締結し、両国関係は緊密になった。中日戦争後
の一九三八年二月ドイツは中国に対する武器輸出を禁止し、中
国に派遣した軍事顧問団も撤収し、日本の中国侵略を支持した。
同時に、ヒットラーは二月二十日国全においてかいらい満洲国
承認の意を表し、同年五月十二日ベルリンで「満洲国及独逸国
間修好条約」を締結し、「満洲国政府及『ドイツ』国政府ハ直ニ
両国間ニ外交及領事関係ヲ開始スベシ」[②]（第一条）と決定し、
三九年三月二十四日にはまた修好条約追加条約を締結して、在
満に於ける独人の通商活動に付「原則トシテ最恵国国民ト同様
ノ待遇ヲ与フベシ」[③]と追加した、この文字的表現のポイント
は、ドイツを最恵国と称せなかったことにあり、ドイツに日本
と完全同等の待遇を与えていないことである。これは、日本の
植民地においてドイツが日本と同様の待遇を受けることは不可
能であること、また「満洲」は日本の植民地であることを物語っ

---

① Microfilm、WT30 リール、ＩＭＴ181、19頁。
② 同上、11−2頁。
③ 同上、15頁。

ている。若し「満洲」が半植民地であれば、これは可能なこと
であったと思う。

　かいらい満洲国とイタリアとの関係も防共協定を通じて結ば
れた。イタリアは、一九三五年十二月エチオピヤを侵略し、翌
年五月それを合併した。これは、イタリアが欧洲においてベル
サイユ体制を打破する第一歩であった。同年七月スペインのフ
ランコが反乱を起し人民戦線政府を打倒した時、イタリアはド
イツと共にそれを支援した。このような協同行動により、独、
伊両国は同年十月「ベルリン・ローマ枢軸」を結び同盟関係を結
んだ。三六年十一月に日本とドイツが防共協定を結んだ時、イ
タリアの外相チアノは在伊日本大使杉村陽太郎に日、伊間にも
同様の協定を締結するよう申し入れた。イタリアはこの協定締
結の橋がかりとして、同年十二月、一時閉鎖されていた奉天総
領事館を再開し、「満洲国」を承認する態度を示した。日本もエ
チオピヤに総領事館を設置して、イタリアのエチオピヤ合併を
承認する態度を見せた。だが、外務省は即時締結には踏み切ら
なかった。当時イタリアの対外侵略により、地中海における伊・
英の矛盾が激化していたので、日伊連盟の結成がかならず日・
英関係に影響を与えることを外務省が考慮していたからであっ
た。支那事変勃発後、イタリヤは日本の中国侵略を支持し、南
京政府に対する武器輸出も禁止した。ムッソリーニは、「若し必
要とあらば、日本軍支援の為め伊太利は兵力を派遣することも
厭はぬ」[1]と述べた。イタリアはブラッセルで開催された九ヵ
同条約国の会議で日本の中国侵略を擁護した。イタリアのこの
ような支援を受けた日本は一九三七年十月二十日、イタリアが
防共協定に参加するのに賛成し、イタリアは十一月六日正式に

---

[1] 鹿島守之助「鹿島守之助外交論選集」、第九巻、211 頁。

日、独防共協定に調印・参加した。このファシズム陣営の成立後、イタリアは十一月二十九日正式に「満洲国」を承認し、翌日には在奉天領事館を大使館に昇格させた。

　一九三八年七月五日、かいらい満洲国はイタリアと「通商航海条約」を締結し、満洲における通商等において、原則として最恵国の国民と同様の待遇をイタリア人にあたえた。これと同時に、「満洲国及日本国ヲ一方トシ伊太利国ヲ他方トスル貿易及之ニ関スル支払ヲ規律スル為ニ満洲国政府、日本国政府及伊太利政府間協定」が締結された。この貿易協定も満独貿易協定のように、満洲国のかいらい性を証明するものであった。一九三八年五月十日枢密院でこの協定を審議する時、原嘉道はその説明で「帝国政府ニ於テハ従前日伊両国間ノ貿易ハ稍々我方ノ輸出超過ニナリシモ今次事変ノ勃発以来我方ノ軍需品買入ニ因リ転ジテ多額ノ輸入超過ト為リタルニ照シ斯カル趣旨ノ協定ニ依リ今後日満両国ト伊国トノ間ノ貿易ヲ均等ニ拡大セシムルノ有利ナルヲ認メ」[1]るといい、その貿易の目的を告白した。このような貿易協定は、植民地である「満洲」が独立国家の形式を取った特異性から発生したものであり、国際法上その先例がないので、枢密院審議の時金子は「此ノ条約ハ一方伊太利国他方日満両国トノ間ノ取極ナルガ斯カル条約ハ国際法上先例アルモノナリヤ」と質問したのに対し、宇垣外相は「先例ハ何カアリト思ハルルモ今判然之ヲ記臆セズ」[2]と答えざるを得なかった。

　かいらい満洲国は、以上のように外務省の斡旋により独・伊との政治、経済関係を緊密化し、その両國の支持・承認により一九三九年二月二十四日防共協定に参加し、またこの参加によって防共協定に参加した他のファシズム国家承認を獲得する

---

① Microfilm、ＷＴ30 リール、ＩＭＴ183−2、3−4頁。
② 同上、16−7頁。

ようになった。一九四一年には、十七ヵ国がかいらい満洲国を承認した。その中には防共協定に参加したスペイン、ハンガリー、ブルガリア、デンマーク、ルーマニア、フイランド、クロアチア、スロヴァキア等があり、二、三十年代にファッショ勢力が政権をにぎったリトアニア、ポーランド等もあった。

　次には、日本が日中戦争で建てた汪兆銘政権と太平洋戦争で建てた東南アジアのビルマ・タイ等のかいらい政権も「満洲国」を承認した。この承認は、かいらい同士の承認で、日本の「満洲」侵略を承認したというよりも、おたがいに相手のかいらい性を承認したものだといえよう。

　かいらい満洲国を承認していない英米諸国は、一時在満の領事館を維持しながら、「満洲」との経済、貿易関係を保つ可能性を模索した。英国は、一九三四年十月に元英国産業連盟会頭バーンビノを団長とする英国産業視察団を「満洲」に派遣して、「市場拡大の見込十分な満洲国を視察し、通商関係の可能性を探索」[1]し、英国の一部新聞もこの経済的目的からかいらい満洲国を承認することを希望した。

　仏国は、一九三四年三月、仏の海外投資団体であるフランス経済発展協会の代表ド・ソウィエ氏を「満洲」に派遣し、外務省の同意の下で、日仏対満事業公司（資本十万円）を設立し、かいらい満洲国に投資をした。

　米国は、一九三四年十月「ワシントン・ラユース」主筆ローウェル・メレットを団長とする二十六名の記者団が来満し、かいらい満洲国成立以後の最大の外国記者団として世間の注目をひいた。「ニューヨーク・タイムス」紙等は「米国は永く満洲国不認承を続くべきでない」と主張した。

---

① 満洲日報社編『満日年鑑』、1935 年、115 頁。

　ベルギーは、一九三四年同国最大銀行の重役ベロン・ヘイエンを派遣して、かいらい満洲国に対する投資問題を検討せしめた。

　外務省が上記諸国の在満活動を許可したのは、満蒙資源と市場を利用して、日本の満蒙侵略とかいらい満洲国の植民地的存在に対する列強の承認を獲得しようとしたためであった。故に、その承認獲得が不可能になるにつれて日本は「満洲」における列強の活動と権益を制限し、列強も次々に在満領事館を閉鎖し、満洲から手を引き始めた。

　　以上で述べたようは、日本の「満洲国」承認、植民地支配体制の確立、「満洲国」のかいらい外交における日本外務省の一貫した政策は、拓務省が外務省の政策を皮肉っていうよりに、「羊頭をかかげて狗肉を売るもの」で、表裏矛盾の二面性政策であった。この二面性政策は、「満洲国」の裏では植民地的かいらいであり、表では所謂独立的国家である二面性から出て来るものであり、その政策の本質は裏の植民地化にあり、表の政策はその植民地かいらい性を飾るものであった。故に、外務省のその二面性政策は、逆に「満洲国」のかいらい性を一層明確に立証するものにすぎなかった。

　　日本外務省は対満植民地政策の執行過程において、対外問題を担当する一省として、関東軍と軍中央部が果されない特殊な役割を果した。だが、対満に対する植民地化政策の進展に伴って、外務省の役割は徐々に減少し、最後には大東亜省の設置により、「満洲」の植民地支配からほぼ完全に除外された。このことから、対「満洲」の植民地化政策の進展と外務省の「満洲国」支配における地位は反比例

的な関係があったといえる。このような反比例的関係は、
「満洲国」の植民地化政策が進展するにつれて、「満洲国」
の所謂二面性においてその裏の植民地的かいらい性がま
すます露骨化し、表の独立形式がその植民地化政策を妨げ
るようになるから、その独立性を飾る必要が徐々になくな
り、そのいわゆる独立性を飾る役割を果して来た外務省も
その任務を完成し、「満洲国」の支配から徐々に排除され
ざるを得なくなったのである。このことは太平洋戦争の勃
発と共に、特に一九四二年「満洲」建国十周年行事と大東
亜省の成立により、より一層明確になった。

第十章　戦争と「満洲国問題」

　戦争で建てた「満洲国」は、戦争と切り離すことが出来ず、その後の中日戦争・太平洋戦争まで続き、最後には戦争の敗北によって中国に返還され、解決された。

　戦争と「満洲国問題」は、政治、経済、軍事、外交等多面的な関係を持っているが、本章では主に「満洲国問題」と日本の戦争外交との関係を究明することにする。

　日本の戦争外交における「満洲国問題」は、先ずは「満洲国承認」の獲得問題であり、次に「満洲国」を利用して対華・対米・対ソの戦争外交を展開することであった。この戦争外交において、「満洲国承認」獲得の具体的方針と「満洲国」が日本の戦争外交においてしめる地位は、国際情勢と戦局の変化に伴って多様に変化し、また米国も対日、対ソ外交において「満洲国問題」を利用した。故に、満洲事変後の「満洲国問題」は、日本の戦争外交と国際関係において大変複雑化された。

　本章では、このような「満洲国問題」を中日戦争、日米交渉、終戦外交の三つの問題に分けて考究しようと思う。

一　中日戦争をめぐって

満洲事変後の「満洲国問題」の焦点はその承認問題にあった。

日本は自分の植民地である「満洲国」を独立国家としてまず承認し、次に国際連盟と列強の承認を獲得しようとした。だが、それに失敗し、国際連盟を脱退した。これによって、日本は国際的に孤立するようになった。

この後、日本は「満洲」における植民地体制を一層強化すると同時に、今度は逆に、先ず中国側の承認を獲得して、次にこれを利用して列強の承認を得ようとした。これは、「満洲」は中国の一部分であり、中国の承認なしに列強がそれを承認することは困難だと判断したからであったと思われる。

そこで日本外務省と軍部が中国側にその承認を要求する過程を三つの段階に分けて考察するようにする。

その第一段階は、一九三三年九月から一九三五年春までである。この時期、外務省は先ず悪化した日中関係を「改善」して、中国のかいらい満洲国に対する承認を獲得しようとした。九月外相に就任した広田弘毅と次官重光葵は、この方針を積極的に遂行し、広田外相は十月三日開催された五相会議でこの方針を説明し、五相会議は対満、対中国政策として、「満洲国ノ発達完成ノタメ同国経済統制及ビワガ国トノ経済的調整ヲ計リ帝国指導下ノ下ニ日満支三国ノ提携共助ヲ実現シ」、中国との関係を調整すると決定した①。重光次官は、その回想録でこの外交方針に対し、次のように記述している②。

「日本が中国自身のことについてはあくまで中国政府を援助し、中国人の味方であることを現実に示し、それと同時に満洲ではあくまで既定方針によって満洲国の建国を進め、中国に対する国家建設の摸範を示すということにして行くならば、満洲問題は中国との間に解決し得るのみなら

---

① 外務省編『日本外交年表並主要文書』下、275頁。
② 重光葵『外交回想録』、毎日新聞社、1978年、149-50頁。

　ず、これによって起こった国際連盟及び列強との紛争も次
　第に解消し得る機運が来るものと判断した。」

　これは、まず中国との関係を調整して、中国をして「満洲国」
を承認させ、これによって列強との関係を改善して、その承認
を得るとのことであった。この方針を遂行するため、外務省は
次のような三つの政策を立てた[①]。

　「第一には満洲国の建設は既定方針による。しかしその承認を
　中国に直ちに要求することはしない。これは時をもって解決
　する。第二には日華間の経済協力はできるだけ進めて、日華
　間の融和協力の方針を進めていく。第三には日華間の紛争を
　助長しようとするような第三国及び第三の勢力の行動や政策
　は極力これを排除する。すなわち満洲国と中国本土との関係
　を混乱せしめようとする共産党の勢力については反共政策を
　もって対抗する。また日本に反抗させるために中国に対して
　武器を供給したり、財政援助を与えるような第三国または第
　三国人の行動はこれを止めさせるような外交手段をとる。」

　外務省はこの三つの政策を執行した。一九三四年十月の満洲
統制・支配機構の三位一体から二位一体への調整は第一の執行
であり、一九三五年日中両国公使館の大使館への昇格は第二の
執行であり、一九三五年四月天羽情報部長の声明はこの政策の
第三の執行であった。

　この時期、関東軍も外務省のこの方針に協調し、華北政務整
理委員会との交渉で、一九三四年七月に北平—奉天間の列車乗
りいれ、十二月には税関を開設し、一九三五年には両者の郵便
取扱いが開始され、両者の関係も一時小康状態を保つように
なった。だが、関東軍は一九三五年の夏から華北侵入にふみき

---

① 重光葵『外交回想録』、毎日新聞社、1978 年、150 頁。

り、梅津・何応欽協定、土肥原・秦徳純協定を締結し、華北への侵略を拡大した。

このような情勢の下で、一九三五年夏から，「満洲国」承認問題は第二の段階に入り、外務省は軍部の華北侵入の有利な情勢を利用して、遂に、「満洲国」の黙認或は承認を所謂両国関係「改善」の前提として提出した。広田外相は九月二十七、八日の四相会議を経て、十月四日対華三原則を発表した。この三原則は軍の華北侵略に相応しい外交政策であった。その第二原則では、『支那側をして満洲国に対し、窮極において正式承認を与えしむること必要なるも、差当り満洲国の独立を事実上黙認し、反満政策を罷めしむるのみならず、少なくともその接満地域たる北支方面においては、満洲国との間に経済的および文化的の融通提携を行なわしむること」と要求した①。広田は中国のかいらい満洲国承認を根本的問題として重視し、「日満支三国の関係を完全に調整するためには、先ず支那が満洲国の存在を承認しこれと国交を樹立し、進んで双方利害の関係を調和して行かなければ根本的には解決はできないわけである」と強調した②。これは外務省の方針が「中国との関係改善から承認へ」との方針から、「まず承認から次に関係改善」という方針に転換し、承認を改善の前提としたことを示した。この方針転換は、軍部の華北分離工作にそったものであった。

広田外相は、この方針の貫徹のため、十月七日在日中国大使蒋作賓に「日満支三国ノ関係調整為ニハ支那側ニ於テ此ノ際満洲国ノ承認ヲ断行スルコト最上ナルモ支那側トシテモ対内其ノ他ノ関係上正式承認ヲ困難トスル事情アルヘキヲ以テ若シ承認困難ナルニ於テハ差当リ満洲国ノ独立テフ既存ノ事実ヲ無視

① 広田弘毅伝記刊行会『広田弘毅』、中央公論出版、1966年、159頁。
② 同上書、162頁。

スルコトナク之カ存在ヲ事実上黙認スルコト」①といい、中国
側の黙認を要求した。だが南京政府は、「今後中華民国ハ満洲ニ
対シテ政府間ノ交渉ハ出来ナイカ其ノ地方ノ現状ニ対シテハ決
シテ平和的以外ノ方法ヲ用キテ変端ヲ惹引スルコトヲ為サス且
関内外人民ノ経済聯絡ヲ保持スル方法ヲ講ス」②と回答し、原
則としてかいらい満洲国を承認しないが、経済的には一部妥協
的態度を取った。これは、南京政府下の経済危機の深刻化と中
国共産党指揮下の工農紅軍に対する「囲剿」に専念する「安内
攘外」政策のためであった。

　華北侵入を利用してかいらい満洲国の黙認を獲得しようとし
た外務省の構想には、軍部も賛成し、陸軍参謀本部第二部が一
九三六年二月六日起草した南京政府との交渉案では「大體外務
省案（守島私案）ニ據リ南京側ヲ誘導シ少クモ蒋政権ヲシテ……
既成事実ノ承認（満洲国承認ヲ含ム）」③をさせると記述してい
る。だが、重光次長は、「初めに企図した満洲事変の収拾という
ような大きな政策は軍部の華北工作によって完全に打ちこわさ
れてしまった」④とその回想に記述している。これは事実でな
いと思う。外務省は軍の華北侵入に外交的支持を与えていたの
である。一九三五年十一月二十日、在南京の有吉明大使が蒋介
石と広田三原則に関する会談をする時、有吉は軍の華北侵略政
策について弁解し、所謂自治運動は「元々中央カ北支ノ特殊事
態及今日迄ノ歴史ヲ充分認識セス既定約定ニ基ク各種案件ノ解
決ニ対シ遷延策ヲ取リタルカ為発生シタルモノニシテ中央ニ於
テ萬一之ヲ圧迫シ又ハ武力ヲ以テ弾圧スルカ如キコトアルニ於
テハ事態ノ紛糾治安ノ破壊ヲ来シ延イテ同地方ニ密接ナル関係

　　①　外務省編『日本外交年表並主要文書』下、304頁。
　　②　同上書、307－8頁。
　　③　同上書、329頁。
　　④　重光葵『外交回想録』、毎日新聞社、1978年、161頁。

ヲ有スル日本及満洲国ニ多大ノ影響ヲ及ホス惧アリ殊ニ満洲国
ノ保全ヲ担当スル関東軍トシテハ之ヲ黙視シ得サルヘク此ノ点
特ニ貴方ノ注意ヲ喚起セサルヲ得ス」[1]と述べた。その後有田
八郎、川越茂大使も華北と満洲問題解決のためにひきつづき蒋
介石と会談し、華北の新情勢を利用して、「満洲問題」を収拾し
ようとした。だが所期の目的を達することが出来なかった。

　満洲事変は、十五年戦争の開幕であり、中日戦争は満蒙・華北
侵略の必然的産物であった。関東軍は満洲事変の時からその版図
を拡大する意図を持っており、かいらい満洲を建てる時に、「国号
ハ満蒙ノ二字ヲ冠スル時ハ将来満蒙以外ノ地方カ其ノ版図ニ帰ス
ルコトアルヘキ場合ヲ予想シ不適当ナルヲ以テ目下支那人学者ヲ
シテ適当ノ国号ヲ研究セシメ」[2]たことがある。これは満洲事変
と中日戦争の相互関係を説明している。故に、「満洲国承認問題」
も自然に中日戦争につながるようにならざるを得なかった。

　こうして、「満洲国承認問題」は中日戦争勃発と同時に第三の
段階に入り、外務省と軍部も事変初期における軍事的優勢を利
用して、まず「満洲問題」と華北の問題を解決しようとした。
事変初期、外務省は陸、海軍省と共に所謂不拡大・日華停戦と
いう看板の下で「日支国交全般的調整案要綱」を作成し、八月
八日在南京の川越茂大使にその内容を伝えた。同時に東亜局長
石射猪太郎の斡旋で在華日本紡績同業会の理事長船津辰一郎を
中国に派遣して、南京政府に対する所謂和平工作を展開した。
この工作で、外務省と軍部はまず「支那ハ満洲国ヲ今後問題ト
セストノ約束ヲ隠密ノ間ニナスコト」[3]を南京政府に要求した。
　当時参謀本部第一部長であった石原莞爾は、日中戦争解決の

① 外務省編『日本外交年表並主要文書』下、310頁。
② Microfilm, S563リール、S1、6、2、0－2、589頁。
③ 防衛庁防衛研修所戦史室『戦史叢書・支那事変陸軍作戦(1)』、朝雲新聞社、1975
年7月、249頁。

二つの条件の一つとして、南京政府に「満洲国を承認せしむ」[①]
と主張した。石原のこの主張は、九月十三日参謀次長が起草し
た「戦争指導（用兵及兵備ニ関スル事項ヲ除ク）要綱案」でもっ
と明確に表している。要綱案は、「今次事変ハ満洲事変ノ結末タ
ルノ真義ヲ諒得シ『満洲国承認』ヲ根本ト」し、所謂講和条件
の一つとして「支那側ノ満洲国承認」[②]を提出した。これは、「満
洲国承認問題」が支那事変初期においてどれほど重要な問題で
あったかを物語るものである。

　その後、中日戦争はますます拡大化され、長江・華中地区に
戦局が拡大された。外務省はこの拡大に伴って、東亜局を中心
に陸、海軍省の軍務課と交渉して「支那事変対処要綱」とその
「具体的方策」を作成し、十月一日総理、陸、海軍大臣の決裁を
得た。この要綱で注目すべきことは中国に「支那ハ満洲国ヲ正
式承認スルコト」[③]を要求したことである。これは、軍事行動
の拡大に伴い、かいらい満洲国の承認も「隠密」から「正式」
にエスカレートしたことを物語る。こうして、その後における
中日戦争処理の各要綱には「満洲国承認問題」が政治・外交の
第一条として掲げられるようになった。

　だが、中国人民と南京政府は、日本側の「満洲承認」を含む
各要求を拒否し、抗日戦争に突入した。日本軍は十二月十三日
南京を攻略して、軍事的圧力でその目的を達成しようとした。
このため、一九三六年十二月末、外務省と陸、海軍省の事務当
局は「支那事変処理根本方針」を作成し、三八年一月九日の連
絡会議と九日の閣議を経て、十一日の御前会議にこの方針を提

---

　　①　防衛庁防衛研修所戦史室『戦史叢書・支那事変陸軍作戦(1)』、朝雲新聞社、1975
年7月、223頁。
　　②　同上書、343－4頁。
　　③　防衛庁防衛研修所戦史室『戦史叢書・支那事変陸軍作戦(1)』、朝雲新聞社、1975
年7月、349頁。

出した。御前会議は、この方針を決定し、別紙甲の「日支講和交渉条件細目」九項目を付け加えた。その第一項目が「支那ハ満洲国ヲ正式承認スルコト」で、第三、四、五項目は華北地区の「満洲化」を要求した[①]。

　外務省は、この交渉条件を一九三七年十二月二十二日独大使ディルクセンに手渡し、在華独大使トラウトマンにその斡旋を依頼した。だが、南京政府はこの交渉に応じなかった。

　このような情況の下で、日本政府は一九三八年一月十六日「国民政府ヲ対手トセス」との声明を発表し、「帝国ト真ニ提携スルニ足ル新興支那政府ノ成立発展ヲ期待シ、是ト両国国交ヲ調整シテ更生新支那ノ建設ニ協力セント」する意を表した[②]。これは支那事変以後、華北、華中で成立した新しいかいらい政権を一層育成するとのことであった。だが、南京政府の存在は客観的なものであり、その存在を否定することは出来なかった。同年十一月三日、日本政府は「国民政府ト雖モ……之ヲ拒否スルモノニアラス」[③]の声明を発表し、その存在をまた承認し、「満洲国問題」等について南京政府と交渉する可能性を表明した。

　この声明の背景には戦局の変化があった。一九三八年秋武漢攻略戦が終結し、陸軍は本土に近衛師団を有するのみで、中国に二十四コ師団、満鮮に九コ師団を配置し、攻撃続行の弾力性を完全に失い、進撃戦から持久戦に転換せざるを得なかったのである。

　持久戦段階において、外務省と軍部は南京政府に対しいろいろなルートを通じて謀略的「和平工作」を展開して蒋政権を屈服させようとした。この「和平工作」において、「満洲国問題」

① 外務省編『日本外交年表並主要文書』下、385－6頁。
② 同上書、386頁。
③ 同上書、401頁。

は依然として交渉の一問題になった。

この時期、軍部は影佐禎昭・今井武夫等を上海に派遣して汪兆銘工作を展開した。影佐・今井は汪の代表高宗武・梅思平と交渉する時、汪が「満洲国ヲ承認ス」[1]ることを日本が汪を支援してかいらい政権を建てる一つの条件とし、汪はこの条件を承諾して重慶を脱出して日本の懐に入り、南京でかいらい政権を建てた。

一九四〇年春から、軍部は「桐工作」をすすめ、三月七日から今井武夫・臼井茂樹等は香港で重慶側の宋子良・陳超霖らと投降勧誘条件を協議した結果、その第一条として「支那ハ満洲国ヲ承認スルヲ原則トシ（平和克復後）」[2]、三月十四日、臼井大佐は参謀本部に「満洲国承認は最後までもめるであろう」[3]と報告した。香港会談の進行に伴い、閑院宮参謀総長は板垣征四郎中将を重慶に派遣して蒋介石と直接会談せしめて、蒋の投降を勧誘しようとした。その投降勧誘の九つの条件の第二項として「支那ハ満洲ヲ承認ス」[4]と要求した。その後「桐工作」も軍部と政府共同の謀略になり、七月下旬には参謀本部第八課課長臼井茂樹は板垣中将に対する訓令案として停戦基礎条件を起草し、その二の「満洲国ノ承認ニ関スル件」[5]では、

　　「承認ノ時機ハ成ルヘク速ナルヲ要スルモ、已ムヲ得サレ
　　ハ協約外ノ日本軍撤退完了迄ノ期間ニ於テ、承認セシムル
　　如ク考慮ヲ加フルコトヲ得。承認ノ時機方法等ニ関スル約
　　束ハ、已ムヲ得サレハ秘密且便法ニ依ルモ妨ナシトスルモ、

① 外務省編『日本外交年表並主要文書』下、402 頁。
② 稲葉正夫等編『太平洋戦争への道』、別巻・資料編、297 頁。
③ 防衛庁防衛研究所戦史室『戦史叢書・大本営陸軍部(2)』、朝雲新聞社、1968 年、31 頁。
④ 稲葉正夫等編『太平洋戦争への道』、別巻・資料編、298 頁。
⑤ 防衛庁防衛研究所戦史室『戦史叢書・大本営陸軍部・大東亜戦争開戦経緯(3)』、朝雲新聞社、1973 年、7 頁。

　　満洲国問題ニ関シテハ公式ニ言及セシメ置クヲ要ス。」

　とし、その承認の本質は従来同様であるが、承認の秘密且つ便法の形式を認めるなど、形式においてはかなりの「譲歩」的態度をみせた。だが、九月十二日所謂宋子良と今井会談の時、宋子良は満洲国承認問題ではなお譲歩の余地はないか、あるとすればその限度如何と質問した。これは「桐工作」においてかいらい満洲国問題が依然として一つの重要な焦点になっていたことを示す。「桐工作」は九月下旬になり失敗し、宋子良なる人物は中国藍衣社の曽広であることがわかった。こうして、「桐工作」を通じて「満洲国承認」を獲得しようとした狙いは失敗した。

　軍の所謂和平工作が失敗した後、外務省が新たな和平工作に積極的に取りかかった。十月一日、松岡洋右外相は陸、海軍大臣と共に「対重慶和平交渉ノ件」を決定し、その日本側要求条件試案として第一に「支那ハ満洲国ヲ承認スルコト」とし、「記」として「本件ハ情況ニ依リ別途談合スルコトトシ差支ナカルベシ」①とした。この要求条件は他の四つの条件と共に、日独伊三国同盟が成立したこの時期に、ドイツと中国との関係を利用して、中国側にこの条件を提出しようとした。

　同時に、松岡外相は中国交通銀行董事長銭永銘を通じての「銭永銘工作」を開始した。松岡は十月中旬西義顕、船津辰一郎、田尻愛義等を香港に派遣して、十一月から銭と交渉し始めた。その時、田尻愛義は松岡外相の了承を得た日中戦争解決案として「満洲国は現実の問題として取り扱うこと」②を一つの条件として付けた。これは十月一日の三相決定の条件より後退した

① 稲葉正夫等編『太平洋戦争への道』、別巻・資料編、302頁。
② 防衛庁防衛研究所戦史室『戦史叢書・大本営陸軍部・大東亜戦争開戦経緯(3)』、朝雲新聞社、1973年、106頁。

ものである。この案に対し、船津と汪兆銘が会談した時、汪は「聞く所によれば、今回日本側の提案中には満洲国承認問題は暫く見合わせ、将来適当の機会に満洲国政府より中国政府に向て其承認を求むることとし」[①]たそうだが、といったのも根拠のないことではなかった。

　以上に述べたように、一九四〇年後半期に至り、日本は「満洲国承認問題」において原則としては重慶側の承認を要求したが、その形式においては以前より「譲歩」的方針をとっていた。これはヨーロッパ戦局の変化に伴う日本の南進政策と密接な関係があった。一九四〇年七月二十七日、大本営政府連絡会議は「世界情勢の推移に伴ふ時局処理要綱」を採択し、「帝国ハ世界情勢ノ変局ニ対処シ内外ノ情勢ヲ改善シ速カニ支那事変ノ解決ヲ促進スルト共ニ好機ヲ捕捉シ対南方問題ヲ解決ス」[②]と決定した。この決定は、南進を国策として正式に決定したものであり、日本が東南アジアと太平洋の覇権を争奪する第一歩を踏みだしたことを示す。日本支配層はこの南進のため、背後から南進を牽制する対中国戦争を早期に解決しようとした。このため、蒋政権の投降を積極的に誘導し、「満洲国承認問題」等では形式的な「譲歩」措置を取り、蒋政権を一日も早く降伏させようとした。

　また、この時期に至り、汪兆銘の南京かいらい政権の問題が「満洲国問題」よりも緊迫した問題になり、「満洲国問題」は第二次的な問題になったのも、その原因の一つであったと思われる。

　日本は、汪兆銘の南京かいらい政権を承認する前に重慶の蒋

---

　① 防衛庁防衛研究所戦史室『戦史叢書・大本営陸軍部・大東亜戦争開戦経緯(3)』、朝雲新聞社、1973年、104頁。
　② 外務省編『日本外交年表並主要文書』下、437頁。

政権を屈伏させようとしたが、蒋政権は「満洲国問題」を含む日本側の要求に応じなかった。こうして「銭永銘工作」も失敗におわり、日本は十一月三十日汪兆銘政権と基本条約を締結し、日本はそのかいらい政権を正式に承認し、同時に「日満華共同宣言」を発表して、二つのかいらい政権はたがいに相手を承認した。

　こうして、二つのかいらい政権承認・処理問題がまた日本外交の新しい課題になり、日米交渉において議論され、太平洋戦争の開戦外交の一部分になった。

二　日米交渉をめぐって

　一九四〇年春、ナチス・ドイツの西方攻勢により、フランス、オランダ等東方に植民地を持っていた宗主国がつぎつぎとドイツに降伏し、仏印、蘭印等は一時空白地帯になった。日本はこの好機を捕捉し、三国同盟を利用して南進政策の道を辿り始めた。これは日米間の矛盾と対立を激化させた。日米両国は外交交渉を通じてこの矛盾を解決し、太平洋における各自の目的を達成しようとして日米交渉にとりかかった。

　日米交渉において、日本は三国同盟と太平洋における軍事的優勢をバックに、外交的交渉で南進の目的を達成し、同時にまた南進態勢で米国に圧力をかけ「満洲国承認」を含む中国問題を解決しようとした。米国は、「満洲国承認」を含む中国問題で日本と妥協して、三国同盟を解除し、日本の南進をはばもうとした。こうして「満洲」・中国問題が日米間の外交攻防戦において重要な問題として取り上げられるようになり、かいらい満洲国の承認問題は「中国の承認から列強の承認へとの方針」からまた「米国の承認から中国の承認へとの方針」に転換し始めた。

　日米交渉における「満洲」・中国問題は二重の性格を持っていると思われる。日本としては解決すべき目的であると同時にまた南進をなしとげる一つの交渉手段でもあり、米国としては日本の南進をはばむ一つの交渉手段でもあり、また日本と争奪するものでもあった。故に、日米交渉における「満洲国問題」の占める地位は、中日戦争時期に比較してかなり低下しており、中日戦争においては政治・外交的要求の第一条或は第一項にかかげられていたが、日米交渉の時には最後の条項としてつけ加えていた。これは、日米交渉における問題は南進問題であり、「満洲国承認問題」はその問題の附属的問題であり、目的達成の手段の一つであったからであった。だが、日米交渉において「満洲国問題」は見のがすことの出来ない一つの問題であった。

　日米交渉は一九四〇年末民間レベルで始まり、一九四一年四月十六日米国のハール国務長官・ドラウト神父と岩畔豪雄大佐等がワシントンで「日米諒解案」を提出し、その三の「支那事変ニ対スル両国政府ノ関係」[①]は、

「米国大統領カ左記条件ヲ容認シ且日本国政府カ之ヲ保障シタルトキハ米国大統領ハ之ニ依リ蔣政権ニ対シ和平ノ勧告ヲ為スヘシ

A、支那ノ独立

B、日支間ニ成立スヘキ協定ニ基ク日本国軍隊ノ支那領土撤退

C、支那領土ノ非併合

D、非賠償

E、門戸開放ノ復活但シ之カ解釈及適用ニ関シテハ将来適当ノ時期ニ日米両国間ニ於テ協議セラルヘキモノトス

---

① 外務省編『日米交渉資料』、第一部、原書房、1978年、13頁。

　　Ｆ、蒋政権ト汪政府ノ合流
　　Ｇ、支那領土ヘノ日本ノ大量的又ハ集団的移民ノ自制
　　Ｈ、満洲国ノ承認
　　蒋政権ニ於テ米国大統領ノ勧告ニ応シタルトキハ日本国政
　　府ハ新タニ統一樹立セラルヘキ支那政府又ハ該政府ヲ構
　　成スヘキ分子ヲシテ直ニ和平交渉ヲ開始スルモノトス
と記している。だが四月九日の試案ではこの末項に「蒋介石政
権カ『ルーズベルト』大統領ノ勧告ヲ拒否シタル場合ニハ、米
国政府ハ対支援助ヲ打切ルモノトス」①と記していた。この案
作成の日本側主任者岩畔大佐は、該案作成において問題になっ
た諸点について触れる時に、「満洲国の承認問題については、米
国は初めから異議を挟まなかった」②と述べている。この事実
は、米国が「満洲国」を犠牲にして日本の南進を阻もうとした
ことを明確に示している。

　だが、松岡外相はこの諒解案に重大な修正を加え、五月十二
日の日本側案を作成した。この案の「支那事変ニ対スル両国政
府ノ関係」では諒解案の八項目を皆取り消し、「日華基本条約」
と「日満華共同宣言」の原則を主張した。その理由は、「一々之
ヲ項目トシテ掲ケ、日米ノ間ニ了解ヲ遂クルコトハ、恰モ是ヨ
リ是等ノ問題ニ付『デクテート』セラレタル感ヲ与フル嫌アル
カ為ナリ」③と松岡はいっているが、実は米国の介入を排して
日中直接交渉の原則をあくまで貫こうとし、またシンガポール
を攻撃して、強硬な態度で米英に対抗しようとしたからであっ
た。

　日本のこの案に対し、米国は六月二十一日その対案を提出し

　　① 防衛庁防衛研究所戦史室『戦史叢書・大本営陸軍部・大東亜戦争開戦経緯(3)』、
515頁。
　　② 同上書、518−9頁。
　　③ 同上書、570頁。

た。この案で米国は「日本国政府ノ附属追加書」として「日支間ノ和平解決ニ対スル措置」八項目を提出し、その中で「満洲国ニ関スル友誼的交渉」①をするよう希望し、かいらい満洲国を承認する態度を暗示して、日本の南進を阻もうとした。

　だが日本は七月二十八日仏印南部に侵入し、日米交渉も一時中断された。これは太平洋の覇権をめぐる日米闘争は「満洲国問題」等での妥協で解決されるものでないことを説明した。このような情勢の下で、九月六日の御前会議は最終的に対米英開戦を決意し、「外交交渉ニ依リ十月上旬頃ニ至ルモ尚我要求ヲ貫徹シ得ル目途ナキ場合ニ於テハ直チニ対米（英蘭）開戦ヲ決意ス」②と決定した。こうして日米交渉は開戦外交に転換し始め、「満洲国問題」も開戦外交の一部分になった。

　この開戦外交において、日本側は米国に新しい対案を提出した。この案で、「満洲」・中国問題に関しては依然と「近衛三原則」、「日華基本条約」、「日満華共同宣言」の原則を堅持しながらも、五月に反対した所謂「日支和平基礎条件」を提出し、汪兆銘の南京かいらい政権と撤兵問題等では一定の「譲歩」的態度を示しながらも、「満洲国問題」では依然と「満洲国承認」を要望し、「譲歩」的態度を示さなかった③。これは一九四〇年後半期の所謂和平工作における形式的「譲歩」と対照的であったといえる。

　この日本側案に対し、米国は逆に、先に提出した「日支間ノ和平解決ニ対スル措置」八項目を撤回し、十月二日ルーズベルト大統領の国家間の四原則を提出して、日本に対応した。その

① 外務省編『日米交渉資料』、第一部、原書房、1978年、74頁。
② 外務省編『日本外交年表並主要文書』下、544頁。
③ 外務省編『日米交渉資料』、第一部、原書房、307頁。

四原則は次の通りである。[①]

一、一切ノ国家ノ領土保全及主権ノ尊重

二、他国ノ国内問題ニ対スル不干与ノ原則ノ支持

三、通商上ノ機会均等ヲ含ム均等原則ノ支持

四、平和的手段ニ依リ現状カ変更セラルル場合ヲ除キ太平洋ニ於ケル現状ノ不攪乱

この四原則は、中国の「満洲」における主権回復についての米国の支持を暗示し、「満洲国問題」に対する米国政府の態度が変化し始めたことをあらわした。

これに対し、十月七日の閣議で東条陸相は「四原側は九ヶ国条約の再確立である。満洲事変、支那事変は何のためであったのか。いうまでもなく九ヶ国条約打倒のためであった。大東亜共栄圏の前提は九ヶ国条約の破壊にある。四原則は主義として認めるべきでないし……この原則を局地的に支那に適用せられることは正に日本の死活問題である」[②]と述べて強硬に反対した。東条は満洲事変、大東亜共栄圏の角度からこの四原則に反対した。

こうして十一月に至り、日米矛盾は一層激化し、同月二日連絡会議は「武力発動ノ時期ヲ十二月初頭ト定メ陸海軍ハ作戦準備ヲ完整ス」[③]と決定した。だが、米国国務省極東部は同月十七日「太平洋における若干の領土を日本の艦船と交換する提案」を起草し、そのＢ案で「日本は米国に艦船を売却する代わりに、米国から資金を獲得することにして、支那から満洲の全部又は一部を購入する条件で、米国、支那及び日本の間に協定ができ

---

① 外務省編『日米交渉資料』、第一部、原書房、337-8頁。

② 防衛庁防衛研究所戦史室『戦史叢書・大本営陸軍部・大東亜戦争開戦経緯 (5)』、103頁。

③ 外務省編『日本外交年表並主要文書』下、554頁。

るかも知れない」^①とし、満洲を犠牲にして日本と妥協しよう
とする構想を持っていた。だが、中国は「満洲国問題」を含む
中国問題で米国が日本と妥協することに反対し、また米国も日
米開戦がさし迫った情勢の下で、中国を利用して南進する日本
を背後から牽制するのも米国にとっては大変有利なことである
と考え、結局米国は「満洲」・中国問題で妥協せず、十一月二十
六日最後の「ハル・ノート」を日本に提出した。その中の中国
との関係項目では、^②

　三、日本国政府ハ支那及印度支那ヨリ一切ノ陸、海、空軍兵
　　　力及警察力ヲ撤収スヘシ

　四、合衆国政府及日本国政府ハ臨時ニ首都ヲ重慶ニ置ケル中
　　　華民国国民政府以外ノ支那ニ於ケル如何ナル政府若クハ政
　　　権ヲモ軍事的、経済的ニ支持セサルヘシ

　五、両国政府ハ外国租界及居留地内及之ニ関聯セル諸権益並
　　　ニ一九〇一年ノ団匪事件議定書ニ依ル諸権利ヲモ含ム支那
　　　ニ在ルー切ノ治外法権ヲ抛棄スヘシ

　　　両国政府ハ外国租界居留地ニ於ケル諸権利並ニ一九〇一
　　　年ノ団匪事件議定書ニヨル諸権利ヲ含ム支那ニ於ケル治
　　　外法権抛棄方ニ付英国政府及其他ノ諸政府ノ同意ヲ取付
　　　クヘク努力スヘシ

と規定し、これを日本に要求した。

　では、ハル・ノートの「支那」には「満洲国」が含まれてい
たか。東条首相と東郷茂徳外相は「満洲国」は含まれていない
と理解した。実は、「支那」に満洲が含まれていた。十一月十九
日、ハミルトン極東部長がハルに提出した国務省の全面的協定

<hr />

　　① 防衛庁防衛研究所戦史室『戦史叢書・大本営陸軍部・大東亜戦争開戦経緯 (5)』、
589 頁。
　　② 外務省編『日本外交年表並主要文書』下、564 頁。

に関する案では「支那（満洲を含む—別の規定を見よ）及び印度支那からすべての陸、海、空及び警察部隊を撤退する」[①]と記しているし、六月二十一日の米国側案も「満洲ニ対スル友誼的交渉」としているから、文理上「支那」には「満洲」が含まれていると理解するのが妥当であった。米国の主張は「満洲」に対する友好的交渉から日本の「満洲」からの撤兵に変化し、両国の妥協の余地はなくなり、開戦に至らざるを得なかった。

　十二月一日御前会議は「米英蘭ニ対シ開戦ス」[②]と決定し、六日東郷外相は対米通牒を発し、「ハル・ノート」に対し「支那問題ニ関シテハ重慶側ノ意見ニ迎合」したと非難し、「今後交渉ヲ継続スルモ妥結ニ達スルヲ得ス」[③]と米国に通告した。こうして、一年間の日米交渉も幕を閉じ、八日開戦に至った。

　以上で述べたように、「満洲国問題」は日米交渉・開戦外交において一番重要な問題にはならなかったけれども、日米矛盾または妥結の一焦点になっていた。「満洲国問題」は中国問題の起点になり、また中国問題での妥結が「満洲国問題」にまで影響を及ぼし、中国問題での妥結を牽制した。「満洲」・中国問題での不妥協は、太平洋戦争勃発の一原因になり、またこの原因が太平洋戦争終結の終戦外交において問題になったのである。

三　終戦外交をめぐって

　一九四四年七月連合国軍のサイパン島上陸と東条内閣の総辞職は、太平洋戦争がその後半期に入ったことを表わし、日本の敗北はもはや時間の問題となり、日本外交もそろそろ終戦外交

① 防衛庁防衛研究所戦史室『戦史叢書・大本営陸軍部・大東亜戦争開戦経緯（5）』、595頁。
② 外務省編『日本外交年表並主要文書』下、564頁。
③ 外務省編『日米交渉』、第一部、原書房、539頁。

に転換し始めた。

　従来日本の終戦外交は「勝利」の外交であり、戦争の獲得物をどのように確保・拡大するかにあった。だが太平洋戦争における終戦外交は「勝利」の外交でなく、敗戦の外交であった。敗戦外交の課題は、外交的措置によって完全な敗北を避けて、体面の保てる終戦を迎えることであった。このため日本は「勝利」の戦争で獲得した植民地をどのように確保または利用しながら連合国側と終戦交渉をするかという問題が出て来た。

　一九四三年九月十五日、日本の同盟国イタリアが降伏した。これは日本にも大きなショックであった。九月三十日御前会議は「今後採るべき戦争指導大綱」を採択し、千島・小笠原・内南洋（中、西部）及西部ニューギニヤ・スンダ・ビルマを含む圏域を絶対確保すべき線だと決定した。[①]「満洲国」は当然この圏内に属していた。

　だが、同年十一月二十二日からルーズベルト、チャーチル、蒋介石等はカイロで、終戦後の日本植民地処理問題を検討し、二十七日に「カイロ宣言」を発表し、「連合国の目的は日本国より千九百十四年の第一次世界大戦争の開始以後に於て日本国が奪取し又は占領したる太平洋に於ける一切の島嶼を日本国より剥奪すること並に満洲、台湾及澎湖島の如き日本国が中国人より盗取したる一切の地域を中華民国が回復することに在り」[②]との声明を発表した。

　こうして「満洲国問題」は終戦外交の一課題としてまた国際関係の舞台に登場した。この時期における「満洲国問題」は、以前のようにその承認獲得でなく、その現状を維持することであり、最後には「満洲国」を「お土産」に条件付けの降伏をし

---

①　外務省編『日本外交年表並主要文書』下、589 頁。
②　外務省編『終戦史録』（一）、北洋社、1977 年、123 頁。

ようとする「交換物」として取扱われ、「満洲国問題」の位置づけに新しい変化が生じた。

では、まず対中国外交—「和平工作」における満洲問題を検討することにする。

一九四〇年松岡外相の「銭永銘工作」失敗後重慶に対する「和平工作」は、日本軍の太平洋戦場における一時的「勝利」により一時中止されていたが、一九四四年七月連合軍のサイパン島上陸後にはまた重要な工作として取り上げられた。

一九四四年九月五日最高戦争指導会議は「対重慶政治工作実施ニ関スル件」を決定し、中国と太平洋の二面作戦においてまず背後の中国問題を処理し、全力を集中して正面の米軍に対応しようとして、「支那ノ好意的中立」[①]を獲得しようとした。このため日本は汪兆銘政権・中国からの撤兵問題等ではかなりの「譲歩」的態度を示し、「満洲国ニ関シテハ現状ヲ変更セサルモノトス」[②]とし、その正式承認要求を放棄し、この「譲歩」で中国の「好意的中立」を求めようとした。このため、陸軍次官柴山兼四郎（元汪政権の顧問）が南京に派遣され、南京かいらい政権の周仏海、陳公博に所謂平和条件を提出し、その中で「南京政府ハ解消スルモ可ナリ」も、「満洲ハ其ママ」[③]にしようとした。これと同時に、小磯首相は宇垣一成を中国に派遣して日中関係調整の道をさぐろうとしたが、宇垣は復命の時に「満洲問題に就いては満洲の独立を取消せということがどうも殆ど絶対の意見になっておった。……満洲問題は孔祥熙と話をした時には暗黙の裡に行けるという意見であった。……今はそういう鼻息じゃない、非常に強い。……併し満洲問題というものは、

---

① 外務省編『日本外交年表並主要文書』下、605 頁。
② 同上。
③ 防衛庁防衛研究所戦史室『戦史叢書・大本営陸軍部（9）』、原書房、1975 年、267 頁。

やればまだ途がある。それは独立を取消せと言っても日本は問題にせぬ、ただそこに妥協点を発見するのは将来に於て、ロシア、支那、日本この三国が話合いで彼処に中立地帯をつくる」①と述べた。このことは「満洲国問題」をめぐって日中両側の意見が非常に対立していたことを表わした。

　同年十二月十三日、最高戦争指導会議は「現地ニ於ケル対重慶政治工作ニ関スル件」を決定し、翌年二月に繆斌工作にとりかかった。繆は三月十六日東京に到着し、日本の要人と中日関係につき種々議し、中日関係調整の六つの条件を提出した。その第一条は「満洲処理問題については別に協定す」②とし、妥協の余地を示唆したが、軍部の反対により繆は四月末帰国し、なんの結果をももたらすことが出来なかった。

　次に、「満洲国問題」はソ連の対日参戦に利用された。一九四五年二月四日から十一日までソ連クリミヤ半島のヤルタでスターリン、ルーズベルト、チャーチルが三国首脳会議を開催し、戦後ドイツ処理問題のほか、ドイツ降伏後二ヵ月または三ヵ月後ソ連が対日戦に参加することを決定した。その参戦条件として、「大連商港に於ける『ソヴィエト』連邦の優先的利益は之を擁護し該港は国際化せらるべく又『ソヴィエト』社会主義共和国連邦の海軍基地としての旅順口の租借権は回復せらるべし」、「東中国鉄道及大連に出口を供与する南満洲鉄道は中『ソ』合弁会社の設立に依り共同に運営せらるべし但し『ソヴィエト』連邦の優先的利益は擁護せられ又中華民国は満洲に於ける完全なる主権を保有するものとす」③と規定した。これは、ソ連が対日作戦参加の代価として日露戦争でロシアが満蒙で奪われた植

---

①　外務省編『終戦史録』（二）、北洋社、97頁。
②　防衛庁防衛研究所戦史室『戦史叢書・大本営陸軍部（10）』、99頁。
③　外務省編『終戦史録』（二）、北洋社、59頁。

民地的権益を回復しようとするとのことであった。ルーズベルト大統領はその後宋子文をホワイト・ハウスに招いてヤルタ協定における「満洲国問題」の措置に関し「スターリン氏の希望は日露戦争前にロシアが満洲にもっていた権益だけを復活するにあったので、中国にとって大した損害でもなく、その上スターリン氏は中共政府を認めず、国民政府を中央政府として承認し援助するというのだから、君自身モスクワへ出かけて、右の密約に基く協定を作ることが中国のために得策であり、その結果ソ連が一日も早く日本に宣戦することになれば連合国全体の利益である」[1]と説明した。これは、連合国が対日戦争の早期終結のため「満洲国問題」を利用し、中国の「満洲」における主権の完全回復をさまたげたものであった。

　「満洲国問題」は、米国との講和交渉にも利用された。一九四五年四月、米軍が沖縄に上陸し、日本の降伏は目前のことになった。この時期、スイス駐在公使館付きの海軍武官藤村義郎等はハック博士を通じ米国のダレス機関と日米講和交渉の道を探ろうとし、その講和条件として三項目を提出したが、その三に「台湾と朝鮮をそのままにすること」[2]とし、「満洲」は国際管理にするとの条件で講和交渉に利用しようとした。当時スイス駐在の正金銀行取締役北村孝治郎、在バーゼル国際決済銀行為替部長吉村侃等が六月ダレス機関と間接に連絡した時にも台湾、朝鮮はそのまま、満洲は「国際管理」と提案したことがある[3]。この「国際管理案」は満洲事変の時のリットン調査団報告に似ている。彼らは当時その報告書を思い出し、これなら連合国の気に入ると思ったのかも知れない。

---

① 外務省編『終戦史録』（二）、北洋社、60頁。
② 同上書、218頁。
③ 同上書、204頁。

　日本の終戦外交において、対ソ外交は重要な位置を占めている。この対ソ外交においても「満洲国問題」が利用された。

　一九四四年七月以後日本の対ソ外交の課題は、同年八月十九日最高戦争指導会議で決定したように「『ソ』ニ対シテハ、中立関係ヲ維持シ更ニ国交ノ好転ヲ図ル尚速カニ独ソ間ノ和平実現ニ努ム」①ことであった。このため、最高戦争指導会議は九月十二日に「対ソ外交施策に関する件」を作成し、ソ連に特使を派遣して外交交渉をしようとした。その時ソ連が若し中立的態度を維持し進んで日ソ国交好転に資する場合には、その代償としてソ連に北満鉄道を譲渡し、「満洲」・内蒙古におけるソ連の勢力範囲を承認しようとした②。特使には広田弘毅を派遣しようとしたが、東久邇宮は久原房之助を派遣するよう主張し、久原に三つの「土産」を持たせようとした。その第一は、「満洲は中国に返還する。満洲で、ソ連が有していた権益については、中ソで話合って決める」③であった。これは、「満洲」の返還であり、また「満洲」におけるソ連の権益を承認するという条件でソ連の中立を維持し、ソ連が日本の背後から進撃する可能性を阻もうとしたものであった。重光外相はこの特使派遣の件を九月八日ソ連大使マリクに申し入れたが、ソ連はこの特使派遣は内外において特殊の意味を以て解釈せらるる惧がある故にこれを拒否し、日本はその目的を達成することが出来なかった。

　一九四五年に至り、日ソ関係には急激な変化が起こった。ソ連は「ヤルタ協定」にもとづき、二月より西部戦線の兵力を東部に輸送し、対日戦の準備をし始めた。四月五日モロトフ外相は「日ソ中立条約」の不延長を日本に通告した。これはソ連が

---

①　外務省編『日本外交年表並主要文書』下、604 頁。
②　外務省編『終戦史録』（一）、北洋社、251 頁。
③　同上書、256 頁。

対日戦参加の外交的信号であった。この時期の日本の対ソ外交
の任務は、まずソ連の対日戦参加を防止し、次に欧洲戦の終結
により日増しに激化する米ソ矛盾を利用して、ソ連を日本に同
調せしめ、終戦外交において日本に有利な仲介をなさしむるこ
とであった。このため、五月十四日の最高戦争指導会議は対ソ
交渉を決定した。東郷外相はこの交渉を成立せしむる為に日ソ
基本条約を廃棄し、「北満に於ける諸鉄道の譲渡」、「内蒙に於け
るソ連の勢力範囲」、「旅順、大連の租借を覚悟する必要」、「南
満洲に於ては之を中立地帯となす」の交換条件を提出し、「出来
得る限り満洲帝国の独立を維持」しようとした。[①]

　この方針にもとづき、東郷外相は対ソ交渉に乗り出し、六月
三日広田弘毅が箱根でソ連大使マリクと予備会談を始めた。六
月二十九日広田は東郷外相と相談の上マリクに三つの具体的条
件を出したが、その第一項は「満洲国の中立化（大東亜戦争終
了後わが方は撤兵し、日ソ両国において満洲国の主権及び領土
の尊重並に内政不干渉を約す）を約すして差支なし」[②]であっ
た。これは、日本が中立の名目でかいらい満洲国を維持しよう
としたことを示す。だが、マリクは回避的態度を取り、交渉に
応じようとしなかった。対日参戦を決定したソ連が日本にこの
ように対応するのは当然のことであった。広田・マリク交渉は
その後事実上中絶された。

　七月になり、東郷外相は米英ソ三国首脳のポツダム会議に
先だち、ソ連を通じて終戦交渉を進めんことを決意し、近衛
文麿を特使としてソ連に派遣しようとした。その目的は、日
増しに激化するソ連と米英の矛盾を利用して、米英の無条件

---

① 服部卓四郎『大東亜戦争全史』、原書房、1973 年、888 頁。
② 油橋重遠『戦時日ソ交渉小史　一九四一――一九四五年』、霞ヶ関出版、1974
年、201 頁。

降伏要求を国体護持等の条件付の終戦に改めようとしたことにあった。

だが、七月二十六日、米・英・中三国は「ポツダム宣言」を発表し、日本の無条件降伏を要求した。当時ソ連は対日戦にまだ参加していないためこの宣言に署名していないが、実はこの宣言に参加していた。東郷外相は宣言文を検討した結果、「ソ連首脳がポツダムでこの宣言の発出について相談を受けておることは殆ど確実であるに拘らず宣言に名を連ねていないので、ソ連が日本に対する法的中立を今なお維持していると思われる」[①]と判断し、二十七日午後の閣議で「政府はソ連の不参加の工作にはそれぞれ手をつくし我よりソ連へは満洲につき又ポーツマス条約につき、これが改定につき用意ある旨を申し入れている」と補足し、近衛特使派遣についてのソ連の最後の回答を待って、宣言に対する日本の態度を決すべきであると主張した。東郷外相は「満洲問題」等での「譲歩」により、ソ連が日本の居中調停の依頼に同意してくれるのを期待しており、ソ連を介して少なくとも「ポツダム宣言」の条件を日本に有利なように緩和することは可能だと考えていた。だが東郷外相の判断・期待とは逆に、ソ連は八月八日対日作戦に参加し、満洲に進撃して、関東軍とかいらい満洲国を打倒した。戦争で建てられたかいらい「満洲国」は戦争で崩壊し、十九世紀末から半世紀続いた「満洲国問題」は終に解決され、「満洲国」は中国に返還された。

一九四九年新中国成立後、ソ連はヤルタ協定にもとづいて中国東北で保持していた諸権益を中国人民に返還し、「満洲国問題」は徹底的に解決された。

---

① 服部卓四郎『大東亜戦争全史』、原書房、1973 年、918 頁。

　日本の戦争外交における「満洲国問題」は、まず戦争によってその承認を獲得しようとしたものであった。外交ルートを通じてその承認を獲得出来なかった日本は、その継続として、流血の外交－戦争によってその承認を中国と列強に強要した。だが、その強要的承認の獲得方針と具体的承認の仕方は、国際情勢と戦局の変化に伴って変化した。一九三一年三月「満洲国」の成立から三三年三月国際連盟脱退までは、先ず国際連盟と列強の承認を獲得し、この獲得で中国にその承認を押しすすめようとする方針であった。だが、日本はこの方針に失敗し、国際連盟を脱退した。その後には、中国との関係を「改善」して、先ず中国の承認を獲得しようとした。その後の華北侵略と中日戦争においても戦争の一時的「勝利」をバックに、中国にその承認を強要した。日本が中日戦争において中国に要求した第一位のものは「満洲国の承認」であった。この意味からいって、中日戦争は満洲事変の継続であり、「満洲国承認問題」は中日戦争の重要な目的であった、といえる。だが開戦外交である日米交渉の時期になると、まず米国の承認を要求し、これで中国にその承認を押しつけようとした。この時期の「満洲国承認」問題は二重性があり、開戦外交の目的でありながらも、また開戦外交の手段にもなっていた。だが、開戦外交の重点は南進問題であったため、「満洲国承認問題」は二次的な問題になった。米国は、この時期に一時「満洲国」を犠牲にして、日本の南進を阻もうとした。だが、双方は妥結に至らず、太平洋戦争に突入した。一九三二年から一九四四年前半期の十三年間、「満洲国」承認獲得の方針は、国際連盟・列強の承認→中国の承認→列強の承認→中国の承認へと数回転換した。これは中国の抵抗

と列強の争奪により、そのいわゆる承認獲得が失敗したためであり、失敗の転換だともいえる。また、その承認の具体的仕方も、公式的公然な承認→存在の黙認→公式的公然な承認→存在の黙認と、数回変化した。これもその承認獲得失敗から出て来る現象であり、国際情勢と戦局の変化とも密接な関係があった。

　失敗に失敗を重ねた「満洲国承認問題」は、一九四四年後半期になっては、承認の問題でなく、如何にその現状を維持するかの問題に変化し、一九四五年夏には、日本の終戦外交に「満洲国」をどう利用するかの問題になり、対ソ、対米外交の「お土産」として、「満洲国」の国際管理、中立化或は北満鉄道と旅順のソ連への譲渡等に変化し、また英米列強と中国も対ソ外交に「満洲国」を利用した。これは「満洲国」の位置付けの大きな変化であり、この変化は太平洋戦争と第二次大戦の戦局の転換によって起こった現象であった。

　このような多様な変化と転換から我等が得られるのは、満洲事変後の「満洲国問題」は日本外交において孤立的な問題でなく、日本外交の一構成部分であったとのことである。その構成部分である「満洲国問題」は、日本外交の総合的目的と目標のために存在し、またその目的と目標達成のために利用されたのであった。故に、「満洲国問題」は、日本外交を構成する他の外交問題と多面的有機関係を持っており、その相互関係には矛盾と牽制の関係もあったが、他の方面では、各自の問題を解決するためにおたがいに利用することもあった。このたがいの利用において、国際情勢と戦局が日本に有利である場合には、他の外交問題が「満洲国承認」のために利用され、国際情勢と戦局が日

本に不利になった場合には、逆に、日本外交の主要な課題を解決するために、「満洲国」が利用されるようになったのであった。

　「満洲国問題」の多様な変化或は「満洲国」の利用と被利用の転換等は、当時の国際時勢と戦局の変化によって変わって来たが、その変化・転換の中で終始変化していないものは、日本外交における帝国主義的利益であった。これが満洲事変後の「満洲問題」に対する日本外交の主軸であり、「満洲国問題」とその外交はこの主軸に付けられた一つの輪にすぎなかった。これが「満洲国問題」と日本の戦争外交の考究から得られる法則的結論であり、この結論はまた「満洲国」のかいらい性を再証明した。

史料と参考文献

羅家倫編『革命文献』、第三十三、三十五、三十六、三十七、三十九、四〇輯、台北。

李雲漢編『九一八事変史料』正中書局、一九八二年。

秦孝儀編『中華民国重要史料初編・対日抗戦時期緒編』(一)、一九八一年、台北。

『歴史档案』、一九八四年四号。

『民国档案』、一九八五年創刊号、二号。

『晨報』一九三一、三二、三三年。

『上海新聞報』、一九三一、三二、三三年。

上海『民国日報』、一九三一、三二、三三年。

天津『大公報』、一九三一、三二、三三年。

『中央日報』、一九三二年。

天津『益世報』、一九三一年。

『吉長日報』、一九三一年。

『時事新報』、一九三一、三二年。

『文史資料選輯』、第三、十二輯。

『国民政府軍事機関档案』、二十五、南京第二档案館史料。

遼寧省档案館史料。

外務省編『日本外交文書・満洲事変』、第一、二、三巻、別巻。

『現代史資料・満洲事変』、第七巻、みすず書房、一九八〇年。

外務省編『日本外交年表並主要文書』、上下、原書房、一九七六、七八年。

稲葉正夫等編『太平洋戦争への道』、別巻・資料編、朝日新聞社、一九六三年。

参謀本部『満洲事変作戦指導関係綴』、別冊一、二、防衛研究所記録。

憲兵隊司令部『満洲事変ニオケル憲兵隊ノ行動』、第十号、日本国会図書館史料。

角田順編『石原莞爾資料・国防論策篇』、原書房、一九七九年。

関東軍参謀部『満洲事変情報』、Microfilm、極東国際軍事裁判検察側資料。

『密大日記』、昭和六年第四冊、防衛研究所記録。

外務省編『日米交渉資料』、原書房、一九七八年。

Checklist of Archives in the Japanese Ministry of Foreign Affairs, Tokyo 1865-1945, microfilmed for the Library of Congress.

李新等編『中国新民主主義革命時期通史』、第二巻、人民出版社、一九八一年。

易顕石等『九一八事変史』、遼寧人民出版社、一九八一年。

姜念東等『偽満洲国史』、吉林人民出版社、一九八〇年。

日本国際政治学会太平洋戦争原因研究部編『太平洋戦争への道』第一、二、三巻、朝日新聞社、一九六三年。

日本国際政治学会編『満洲事変』、有斐閣、一九七〇年。

臼井勝美『満洲事変・戦争と外交と』、中央公論社、一九七四年。

臼井勝美『日中外交史・北伐の時代』、塙書房、一九七一年。

馬場伸也『満洲事変への道』、中央公論社、一九七二年。

馬場明『日本外交史・満洲事変』、第十八巻、鹿島平和研究所、

一九七三年。

　馬場明『日中関係と外政機構の研究』、原書房、一九八三年。

　緒方貞子『満洲事変と政策の形成過程』、原書房、一九六六年。

　森克己『満洲事変の裏面史』、国書刊行会、一九七六年。

　江口圭一『十五年戦争の開幕』、小学館、一九八二年。

　斎藤鎮男『日本外交政策史論序説』、有信堂、一九八一年。

　幣原平和財団『幣原喜重郎』、幣原平和財団、一九五五年。

　海野芳郎『国際連盟と日本』、原書房、一九七二年。

　満洲移民研究会編『日本帝国主義下の満洲移民』、龍渓書舎、一九七六年。

　参謀本部『満洲事変作戦経過ノ概要』、巌南堂書店、一九七二年版。

　松沢哲成『日本ファシズムの対外侵略』、三一書房、一九八三年。

　島田俊彦『近代の戦争・満洲事変』4、人物往来社、一九六六年。

　松原一雄『最近国際法及外交資料』、育成堂、一九四二年。

　森田正夫編『汪兆銘』、興亜文化協会、一九三九年。

　山口重次『満洲国』、行政通信社、一九七五年。

　榛原茂樹・柏正彦『上海事件外交史』、金港堂、一九三二年。

　立作太郎『国際連盟規約論』、国際連協会、一九三二年。

　松岡洋右伝記刊行会『松岡洋右・その人と生涯』、講談社、一九七四年。

　板垣征四郎伝記刊行会『秘録・板垣征四郎』、芙容書房、一九七七年。

　朴永錫『万宝山事件研究─日本帝国主義の大陸侵略政策の一環として』、第一書房、一九八一年。

　三宅正樹等編『昭和史の軍部と政治・軍部支配の開幕』1、

第一法規出版株式会社、一九八三年。

　山浦貫一『森恪』、原書房、一九八二年。

　満洲青年聯盟史刊行委員会『満洲青年聯盟史』、原書房、一九六九年。

　『満洲国』政府編『満洲建国十年史』、原書房、一九六九年。

　広田弘毅伝記刊行会『広田弘毅』、中央公論社、一九六六年。

　内田康哉伝記編纂委員会『内田康哉』、鹿島研究所出版会、一九六九年。

　守島康彦『昭和の動乱と守島伍郎の生涯』葦書房、一九八五年。

　外務省編『終戦史録』（一）（二）、北洋社、一九七七年。

　服部卓四郎『大東亜戦争全史』、原書房、一九七三年。

　油橋重遠『戦時日ソ交渉小史』、霞ヶ関出版、一九七四年。

　防衛庁防衛研究所戦史室『戦史叢書・支那事変陸軍作戦(1)』、朝雲新聞社、一九七五年。

　防衛庁防衛研究所戦史室『戦史叢書・大本営陸軍部 (2)』、朝雲新聞社、一九六八年。

　防衛庁防衛研究所戦史室『戦史叢書・大本営陸軍部・大東亜戦争開戦経緯 (3)』、朝雲新聞社、一九七三年。

　防衛庁防衛研究所戦史室『戦史叢書・大本営陸軍部・大東亜戦争開戦経緯 (5)』、朝雲新聞社。一九七四年。

　防衛庁防衛研究所戦史室『戦史叢書・大本営陸軍部(9)(10)』、朝雲新聞社、一九七五年。

　幣原喜重郎『外交五十年』、読売新聞社、一九五一年。

　若槻礼次郎『古風庵回顧録』、読売新聞社、一九五〇年。

　重光葵『外交回想録』、毎日新聞社、一九七八年。

　林久治郎『満洲事変と奉天総領事』、原書房、一九七八年。

　原田熊雄述『西園寺公と政局』第二巻、岩波書店、一九八

二年。

　芳沢謙吉『外交六十年』、自由アジア社、一九五八年。

　森島守人『陰謀・暗殺・軍刀』、岩波書店、一九五〇年。

　顧維鈞『顧維鈞回想録』(1)(2)、中華書局、一九八三、八五年。

　張群『日華風雲の七十年』、サンケイ出版、一九八〇年。

附录：书评

中国側の 15 年戦争

江口圭一

　いま一冊は兪辛焞著『満洲事変期の中日外交史研究』(東方書店・三、二〇〇円) である。天津の南開大學教授である著者は、愛知大学と早稲田大学への再度にわたる日本留学を通じて鋭意研究をすすめ、四四〇ページに達する本書を完成させた。

　本書は、中国の歴史家が日本語で書き、そして日本の出版社が刊行したという意味で画期的なものである。またこれまでの中国での研究がおもに日本の研究文献に依拠して進められていたのにたいして、本書は日本の外交文書などの第一次史料にひろく当たっている点で、中国の研究水準を大きく抜き出ている。

　著者の主張は、日本外交を軍事とならぶ対外政策の両輪としてとらえ、日本外交が軍国主義日本の戦争遂行の一手段であったことを基本史料にもとづいて論証することにあり、たとえば弊原外交にも厳しい評論が下される。

　日本における日本外交史の研究はともすれば日本内部の軍部と外務省ないし政府との対立に目を奪われがちであるが、外交の評価にあっては、それが相手側にどのように受け取れたかということを無視しえない。その意味で本書は日本における日本外交史研究の自閉性と盲点をつく指摘に満ちている。

　上海事変などをめぐってやや強引な論理の運びがみられ、史料については新聞や日記・回想記の類をも、より活用してほしかったという望蜀 (ぼうしょく) の注文はあるが、類書がほとんどない日本の研究状況からおっても、本書は今後の研究に重

要な寄与をなすものである。

　　　　　　　　　　　朝日新聞　1961 年 12 月 8 日

　　　　　　　　　（愛知大学法経学部教授・日本近代史）

兪辛焞著『満洲事変期の中日外交史研究』

鈴木隆史

一

　本書の著者兪辛焞氏は、現在中国の南開大学日本史研究室の教授であり、中日関係史を専攻する学者で、本書は著者が中国での研究と近年留学した愛知大学および早稲田大学の研究の成果を日本語を用いてまとめた労作である。著者は、日本が「満洲国」を承認した一九三二年九月に日本軍占領下の吉林で生まれ、小学校時代「満洲国」で過ごした。著者は最近行った臼井勝美・沢地久枝両氏との鼎談のなかで、つぎのように語っている。

　ちょうど私は「満洲国」の小学校で勉強しましたけれども、小学校時代を思うときにいちばんさびしいのは、自分なりの思い出がないということですね。徹底的な日本の教育を受けて、自分の文化の思い出、自分の村の思い出がないのです。自分の人生の中においての少年時代というのは、たいへんさびしい時代であったような感じがします。(NHK取材班編『ドキュメント昭和・7・皇帝の密約』書川書店、一九八七年、一九七ページ)。

　著者が中国人研究者として本書のテーマである満洲事変期の中日外交史を研究対象に選んだ背後には、おそらく、このような著者の言外ににじむ少年時代の痛切な「満洲国」体験がふかくかかわっているように思われる。

　さて、著者は本書の「はしがき」で、「満洲事変の研究は、外交と軍事の双方を有機的に融合して研究すべきである」が、これまでの研究はその軍事的側面の研究が主であったので「本書は、満洲事変期の日本外交、特には事変における日本外務省の対応と役割を中心として、これに対する中国の南京政府の外交的対応を共に考究し、事変をめぐる中日外交を検討の対象とする」とし、さらに「満洲事変は、一九三三年五月の塘沽協定で一応着したが、『満洲国問題』はその後の中日戦争と太平洋戦争にまでつながり、日本の戦争外交の一構成部分になった。そこで、本書では、一九三三年以後から一九四五年八月の終戦までの『満洲国問題』をも日本軍事・外交史の角度から検討することとした」という。

　このような問題設定の上にたって、本書はつぎのような章別構成をとる。

　序論
　第一章　万宝山事件と中日交渉
　第二章　中村事件に対する日本の二重外交と張学良の対応
　第三章　満洲事変と弊原外交
　第四章　第一次上海事変と日本外務省
　第五章　満洲・上海事変と中国の対応
　第六章　「満洲国」の樹立と日本外務省
　第七章　リットン調査団と日本外務省の対応
　第八章　リットン調査団と中国の対応
　第九章　「満洲国」の植民地体制と日本外務省
　第十章　戦争と「満洲国問題」

　これを見ると、本書の叙述は大別して、（1）満洲事変およびその前史をめぐる中日外交の展開（第一〜三章）、（2）「満洲国」の樹立をめぐる中日両国の対応（第四〜八章）、（3）承認後の「満

洲国」をめぐる日本の外交的対応（第九～十章）の三部分から
なり、その重点が「満洲国」をめぐる中日外交史の分析におか
れていることが分かるが、本書では「序論」がとりわけ重要な
位置を占めている。そこで著者は本書全体にかかわる著者自身
の外交論ないし中日外交の分析視角を明らかにするとともに、
後続の各章で分析される論点をあらかじめ提示しているからで
ある。

二

　著者は「序論」において、まず戦前の軍国主義国家日本にお
ける外交は戦争遂行のための一手段としての戦争外交であり、
そこに「近代日本外交の普遍的共通性」があったと指摘した上
で、満洲事変期の日本の戦争外交を戦前（事変前）外交（九・
一八以前）・戦中（事変中）外交（九・一八から「満洲国」樹立
まで）・戦後（事変後）外交（「満洲国」樹立から連盟敗退まで）
の三つの時期に区分し、それぞれの時期の日本外交の特徴をあ
げているが、そこで注目されるのは、著者がつねに外交政策・
外交関係をその二重性・二面性においてえようとしていること
である。すなわち著者は、事変中における外交について、「国際
連盟と列強は、日本または中国に対し二重外交政策を取った」
と指摘し、日本と列強は同じ帝国主義国家として中国での植民
地的権益を相互に保護・支持する一面をもつ反面、各自の権益
と勢力範囲拡大のため相手国の侵略に反対することがあり、「こ
の両面的関係が列強と日本との二重関係である」とのべる。ま
た列強と中国の関係についても、「基本的には侵略と被侵略の関
係であり、日本の中国に対する侵略を同情・支持する一面」と
同時に日本の侵略を牽制し中国を日本と争奪するために、中国
の抵抗を利用し中国の反侵略の要求を部分的に考慮せざるをえ

ない一面があり、「このような中日双方に対する国際連盟と列強の二重の外交政策が、日本と中国との侵略と反侵略の簡単な外交関係を複雑化し、事変中の日本外交もこのような複雑化された三角・二重の関係で展開されたのである。先ずこのような基本的な関係を念頭において、事変中のまたは事変後の中日外交を考察する必要がある。このような観点は、本書が満洲事変期の中日外交を考察する一つの中心的な枠組ともなるものである」（五ページ）と指摘する。

　このような著者の観点は幣原外交の評価にも示される。著者は事変初期の拡大と不拡大の二重外交において不拡大方針を堅持した幣原外交について、「幣原外交は、対内的には不拡大方針を主張し、関東軍の軍事的拡大を牽制・制限しながら、対外的には日本帝国を代表する外交として、帝国軍の謀略的軍事行動について全面的に強介し、その軍事行動に外交的、国際的保障を与えるために終始一貫努力した」として、その「二重性」を指摘し、「従来の幣原外交に対する研究と評価においては、主に事変初期の対内的牽制の役割を重視し、幣原外交が、国際連盟・列強と中国に対する外交において演じた役割を見逃す傾向があった」（六ページ）ときびしく批判する。ついで著者は事変後の対満外交についてもその二面性を指摘し「裏においては、外務省は軍部と共にその植民地体制の確立・調整に懸命でありながらも、表においては逆にその植民地的かいらい政権のいわゆる「独立性」を飾るために必死であった」（十ページ）とのべる。そしてこの表裏のバランスは、「満洲国」の植民地政策の進展に伴ってくずれ、「裏の植民地かいらい性がますます露骨化し、表の独立的形式が、その植民地化政策を妨げるようにな」り、一九四二年の「満洲国建国十周年」行事と大東亜省の成立によって外務省は「満洲国」の植民地支配からほぼ完成に排除された

と論じ、日本の対満外交についての著者の観点をしめしている。

　それでは著者は満洲事変期の中国政府の対応をどのようにみているのか。著者はまず、事変に対する南京政府の対応においては「抵抗はあったが、基本的には無抵抗或いは消極的抵抗であった」とした上で、「南京政府の満洲事変に対する外交の特徴は、国際連盟と米国に依頼・依存したことである」(十六ページ)と指摘する。しかし南京政府は連盟と列強の中国にたいする二重政策について一定の認識をもっていたので、列強への依存によって満洲事変・「満洲国問題」が解決させると信じていたわけではなく、長期的な外交政策と国際情勢の変化によって最後的に解決しようとした、という。そして著者は、南京政府が対日無抵抗政策をとった原因として中国側の「敗北論」とともに反封建的軍閥としての中国側軍隊がなによりも自分勢力の保存をはかったこと、さらに南京政府が抗日よりも対共作戦を重視したことをあげる。もちろん、著者は満洲事変にたいする中国共産党の積極的対応を見落としてはいないが、本書が従来しばしばみられたように、ただ南京政府を公式的に論難することなく、国際連盟・列強・日本にたいする南京政府の外交的対応を冷静に分析していることは注目に価する。

　著者はこのようにまず「序論」で満洲事変期の中日外交を捉える観点と枠組みをしめしたのち、それにしたがって各章での具体的分析に入る。そこで、つぎに主な論点を中心に著者の見解をみていくこととする。

三

　本書の第一部に相当する第一〜三章で著者が重視する最大の論点は、関東軍・陸軍中央と外務省のいわゆる「二重外交」と幣原外交の評価であろう。まず事変の前史をなす万宝山事件に

ついて、著者は事件の経過と東北当局および南京政府との交渉過程を外務省文書にもとずいて丹念にあとづけたのち、結論として万宝山事件にたいして、関東軍・軍部は直接干与していないから、二重外交にはならなかったとしながら、外務省・出先機関と関東軍・軍部の要求は満蒙における既得権益の確保と新権益の拡大では一致していたが、関東軍が事変を挑発して満蒙問題の根本的解決をはかろうとしたのにたいして、「外務省とその出先機関は万宝山事件を突破口に、土地商租権問題を集中的に解決しようとした。（中略）両者のこの相違点は認めざるを得ない」とし、「共通点がありながらも相違があった原因は外務省が主として日本の満蒙に対する積極的な政策が列強特に米国との矛盾を悪化することを恐れたからであった」（八五ページ）という。このように軍と外務省の共通点とともに相違点を重視する著者の見解は、もっぱら両者の共通点を強調する従来の中国史学界の通説から一歩抜け出しているところに特色は、満洲事変と幣原外交にたいする著者の分析のなかにによりあざやかに見出される。

　著者によれば、「中国外交史研究では、武力と外交の一体性を強調し、その両者の矛盾・対立などはほぼ認めない」が、満洲事変は太平洋戦争などのように事前に「一致した政策・路線を決定した上で勃発した戦争ではなく、陸軍中央部の一部将校の慫慂の下で関東軍がイニシアチブをとり、ひき起こした戦争」（一二三ページ）である。したがって事変勃発後に生じた関東軍と政府・外務省との拡大の対立は、「事変勃発の特異性から発生する必要的現象」であることに、「ワシントン体制確立以来、外務省の対米英協調を第一義とする協調外交と軍部の米英対決を志向するアジア・モンロー主義的政策とが満洲事変において表面化したものであった」（一二五ページ）という。江口圭一氏

の所説を援用した著者のこのような満洲事変の二重外交にたいする評価は、おそらく中国の歴史学界でははじめての見解であろう。

　このように二重外交を評価する著者は、同時に二重外交にみられる拡大・不拡大の対立は根本的なものではなく、「いわゆる不拡大とは絶対的な不拡大だはなく、不拡大の中にも拡大の要素があった」と指摘し、とくに外務省と幣原外交が対内的には関東軍の軍事行動を一時牽制しながら、「対外的には逆に関東軍の侵略的行動に協力し、事変に有利な国際世論と国際環境をつくり、関東軍の行動について国際的な保障をえようとした」（一二六ページ）ことを強調する。そして著者は、国際環境つくりと南京政府への対応において関東軍の侵略的行動を有利にみちびくために外務省がいかに積極的な役割を果たしたかを検証し、「幣原外交の対内の牽制と対外的保障は矛盾した現象のようにみえるが、実は完全に統一した一つの外交路線の二つの方面の政策であった」とし、「幣原外相は関東軍の一挙占領が列強およびソ連との矛盾を激化し、それによる経済的または軍事的制裁を招くのを恐れていた。その恐れがないことを確認した時には、この矛盾的現象はなくなり、両方面の政策がほぼ一本化するのである」（一三二ページ）と断定し、ここから著者の論はさらに幣原外交の本質論におよぶ。すなわち著者は幣原外交がチチハル占領前後を機に従来の不拡大から拡大へ、かいらい政権の否認から容認へと転換する過程を詳細に分析した上で、幣原外交転換に「根本的な原因は幣原外交の本質にある」と主張する。著者のいう幣原外交の「本質」には、「満蒙における日本帝国主義の植民地的権益を拡大しようとしてきた」ことがあり、「この本質は関東軍・陸軍中央とも一致」し、事変初期の両者の相違は「目的達成の手段および程度の相違であって、侵略・非侵略

の根本的相違ではなかった」（一六四～一六五ページ）という。そして著者によれば、この本質は、「当時客観情勢の制限をうけて不拡大方針としてあらわれたが、この客観情勢の変化またはその客観情勢に対する認識の変化のもとで、不拡大方針に対する制約が失われると、不拡大方針も必然的に拡大方向に転換せざるをえないのである」（一五六ページ）とされる。このような幣原外交の本質規定がさきの二重外交にたいする著者の評価とどのように結びつくのか、いささか疑問なしとしないが、著者が幣原外交の二重性に注目し、従来関東軍行動にかくれて、ややもすれば等閑視されてきた事変にたいする外務省の積極的役割に証明をあて、外務省の戦争責任を明らかにしたことは幣原外交の研究に新境地を開いたものといえよう。

四

　本書の第四～八章は、第一次上海事変・「満洲国」の樹立・リットン報告書をめぐる中日両国の対応の分析にあてられる。ここではとくに国民党と南京政府の外交的対応についての著書の分析が注目される。これまで中国においても日本においてもほとんどまとまった研究がないからである。

　著書は「満洲事変と上海事変に関する国民党と南京政府の史料はごく一部のものしか公表されていないので、この問題を全面的に、系統的に研究するのは大変難しいことである」と断りながら、南京政府の対応とその本質をつぎのように分析する。まず南京政府は日本軍のチチハル占領後に日本が東三省全部を占領しようとする満洲事変の目的を判断したが、上海事変にたいしては列強の耳目を満洲からそらすという事変の特異性を正しく認識せず、「満洲事変の継続性だけを重視し主に首都南京と長江流域に対する侵略だと判断していた。この判断の誤りは、

南京政府の対応に一定の影響を及ぼした」（二五四ページ）との
べ、そのため「南京政府は、満洲事変に対しては無抵抗と不交
渉の方針で対応したが、上海事変では一面抵抗、一面交渉の方
針で対応し、その対応の仕方は異なっていた」と指摘する。で
は、なぜ南京政府は上海事変に抵抗したか。著者はその原因の
第一に、日本軍が「蒋派の一番重要な地域上海に侵撃したのは、
彼等に対しては死活の問題であ」り、「故に、蒋一派は抵抗せざ
るを得なかった」こと、第二に「上海は民族的、民衆的反日基
礎が強」く、そのことが南京政府の「抵抗を支持、促進したと
思われる」こと、第三に「満洲事変における無抵抗が中国に与
えた教訓と青年学生を中心とした反蒋・反政府運動も南京政府
の抵抗を促進した」（二四〇ページ）こと、を挙げる。しかし著
者によれば、この抵抗は徹底的な抵抗ではなく、「交渉のための
抵抗であり、日本侵略を軍事的に撃退するがための抵抗ではな
かった」とされる。そしてこの消極的抵抗は、南京政府の「敗
戦論」によると同時に、蒋介石と国民党が「日本の侵略による
民族矛盾よりも、国内の両党、両階級の矛盾を最大のもの」と
みなして、対共産党作戦を執行したことによると指摘し、「これ
が、国民党と南京政府の問題でありその対応の本質であった」
（二五四ページ）と断定する。これが南京政府と国民党をみる
著者の基本的な観点であり、実証的な分析にささえられた著者
の見解は十分に説得力をもつ。

　つぎに著者は「満洲国」の樹立とリットン調査団をめぐる中
日両国の対応を検討するにあたって、「序論」に示された列強と
中国・日本の関係を協調・支持と反発・対立の二重の関係とし
てとらえる視点から、「満洲国の成立過程とリットン調査団およ
びその報告書の性格を詳細に分析しているが、この視点は従来
の研究にたいする著者のつぎのような批判にもとづいている。

著書はいう、「中国における従来に研究では、調査団およびその
報告書が日本の満洲侵略に対し好意的同情と支持を与えたこと
だけを強調し、列強が日本と満蒙を争奪するその側面をみのが
している。だが日本の研究では、調査団およびその報告書の日
本にたいする制限と争奪の側面を重視しながらも、日本に対す
る好意的側面をみのがすこともある」（三二四ページ）。このよ
うな批判にたって著者は、連盟総会における最終報告の採択と
日本の連盟脱退について、それは「日本の列強との間には妥協
的側面はあったけれども、列強間の満蒙争奪は絶対てきなもの
であり、その妥協の側面は一時的なものであることを示すので
ある。この絶対的な争奪が日本と列強とが妥協しえなかった根
本的原因である」（三二二ページ）と指摘する。さらに著者は主
として中国の文献に依拠して連盟およびリットン調査団にたい
する中国の対応を検討し、列強の対中国政策の一側面である「支
持」・「同情」を利用しようとした南京政府は、「最終報告書の起
草・採択をめぐって、終始連盟・列強に対し、一方においては
依存・依頼し、他方においては非難或は対抗した。これは連盟
と列強の対中国の二重性の政策に対する二重的対応であった」
が、前者が主で後者は補助的なものであり、「故に、この非難と
対抗は列強を刺激しない程度の温和なものであり、また妥協的
なものであった」（三六七ページ）ことを指摘し、南京政府が国
内の政治情勢とくに対共産党作戦に制約されて妥協政策にかた
むき、日本を東三省から駆逐するという所期の目的を実現でき
なかった内外の理由を明らかにしている。ここでは外交政策を
その二重性においてとらえようとする著者の方法がきわめて有
効に発揮されているといえよう。

五

　第九・十章は、「満洲国」の樹立から日本の敗戦にいたる過程
における「満洲国問題」をめぐる日本の外交的対応の分析にあ
てられる。まず第九章において著者は、「満洲国」が植民地的か
いらい政権でありながら、独立国家の形式をとったことの理由
として、かいらい政権を九カ国条約違反とする国際的批判をか
わすための措置であったと指摘し、裏の植民地的かいらい性と
表の独立形式という矛盾する現象をどう処理するかが日本の対
満政策の重要な一課題になった」（三六九ページ）という。そし
て著者は、このような二面性をもつ「満洲国」にたいする日本
外務省の政策が「満洲国」の承認問題・植民地体制の確立・「満
洲国」かいらい外交などに関して、終始「裏においては露骨な
植民地体制と植民地支配を確立するために努力しながら、表に
おいてはそのかいらい性をおおいかくし、また虚飾する」とい
う二面性的役割を果したことを検証し、軍部の果しえない特殊
な二面性的役割をになった外務省の「満洲国」支配における地
位が植民地化の進展とともに後退し、一九四二年の大東亜省の
成立によって「満洲国」支配から排除されることになった。

　ついで著者は最終章で、満洲事変後の「満洲国問題」の焦点
となった承認の推移を十五年戦争の過程にそくして検討し、日
本は列強による「満洲国」承認の獲得に失敗して連盟を脱退し
たのち、中国にその承認を要求するが実現されず、中日戦争開
始後も「満洲国問題」は依然として中日交渉の懸案となったが、
中国側は日本の要求を拒否し、「和平工作」も失敗におわり、「満
洲国」と南京かいらい政権の承認・処理問題は、「太平洋戦争の
開戦外交の一部分になった」（四一六ページ）と指摘する、そし
て著者によれば、日米交渉における日本の第一義的問題は南進

問題であったが、「満洲」・中国問題での日本の不妥協は「太平洋戦争の一原因になり、またこの原因が太平洋戦争終結の終戦外交において問題になったのである」(四二三ページ)とされる。このような観点から著者は終戦外交における「満洲国問題」に注目し、「満洲国問題」が日本の対重慶和平工作・ソ連の対日参戦・日本の対米講和交渉にそれぞれ利用されたことを明らかにした上で、最後に結論として、満洲事変後の「満洲国問題」は多様に変化したが、「終始変化していないものは、日本外交における帝国主義的利益であった。これが満洲事変後の「満洲問題」に対する日本外交の主軸であり、「満洲問題」とその外交はこの主軸に付けられた一つの輪にすぎなかった。これが「満洲国問題」と日本の戦争外交の考究から得られる法則的結論であり、この結論はまた「満洲国」のかいらい性を再証明した」(四三二ページ) と本書を結んでいる。

　以上に紹介したように、本書は外交史にかんする著者の独立の分析方法によって満洲事変にはじまる十五年戦争期の「満洲問題」をめぐる中日外交史について多くの重要な論点と著者の独立の見解を提示した労作である。もっともあえて注文をつけるとすれば、本書は主として中国側の文献と日本の外務省文書に依拠し、欧米における研究や日本のこれまでの研究とのつきあわせが必ずしも十分に行われていない恨みがあること、著者にとっては外国語である日本語を用いた結果として、やむを得ないことではあるが、ところどころに用語・文法上気になる点がみられることである。(ここでは具体的に指摘する余裕がないので、著者に直接伝えるつもりである。)

　それはともあれ、すでにのべたように、また著者も指摘する従来の中国史学界の水準からみれば、本書は理論的にも実証的にもはるかに群を抜くすぐれた研究結果であるばかりか、日本

においてもこれまでに外務省文書を精査した十五年戦争期の
「満洲問題」をめぐる日中外交史の本格的研究がほとんど皆無
であることをみれば、本書の学問的価値は大きく、日本人研究
者につよい刺激をあたえずにはおかないであろう。

　（一九八六年九月刊、東方書店、四三六頁、索引十一頁）

俞辛焞著「満洲事変期の中日外交史研究」

松重充浩　水羽信男

一

　日本・中国近現代史及び日中関係史を考える上で「満洲事変」
（以下「」は省略）以降の日中十五年戦争期は極めて重要な意
味をもっていることはいうまでもない。最近、林懐秋・石上正
夫編「中国少年の見た日本軍」（青木書店、一九八五年）、易顕
石他著・早川正訳「九・一八事変史」（新時代社、一九八六年）
など中国人の手による日本の東北侵略に間する書籍が相継いで
日本語により刊行された。さらにこのたび、日本外交史を専攻
する天津の南開大學教授、俞辛焞によって本書が出版され、こ
れら一連の研究は、満洲事変期における日中両国関係史研究上
に貴重な成果を生み出すことになった。

　特に本書は、著者が満洲事変期の日中外交は「日本の対中国、
対国際連盟・列強の外交と、中国南京政府の対日本、対国際連
盟・列強の外交で構成される」と述べているように（一頁）、日
本の対中国外交（非軍事的外交政策・外交交渉）を主軸とし、
その展開過程に対する南京政府の対応、列強の動向をからめて、
錯綜した日本外交史の展開を動態的に叙述しており、従来の満
洲事変期研究に比べて、極めて総合的・国際的な研究成果であ
る。本書は日中関係史研究にとってはもちろん、日本近代史研
究、中国近代史研究にも大きな貢献をなす業績といえよう。

　著者の日本外交史研究を貫ぬく基本姿勢は、満洲事変期研究

において「外交と軍事の双方を有機的に融合して研究すべきである」ということばに示されるように、外交史に即して日本の対中国侵略の実相を明らかにしようとするものであった。著者がこうした立場を強調したのは、従来の日本における満洲事変期研究の趨勢が、どちらかといえば、「関東軍と陸軍中央を中心としたその軍事的側面」を重視していたためである。著者は、戦前日本の外交に一貫する特徴として、外交が「戦争遂行のための一手段であった」ことを指摘し、満洲事変期の特異性は事変前に開戦外交がなく、事変中には戦争と外交活動とが並存したこと等であるとした。

　こうして著者は、ともすれば「協調外交」としての側面がより重視される傾向のあった弊原外交についても、それが日本帝国主義の植民地侵略を進めた側面を見逃すべきでないと主張している。また、「満洲事変の場合は、特に関東軍が先行して政策を選択し、中央がそれを批准する形式で国策が決定された場合が多い。これは『無責任の体制』というより、正常な〔政策〕決定過程だといえる」とも述べ（一四頁）、軍部とともに政府・外務省の“責任”を問うている。著者が日本の国際連盟脱退（一九三三年三月）までを満洲事変期とし、従来の軍事史的視点による時期区分（三三年五月の塘沽停戦協定締結まで）ではなく、あくまで外交史としての時期区分をとったのは、上述の研究姿勢から導かれたものであろう。

　ここからも、かいらい満洲国に育った著者が本書に託した問題意識―満洲事変を過去の歴史の一コマに終らせず、「満洲事変の研究から限りない歴史の教訓を探り出し、新しい中日友好関係を築くために努力する」―が読み取れよう。以上述べたような立場から著者は、日本外交文書などを駆使して日本側外交を跡づけた。

　中国側外交史に関しては、主として南京政府の動向が考察の
対象とされている。それは、当時国際的に承認された中国政府
が中華ソビエト共和国臨時政府ではなく、南京政府であつたこ
と、及び中国東北地が南京政府の主権下にあったことを考えれ
ば当然のことである。しかしながら、今まで、中国近代史を中
国共産党史と等置しかねなかった傾向のためか、日中両国とも
に研究が十分なされてはこなかった。この課題に対して著者は
「民国日報」など当時の中国側の新聞だけでなく、台湾で編集
された資料集（秦孝儀編「中華民国重要史料初編―対日抗戦時
期緒編」（一）など）や日本未公開の中国側資料（「民国政府軍
事機関档案」など）をも駆使して、南京政府の外交政策を実証
的に明らかにした。本書はその極めて豊富な実証によって中国
外交史研究上の欠落部分をおぎなっただけでなく、現在中国近
代史研究上において一つの焦点となっている民国政府史研究を
進めるための重要な素材をも提供している。

　本書の構成は次の通り：

　序論
　第一章　万宝山事件と中日交渉
　第二章　中村事件に対する日本の二重外交と張学良の対応
　第三章　満洲事変と弊原外交
　第四章　第一次上海事変と日本外務省
　第五章　満洲・上海事変と中国の対応
　第六章　「満洲国」の樹立と日本外務省
　第七章　リットン調査団と日本外務省の対応
　第八章　リットン調査団と中国の対応
　第九章　「満洲国」の植民地体制と日本外務省
　第十章　戦争と「満洲国問題」

　なお、本書の叙述は主として日本側外交史を主軸として進め

られているが、評者は中国近代史を専攻している関係から中国側の対応にウェートをおいて紹介し、若干の感想を述べることにする。この点をあらかじめ、著者及び読者におことわりしておく。

二

　以下、目次にそって本書の内容の概略を紹介する。
　在満朝鮮人農民の問題と見誤られ易い万宝山事件は、実は日本の満蒙経済侵略（土地商租権獲得）と中国の受侵略闘争との産物であつた。朝鮮人農民は日本側に利用され、日中双方の衝突の板挟みになったのである。この事件の処理に関して、日本外務省とその出先機関は吉林と南京とで外交交渉をしながら、その裏でどんどん経済侵略の既成事実を作り中国側の黙認を要求した。このことは幣原外交の本質が満蒙における日本の植民地的権益の確保と拡大にあったことを赤裸々に現したものであった。
　この幣原外交に対して東北当局と南京政府は、以下の四つの理由により終局的には妥協的立場をとった。一は、中国国民党（以下、国民党）と中国共産党（以下、中共）との対立である。蒋介石は中共を主要な敵とみなして主力軍を中共「囲剿」戦に集中し、日本の侵略に対しては宥和的政策をとった。二は、広東政府の樹立に象徴される国民党内部の対立である。三は、石友三、閻錫山の反蒋行動にみられる「軍閥混戦」である。四は、蒋介石と張学良が日本の侵略の矛先がソ連に向うのか或いは中国に向うのかについての正確な情勢判断ができなかったことである。
　万宝山事件は関東軍の満洲事変挑発の謀略とは直接関係がなかったが、日本では事変挑発の社会世論の喚起に利用されて事

変の社会的基盤をつくり、日本政府の対満蒙政策展開に圧力と拍車を加える役割も果した（第一章）。

　中村事件は、関東軍と陸軍中央の一部将校らが満洲事変を計画・準備する過程で発生した。そこでは外務省・陸軍中央と関東軍との二重外交（外務省の交渉による解決と関東軍の武力行使による解決）が展開した。しかし、外務省・陸軍中央と関東軍とは、中国の国家主権を侵犯し日本側が不利な立場にあるこの事件を日本に有利に解決して、日本の権益を拡大しようとする帝国主義的本質では一致していた。両者の差は日本の権益を当面どの程度まで拡大するのかという程度の差でしかなかった。

　張学良はこの日本の二重外交の相違点に着目し、関東軍に対しては無抵抗主義で幣原外交には交渉で対応した。幣原外交が関東軍の武力行使を阻むことを期待したからである。このような張学良の消極的かつ宥和的な外交姿勢は「半封建的軍閥」としての勢力範囲＝地盤を確保するためには、自分の軍事力保持が最重要であるという彼の主観的原因と、関東軍が背後から張学良軍を牽制したという客観的原因に基づいていた。また、中村事件に関して列強は満蒙における権益を維持するため、日本の立場を支持した。これは日本と列強との矛盾が、まだ激化していなかったからである（第二章）。

　満洲事変初期の幣原外交の特徴的現象は対内的牽制（関東軍の満蒙一挙占領計画に対する牽制）と、対外的保障（不拡大方針による列強との矛盾の緩和と干渉の排除）であった。この二つの特徴的現象は互いに矛盾するものではなく、前述の幣原外交の特質による統一した一つの外交路線の二つの方面の政策であった。したがって、この特徴を表出せしめていた客観的情勢に対する認識の変化（列強の経済的制裁とソ連の軍事的干渉との可能性の低下）にともない、幣原外交は関東軍・軍中央の対

中国政策と徐々に統一され、かいらい政権樹立でほぼ一致することになる（第三章）。

　第一次上海事変はかいらい満洲国樹立への抵抗（列強の干渉・中国人民の反日闘争）を牽制するために日本軍部の謀略によって挑発されたものであった。外務省は満洲事変同様軍の謀略に直接参加することはなかったが、事変の遂行過程において軍部の所期の目的を達成すべき積極的な外交政策をとった。その結果、列強の目を「満洲」から一時そらし、また南京政府を牽制することには成功した。しかし、この成功は同時に日本と列強との対立を一層激化し、かいらい満洲国の国際的承認の獲得を困難ならしめることにもなった（第四章）。

　満洲事変勃発後、南京政府は反共と自己保存の立場から日本の侵略に対して無抵抗の方針をとった。日本側は、列強の干渉の排除及び列強との矛盾の緩和のために日中直接交渉を望んだが、南京政府は国際連盟（以下、連盟）に依存し、日本とは直接交渉しないという姿勢で満洲事変を解決しようとした。しかし、南京政府は連盟による事変解決の可能性の減少のために三度日本との交渉（いずれも失敗）を試みている。また連盟に対する信頼の低下に伴ない南京政府は米国への満洲事変解決の期待を高め、終始米国への期待を持ち続けていたが、それは結局「自己慰安と幻想的なもの」に終ってしまった。日本の錦州侵略に際して国民党の特別外交委員会は「（一）各国の援助の下で平和的方法で錦州を維持し、（二）若しこの努力が無効であれば自己の実力で守る」と決め（二二七頁）、この方針を堅持しようとした。しかし、張学良は自己保存のため日本軍との決戦を避けた。

　上海事変に関して南京政府は、満洲国樹立への抵抗を牽制するという日本側の意図を見極めていなかった。単に満洲事変の

拡大とのみ捉えていたのである。それでも南京政府は「一面抵抗・一面交渉」のスローガンのもと抗戦を発動した。その理由は、第一に浙江・江蘇省が蒋介石の地盤であったこと、第二は上海が資本主義の発展を基礎とする民族的・民衆的な反日運動の蓄積をもち、近代民族主義の要素が強かったこと、第三は満洲事変以後の反蒋・反政府運動の突き上げなどであった。しかし、この抗戦は①「囲剿」戦の継続、②政府が日本の企図を理解できず長江流域に対する全面的防衛体制をとったこと、③抵抗しても必ず負けるという「敗北主義」があったことにより徹底したものとはならなかった。「一面抵抗・一面交渉」の重点はあくまでも交渉にあったのである（第五章）。

　一九三二年一月以降、外務省は関東軍・陸軍中央とほぼ一体になってかいらい満洲国の樹立、国際的承認の獲得をめざしていった。上海事変を利用してかいらい満洲国樹立に成功した外務省は、連盟が派遣したリットン調査団の来満を利用して、その国際的承認をえようとした。

　リットン調査団は連盟における列強の利益を代表していた。それ故、その報告書は中国をめぐる日本と列強の関係が如実に反映したものとなった。すなわち、日本の満蒙権益を承認し、満蒙に対する中国主権を認める条件の下で満蒙自治政府をたて、その内部秩序は列強統制下の憲兵隊によって確保し、日本軍と中国軍の双方が満蒙から撤兵するといった内容だった。これは、日本の侵略を押える一方、日本との妥協をはかり列強の権益拡大をめざしたものであった。しかし、列強と日本の妥協的側面は一時的なもので、両者の満蒙争奪は絶対的なものあった。このため両者の妥協は成立せず日本は連盟を脱退するに至った（第六・七章）

　リットン調査団と南京政府の関係は、本質的には帝国主義と

南京政府の関係である。したがって、この調査団はその帝国主義的本質の故に、日本の中国侵略と対立する側面（中国の反日活動の支持）と、同じ帝国主義国である日本と宥和・妥協する側面（中国の反日活動の抑制）という二面性を持っていた。このような二面性に対し南京政府は、後者の側面に対しては温和な批判を行ない、前者の側面を「最終的にかいらい満洲国を排除し、日本の勢力を東三省から駆逐する」という目的達成に利用しょうとした（三六七頁）。

在ジュネーヴ中国代表団は、調査団の報告書と連盟の最終報告をめぐって連盟で活発な外交活動を展開した。当時、蒋介石は日本が調査団報告書を受け入れる現実的な可能性はなく、「中国側がいかに譲歩しても紛争の解決に役立たないばかりでなく、それは却って将来の交渉或は行動に束縛を与え、且つまた国内の重大な攻撃を引き起こす」という分析と判断を持っていた（三四〇頁）。彼はこの判断に基づきジュネーヴの中国代表団に東三省問題の解決案として、一九三一年九月一八日以前の状態を回復することを原則とするように指示した。同時に代表団と南京政府は、交渉を有利に展開するため国内の軍閥混戦中止に努力した。しかし、「囲剿」の停止は行なわなかった。

連盟が最終報告書を修正・採択しようとしていた時、日本は熱河作戦を発動し連盟及び中国に圧力をかけた。南京政府は日本のねらいを的確に捉えており、ジュネーヴの中国代表も熱河問題を利用して連盟における有利な外交態勢をつくろうとし、対日断交と中国軍の抵抗を望んだ。しかし、南京政府は①断交が列強の対日制裁措置をもたらすか否か疑問だった、②北平・天津と河北地区の安全保障のため日本を刺激したくなかった、③第四次「囲剿」作戦を展開していた、等の理由により対日断交には不賛成だった。さらに、中国軍は熱河で連続的に敗北し

ていた。以上のような事情のため中国代表団の外交活動は大き
く制約されざるをえなかった。

　連盟・列強の日中両国を調停しようとした企図は結局失敗し
た。南京政府は連盟最終報告書において日本の侵略に対する非
離、満洲国の不承認などの「道義的勝利」を穫得したのみであっ
た。南京政府の目標である東北の一九三一年九月一八日以前の
状態への回復は達成されなかったのである（第八章）。

　満洲国は植民地的かいらい政権でありながら、いわゆる独立
国の形式をとった。このためかいらい満洲国成立後、外務省は
その承認を通してかいらい政権のいわゆる独立性を虚飾する役
割と同時に、種々の条約を締結し法的に満蒙を完全な植民地に
作り上げるといった二面的役割を果していった。外務省の二面
的役割はかいらい満洲国の植民地体制の確立に伴ない、そのい
わゆる独立性を虚飾する必要がなくなり、一九四二年一一月一
日の大東亜省設置により解消された（第九章）。

　いわゆる「満洲国問題」は、国際情勢と戦局の変化に伴って
その重要性を変化・転換させながらも、日中戦争、日米交渉、
終戦外交まで存続した。その間の日本外交において一貫してい
たのは、日本の帝国主義的利益の追求であった。そして、この
ことは満洲国のかいらい性を再証明している（第十章）。

三

　以上が本書の概略であるが、以下若干の感想を述べることに
する。

　まず、日本の対中国外交に関する論述について。本書におい
て著者は、日本外交を本質的には、軍部と共に一貫して帝国主
義的国益を追求した「侵略国の外交」として追究している。こ
の点に関しては、江口圭一氏がかつて提起した「日本帝国主義

の特質を自立と対英米依存との二面性にもとめ、一九三〇年代
史を、その二面性に根元をもつ対英米協調路線対アジアモン
ロー主義的路線の抗争」として捉える必要があるのではないか、
という問題を踏まえ①、さらに研究を深める必要もあろう。し
かしながら、著者の指摘する日本外交の一貫した侵略性とその
特質とは、豊富な実証により極めて説得力のあるものとなって
いる。本書は、日本外交の満洲事変の実態を再確認させてくれ
ているといるというよう。

　第二に南京政府の外交政策をめぐる問題について。たとえば、
本書は内容紹介でも触れたように次の点を指摘している。

　（一）国民党特別外交委員会は日本の錦州侵略に際して、平和
的方法で錦州が維持できなければ武力で守るとした。

　（二）蒋介石・南京政府の最終的な外交目的は、かいらい満洲
国の排除と東北地方から日本勢力を駆逐することであった。

　これらの指摘は、南京政府の対日政策に関する今までの中国に
おける多くの研究以上に、その対日民族性を承認するものであ
り、評者は大いに刺激をうけた。それは、今日の中国における
新しい研究動向を代表する一人であると思われる李良志氏の見
解—従来、われわれは蒋介石に「抗日の企図があったことを完
全に否定してきた。歴史はこの種の見方が相当に一面的にあっ
たことを証明王命している」—近似し②、これを実証的に明ら
かにしたといえる。

　また著者は、上海事変の停戦交渉の過程を分析し、南京政府
は「列強に依存しながらも、またそれに警戒をしていた」と述

　① 江口圭一「満洲事変期研究の再検討」、『歴史評論』三三七号（一九八一年九月）。
　② 李良志（中国現代史研究会　池田誠監訳）「第二次国共合作の形成・分裂およ
びその歴史的経験について」（『立命館法学』一八五号（一九八六年九月）一一四頁。なお、
最近の中国における"抗日期"研究の動向は、西村成雄「現代中国における歴史意識の
転換と歴史学」『現代中国』六〇号（一九八六年六月）などを参照のこと。

べた（二四七頁）。そして、蒋介石は三三年段階において、「列強が日本に対し経済制裁或いは武力制裁をする決意」をもってはいないと認識していたことを紹介した（三四〇頁）。著者が意図したか否かは別として、本書は蒋介石・南京政府の列強に対する認識がそれなりに現実的で、その本質を一応把握していたとみなしうる事実を明らかにした。本書からは、南京政府の対連盟政策を対外依存、従属性の表出とのみ捉える従来の多くの見解とは、本質的に異なるイメージが導き出されるように思われる。

　こうした日本だけでなく帝国主義一般に対する南京政府の民族性をそれなりに認めようとする見解は、著者があくまで歴史を客観的に捉えようとしたことから生み出されたものだといえる。それは今井駿、久保享氏らによって進められてきた国民政府の研究とも[①]、その民族性を承認する点で類似点をもっている。本書は、南京政府の外交政策史研究、ひいては国民政府史研究において、日中両国の研究交流を広げるための貴重な成果である。

　しかし、他方で著者は南京政府が満洲事変期に「無抵抗或いは消極的な抵抗」しかしなかったとし、こうした外交政策の規定要因として、その反共性と「半封建」性・敗北主義を他の要因よりも重視している。これは従来の中国における国民党、南京政府研究の枠組とほぼ一致する。だが、著者もいうように「若し共産党の革命が拡大・成功すれば、この〔＝南京政府の〕支配全般が打倒される」情況の下で（二五五頁）、はたして国民党はその反共政策を無条件に停止することができたであろうか。

　かつて今井駿氏は、当該時期の中共の"反帝反国民党"の論

---

　① さしあたり、野沢豊編『中国の幣制改革と国際関係』東京大学出版会、一九八一年）、中国現代史研究会編『中国国民政府史の研究』（汲古書院、一九八六年）など。

理を「『革命側の安内・攘外』論」とみなしうるとし、それが抗
日民族統一戦線の実現にマイナスの役割を果したことを指摘し
た①。また李良志氏は、国共両党が互いに相手を打倒してこそ
抗戦が可能だと主張している「情況のもとで、国共合作、全民
族の団結抗日が可能であったろうか。それはもちろん不可能で
あった」と述べた②。両氏の主要な問題関心は統一戦線形成史
にあったが、国共合作を基軸とする国内の統一或いは統一への
明確な展望がえられることが、国共両党の抗戦に踏み切る前提
条件だとすれば、こうした両氏のような観点から、われわれは
もう一度南京政府の外交政策の規定要因を考え直してみる必要
があろう。その結果は、当時の中共の抗日統一戦線政策に対す
る批判的評価も含まざるをえなくなると思われる③。

　また、南京政府は一九三五年の日本の華北侵略に促されて、
その内外政策を転換していき、すでにこの段階では「国民党は、
中日の一戦が避け難いことも理解して」いたといわれる④。と
すれば、国民党が何時、何をメルクマールとして対日戦争を不
可避だと考えたのかを明らかにするとともに、南京政府の外交
政策の規定要因の一つとして、著者が指摘した以上に、日本の
対中国侵略とそれに対する認識のあり様を重視する必要がある
といえないだろうか。さらに、蒋介石が抗日戦勝利の一つの条
件として、英米ソの対日戦争発動を想定していたことを考えれ
ば、国際情勢およびそれに対する認識も外交政策決定の一つの
重要な要因として指摘できる。この点ももっと重視する必要が

---

　　① 今井駿「抗日民族統一戦線と抗戦戦略の問題」、藤井昇三編『一九三〇年代中国
の研究』（アジア経済研究所，一九七五年）所収。
　　② 前掲李良志論文、一一五頁。
　　③ この時期の中共の抗日統一戦線政策については、王維礼氏が満州事変によって
「主要矛盾」が転換したという立場から批判を加えている人「"九一八事変"後的主要矛
盾和二戦史研究」、本論文の内容については、前掲西村論文を参照されたい）。
　　④ 前掲李良志論文、一一六頁。

あると思われる。

　以上まとめれば、評者はさしあたり、国内の政治情勢、日本の侵略、国際的な政治情勢の実態、及びそれらに規定された国民党・南京政府の内外情勢認識のあり様が、当該時期の南京致府の外交政策を規定していたと考えている。内容紹介で触れたように、著者もこれらの点を全く無視しているわけではない。また評者も国民党・南京政府の反共・反革命性を否定するものではないが、南京政府の外交政策の規定要因については、今一度トータルに検討する必要があるのではないだろうか。その際、内外情勢認識の具体的なあり様や、政策がどのような過程を経て決定されたのかが重要な研究課題となろうが、これらは今後の課題である。また、認識のあり様や政策決定過程を深部で規定した国民党・南京政府の階級的性洛や、中国における階級対立とそれに伴う階級配置の変化を今まで以上に明らかにすることも、われわれに残された研究課題になっている。

　第三の点は、著者が満洲事変を契機として、「第一位的矛盾」（＝「主要矛盾」）が転化し客観的には日中間の民族矛盾が中国国内の階級矛盾よりも重要になったと捉えていることについてである。従来、中国では一九二七〜三七年を「第二次国内革命戦争時期」と位置づけ、「主要矛盾」が階級矛盾から民族矛盾へと転化したのは、一九三五年以降であるとしてきた。近年、このような見解に対して何英、王維礼氏らによって批判が出され、満洲事変を転換点として日中間の民族矛盾が客観的には「主要矛盾」となり、"抗日戦争時期（抗日期）"、すなわち一九三一〜四五年を中国近代史における一時期として捉えうるとする見解が現われてきた①。著者の立場も、両氏らの見解と基本的には

---

　① 何英「抗日戦争究竟応従何時算起」『延安大學学報』一九八四年二期（復印報刊資料『中国現代史』一九八五年）、前掲王維礼論文など。

同質のものだといえよう。

　しかしながら、本書においては何をメルクマールに「第一位的矛盾」が客観的には転換したと考えうるのかについては、明確な説明がない。評者が考えるに、おそらく著者は次の諸点を客観的な「第一位的矛盾」転化の根拠として捉えているのではなかろうか。

　（一）日本の満洲事変期の外交政策の本質は、満蒙における日本帝国主義の植民地権益の独占的確保にあり、連盟脱退後の主要な外交目的は、国際的な承認の下で植民地的権益を確保すること、すなわちかいらい満洲国の国際的承認をえることであった。三三年秋以降、外務省はまず中国の承認をえることを第一に掲げた。

　（二）他方、満洲事変期以降、南京政府の最終的な外交目的は満洲国の解消であり、東北地方の回復であった。したがって、日中両国の対立は決定的なものであり、外務省が日本の侵略強化により満洲国の承認を強要しょうとする限り、日中全面戦争は避けられなかった。事実、日本側は満洲国問題で譲歩せず、「『満洲国承認問題』も自然に中日戦争につながるようにならざるを得なかった」（四一一頁）。

　つまり、著者は満洲事変の発動により、かいらい満洲国をめぐって日中全面戦争へと至りうる根本的な対立が両国間に生じたとし、この点をもって客観的には「第一位的矛盾」が転化したと捉えているように思われる。評者には、著者のこの分析が、満洲事変期において客観的には、中国の当面の最大の政治課題が日本の侵略を排除することになったこと（「主要矛盾」の転化）を外交史の立場から説明しているようで興味深かった。

『史学研究』第 175 号

（東方書店、一九八六年九月）

付　記

　本稿は、一九八七年二月に開いた中国近代史研究会（広島）第三五回例会での松重・水羽報告をもとに、両名の責任でまとめたものである。

（一九八七年四月十八日成稿）

（広島大學文学研究科）

不幸な歴史の教訓を現代に生かすために

——史料を重視し事実に即して精緻な論証を積上げる

小林文男

時宜に適った快挙

　ことしは九・一八＝満洲事件から五十五年目にあたる。だが一体、どれほどの日本人が十五年続いたあの侵略戦争の出発点に思いを寄せたであろうか。何かこれといった国民的関心を呼ぶイベントがあったであろうか。否、である。そればかりか、第二次教科書問題とそれに続く藤尾暴言に代表されるように、歴史を糊塗し、加害責任をないがしろにしようとする動きこそが、目立った。

　しかし、満洲事変と「満洲国」の成立は、中国残留日本人孤児のルーツがここにあることを考えるだけでも、日本人のありようを問われる問題にみちみちており、とうてい過去の歴史というわけにはいかない。しかも一方が忘れても、他方にその時代を生き、日本の侵略の傷痕を心に秘める人々が現に何億何千万人もいることを、否定することなどできるものではない。満洲事変および「満洲国」について、当の日本人はどう考え、評価しているのか、これはわれわれが一番知りたいことであった。

　この意味で、俞辛焞氏の労作『満洲事変期の中日外交史研究』の刊行と、前後して翻訳された易顕石ら四氏の共著『九・一八事変史—中国側から見た「満洲事変」』（原著は一九八二年刊）は、実に時宜にかなった快挙といってよく、われわれの期待に

十分に応えてくれるものであろう。

　　感情を見事に抑制
　両著に共通する特色は、著者たちの何人かが、あの不幸な時代に「満洲国」で生き、それを肌で実感で感得していること、したがって、長じてこれに抵抗した人を含めて、日本帝国主義の犠牲者そのもとであったことである。これが第一。つぎに、著者らの執筆の動機が、五十年というポックに「歴史本来の面目を実際に反映」させ、満洲事変と「満洲国」が「中日両国にとってのみならず深刻な世界史的出来事であった」ことを再確認し、「新しい日中友好関係を築くため」（『九・一八事変史』まえがき）にあったことである。つまり、不幸な歴史の教訓を現代に生かすこと、中国的表現でいうならば"前事不忘後世之師"ということになろう。著者らが、ともすれば痛憤を禁じ得ない部分の記述においてすら自己の感情をみごとに抑制しているのは、そのためであろう。『満洲事変期の中日外交史研究』の著者は、こう語っている。
　「私は事変の時代に生まれ、事変が建てたかいらい満洲国で少年時代をすごした。人間には自分が生きたその時代の思い出がある。私の少年時代の思い出は、その不幸な『満洲国の時代』と切り離すことができない。だが、歴史は前に進み、中国と日本は歴史発展の新しい時代に入った。この新しい時代に、歴史としての満洲事変とその中日外交史を日中双方の資料を使いながら、中国と日本で研究・交流し、また中国と日本との外交的対応の比較研究をすることができるようになったのは、その不幸な時代が歴史に与えた教訓から得た中日不再戦・中日友好の賜物である。」（はしがき）
　第三に、両著がともに"実事求是"、つまり史料を重視し、

事実に即して精緻な論証を積上げるなかで、正しい観点を見出す態度をつらぬいていることである。このことは『満洲事変期の中日外交史研究』において、ある一つの事実の解明に執拗とも思える手法をもって史料を駆使していることによく示されており、『九・一八事変史』もまた平易な表現のなかに、同様の態度を保持して新しい事実をつぎつぎと明らかにしている。読者は、こうした真摯かつ説得的な歴史主義（実証主義ではない）の立場に深い感銘を受けるにちがいない。

　　二つが補完し合い

　もちろん、『満洲事変期の中日外交史研究』と『九・一八事変史』は、同時代を扱ってはいても、その対象と内容・構成は異なっている。前者があくまでも事変から「満洲国」にいたる日中外交交渉に力点を置き、外交史に限定することで新たな理論的視座を提供しているのに対し、後者は事変以後の抗日闘争を含めて東北植民地化の全過程を通史的に概説したものだからである。そのゆえに、一見して前者は『九・一八事変史』に比してアカデミックな所産といえなくもなく、読み進むにはかなり専門的知見が要求されよう。ただ、「外交と戦争は、一国の対外政策において車の両輪のようなものである」との『満洲事変期の中日外交史研究』の著者の立場にたてば、一方が外交を論じ、一方が主として戦争＝侵略の実相解明にアプローチしていることは、この二つが補完し合ってこそ、初めて「満洲国」の性格、したがって日本帝国主義の暴力性というものを全面的に明らかにできることを示しているのではないか、評者にはそのように思える。

　類例のない出来事

　「満洲国」は、実質的に日本の完全な植民地でありながら、
対外的にはいわゆる独立国家の形体を維持しようとした。これ
は世界史上類例のない出来事であり、暴挙である。にもかかわ
らず、当時の日本人はごく一部の識者（たとえば、矢内原忠雄
の『満洲問題』を見よ）を除いて、この暴挙に加担した。いま、
両著によって「満洲国」なるものが、いかに偽善にみちたもの
であったかが、改めて明らかにされた。そして、この偽善によっ
て中国人民が苦しみ、結果として日本人民も苦しめられた。わ
れわれは、こうした歴史を再びくり返してはならない。両著は
日中問題に関心をもつ人びとだけではなく、日本外務省の人た
ちにもぜひ読んでもらいたいと思う。と同時に、『九・一八事変
史』に序を寄せた劉異雲氏がいうように、評者も「大学や中学
高校の学生、青年諸君に推薦する。たとえわずかでも時間をさ
いて」と希望する。

　なお、『満洲事変期の中日外交史研究』は著者俞辛焞氏が日本
語で書下ろしたものである。著者の日本語能力は友人である評
者は十分に知っているつもりであったが、文章表現能力におい
てこれほどまですぐれているとは思わなかった。深い敬意を表
したい。（「満洲事変期の中日外交史研究」A5 四三六頁・索引十
一頁・三二〇〇円・東方書店）

（《週刊読書人》第 1660 号）

俞辛焞著『満洲事変期の中日外交史研究』

西村成雄

　本書を本格的に論ずる能力を欠くことはよく自覚しているが、以下、あえて日本における中国近代政治史研究の視角から感想を述べてみたい。というのも、現代中国において外国史研究としての日本近代外交史を専攻されている南開大学の俞辛焞教授が渾身の力をこめて著された本書こそ、双方にとっての外国史研究の視座を検討するための重要な礎石と考えるからでもある。

　一、本書の構成と主な論点

章編成は次のとおり。

（第一部）　序論

（第二部）

　　　　　第一章　万宝山事件と中日交渉
　　　　　第二章　中村事件に対する日本の二重外交と張学
　　　　　　　　　良の対応

　　　　　第三章　満洲事変と幣原外交

（第三部）第四章　第一次上海事変と日本外務省
　　　　　第五章　満洲・上海事変と中国の対応

（第四部）第六章　「満洲国」の樹立と日本外務省
　　　　　第七章　リットン調査団と日本外務省の対応
　　　　　第八章　リットン調査団と中国の対応

（第五部）第九章　　「満洲国」の植民地体制と日本外務省
　　　　　　第十章　　戦争と「満洲国問題」

　このように本書は序論を含め全十一章編成であるが、大きく
は五部構成となっている。すなわち、第一部は、はしがきを含
めて序論とし、第二部（第一、第二）は「満洲事変」直前の外
交懸案の分析であり、第三部（第三、第四、第五）は満洲事変・
第一次上海事変そのものをめぐる両国の外交交渉をとりあげ、
第四部（第六、第七、第八）では「満洲国」樹立とリットン調
査団をめぐる問題群が照射され、第五部（第九、第十）は「満
洲国問題」の歴史的射程距離にかかわる論点を提示している。
そこで、評者の問題関心にかかわらせて、主な内容を概観して
おこう。

　　（一）まず、本書のメイン・モチーフの所在を第一部からみ
る。著者がなぜ「五十五年前の歴史」である満洲事変を分析対
象としたのかについては、はしがきにあるごとく、著者自身が
「かいらい満洲国で少年時代をすごした」その「不幸な時代」
を、今後の「新しい中日友好関係」の時代を構築するための土
台とすべきであるとする学問的パッションに明瞭に示されてい
る。氏の学問への情熱と実証に裏づけられた歴史分析が本書に
みごとに統一されていると言ってもよい。

　著者は、序論で、満洲事変期の日本外交を、戦前期「軍国主
義国家」における「戦争外交」という「普遍的共通性」を前提
としつつも、日清・日露・中日・太平洋戦争期の外交とは異な
り、「外交的準備」なしに「特異な形態で勃発した戦争」の外交
と規定する。つまり「開戦外交」がなされなかった特徴をもっ
ていた（一～四頁）。さらに、「事変中の外交」が活発になされ
たのも「特異性」であり、それは「戦争状態」にもかかわらず
「断交」していない点に根拠をもつ（四頁）。

　ここから、日本外交の事変初期における「拡大・不拡大」の二重外交が生じ、幣原外交は「不拡大方針」をもって「非軍事力による植民地的権益の擁護拡大」という外交理念の実現にとりくむこととなる。しかし、三一年十一月中旬のチチハル侵攻段階にいたり、撤兵・拡大・かいらい政権の諸問題で、ほぼ関東軍と同一歩調をとり、錦州侵攻期では「ほぼ一致」するにいたった（五〜八頁）。かくて、日本外交はその二重外交を克服し、幣原外交は転換をとげたとする。

　日本側の開戦・戦中外交のディテールをいかなる視角から分析するかは、幣原外交や近代日本外交全体をどうとらえるかという課題にまでかかわる問題であるが、著者は、外務省レベルの動向をきわめて詳細にあとづけることによって、そうした大きな課題と結びついた満洲事変期の政策選択の位相をリアルにとらえることに成功している。事変後の外交についても、「植民地体制の確立」と「満洲国承認」の獲得（国家承認）という二律背反のなかで、「独立国家の形式」は一九四二年頃（「建国十周年」「大東亜省設置」）に事実上その存在理由を失うにいたったとする（一〇〜一一頁）。

　他方、一九三〇年十月二十九日、日本側が「支那を中華民国」と呼称する旨の閣議決定をおこなった対象である「南京政府」の動向をどうとらえるかという問題では、満洲事変＝無抵抗・不交渉、上海事変＝一面抵抗・一面交渉、熱河作戦＝抵抗・不交渉（最後には交渉）という経緯をたどったと分析し、抵抗にも「交渉の条件をつくるがため」のものもあることに注意をはらっている（一五〜一六頁、なお、二五四頁参照）。ただ、国家アクターとしての南京政府そのものを、著者が「新興軍閥」としてとらえている点の問題については後述したい。

　序論は本書の内容の簡明なまとめとしての役割を果たしてお

り、読者は、各章の最後につけられた要約とあわせて著者の実証的結論を知ることができる。以下、各論に入る。

　（二）第二部にあたる第一章、第二章は、万宝山事件と中村事件の解明にある。万宝山事件は、「中国農民が自分の耕地と国家主権を護る正戦の行動」（三八頁）であり、「国家主権確保」にかかわる（四三頁）事件であった。したがって、これは土地商租権の核心にふれるものであり、両国の交渉過程のある局面では「中国側が飽迄強硬的態度で交渉すればその目的を達成する可能性が存在した」こともあきらかにしている（五三、五六頁）。そして、万宝山事件そのものは外務省主導になる東北当局との交渉にほかならず、「満洲事変挑発の謀略」とは「同時に並行的に進行」していたものであったとする（八四頁）。つまり、狭義の意味で満洲事変の「直接的導火線」ではなく、「間接的」なものであった（八六頁）。

　参謀本部派遣の「兵要地誌調査要員」中村震太郎事件は、三一年六月二十七日におこったが、特徴的なことは、この事件処理に関東軍が当初より介入し、外務省・軍中央との「二重外交」的様相を呈していたことにある（九五頁）。ところが、両国間の交渉が開始された八月十七日の報道解禁以降、日本の「社会輿論」は政友会の倒閣運動も含め「幣原軟弱外交」非難の状況を生みだした（九七頁）。そうした背景のもとで、外務省方針にもこの事件を利用し「満蒙における日本の権益」拡大をはかる意図が含まれていたとし（一〇一頁）、関東軍の張学良政権打倒論（満蒙懸案三百余件の一挙解決）とは異なるにしても、「帝国主義的論理」としての「幣原外交の本質」を見失ってはならないと強調する（一〇六頁）。

　一方、東北当局を代表していた張学良は「譲歩的宥和政策」をとり「絶対無抵抗主義ヲ採ル様訓令セラレタ」ともいわれる

ように、「幣原外交だけに期待」をかけたという（一一三～一一四頁）。しかもそうしたかれの行動様式は、「中国軍閥」の最大の特徴としての「勢力範囲・地盤確保」から出たものとされる（一一五頁、なお、二〇六、二一一頁にも同趣旨の言及あり）。

　満洲事変前夜の二大事件をめぐる日本外務省と軍部、および中国側の外交的対応を一次史料で解きあかすプロセスは説得的であり、とくに中村事件初期段階にあらわれた二重外交を明示的に摘出することで、その二重性は相互補完的な「相対的」性格をもっていた点が鮮明に浮きぼりにされている（一二〇頁）。この視角は、著者の満洲事変分析全体につらぬかれている。

　（三）第三部（第三、四、五章）は、満洲事変勃発から、上海事変のさなかに「かいらい満洲国」が樹立される（三二年三月一日）までの約六カ月間の戦争外交の動向をたんねんにフォローしている。まず、第三章では「中国の日本外交史研究」の一般的とらえ方、すなわち「武力と外交の一体性論」を基礎とし「両者の矛盾・対立」を「ほぼ認めない」傾向を、内在的に批判する論理と実証を提供している。それは、「特別な形態で勃発した戦争」（一二三頁）の認識と、そこに示された二重外交の存在、およびその段階的「統一」過程を実証することによって、ひとつの新しい歴史像が焦点を結んでいると評価できよう。すでにふれたように、幣原外交の転換は、チチハル占領一週間前の三一年十一月十二日付「政府方針」と十五日付「〔国連〕理事会対策」訓令によって明瞭であるとする（一五三頁）。すなわち、①不拡大方針から「平和的拡大」を経てチチハル出兵＝軍事的拡大の承認、②張学良政権の否認と「かいらい政権樹立」の容認、③関東軍主導治安維持会（かいらい地方政権）の承認、④撤兵条件に治安維持会の充実を提起という四方面の転換である（一五三―一五四頁）。この時点で、幣原外交は「連盟・列強」

との関係悪化を招かないものと判断し、「拡大方向」に転じたのである。同年十二月十一日、若槻内閣は総辞職し、幣原外相も退いたが、犬養首相兼外相は、幣原の転換を承けて錦州攻撃を承認するにいたる。

　幣原外交の評価問題において、著者は、関東軍・陸軍中央の「最低要求」＝満蒙の既得権益の確保と新権益の拡大が、外務省のそれでもあった（七八頁）ことを幣原外交の本質としてとらえる。両者は「侵略・非侵略の根本的相違」ではなく、「目的達成の手段および程度の相違」であるとする（一六四～一六五頁）。しかしながら同時に、著者は、本書における実証過程ではその相違を無視しないという、従来の中国における一般的認識とは異なる新しい視座を導入している。たとえ、著者自身が実証を概括するとき、幣原外交の客観的役割を「関東軍に有利な国際輿論と国際環境をつくりだすために始終一貫して必死の努力をした」（一六五頁）と述べたとしても、その実証視座の新鮮さは評価に値すると思われる。

　第四章は、「上海事変」で、外務省が「『満洲国』の円満な樹立のため……列強と協調または妥協する」（一七八頁）役まわりを演じたとする。それに先だち軍部は「列強の目をそらすために事変を挑発」したのである（一七七頁）。この日本側の二つの基本線に沿って、国際連盟も列強もその対日政策を決定することとなり、日本側の意図は実現した。三二年五月五日の停戦協定締結には、英米仏伊の公使も積極的にかかわったのである（一九七─一九八頁）。もちろん著者は、この日本の意図の実現が列強との新たな矛盾を激化させ、「かいらい満洲国の国際的承認の獲得には逆の役割を果した」（二〇〇頁）と指摘することを忘れてはいない。

　第五章では、中国側の対応を「被侵略国の外交」として特徴

づけ（二〇一頁）、東北当局、南京政府、広東政権のそれぞれの
動向をあきらかにしている。これらは、今まで中国諸権力側の
対応についての分析が欠けていた点を大幅に補うものであり、
中国近代史研究においても今後、こうした到達点を前提とする
必要があるだろう。評者からみて興味深いのは、著者の「国家
主権論」と関連した「軍閥論」であるが、関連記述箇所を示し
ておく（二〇五～二〇六頁、二一一頁、二三〇頁、二四〇頁、
二五〇頁）。

　（四）さて、第四部（第六、七、八章）は「満洲国樹立」にか
かわる国際的諸関連、とくにリットン調査団に日本と中国がど
のように対応したかについて論じている。第六章は、「満洲国樹
立」において外務省の果した役割を三時期に区分し、満洲事変
初期、外務省は「かいらい政権樹立」に関して関東軍・陸軍中
央と対立していたが、それは若槻首相や幣原外相が「南京政府
＝支那中央政府」との交渉を前提にしていたからであるとする
（二五九～二六〇頁）。しかし、チチハル占領前夜から、幣原は
「かいらい政権の地方組織」樹立に賛成するようになり（二六
三頁）、犬養内閣のもとでそれは「支那本部政権ヨリ分離独立セ
ル一政権ノ統治支配地域」化をはかり、三二年一月六日には「一
国家タルノ形態」創出の「誘道」が具体化することになる（二六
四頁）。これがその後、国際政治において日本の立場を説明する
際に、九カ国条約に違反するかどうかという列強間矛盾の調整
に全力をそそぎ、ひいては「満洲国」の国際的承認を得るため
の外務省の活動が活発に展開することになった根拠であった
（二九六頁参照）。

　国際連盟調査団を承認するにいたる外務省の動向を追跡した
第七章は、三二年二月二十九日のリットン調査団横浜到着後に
おける列強との抗争状態を復元している。とくに、斎藤内閣（三

二年五月組閣）のもとで、内田康哉外相は「満洲国ハ満洲国人ニヨリ自発的ニ創成セラレタル国家」であることを強調していたが（三一七頁）、九月二十日に提出された調査報告書は「日本軍ノ軍事行動ハ合法ナル自衛ノ措置ト認ムルコトヲ得ズ」とし、「かいらい満洲国政権」を否認した（三一九頁）。そして三三年二月二十四日、連盟総会は最終報告書を採択し、日本代表は退席でもってこれに応じ、三月二十七日付で国際連盟を脱退するにいたる。著者はここに、連盟・列強と日本のときがたい矛盾「満蒙争奪戦」があったと強調しつつ、そこに調査団の日本への「好意的同情と支持」をのみ見いだしたり、逆に「日本に対する好意的側面をみのがす」ことの一面性を批判している（三二四頁）。

　第八章のリットン調査団に対する中国側の動きについては、その多くをリットン調査団参与の顧維鈞の回想録にもとづき、ジュネーブでの外交活動の実態をあきらかにしている。そのなかで、中国側の「日本との外交関係を断絶していない」現実がジュネーブ中国代表に与えた否定的影響については、著者がなぜ「安内攘外論」の評価問題と連関させて言及されなかったのか、という疑問が残る（三六二～三六四頁）。

　（五）第五部（第九、十章）では、国際法でいうところの「国家承認」問題を軸として、「満洲国」のもつ二重性、つまり「植民地かいらい性と独立国家形式」の矛盾の深化過程を解明し、結局、国家承認の失敗を証明したとする。そして日本の「植民地化政策」は一九四二年十一月の「大東亜省」設置により「満洲国」も公然と日本植民地帝国の一構成部分へと転化したのである（三九四頁、四〇六頁）。しかし、日本の戦争外交において「満洲国問題」は十二分に利用され、「中日戦争段階後半期」「日米交渉段階」そして「終戦外交段階」と、それぞれに他の目的を実現するためのカードとして温存されてきた（四三二頁）。た

しかに、著者とともに確認すべきことがらは、「満洲国問題」が日本外交の一構成部分であり、日中十五年戦争期をつうじて日本帝国主義政治というピラミッドの基底部分に位置づけられていたという事実にほかならない。その意味で、本書の第五部は、満洲事変以来の「満洲国問題」をめぐる中日外交史研究という枠組に徹底的に固着することによって、三三年五月の塘沽協定をもって「満洲事変期の終了」とするとらえ方の不十分さを批判しえているともいえよう（四一一頁参照）。

　二、二つの論点からみた本書の特徴

　（一）第一の論点は、満洲事変期の中国「国家主権」を著者はどうとらえているのかという課題であり、これは国際法的意味における満洲事変期の中華民国の位置づけに関連するとともに、中国近代史における対外的国家認識・対内的国家認識にかかわる問題でもある。

　著者は、本書で「中華民国としての国家主権」論を展開しているわけではない。しかし、個々の外交諸問題とその背後分析には、厳然として「国家主権」とは何かという課題意識が前提されており（でなければ、外交史研究は成りたたない）、各章にそれはちりばめられているといってもよい。その論理的構造の特徴をうかびあがらせることによって、本書の骨格がより鮮明になると考えられる。以下、引用では、章とページ数を記入する。

　ヨーロッパ近代における国家主権の形成史を中国近代にそのまま適用できないとしても、近代的国際関係のなかで国家承認の要件を満たすという点で、対内的国家権力（全国政権・中央政権）の樹立と、その権力が対外的条約履行の意思と能力を有すること、という条件の形成史における重要な一段階は、おそらく一九二八年の「国民政府」の樹立に求められるだろう。

それは、対外的にみて、中国近代民族国家の樹立を意味すると
ともに、ワシントン体制という国際社会に編みこまれ、かつ従
属的に加入するにいたった時期でもあった。しかし同時に注意
すべきは、中国のいう国家主権のシンボルは、一九一二年の中
華民国の成立にあったことはいうまでもない。いわば、一九一
二年中華民国の成立は国際法上の国家として最も端緒的な意味
での国家承認が得られた段階にあり、その延長線上のひとつの
画期点として一九二八年の国民政府の樹立があり、それは単な
る国家承認関係の段階を越えた国際社会への編入・加入を意味
していたととらえられよう①。

　同時にこの時期区分は、対内的国家権力の質規定においても
妥当するもので、中華民国成立後の「北洋軍閥政権」による軍
閥主義的分裂割拠的国家編成から、国民政府（その起源は、一
九二五年七月広川に樹立）による「全国統一」政権としての国
家編成への移行を含んでいる。もちろん、その転回のひとつの
重要な基盤は中国における資本主義的発展にあり、「北洋軍閥
期」とは異なる条件が与えられていたのであり、その点で国家
的統合の質はブルジョワ民族主義的であり、それがしだいに主
流となっていた。

　有図

　本書に即してまず対外的国家主権認識を追認してみると（強
調は評者）、

　① 領事館の警察官が満鉄附属地以外に出動した事は中国の
　　　国家主権に対する公然の侵犯であり、違法的行為であった
　　　（一章、三一頁）。

　② 二重外交の共通点は、中国国家主権を侵犯し……（二章、
　　　一一八頁）。

　③ 〔リットン〕報告書は、……中国に対しては、満蒙に対す

　　　る主権は認めたが、自治政府の形式で中国主権を犯し、中
　　　国軍の撤兵を要求した（七章、三二一頁）。
などにみられるごとく、国際法上の国家としての行為主体を、
国民政府という名称を使用してはいないが、前提しているのは
あきらかである。その限りで、満洲事変期の国家主権を対外的
に代表するのは「国民政府」であることも明瞭であろう。
　ところが第二に、本書の対内的国家権力認識は、次のような
特徴をもっている。

　④　一九二六、七年の北伐により、新興軍閥である蔣介石が
　　　形式的に一時この軍閥勢力を統一したが、……。これら
　　　の軍閥は半封建的軍閥であり、地方割拠の勢力であった
　　　（序論、一七頁）。
　⑤　中国軍閥の一特徴は相手と総決戦をしないことである
　　　（二章、一一五頁〕。
　⑥　張学良は中国の一軍閥勢力であり、彼に対しなによりも
　　　重要なのは自己の地盤を維持・確保することであった（五
　　　章、二〇五〜二〇六頁、二三〇頁参照）。
　⑦　表面的には統一されていた中国は、その内部には蔣・汪・
　　　張の三つの軍閥に分勢むかていた。……対外的には軍事、
　　　財政力の強い蔣介石の南京政府がこの諸勢力を代表して
　　　その外交を推進した（五章、二一一頁）。
　⑧　蔣介石は浙江・江蘇両省を基盤とする軍閥であり、上海は
　　　蔣一派の政治、経済の根拠地であった（五章、二四〇頁）。
断章取義に陥いることを避けるため、なるべく長く引用したが、
著者の対内的国家権力にたいする基本的認識は、蔣介石南京政
府＝半封建的軍閥＝地方割拠勢力というところにある。また、
蔣介石南京政府が「軍閥」である以上、張学良政権も「一軍閥
勢力」でしかないことはいうまでもない。しかし、このことと、

　著者のいう中国が「表面的に統一」され、「対外的には南京政府が外交を推進すること」とは矛盾しているわけではない。

　とはいうものの、「表面的に統一」されることのもつ対外的意義は、国際法上で国家承認される最低要件であることからみても、中華民国としての国家主権の所在にかかわる重要な問題であって、表面的であるがゆえに軽視してよい問題ではない。まして、「北洋軍閥政府」時期の「表面的な統一＝北京政権」と比較すればその「表面的」意味と実態はさらに重要度を増してくる。ここに、満洲事変期の国家主権が、単なる国家承認のレベルにとどまらない、国際社会への編入・加入という段階に照応した実態を備えつつあったとしなければならない根拠がある。

　その意味で、図示された第Ⅱ象限は、著者の中日外交史分析の基本的枠組ともいうべき位相であり、対外的国家主権認識では、国際社会の対等なメンバーとして中国国家を強調するところに特徴があり、だからこそ、日本の国際法上の「違法行為」を批判（「自衛権発動」とは認めがたいこと）しうることになる。ところが、対内的国家権力のとらえ方にあっては、一貫して軍閥主義的分裂国家論であり、軍閥主義のあらわれとして蒋介石南京政府を位置づけている。

　評者からみれば、当時の日本軍部の侵略に際しての対中国認識こそ、この「軍閥分裂国家」論に基礎を置いていたのであり、国民政府樹立後においてなおそうであったところに、その政治的意図があったと考えている。さらに、満洲事変期はおろか、盧溝橋事件段階においてすらなお「軍閥分裂国家」論が日本外交の基軸にあったことは、いわゆる「現地解決方式」のいっそうの推進や（数多くのかいらい政権樹立に示される）、「国民政府ヲ相手トセス」という政府声明に典型的にあらわれている。「現地」が「中央政府」と無関係な「軍閥」であるがゆえに、

個別に中国を「蚕食」することが可能であり、「正当」なのであり、ついには国際法上の国家としての「国民政府」すら「否認」「抹殺」するにいたったのである。このような「分裂国家論」的理解にもとづく「中国進出」の「合理化論」が、現代日本のある「文芸評論家」にも依然として踏襲されている点は注目に値する。

　つまり、日本における研究課題の一つからみれば、満洲事変期の中国国家主権が、対外的レベルだけでなく、対内的国家権力論としても、全国政権への傾斜を含んだ、その点で当時の国民政府が軍閥主義的勢力を内部に含みながらもブルジョワ民族主義的傾向をもった中央権力として形成されていたこと（あるいは形成途上にあったこと）をまずもって認識する必要があるように考えられる。そしてこのことは、同時代史的諸条件の分析から導びかれるひとつの客観的事実であることが重要であろう②。どうやら、ここに、現代中国における伝統的研究視角と日本におけるそれとの相違点があるように思われる。

　このようにみてくると、著者の第Ⅱ象限的分析の枠組の問題点は、むしろ外交問題をとりあつかったことによってより明瞭となったといえよう。そうした意味で、評者は、対内的国家権力を「全国政権的、国家統一」の方向に展開しつつあるものとして把握することによってこそ、日本の侵略のもつ政治的・国際的意味を一層明確にとらえられるのではないかと考える。つまり、第Ⅰ象限の分析の枠組を提示する必要性を感じている。なぜそういうかといえば、従来の中国における中国近代史研究にあっては、「新軍閥論」的認識は、何ら疑問視されることなく、むしろ今日にあっても強固に維持されているものであることにたいし、異なる視角からの照射が必要ではないかと考えるからでもある③。あきらかに、著者の分析の立場は、中国における

伝統的とらえ方にもとづくといえるだろう。対外関係の分析と
内政分析は相対的独自性の領域にあることはもちろん大前提で
あるにせよ、それらをどう統一的に把握するのかという課題が
あるのも事実であり、とくに、日中十五年戦争期の事実上の「戦
争の対手」たる交戦団体としての中央政権の歴史的位置づけは、
その反人民的反民主主義的性格にもかかわらず、今後、独自に
解明しなければならない問題の一つであろう。

　しかしながら、著者が力をこめて分析している課題、なぜ蒋
介石南京政府や張学良政権が「不抵抗主義」をとったのかとい
う問いに、その政治的根拠を「中国軍閥」の特性である「地盤
確保第一」「敵の消滅第二」（二章、一一五頁、五章、二五〇頁
など）という行動様式から説明している点は、それなりに興味
深いものがある。ただ、これも「軍閥」なるがゆえに「不抵抗」
であったとは必ずしもいいがたい面がある。むしろブルジョワ
民族主義的全国政権化の過程での「安内攘外論」との関係から
その根拠を求めることの方が説得的であろう。実は、著者もそ
うした点を五章、二四二頁、八章、三四二頁、十章、四一〇～
四一一頁などで示唆していることを付記しておきたい。

　（二）さて、第二の論点は、以上のような中国近代国家主権
の認識と密接に関連する日本外交、とくに外務省・幣原外交が
果した役割をどのようにとらえるのかという問題である。

　著者は、満洲事変期〔柳条湖事件から錦州侵攻まで〕におけ
る幣原外交の本質を明確にこう規定している。

　①　幣原外相は、加藤内閣時代から満洲事変の時まで一貫し
　　て、……満蒙における日本帝国主義の植民地的権益を拡
　　大しようとしてきた。これは幣原外交の本質であり、こ
　　の本質は関東軍・陸軍中央とも一致するのである。満洲
　　事変初期にこの権益拡大をかいらい政権の樹立までおし

すすめるか、また軍事的一挙占領で解決するのかの問題
で意見の相違があった。しかしこの相違は目的達成の手
段および程度の相違であって、侵略・非侵略の根本的相
違ではなかった（三章、一六四～一六五頁）。
② 幣原外相の時代には、前半期において〔リットン〕調査
団の派遣に反対し、後半期には逆にその派遣に賛成した。
……その目的は皆関東軍の軍事行動に外交的保障をあた
えるためだあった（七章、三〇四頁）。
たしかに著者のいうごとく、ワシントン体制の申し子ともいう
べき幣原外相の歴史に果した役割は、本質的に植民地帝国日本
の「国益」を守るという点に帰着するといえよう。しかし、そ
のもとでの独自な外交行動様式の枠組を特徴づけて、前図で示
すとすれば、第Ⅳ象限的対中国認識にあったといいうる。少く
とも、南京政府を中央政府（外交上の交渉相手）として位置づ
けようとする傾向（五章、二一〇頁、六章、二五八頁）、および、
中華民国を国際社会の対等な構成員とはいわないまでも「国家
承認」の必要性は自覚し外交理念として保持していた。そうし
た点では、軍部のような第Ⅲ象限的認識の枠組（この場合、単
なる国家承認すら否認する傾向をもつ）とは、やはり異なるも
のであったことは近代日本の対中国認識のなかの一つの特徴的
あり方として位置づける必要があると思う。幣原の軍部との相
違は、「軍閥分裂的国家」を前提とせず、南京政府を交渉相手と
するところにあったのである。これは幣原のいう対列強「協調
外交」論を構成する重要な柱であったことはいうまでもない。
もちろん、幣原個人の中国認識にあっては、いわゆる「心臓の
複数性」論（一九二七年、幣原喜重郎『外交五十年』読売新聞
社、一九五一年）が一定の意味をもつが、そのことと、かれの
もう一つの認識である「国家統一段階にある一個の普通国家」

論とは、現状認識的に共存しながらも、外交の交渉相手としての政権担当者を南京政府と認定する基本線は維持していたのである。

とすれば、軍部と幣原外交が「侵略か非侵略か」のレベルでは、ともに「侵略」という同一性をもっていたと強調するだけでは、同時代史的にみるかぎり、現実の政策選択としての歴史的意味をとらえられなくする恐れがある。むしろ、侵略か非侵略かという設定は、当時のコミュニストの「中国から手を引け」とする議論や、石橋堪山にみられた「満蒙放棄論」などとの対比で論じられるべきで、外交政策レベル内での幣原的認識のもつ「伝統的中国観」との相違と画期性を無視すべきではない④。おそらく、ここにも、現代日本における研究・問題意識と中国でのそれとの相違点が投影されているように思える。

にもかかわらず、評者は、著者の論点は新しい視座を導入しえたと評価する必要があると考える。従来、中国での幣原外交評価は、著者の一九八一年の論文「日本対直奉戦争的双重外交」においてもそうであったように、幣原のいう中国内政不干渉論は「権益擁護のカムフラージュ」でしかなく、いわば軍部とのある種の予定調和的分業論という理解がその核心にあったといえよう⑤。しかし、今回の著書に示された理解をみるかぎり、前に引用した第三章にあるような「目的達成の手段および程度の相違」と概括する文言があるにもかかわらず、その実証過程にあらわれた分析視角は、幣原外交と軍部間の「予定調和的分業論」的理解ではなく、ある特定の歴史的条件下にいかに双方が激しく矛盾しあいながらも植民地帝国としての「統合」（最後は「天皇制」にゆきつくが）をとげてゆくかというダイナミズム分析に力点があったように思う。その意味で、本書は「二重外交」そのものの内在的批判を含意し、かつ「日本植民地帝国」

の強さと弱さを外交史として分析したものととらえられよう。さらに、幣原外交が満洲事変期の中国政治社会にいかなる影響を及ぼしたのかという点でも、著者は「関東軍の武力」でも果されなかった役割を外務省が担っていたことを鋭く指摘している（三章、一三二頁）。そうした点で、今後、外交政策が双方の社会諸階級のあり方と諸運動にいかなる政治的影響を与えるかという分析視角は、中国近現代史研究にとっても、ますます重要性を増すであろう。

　（三）本書の出版は、アジアの歴史研究者がお互いに共通の課題をめぐつて、より深く意見を交換する機会が増えることを実際に期待しうること、また、世界・アジアの平和のために何がなしうるかを考えるうえでの、ひとつの貴重な試みであったと思う。ほぼ同時期に出版された李炯喆（イ・ヒョンチョル）『軍部の昭和史　上、下』NHKブックス、一九八七年）を一読した時も、同様の感想をもったことを付言したい。俞辛焞教授のこの著作が、より一層広範に日本で読みつがれるであろうことを確信して、いささか評者の興味と関心に引きつけすぎた書評とし、同時に著者の御海容をおねがいしたい。

　なお、本書の書評がすでに古屋哲夫氏「そもそも外交とは何か」（『東方』第七三号一九八七年四月）、松重充浩・水羽信男両氏（『史学研究』一七五号一九八七年六月）によってなされており示唆されるところ大であった。副島昭一氏からは貴重な意見をお聞かせねがった。ともに深謝申しあげる。

註

　（1）広瀬和子「国際社会の変動と国際法の一般化」『国際法学の再構築』下、東京大学出版会、一九七八年。とくに、一二一〜一二五頁参照。

(2) 最近の成果として、中国現代史研究会編『中国国民政府史の研究』(汲古書院、一九八六年) をあげておく。なお、張学良政権も「軍閥論」的視角からの分析では不正確なことを分析・指摘した拙著『中国近代東北地域史研究』(法律文化社、一九八四年) 第三章第三節、第四章第一節を参照されたい。また、「九・一八」以後の中国政治の主題を「抗日救国論」としてとらえる視角からも、軍閥論的理解では不十分なことについては、池田誠編著『抗日戦争と中国民衆』(法律文化社、一九八七年) 第一章 (評者分担執筆) を参照されたい。

(3) 李新「対民国史若干問題的看法」『複印報刊資料中国現代史』一九八五年第五期、同「軍閥論」『複印報刊資料中国現代史』一九八五年第三期所収。評者の「伝統的とらえ方」にたいするコメントは、拙稿「中国近代史像の再構成と『抗日十五年戦争』」『歴史科学』一〇二期 (一九八五年)、「現代中国における歴史意識の転換と歴史学」『現代中国』六〇号 (一九八六年) 参照。

(4) NOBUYA BAMBA ― Jabanese Diplomacy in a Dilemma. MINERVA PRESS、1972. pp. 171−172 を参照のこと。

(5) 東北地区中日関係史研究会編『中日関係史論文集』第二輯、古林人民出版社、一九八四年、所収、二〇〇頁。易顕石「″九・一八″事変前后日本統治階級内部囲繞侵華問題的矛盾」(同上書所収) においても、日本支配階級内部の根本的利益の一致が強調され、その矛盾のあり方は、中国人民からみれば何ら「直接的な積極的役割を生みだす」ものではなかったとする (同上書、二四七頁参照)。

(「史学雑誌　第97編　第1号」史学会東京大学文学部内
　　　　　　　　　東方書店　一九八六・九刊)
　　　　　　　　(大阪外国語大学外国語学部教授)

兪辛焞著『満洲事変期の中日外交史研究』

庄司潤一郎

　本年七月七日は、蘆溝橋事件五十周年にあたり、七月上旬京都及び東京において、中国側の研究者を招いて、日中学術討論会が開催されたが、日中両国の研究者によるこの種のシンポジウムは、初めてであり画期的なものであった。一方、出版界においても、満洲事変から太平洋戦争を対象とした、中国人研究者による日本語の研究書・概説書など（翻訳を含む）が、近年日本の出版社からたて続けに刊行された（1）。

　本書もその一冊である。著者は、日本近代史を専攻する南開大学教授であり（2）、愛知大学及び早稲田大学への長期にわたる留学の成果として、この五百ページ近い大作を世に問うたのである。本書は、満洲事変期の日本外交を、特に外務省の対応と役割を中心として、南京政府、広東政府、軍閥など中国側の動向、国際的環境をも考慮に入れながら検討し、更に、満洲国建国から終戦に至るまでの「満洲国問題」を、日本外交、軍事史の観点から考察したものである。その構成は以下の通りである。

　序論
　第一章　万宝山事件と中日交渉
　一　万宝山事件と土地商租権問題
　二　東北当局との交渉
　三　南京政府との交渉

四　熱河作戦の利用
第九章　「満洲国」の植民地体制と日本外務省
一　日本の「満洲国」承認をめぐって
二　植民地支配体制の確立をめぐって
三　「満洲国」のかいらい外交と外務省
第十章　戦争と「満洲国問題」
一　中日戦争をめぐって
二　日米交渉をめぐって
三　終戦外交をめぐって

先ず、各章の概要について要約して紹介することにしたい。

冒頭の序論では、本論の前提として、日清、日露、日中、太平洋戦争期の外交と比較して、満洲事変期の日本外交の特異性と普遍的共通性について述べている。特異性として、出先の謀略により勃発したという形態的側面と、国際連盟という国際的組織の存在を特徴とする国際環境的側面とを指摘している。しかし、それは絶対的なものでなく、相対的なものであり、普遍的共通性つまり戦争外交の重要性を強調する。著者は、戦争外交を、戦争遂行のための一手段にしかすぎない外交と定義し、戦前外交、戦中外交、戦後外交の三つの時期に分け、満洲事変期においては、柳条湖事件、満洲国建国が画期点であったとしている。本書では、第一・二章、第三～八章、そして第九・十章が、それぞれに該当していると言えよう。

第一章では、万宝山事件と土地商租権問題、朝鮮人農民の二重国籍問題との関係を検討して、その本質を明らかにすると同時に、外務省及びその出先機関と東北当局及び南京政府との交渉過程を分析している。そして、幣原外相の強硬な姿勢を明らかにし、その背景に、日本の植民地権益を拡大しようとする経済外交の理念が存在したと指摘し、又、武力解決にまで至らな

かったのは、外務省が、列強特にアメリカとの対立を恐れてい
たからであると述べている。更に、万宝山事件とそれに伴って
生じた朝鮮事件、中国における反日・日貨ボイコット運動は、
満蒙に関する社会世論を喚起し、満洲事変の社会的基盤を形成
するのに多大な影響を与えた点で意義があったとしている。

　第二章では、中村事件に対する外務省、陸軍中央と関東軍の
対応を比較検討し、満蒙問題一挙解決、武力行使に関して「二
重外交」が存在したと指摘している。しかし、一方で、満蒙に
おける懸案を解決し、その権益を拡大しようとする点では、「二
重外交」は共通しており、それ故に、時間の経過とともに、そ
の相違点は接近していったと述べている。以上の両事件におい
て、幣原外交は世論で「軟弱外交」との非難を受けたが、外務
省の対応は、武力行使の問題では関東軍と相違がありながらも、
共通点が存在し、満洲事変勃発以降の外務省の対応の原点が、
ここにあったと戦前外交を結んでいる。

　第三章では、幣原外交が、満洲事変の展開過程において演じ
た対内・対外的役割、又関東軍、陸軍中央との対立からそれが
一致していく過程を、時系列的に分析し、その要因を明らかに
している。そして、錦州爆撃、チチハル・錦州侵攻などを契機
に、戦線拡大問題では、不拡大から軍事的拡大容認へ、撤兵問
題では、生命財産の安全確保から五項目大綱協定の締結、更に
は治安維持会の成立へと条件を加重し、新政権問題では、反対
から治安維持会成立への傾斜、ついには張学良政権の駆逐へと
転換した過程を、綿密に跡づけている。その要因として、著者
は、第一に幣原外交の内在的本質つまり満蒙における権益の拡
大志向を挙げている。第二に、客観的情勢に対する認識を指摘
している。すなわち、対英米協調の重視とソ連の軍事的干渉へ
の懸念が、幣原外交を、事変勃発当初制約していたが、列強が

妥協的姿勢を採ったため、強硬路線に転換したというのである。しかし、著者は、これは幣原外交と一般に称される客観的外交活動の変化であり、幣原喜重郎自身の外交理念はどのようなものであり、又、それと政策決定との関係については、史料欠如のため未解明であると断っている。いずれにせよ、日本外交史研究において、幣原外交論は盛んになされてきたが、本章における幣原外交に対する厳しい評価は、新たな一石を投じたものと言えよう。

　第四章では、上海事変における外務省の対応の本質を、満洲事変の場合と比較検討することによって明らかにし、満洲事変と上海事変との関連について分析しようと試みている。すなわち、芳沢外相が、陸海軍大臣とともに早期に上海への出兵を決定すると同時に、列強の介入と協力を積極的に承認していった過程を描き、これは、満洲事変期の幣原外交とは対照的であったとしている。そして、それは、外務省が満洲国から列強の目をそらさせ、その成立に列強が干渉するのを牽制するという目的において、軍部と一致していたからであると指摘している。その結果、満洲国は、列強の特別な抵抗なしに樹立されたが、一方、上海事変は、列強の権益が集中している地域であったため、日本と列強との矛盾を激化させ、満洲国の国際的承認の獲得には逆効果であったと述べている。詳細は後述するが、本章の立論には、若干無理があるのではないかと思われる。

　第五章では、南京政府が、幣原外交及び芳沢外交をいかに判断し、それが、満洲事変と上海事変に対する南京政府の対応にいかなる影響を与えていったかを考察するものである。満洲事変に際しては、当初幣原外交の「二重外交」的特質に期待し、日本が東三省占領を意図しているとまで判断していなかったが、チチハル占領で、この甘い認識が修正され、一方、上海事変に

対しては、満洲事変の継続であり、南京及び長江流域の占領を目的とする軍事行動であると誤認し、列強の目をそらす陽動作戦であるとは見抜けなかったことを、中国側の新史料により検証しているが、きわめて興味深い指摘である。以上の判断に基づいて、満洲事変には無抵抗・不干渉、上海事変には一面抵抗・一面交渉の方針で対応したのである。交渉方法は、満洲事変においては、日本が直接交渉を主張したのに対し、国際連盟及び米国に期待し、その積極的介入を要求したが、列強がその期待に応えないことが明らかになるにともない、直接交渉へと傾いていった。上海事変では、日中双方とも、第三国の介入のもとに直接交渉することで一致していた。又、抵抗も、交渉の条件を有利にすることを目的とした消極的なものであり、その背景には、南京政府及び軍閥の有する自己の軍事力保存志向と共産軍「囲剿」作戦重視の姿勢が存在していたと指摘している。この章の分析は、従来の研究史において欠如していた点を、新史料により補ったものであり、日本の研究者には大いに参考になるのではないだろうか。

　満洲事変の結果として、一九三二年満洲国が建国されるに至るのであるが、その樹立をめぐる外務省の対応は、第六章で時系列的に述べられている。そこでは、成立不干与から承認へと転換する外務省の姿勢が描かれると同時に、軍部が主として軍事行動と謀略で、満洲国建国に役割を果たしたのに対し、外務省は、主に国際連盟の総会などにおいて、中国側と論争し、又列強に働きかけることによって、満洲国の国際的承認を獲得しようとしたと分析している。すなわち外務省は、外交的手段により、満洲国樹立の保障を意図したが、それは、四十二対一という総会における連盟報告書採択の投票結果が物語るように失敗に帰したのである。

　満洲事変解決のため、国際連盟においてリットン調査団が組織され、その結果報告書が作成されるが、第七・八章においては、リットン調査団をめぐる列強、日本、中国各国の対応を分析している。リットン報告書の内容が、非常にあいまいなものであったことは、すでに数多くの研究が立証しているが、著者は、その要因として、当時の東ァジア国際政治における基本的枠組を提起している。それは、国際連盟（列強）、日本、そして中国の二面的三角外交関係である。すなわち、列強は、日本と同様帝国主義国家であり、中国を侵略し、植民地的権益を拡大しようという面で日本と共通性を有しており、相互に協力する側面があると同時に、一方、各自の勢力範囲拡大のため争い、相手国の行動を制約する側面をも有しているのである。それ故、中国との関係においては、基本的には侵略・被侵略の関係であるが、自己の権益を維持・拡大するため、他の列強を支持することもあれば、反対に、それを牽制するため中国を利用することもあり得る。そのため、時には、中国の反帝国主義的な要求も考慮せざるを得ないと指摘している。この複雑な二重性を集中的にあらわしているのがリットン報告書であり、このような構造の中で、日本は、共通性を強調することにより、列強の満洲国承認を獲得しようと意図したが、結局連盟からの脱退は、反対に争奪の側面の必然的結果であった。一方、南京政府の外交も、列強の二重性の中の一側面である、中国への同情・支持の面に依存し、事変を解決しようとすると同時に、一方で、列強の軟弱な対日姿勢を非難するというように、二重の性格を有していた。しかし、前者つまり同情・支持への依存は、目的であり、後者の非難は、前者の目的を達成するための手段として二次的なものであり、それ故、列強への非難は妥協的なものであったと指摘している。

　いずれにせよ、満洲国は成立し、一九三三年に日中間で締結された塘沽停戦協定により、満洲事変は一段落し、南京政府も満洲国の存在を黙認せざる得なかった。しかし、あくまで満洲国を正式には承認しなかったため、その承認問題は、日中関係において重要な焦点となり、又、満洲国の整備も緊急の課題となり、ここに戦後外交が展開されるのである。

　第九章では、満洲国の整備に、外務省がいかに対応していったかが描かれている。すなわち、外務省は、表では独立国として満洲国を承認しながら、裏では各種の条約を締結することにより、満洲国の植民地化を促進するという矛盾した政策を採ったと指摘している。しかし、植民地化の進展に伴って、その二面性のうち裏のかいらい性がますます露骨化し、それ故、その独立性を飾る必要性もなくなり、外務省は、満洲国支配から徐々に排除されざるを得なくなったとし、その必然的結果が、一九四二年の大東亜省の設置であったと述べている。

　第十章では、満洲国承認問題と日本外交との関連について、その変遷を跡づけ、満洲国承認問題は、方針・方法において、国際情勢と戦局の変化に伴って変容したと指摘している。すなわち、国際連盟での承認獲得に失敗し、連盟を脱退した日本は、日中戦争において満洲国承認をその重要な目的としたが、日米交渉の時期になると、焦点は南進問題に移ったため二次的な問題になった。又、方針においても、列強の承認を優先させるか、中国の承認を優先させるか、又、公式的な承認を要求するか、黙認にとどめるかというように、数回転換したのである。そして、一九四五年になると、満洲国を、日本の終戦外交にどう利用するかが問題になり、対米・ソ外交の「お土産」になったとしている。そして、満洲事変後の満洲国承認問題は、日本外交において孤立的問題でなく、日本外交の一構成部分であったと

結論づけている。

　以上が本書の概要である。次に本書の意義などについて総括的に述べる。本書は、満洲事変期の複雑な日本外交の特質、錯綜する東アジア国際政治を、外務省外交文書、中国档案資料などを駆使して、綿密に分析している。殊に、外務省、陸軍中央、関東軍などの日本側の動向には「二重外交」の観点を導入し、当時の国際環境を二面的三角外交関係で捉え、更に中国国内の状況も、南京政府、広東政府、張学良、そして中国共産党のそれぞれの性格と動向及びその相互作用を明らかにするというように、中心的な枠組を設定することによって、明解に論証している点は、見事というほかない。唯、あまりに論理的一貫性を追求したために、若干無理と思われる解釈が散見される。例えば、上海事変に関する解釈である。著者も、「歴史上における動機と結果が一定の歴史条件のもとでは一致しない場合がある」と述べているが、外務省が、満洲国樹立から列強の目をそらすために、上海事変において軍部と協調して対応していった（3）とまでは、史料からみる限り言えないのではないだろうか。満洲事変という大問題をかかえ、更に国際都市・上海、居留民の保護といった様々なジレンマの中で、確乎たる方針をたてる余裕もなく、早期終結を模索していたというのが真相ではないかと考える。政策決定において、主観的意図と結果の関係は難しい問題である。殊に、立場上最悪の事態を考慮し、居留民の保護（居留民団の強硬な要求が存在したことも事実であるが）を重視し、更に軍部と調整しなければならない外務省が、困難な局面に直面していたことも想像に難くない。

　いずれにせよ、中国の日本外交史研究が、「武力と外交の一体性を強調し、その両者の矛盾・対立などはほぼ認めない」（4）現状において、本書の多面的な分析手法は、注目すべきであり、

　このような姿勢は、リットン報告書に対する評価にも見られる。更に、従来の中国における研究が、ほとんど日本人研究者の業績に依拠していたのに比し、日中両国の一次資料を使用している点は、特筆すべきであろう。

　次に、日本の外交史研究における本書の位置づけについて述べる。戦後、満洲事変の研究において有力な潮流をなしてきたのは、「天皇制ファシズム論」(5)であり、のちこの中から、一枚岩的な解釈を修正する「二面的帝国主義論」(6)が生まれた。一方、これに対し、実証的研究を通して、政策決定や政治勢力に、多様性や様々な可能性を模索する立場(7)が誕生し、前者との間に論争が行われた。又、最近においても、満洲事変は、十月事件と連動する軍事クーデターではなかったかという問題提起(8)がなされるなど、国内政治との関連においても究明すべき点は多い。本書は、「二面的帝国主義論」に近いが、二つの点で、日本における研究に偉大な貢献をしていると言えよう。第一に、中国側の一次資料を駆使することにより、満洲事変期の中国の内部事情が、ある程度明らかにされたこと(9)。第二に、江口圭一氏も本書を評価した中で、「日本における日本外交史の研究はともすれば日本内部の軍部と外務省ないし政府との対立に目を奪われがちであるが、外交の評価にあたっては、それが相手側にどのように受け取られたかということは無視しえないし(１０)と述べているように、日本の大陸政策が、主観的意図とは別に、当時の中国人にいかに認識されたかを知る上で、本書は良い示唆となるであろう。

　一方、日本の学界における、政策決定論的手法、国内権力構造の分析、国際政治学的アプローチなどは、今後中国における日本外交史研究の幅を広げるのではないかと思われる。

　冒頭にも書いたように、近代史に関する日中の学術交流は、

緒についたばかりであり、著者もはしがきで、「新しい研究の出
発点であると考えて、敢て出版」し、「近代中日関係史の研究と
中日両国民間の相互理解を交流の発展の一助になければ、望外
の幸せである」(11) と述べている。その意味で、本書の意義・
貢献は多大なものであり、これを契機として満洲事変のみなら
ず、近代日中関係史全般にわたる学術交流が深まることを祈念
して、書評を終わりたい。

　最後に、ささいなことであるが、「売国奴」「御用会社」「かい
らい」といったすぐれて政治的な用語が散見される。実証的な
研究であるだけに、日本人読者には奇異に映るのではないだろ
うか。

　未熟ゆえに誤解や思い違いも多いのではないかと思う。専門
外の若輩が、勝手なことを申し上げ、又失礼のあったことを謹
んでお詫びする次第である。

　註
　(1) 本書のほかに、易顕石・張徳良・陳崇橋・李鴻鈞著『九・
一八事変史ー中国側から見た「満洲事変」』(早川正訳、新時代
社、一九八六年)、劉恵吾・劉学照編『中国からみた日本近代史』
(横山宏章訳、早稲田大学出版部、一九八七年) などがある。
　(2) 満洲事変以外を扱った日本語の論稿には、「中国における
近代中外関係史研究の動向」『歴史学研究』五一八号、「中国に
おける日本外交史研究」『愛知大学国際問題研究所紀要』七三号、
「中国の抗日戦争史観と研究状況」『国際問題』三二八号などが
ある。
　(3) 本書一七七〜八頁より
　(4) 〃 一二三頁
　(5) 歴史学研究会編『太平洋戦争史』(全五巻、東洋経済新報

社、一九五三〜四年）など。

(6) 江口圭一「一九三〇年代論」江口圭一編『体系・日本現代史（一）』（日本評論社、一九七八年）、同「満洲事変期研究の再検討」『歴史評論』三七七号など。

(7) 日本国際政治学会編『太平洋戦争への道』（全七巻、朝日新聞社、一九六二年〜三年）など。

(8) 藤村道生「いわゆる十月事件の再検討」『日本歴史』三九三号、同「国家総力戦体制とクーデター計画」三輪公忠編『再考・太平洋戦争前夜』（創生紀、一九八一年）など。それへの批判としては、江口圭一「満洲事変と軍部」『歴史学研究』五〇九号、田々宮英太郎「『満洲事変見直し論』の虚構」『経済往来』一九八二年八月。

(9) 日本側の外務省記録に基く緻密な研究にはすでに、臼井勝美『満洲事変』（中公新書、一九七四年）などがある。

(10)「中国側の 15 年戦争」『朝日新聞』一九八六年十二月八日。

(11) 本書：ii 〜 iii

（東方書店、四三六頁、一九八六年九月）

（しょうじじゅんいちろう・防衛庁防衛研究所戦史部）

『史潮』新二十二號　一九八七年十一月

そもそも外交とは何か

古屋哲夫

　本書の著者は、中国天津市にある南開大学の教授であり、本書は、その著者が日本語で書き下した、本文A5版四三六頁に及ぶ力作である。

　満洲事変に関しては、日本ではすでに多くの書物が刊行されているが、本書のように、満洲事変期における両国の外交機関の動向を、これだけ詳細に追求したものは、日本語の書物としては、最初であるように思われる。とくに本書では、日本外務省の動向に主要な関心が向けられており、その点に、著者が本書を、日本の読者に向けて書き下された意図をうかがうことができる。

　本書は、序論から、第一章　万宝山事件と中日交渉、第二章　中村事件に対する日本の二重外交と張学良の対応、第三章　満洲事変と幣原外交、第四章　第一次上海事変と日本外務省、第五章　満洲・上海事変と中国の対応、第六章「満洲国」の樹立と日本外務省、第七章　リットン調査団と日本外務省の対応、第八章　リットン調査団と中国の対応、第九章「満洲国」の植民地体制と日本外務省、第十章　戦争と「満洲国問題」、にいたる十章で構成されているが、このうち九章の前半までが、柳条湖事件直前から塘沽協定にいたる「満洲事変期」の分析にあてられており、最後の部分では、その後の「満洲国承認問題」の行方や、「著者の、こうした外務省を中心とした研究は、日本人研究者の幣原外交評価に対する批判を出発点としているようにみうけられる。例えば著者は、満洲事変初期における幣原の不

拡大方針を高く評価する意見に対して、次のように反論する。すなわち、不拡大といっても絶対的なものではなく、この機会に満蒙の懸案を解決しようとする拡大の要素を含んでいるし、また関東軍の行動を対外的に弁明し（一二六〜七頁）関東軍を撤兵させようとする国際連盟と中国の努力を失敗させることによって、「幣原外交は関東軍の軍事占領を外交上保障することに成功した」（一四二頁）というのである。

　それは幣原外相の側からいえば、彼は直接に軍部を統制する力を持たなかったが故に、何とか軍部をなだめながら国際的な了解をも得ようとした、そしてその結果、侵略の拡大にも追随したということになる筈である。日本人の研究が、こうした幣原の主観的意図や軍部との関係といった観点から、幣原外交を評価する傾向を持つのに対して、著者は、その結果が中国に対してどのような被害を与えたのか、という観点を重視し、強調しているのである。

　しかも著者の追及は、たんなる「結果責任」の観点にとどまっているのではなく、そうした結果が生ずるそもそもの原因は、幣原外交にも、軍部と共通する「権益拡大」への欲求が存在しているからだ、という点にまでおよんでいるのである。例えば著者は、柳条湖事件直前の中村大尉事件において、外務省側が関東軍による武力行使には反対したが、反面では交渉を有利にするために、買収によってでも証人を確保しようと奔走し、「将来ノ保障」を要求する過程で、次第に関東軍の立場に接近してゆくと指摘する。そしてそれは、両者の間に「満蒙における権益の維持・拡大という基本的目的」（一〇七頁）が共有されていたからだというのである。

　本書の特色の一つは、「二重性」・「二面性」という用語が多用されている点にみられるが、それは、こうした共通の基本的目的のうえにあらわれてくる相対的な違いを指摘するために用い

られている。つまり本書では、さきの軍部と外交との関係だけ
ではなく、国際連盟をめぐる外交の問題にしても、連盟を指導
する列強と日本とが、中国における権益の維持・拡大をねらう
という共通の立場に立っているために、国際連盟やリットン調
査団の政策にも、さまざまな二重性・二面性が現われてくる、
と捉えられているのである。

　もちろん、このような二重性・二面性は、満洲事変が進展して
ゆく過程で、あるいは弱まり、あるいは消滅してゆくこととなる。
つまり、外務省と軍中央部や関東軍との関係にしても、満洲事変
が、支配的指導者の間の一致なしに引き起こされるという特異な
形態で出発したために、当初は相対的対立を含む二重外交現象が
現われるが、その相対的対立は、基本的目的の共通性という基盤
のうえで、外務省の政策が、不拡大→「平和的」拡大→「軍事的」
拡大と変化する形で消滅してゆくというのである。

　そして外相が幣原から芳沢に代った上海事変の段階では、両
者は完全な協力関係にはいったとみるのである。「上海事変には
二重の要素がある。一は列強の目をそらすために事変を挑発し、
日本と列強との矛盾を激化させる。二は『満洲国』の円満な樹
立のため、上海事変では列強と協調または妥協する。一は軍部
がとった政策であり、二は主として外務省がとった政策である。
（一七七～八頁）つまりここでの関係は、対立から分業に転じ
ているということになろう。

　こうした日本や列強の政策に対して、中国国民政府の側は、
その二重性・二面性のなかの有利な側面に期待し、依存すると
いうやり方を基本としていたと著者は分析する。上海事変にお
ける抵抗にしても、「交渉のための抵抗であり、日本の侵略を軍
事的に撃退するがための抵抗ではなかった」（二五四頁）という
のである。

　ここでは、本書の提示しているすべての問題をとりあげる余

裕はないが、以上みてきたような本書の分析は、少なくとも、満洲事変期における日本外務省の役割についての再検討を、日本の研究者に迫ってくるものといえよう。

　本書の価値は、こうした問題提起に加えて、日本の外務省記録と国民政府関係資料を駆使した、実証的研究の成果にも求められなくてはならない。とくに国際連盟とリットン調査団をめぐる日中両外交機関の活動については、これまでの水準をこえて、詳細に跡づけられている。そしてそのことを可能にしたのは、最近の中国における資料整理の進展にもよるものであろう。

　本書でも、『顧維鈞回想録』（一）一九八三年、同（二）八五年、「民国档案」一号、二号、八五年、といった最新刊の資料が利用されている。

　いずれにせよ、本書が満洲事変期の外交史研究の新しい必読文献となるであろうことは疑いない。しかし、若干の難をいえば、本書が、外務省が軍部と並ぶ役割を果したことを強調した結果、外務省が常に重要な役割をにないつづけたという印象を与えることになっている点は問題であろう。

　例えば、一九三三年の熱河作戦を、著者は、「上海事変のように」「国際連盟の最終報告書からその目をそらさせ」（三六〇頁）ようとしたものとみているが、熱河作戦は上海事変とは異質な新たな侵略であり、そこでは軍は、もはや連盟の動向を無視していたのではないだろうか。つまりこの段階の外務省は、中国に対しては活動停止状態に陥り、積極的な役割は何も果していないように思われるのである。

　ともあれ、本書は満洲事変期の研究を通じて、そもそも外交とは何かという問題をも、我々につきつけているともいえよう。

　　　　　　　　　　　　　　　『東方』東方書店（京都大学）

拝　啓

　秋色もいっそう深まる時候となりましたが、お元気にてご活躍のことと存じます。

　さて私共の友人の俞辛焞先生（天津・南開大学）が、このほど『満洲事変期の中日外交史研究』を出版されました。俞先生は戦中・戦後におよぶ中国の困難な条件にもめげず、着実な日中関係史の研究を進められました。その結果今回刊行された新著は、日本でもまだ十分利用されていない諸史料を駆使し、独自の見議のもとに集成された大変密度の高い研究と思われます。外国人が日本の史料を十分に読みこなし、日本語で発表した研究としても近来にない快挙と存じます。

　私共は本書の出版を祝い、俞辛焞先生の今後のご研究の発展を願い、励ます意味をこめて左記のように出版記念会を開くことと致しました。

　年末ご多忙の時期で恐縮ですが、奮ってご参加下さいますようお願い申し上げます。

一九八六年十月三日

呼びかけ人
幼方　南吉
野澤　豊
細谷　千博
大畑　篤四郎
江口　圭一

　『満洲事変期の中日外交史研究』出版記念会ご案内記
　　一九八六年十二月八日在東京，八十多教授参加

探微索幽，求深创新

——《"九·一八"事变时期的中日外交史研究》评介[*]

胡德坤

南开大学俞辛焞教授用日文写成、在日本出版的新著《"九·一八"事变时期的中日外交史研究》(日本东方书店, 1986年9月)，是一部颇具特色的专著，它以精辟的论证、丰富的史料，探微索幽，求深创新，在中日关系史研究方面跨出了新的步伐，将我国中日关系史的研究推向了一个新的起点。俞著一问世，立即在日本引起强烈反响，获得了日本学术界的好评。这是著者数年来潜心钻研、辛勤劳动的结晶，是我国史学研究的又一丰硕成果。

一

一部史学专著的价值，主要在于它给史学宝库增添了哪些新的内容。俞著的新内容正如著者在前言中所指出的，"外交和军事是战前日本对外政策的两个车轮。'九·一八'事变在战前的日本对外政策中占有重要的位置，对'九·一八'事变的研究应将外交和军事两个方面有机结合起来。但以前的研究主要是在以关东军和陆军中央为中心的军事方面，并已取得了相当的研究成果。为此，本书以'九·一八'事变时期的日本外交，特别是以外务省的对策和作用为中心，与同一时期中国南京政府的外交对策结合起来研究，以围绕着事变展开的中日外交作为探讨的对象。"

---

*本篇及以下各篇书评对俞著日文著作的译名不统一，且发表时间较早，文中有若干不合当今出版规范之处，出于尊重文献原貌的考虑，此次收入本书，未加修改。——出版者注

的确，在"九·一八"事变研究方面，中日两国史学界均已取得显著成果，出版了一批专著和论文，但这些论著大多是对中日两国政治、经济、军事、外交等进行综合研究，在中日两国的外交政策研究方面则未进行专门探讨，俞著正是在这一方面弥补了中日两国研究的不足。

俞著由序论和 10 章组成。《序论》是全书的总论，它全面地概述了俞著的基本观点。《序论》指出，"近代日本外交的普遍共性是战争外交。"战前的日本是军国主义国家，它的外交"是进行战争的一种手段"。"九·一八"事变时期的中日外交，由日本对中国、对国联（列强）和中国南京政府对日本、国联（列强）的外交所组成。日本是侵略外交，中国是反侵略外交。中国的外交是正义的外交，得到了国联多数国家的支持，日本的外交是非正义的外交，遭到了国联大多数国家的非难。这一时期的中日外交，最终以日本的失败和中国的胜利而告结束。

俞著第一章《万宝山事件与中日交涉》、第二章《日本对中村事件的双重外交和张学良的对应》，探讨了"九·一八"事变前夜的中日外交。这一时期的中日外交是围绕着万宝山事件和中村事件展开的。在万宝山事件中，日本外务省想竭力借此获得中国东北的土地商租权，扩大其殖民权益。万宝山事件被日本所利用，成为发动"九·一八"事变的"间接导火线"。（84－86 页）在中村事件中，日本想极力扩大其在满蒙的权益，关东军则将中村事件视为发动"九·一八"事变的"绝好机会"。（119 页）这样，中村事件也成了日本发动"九·一八"事变的"间接导火线"。

第三章《"九·一八"事变和币原外交》，主要探讨"九·一八"事变与币原外交的关系，指出币原外交在扩大日本帝国主义权益方面，本质上同陆军中央、关东军毫无二致。

第四章《第一次上海事变与日本外务省》，主要探讨日本外务

省在上海"一·二八"事变中采取的对策和所起的作用。俞著认为，日本外务省虽然没有直接参加挑动"一·二八"事变的阴谋活动，但在事变爆发后，却采取了实现事变目的的对策，为伪满洲国的建立创造了有利的态势。（199页）

第五章《"九·一八"、"一·二八"事变和中国的对应》，主要探讨中国南京政府所采取的外交对策。俞著认为，由于南京政府采取了"基本上是不抵抗或消极抵抗"的方针，导致东三省的丧失和上海"一·二八"抗战失利。

第六章《"满洲国"的建立和日本外务省》，主要探讨在"满洲国"建立过程中，日本外务省从反对到赞成，直至利用"一·二八"事变为"满洲国"的建立创造条件和争取国联承认的活动。（257页）

第七章《李顿调查团和日本外务省的对应》，主要探讨日本外务省对列强奉行的两面政策所采取的对应措施。俞著认为，日本外务省对国联采取的对策是强硬的，退出国联反映了日本同列强的妥协是暂时的，争夺是绝对的。（322页）

第八章《李顿调查团和中国的对应》，主要探讨中国南京政府对列强和李顿调查团的两重性采取的两面对应政策，即利用列强和调查团与日本争夺、对抗的一面来解决"九·一八"事变，对列强与日本妥协、绥靖的一面以温和的方式给以反对。（326－327页）

第九章《"满洲国"的殖民体制与日本外务省》，主要探讨日本承认"满洲国"、确立殖民体制及"满洲国"的傀儡外交等方面，外务省所起的作用。

第十章《战争与"满洲国问题"》主要通过中日战争、日美交涉、终战外交三个时期，来探讨"满洲国问题"与日本战争外交的关系。此外，俞著还附有《史料与参考文献》《事件索引》《人名索引》等。

　　总之，俞著以流畅的日文，从微观到宏观，将"九·一八"事变及其前前后后的中日外交，一幕一幕清晰地展现在读者面前。

二

　　一个历史学家的贡献，在很大程度上取决于他在学术研究中提出了哪些新的见解，有哪些新的发现。俞著正是以独到的见解、精辟的论证，在国内外史学界同类著作中处于领先地位。

　　俞著在论述国联（列强）、中国、日本三角外交关系时，提出了双重外交的观点，富有新意。俞著认为，在"九·一八"事变初期，日本对华存在扩大与不扩大的双重外交，即陆军、关东军主张扩大方针，外相币原喜重郎主张不扩大方针。这两种外交在方法、手段方面有差异，但在维护、扩大日本帝国主义权益方面，目标是一致的。日本的双重外交具有极大的欺骗性。"九·一八"事变爆发后，币原外交对内主张不扩大方针，对外则为关东军的侵略行为进行全面辩护，后又企图利用军事胜利迫使中国让步，一举解决中日"悬案"问题，它实际上起到了用外交掩护军事行动、巩固军事成果的作用。但由于币原外交宣称是不扩大方针，这就使中国南京政府和国联（列强）一度对日本产生幻想。在对币原外交的研究方面，有人强调其在国内牵制陆军的作用，而忽视其对外为陆军军事行动掩饰的作用，有人强调其对外与陆军的一致性，而忽视了二者的差异。俞著认为，币原外交对内、对外的作用都不能忽视，在"九·一八"事变初期，币原外交由不扩大转变为"和平"扩大，再到军事扩大，经历了一个过程，最后与军部完全一致，日本的双重外交便成为一元外交。在对伪满洲国政策方面，日本外交存在着两面性，从本质上看，外务省与军部一样，力图在满洲建立殖民体制，但在表面上，又竭力将"满洲国"傀儡政权贴上"独立"的标签加以粉饰，以图得到国联和列强的承认，连日本拓务省也把这种外交讥讽为"挂羊头卖狗

肉"的政策。（4—10 页）

"九·一八"事变期间，国联、列强对中日两国都实行了双重外交政策。国联是受西方列强控制和操纵的国际组织，它代表了列强的利益。列强和日本都是帝国主义国家，在侵略中国、保护和扩大在中国的殖民地权益方面具有共同性，他们一方面相互同情、协力、支持、保护对手的既得权益。另一方面，在侵略中国问题上，列强和日本之间为了扩大各自的权益和势力范围，又经常相互争夺、排斥对手，对日本的侵略加以反对和限制。列强同中国的关系基本上是侵略与被侵略的关系，他们有同情和支持日本侵略中国的一面，也有为了同日本争夺中国，利用中国抵抗日本的一面。正是由于列强奉行双重外交，才使得对中国反侵略的支持和对日本侵略的限制都显得无力。俞著关于双重外交的见解，把"九·一八"事变时期中、日、国联（列强）之间，扑朔迷离、错综复杂的三角关系分析得泾渭分明，一目了然。

对"九·一八"事变时期中国南京政府的外交政策，俞著提出了许多富有启示性的见解。对这一时期南京政府的外交政策，俞著没有简单化，一概称之为不抵抗主义，而是对不同时期的政策进行具体分析，给予不同的评述。俞著指出，对形势的判断是决定外交政策的前提条件。在"九·一八"事变前，南京政府对关东军发动事变的阴谋没有作出正确判断。事变爆发时，南京政府认为是局部冲突事件，没有看出日本想占领东北的目的，直到日军占领齐齐哈尔后才明白了这一点。"一·二八"事变是"九·一八"事变的继续，是为了建立"满洲国"，但南京政府却错误地认为主要是为了占领南京和长江流域。对热河作战，南京政府认为日本是为了干扰国联对李顿调查团报告书的起草和采纳，这一判断是正确的。按照以上判断，南京政府在"九·一八"事变的不同时期采取了不同的对策，"九·一八"事变时，采取了不抵抗，不交涉方针，"一·二八"事变时，采取了一面抵抗，

一面交涉的方针，抵抗是为交涉创造条件，热河作战时，采取了抵抗和不交涉，后到交涉的方针。南京政府在这一时期采取的对策中虽有抵抗，"但基本上是不抵抗或消极抵抗"。（15—16页）

俞著认为，对国联、美国的依赖、依存，是"九·一八"事变时期南京政府的外交特征，但后来也不相信这种依赖、依存能解决事变，这说明南京政府对国联、列强有一定的认识。对国联的双重政策，如李顿调查团报告书，南京政府对其公正部分进行了肯定，对其不公正部分、即偏袒日本部分，提出了修改要求。（16页）南京政府还企图利用列强与日本争夺、对中国"同情、支持"的一面，解决伪满洲国问题。由于国联采取双重外交政策，在国联大会上，南京政府在非难日军的侵略行为、不承认伪满洲国方面取得了道义上的胜利，但想恢复事变前的原状、废除伪满洲国的目的却未能达到。（367—368页）

俞著就战争期间围绕着伪满洲国问题的日本外交进行了专题探讨。俞著认为，战争期间日本利用"满洲国"对中、美、苏都展开了外交活动，其目的是想通过战争外交迫使中国和列强承认"满洲国"。从1932年3月"满洲国"成立到1933年3月日本退出国联，日本的外交方针是先使国联和列强承认，再迫使中国承认，但遭失败。其后，日本力图同中国"改善"关系，企望先得到中国的承认，又遭失败。于是日本便发动全面侵华战争，企图利用一时的军事胜利，胁迫中国承认。在中日全面战争期间，日本始终把迫使中国承认"满洲国"放在第一位，即是说承认"满洲国"问题是中日全面战争的重要课题，从这个意义上来说，中日全面战争是"九·一八"事变的继续。日美谈判期间，日本又企图先得到美国承认，再迫使中国承认。由此可以说，承认"满洲国"问题，既是日本对美开战外交的目的，也是开战外交的手段。从1944年后半期直至日本战败期间，日本不再把承认"满洲国"问题作为外交追求的目标，而是把"满洲国"作为对中、苏、

美外交的筹码，以换取日本帝国的苟延残喘。总之，"满洲国"问题是日本战争外交的一个组成部分，在国际形势和战局对日本有利的情况下，便利用其他外交问题达到承认"满洲国"的目的，在国际形势和战局对日本不利的情况下，则利用"满洲国"来解决日本外交的主要课题。（430－432 页）这一论证是深刻的。此外，俞著对中、日、列强三方围绕着伪满洲国问题实施的外交政策根源的分析等方面，都有许多独到之处。

还应提及的是，俞著的另一特色是史料丰富，研究方法也别具一格。俞著充分引证了日本近年公布的外交文书以及中国方面的最新史料，进一步提高了本书的学术价值。在方法上，俞著成功地采用对比研究，也为本书增色添辉。

三

社会的认可、同行的肯定，是判断一部史学专著学术价值的一个重要标志。俞著自出版后短短一年多时间内，日本史学界的专家、学者，先后在《朝日新闻》《东方》《日本史研究》《史学杂志》《史学研究》等报纸、杂志上发表了七篇书评，从各个不同的角度对俞著给予了高度评价。京都大学教授古屋哲夫指出，"毋庸置疑，本书是'九·一八'事变时期外交史研究的新的必读文献"。（《东方》1987 年 3 月号）铃木隆史认为，"本书不仅在理论和实证方面都是出类拔萃的研究，而且，由于到目前为止日本几乎还没有仔细查阅外务省文书，对十五年战争时期'满洲问题'的日中外交史进行正式的研究，所以本书的学术价值是很高的，对日本的史学工作者也是一个强烈的刺激"。（《日本史研究》1987 年 10 月号）松重充浩、水羽信男还指出，"本书不仅在日中关系史研究方面，而且在日本近代史研究、中国近代史研究方面，也是很有贡献"。（《史学研究》1987 年 7 月号）爱知大学教授江口圭一指出，"本书由中国历史学家用日语写成、在日本出版，

具有划时期的意义"。"本书充分利用了日本外交文书的第一手资料，大大提高了中国的研究水平。"（《朝日新闻》1986 年 12 月 6 日）日本学者还对俞辛焞高超的日语水平表示钦佩。

作为中国的日本史学者，俞辛焞能用日文著述，并在日本出版，已令中日两国的史学工作者刮目相看，而俞著又在日本史学界引起强烈反响，赢得了日本学者的肯定和赞誉，则更是令人钦服，它表明我国世界史研究在走向世界的道路上又跨出了新的一步。

当然，世界上没有尽善尽美的著作，俞著也有不足之处，这主要表现在对这一时期中国南京政府外交政策的研究，同日本方面相比内容显得单薄了些，对英美方面的外交文书和档案的直接利用也显得不足等等。但瑕不掩瑜，从总体上看，俞著确是我国史学百花园中一枝妍丽的新花，是一部具有很高学术价值的专著，值得一读。

（《世界历史》1988 年第 4 期）

关于《"九·一八"事变时期的中日外交史研究》

张志敏

　　作者俞辛焞，1932 年生，南开大学教授。他对日本现代史、日本现代外交史、中日关系史颇有研究，曾撰写（包括与人合作）多部专著、工具书。近年来在国内和日本的期刊上，发表了 50余篇论文。

　　《"九·一八"事变时期的中日外交史研究》是俞辛焞教授用日文撰写并在日本出版的一部力作。它具有以下几个特点：

　　一、研究角度新颖。过去对九一八事变的研究多侧重于军事史方面，而该书以九一八事变时期的日本外交，尤其是日本外务省的对策和作用为中心，并将与此相对应的中国南京政府的外交政策联系起来加以考察，从政治、外交史的角度对九一八事变时期的一系列问题进行了深入探讨，从而开拓了新的研究领域。

　　二、立论正确而公允。该书对九一八事变时期日本的币原外交、国际联盟的李顿调查团等问题提出了独到的见解。特别引人注目的是，著者在其提出的二重外交理论研究中充分发挥了马列主义关于帝国主义侵略本性的论述。它指出："国联及列强对日中两国都采取了双重外交政策。日本与列强同为帝国主义国家，他们对自己在中国的殖民地权益既有相互保护、支持的一面，又有为扩大自己的权益和势力范围而扼制其他列强扩大侵略的一面。"

　　三、研究方法独特。该书运用比较研究法，在对中国、日本、

欧美列强的外交政策进行对照比较中，得出较为实事求是的科学结论。如李顿调查团问题，著者通过对调查团最终报告书和日本退出国联等进行综合比较分析后得出结论，认为"日本与列强间虽有妥协的一面，但双方在满蒙的争夺是绝对的，妥协只是暂时的"。再如，"满洲国"问题，著者认为，"日本外交追求帝国主义利益这一宗旨是始终未变的。这是日本外交的主轴，而关于'满洲问题'的对策，只是附在其主轴上之一轮而已，这再一次证明了'满洲国'的傀儡性质。"

四、资料丰富翔实。该书大量引用了中国和日本的第一手材料和外交档案，论据充分，观点正确。

该书出版后，在日本史学界引起强烈的反响。日本现代史专家江口圭一、古屋哲夫、铃木隆史等先后在《朝日新闻》《东方》杂志、《日本史研究》等七个刊物上发表了专门的介绍和评价，认为该书出版"具有划时期的意义"，"大大提高了中国的日本史研究水平"，是"研究九一八时期中日外交的第一部著作"，"在李顿调查团等几个问题的研究方面都超过了过去的研究水平"。1986 年 12 月，由著名日本外交史专家细谷千博教授等联名发起，召开了该书出版纪念会，他们认为，该书"充分地运用了在日本尚未引起重视的各种资料，是一部具有独到见解的高密度的研究成果，作为外国人能如此自如地驾驭日本史料并用日文发表研究成果，实属近年来绝无仅有的壮举"。

研究"九·一八"前后中日外交观点独到
俞辛焞新著在日获好评

新华社东京十二月九日电（记者李守贞）

正在日本研修的天津南开大学教授俞辛焞，在日本出版《"九·一八"事变时期的中日外交史研究》一书，获得好评。

俞教授长期致力于研究日本近代史。在来日进修的一年多时间内，他又阅读和使用了日本保存的档案资料，从外交和军事是战前日本对外侵略的两个车轮的观点出发，揭露和论证了日本军国主义国家对外政策的侵略本质。这与日本史学界在研究中强调日本军部与外务省之间存在对立和矛盾的观点则大不相同。

日本史学界的一些教授认为，俞教授的新著以其独特的观点对"九·一八"事变前后的中日外交进行了深入研究和论证，大大提高了中国的研究水平。日本爱知大学等大学准备将俞教授的著作选作教材。

（《天津日报》1986 年 12 月 14 日）

日本史学界和国内同仁对《九·一八事变时期的中日外交史研究》一书的评介

1. 京都大学教授古屋哲夫：

　　"毋庸置疑，本书是'九·一八'事变时期外交史研究的新的必读文献"，"在李顿调查团等几个问题的研究方面都超过了过去的研究水平。"（《东方》1987 年 3 月号）

2. 德岛大学教授铃木隆史：

　　"本书不仅在理论和实证方面都是出类拔萃的研究，而且，由于到目前为止日本几乎还没有仔细查阅外务省文书，对十五年战争时期'满洲问题'的日中外交没进行正式的研究，所以本书的学术价值是很高的，对日本史学工作者也是一个强烈的刺激"。（《日本史研究》1987 年 10 月号）

3. 广岛大学松重充浩、水羽信男先生：

　　"本书不仅在日中关系史方面，而且在日本近代史研究、中国近代史研究方面，也是很有贡献的"。（《史学研究》1987 年 7 月号）

4. 爱知大学教授江口圭一：

　　"本书是中国历史学家用日语写成、在日本出版，具有划时代的意义"，"本书充分利用了日本外交文书的第一手资料，大大提高了中国的研究水平"。（《朝日新闻》1986 年 12 月 6 日）

5. 国际大学副校长细谷千博教授：

　　俞著"充分地运用了在日本尚未引起重视的各种资料，是

一部具有独到见解的高密度的研究成果,作为外国人能如此自如地驾驭日本史料并用日文发表研究成果,实属近年来绝无仅有的壮举"。(1986 年 12 月 8 日本书出版纪念会发起书)

6. 广岛大学教授小林文男:

　　"对作者的如此卓越的文字表现能力,甚表敬意。"(《周刊读书人》1986 年 12 月 1 日)

7. 新华社东京 1986 年 12 月 9 日电:

　　《研究"九·一八"前后中日外交观点独到　俞辛焞新著在日获好评》:"他阅读和使用了日本保存的档案资料,从外交和军事是战前日本对外侵略的两个车轮的观点出发,揭露和论证了日本军国主义国家对外政策的侵略本质。这与日本史学界在研究中强调日本军部与外务省之间存在对立和矛盾的观点则大不相同。"(《天津日报》1986 年 12 月 14 日)

8. 武汉大学教授胡德坤:

　　俞著"是一部颇具特色的专著,它以精辟的论证、丰富的史料,探微索幽,求深创新,在中日关系史研究方面跨出了新的步伐,将我国中日关系史的研究推向了一个新的起点"。"双重外交的观点,富有新意","把'九·一八'事变时期中、日、国联(列强)之间,扑朔迷离、错综复杂的三角关系分析得泾渭分明,一目了然。"俞著"研究方法也别具一格……成功地采用对比研究,也为本书增色添辉。"

　　"俞著又在日本史学界引起强烈反响,赢得了日本学者的肯定和赞誉……它表明我国世界史研究在走向世界的道路上又跨出了新的一步。"

　　"从总体上看,俞著确是我国史学百花园中一枝妍丽的新花,是一部具有很高学术价值的专著"。(《世界历史》1988 年第 4 期)

9. 良雨、尚金:

俞著是"轰动日本史学界的书"，"在日本史学界引起强烈反响，并受到普遍重视，标志着我国的日本史研究达到了一个新水平"，"该书的出版，不仅是我国日本史研究的重大成果，而且对我国的抗日战争史和中国现代史的研究也将有促进作用"。(《历史教学》1988 年第 10 期)

俞辛焞著《"九·一八"事变时期中日外交史研究》

——向日本史学界的挑战

良 雨

中国日本史学会副会长、南开大学日本史研究室俞辛焞教授用日文撰著的《"九·一八"事变时期中日外交史研究》（全书约42万字）一书，于1986年9月由日本东方书店出版。这是第一次由中国学者用日文撰写并由日本出版社出版的日本史专著。

该书对九·一八前后中日外交的研究不仅反映了当前中国学者的最新成果，而且开拓了日本学者尚未研究的新领域，堪称是一部代表国际研究水平的力作，因而在日本引起强烈反响。1986年12月8日，由日本著名外交史专家、国际大学副校长细谷千博教授等五位史学专家联名发起，召开了该书出版纪念会，认为该书"充分地运用了在日本尚未引起充分重视的各种资料，是一部具有独到见解的高密度的研究成果，作为外国人能如此自如地驾驭日本史料并用日文发表研究成果，实属近年来绝无仅有的壮举。"同日，会议发起人之一、爱知大学江口圭一教授在《朝日新闻》上发表评述，认为"日本出版中国学者的日文专著是一次划时代的创举。以往中国学者对该领域的研究主要是依据日本研究文献进行的，而该书广泛涉猎了日本外交文书、档案等第一手材料，大大提高了中国在该领域的研究水平。"

会后，日本各报刊纷纷发表专家们的评论。京都大学从事中日战争史研究的古屋哲夫教授在《东方》杂志1987年3月号上撰文指出："在日本关于九·一八事变的著述并非鲜见，然而像该

书这样详尽追索九·一八事变时期中日两国外交机构动向的专著尚属首创……本书无疑是该领域的一部必读文献。"广岛大学中国现代史专家小林文男教授在《周刊读书人》(1986 年 12 月 1 日)上撰文，认为"该书采取了尊重史料，实事求是，缜密论证的严谨治学态度，从而得出了正确的结论。"《史学研究》1987 年 7月号上发表了广岛大学两位博士研究生松重充浩、水羽信男的长篇书评，称誉本书在中日关系史、日本现代史、中国现代史等研究领域创下了辉煌业绩。《日本史研究》1987 年 10 月号刊载了德岛大学铃木隆史教授的系统评介文章。据悉日本报刊近期还将陆续刊载有关文章。更值得提出的是，日本一些大学已将该书作为研究生的专业教材。

　　1986 年 12 月 9 日，新华社记者也以"研究'九·一八'前后中日外交观点独到　俞辛焞新著在日获好评"为题，专门从东京发回消息，介绍了有关情况。(载 1986 年 12 月 14 日《天津日报》)

　　日本史学界普遍认为，本书是一项开拓性研究成果，其特点有三新，即资料新、方法新、观点新。这确实概括了该书的特色。著者运用了大量尚未引起学界重视的第一手资料（包括中日两国的资料及中国台湾地区编纂的史料)，同时运用马列主义原理创立了双重外交理论，并用以揭露了帝国主义外交的本质，论证了自己一系列新观点，从而"填补了九·一八事变至二战结束期间中日外交史研究领域的空白"。(古屋哲夫语)

　　在上述诸多文章中，铃木隆史的评价较为系统，即客观介绍了该书的理论特色和实证研究成果，给予了中肯的评价。现将铃木文整理摘述如下。(下文中大量出现的著者观点，都是铃木原文所引用的，本文直接加以介绍，是为叙述方便)

　　(一)俞著的理论体系新颖独特

　　著者在序论中明确指出："对九·一八事变的研究应该是外

交和军事的综合研究"。然而，迄今为止在这个领域的研究中却忽略了外交活动，因此"本书以九·一八事变时期的日本外交，尤其是日本外务省的对策和作用为中心，并将与此相对应的中国南京政府的外交政策联系起来加以考察。关于九·一八事变，中日双方虽然在1933年5月签订了《塘沽协定》，但'满洲国'问题却始终与其后的中日战争和太平洋战争相联系，成为日本战争外交的一个组成部分。因此本书还将从日本军事、外交史的角度探讨直至1945年8月日本战败为止的'满洲国'问题。"铃木认为，这个序言在全书中占有极其重要的地位，它在述明著者外交理论和分析角度的同时，提示了其后将要展开的论点。

著作在论及九·一八事变期间外交时指出："国联及列强对日中两国都采取了双重外交政策。日本与列强同为帝国主义国家，他们对自己在中国的殖民地权益既有相互保护、支持的一面，又有为扩大自己的权益和势力范围而扼制其他列强扩大侵略的一面，这就是列强与日本的双重关系。"再从列强与中国的关系看，"本质上当然是侵略与被侵略的关系，而且一定程度上列强支持了日本对中国的侵略，但从另一方面看，列强为牵制日本的侵略扩张，与日本争夺中国，利用中国的抵抗，又不得不考虑中国方面反对侵略的部分要求。这样一来，国联、列强对中日双方的这种双重外交政策，使日本与中国的侵略与反侵略的单纯外交变得复杂化了，事变中的日本外交就是在这种被复杂化了的三角、两重的关系中展开的。"铃木指出，著者的这一双重外交理论是一创举，是该书把握九·一八事变时期中国、日本与列强的外交关系并展开论述的基本理论依据。

（二）俞著的实证研究缜密入微

俞著由十章构成，铃木将其划作三大部分，即九·一八事变的中日外交（第一至第三章），中日两国围绕"满洲国"建立的对策（第四至第八章），日本承认"满洲国"后的外交对策（第九、

第十章)。

　　在第一部分中，著者对关东军、陆军中央与外务省的所谓
"双重外交"进行了分析，指出在以往的研究中，"日本史学界
认为这一时期的外务省是战争和军部的反对者，从而美化了外务
省，在中国的日本外交史研究中则强调日本军部武力与外交的一
致性，而对两者的矛盾与对立几乎从未提及。"针对上述观点，
著者首先论述了九·一八事变前发生的万宝山事件和中村事件，
认为：这两次事件是九·一八事变的间接导火线，而外务省对此
采取了武力政策。接着著者又指出："事变并不是像太平洋战争
那样在举国一致体制下爆发的，而是在军部部分将校的怂恿下由
关东军发起的侵略战争。事变后关东军与政府、外务省在扩大战
争与否的问题上发生了对立。"同时著者又强调指出："外务省
的不扩大方针并非绝对不扩大，它虽然暂时牵制了关东军的军事
行动，但对外却与关东军协调一致，为关东军的军事行动创造了
有利的国际环境。这实际上是一种外交路线的两个方面，币原外
交之所以主张不扩大方针，是惧怕关东军的军事占领会招致列强
及苏联的经济、军事制裁，一旦认定这种危险不存在时，其外交
政策就会与关东军趋向一致。"著者在分析币原外交由不扩大到
扩大，由否认傀儡政权到承认它的详细过程的基础上指出："币
原外交的本质是要不断扩大日本帝国主义在满蒙的殖民权益，这
与军部、关东军的行动是一致的，两者的分歧只是实施手段不同
而已。"

　　铃木认为：著者在这里有力地揭露了所谓"币原协调外交"
的本质，并通过实证研究追究了外务省的战争责任，可以说是开
拓了币原外交研究的新领域。关于九·一八事变是军部部分将校
怂恿下由关东军发起的侵略战争的观点，在中国史学界也是首次
提出。

　　在第二部分中著者分析了中日两国围绕上海一·二八事变、

"满洲国"建立和李顿调查团报告书等事件，分别采取的对策。关于一·二八事变，著者指出"国民党对九·一八事变做出了正确的判断，认识到日本的目的是要占领全部东三省。而对一·二八事变却没能认清日本企图将列强的注意力引离东北的特殊目的，从而认为这是九·一八事变的扩大，是进一步对首都南京和长江流域的侵略。由于这一错误的判断，南京政府对九·一八事变采取了不抵抗、不交涉方针，而在一·二八事变中则采取了边抵抗边交涉的对策。"但这种抵抗是不彻底的，"是作为交涉手段的抵抗，而不是力图在军事上击退日军侵略的抵抗。"这种消极抵抗的原因是"蒋介石认为国共两党的矛盾比中日民族矛盾更尖锐。"

关于李顿调查团问题，著者指出，"在中国的研究中只是单方面强调调查团及报告书支持了日本的侵略，而忽视了列强与日本争夺满蒙的侧面。在日本则相反，只看到列强对日本的限制与争夺，无视列强支持日本的事实。"著者通过对调查团最终报告书和日本退出国联进行分析后认为，"日本与列强间虽有妥协的一面，但双方在满蒙的争夺是绝对的，妥协只是暂时的。"著者的另一个分析触角是中国对国联及调查团所采取的对策，指出："南京政府利用列强对中国同情、支持的一面，依赖于国联和列强，另一方面对其庇护日本表示责难和对抗。这正是针对列强对中国双重政策的双重对应，但前者为主，后者为辅，因之这种责难与对抗采取了避免过分刺激列强的温和态度，说到底仍是一种妥协。"国民党之所以采取这种对策是国内政治形势，尤其是坚决对中共作战政策的结果，以致终未实现将日本驱除出东三省的目的。

铃木认为：著者关于国民党政府在这一时期的外交政策的分析和研究是格外引人注目的，因为在该书出版以前，中日两国学者对该问题的总体研究始终是个空白。该书克服了空洞、抽象的

批判,对南京政府的外交政策及本质冷静地做了大量的实证分析。特别是围绕李顿调查团问题,著者在分析列强、中、日各方面的态度和对策时,精彩地阐述发挥了自己的双重外交理论。

在第三部分中,著者论述了"满洲国"问题。铃木对著者的下述观点极为重视,即著者指出:"满洲国"是日本殖民地的傀儡政权,但为逃避因违反"九国公约"而遭国际舆论非难,表面上采取了独立国家的形式。如何处理这一矛盾现象,成为日本对"满洲国"政策的重要课题。对具有这种两面性的"满洲国",外务省的政策是竭尽全力在东北确立殖民地体制与统治,但在表面上却力图掩盖其傀儡性质,将其虚饰为独立国家。这就是外务省扮演的角色。"满洲国"问题虽然错综复杂,但"日本外交追求帝国主义利益这一宗旨是始终未变的。这是日本外交的主轴,而关于'满洲国'问题的对策,只是附在主轴上之一轮而已,这再一次证明了'满洲国'的傀儡性质。"

纵观俞著全文,铃木做出如下评价,即著者运用独特的分析方法,提出了一系列具有独到见解的重要论点。该书在理论与实证方面,不仅在中国史学界的该领域研究中是出类拔萃的,即使在日本,能如此精查外务省文书、档案,围绕九·一八事变至日本战败期间中日外交史进行系统研究,几乎也是前所未有的,因此该书具有极高的学术价值,对日本学界是一次强烈的冲击。

一部轰动日本史学界的书

——俞辛焞著《九一八事变时期中日外交史研究》评介

良雨　尚金

中国日本史学会副会长、南开大学历史研究所教授俞辛焞用日文撰写的《九一八事变时期中日外交史研究》一书，于 1986 年 9 月由日本东方书店出版。这是继王金林著《日本古代史——以邪马台国为中心》一书在日本出版后，中国日本史学自新中国成立以来在日本出版的第二部史学专著。该书的出版，在日本史学界引起强烈反响，并受到普遍重视，标志着我国的日本史研究达到了一个新水平。

该书共 42 万字，除"序论"外，由 10 章构成。前 3 章主要阐述九一八事变前的所谓"战前外交"，第 4 章至第 8 章阐述"战时外交"，第 9、10 两章阐述"战后外交"。"序论"则侧重于理论上的分析和概括，指出各个时期日本外交的不同特点。

该书在总结九一八事变爆发前日本的外交特点时指出，这次战争不同于以往的日清战争、日俄战争和太平洋战争，它不是经过阁僚、军部首脑会议和御前会议的最后裁决，才发动的战争，而是在陆军中央部分军官的纵容下，由关东军挑起的，外务省没有直接参与发动战争的行动，而且在外交上也没有作发动战争的准备。然后，该书又进一步指出，这一事实并不能证明日本外务省没有为日军侵华服务，因为，日本外务省对外代表日本帝国主义国家，它在国际上为关东军的侵略阴谋进行了辩解，为关东军的军事行为寻求外交上和国际上的保护。该书的这种解释，用著

者的话说就是所谓"二重性"，既尊重了历史事实，又较为深刻和全面地揭露了外务省对于事变态度的本质。关于事变的过程，该书指出了日本外交的两个特点。其一是边战争边开展活跃的外交活动。在日本以往的战争中，外务省主要是进行"开战外交"（即开战前的外交活动）和"终战外交"（即战争结束前的外交活动），很少在战争进行当中开展外交活动。该书指出：九一八事变中的外交活动是两次世界大战之间特定国际关系的产物，是由国联与列强、中国、日本三个方面构成的。日本为了排除其他帝国主义国家干涉九一八事变，主张直接与中国谈判，但中国则将日本的侵略诉诸国联与列强，企图借以制裁日本，解决事变。国联与列强的情况较为复杂，它一方面代表帝国主义的利益，同情和帮助日本；另一方面，列强为与日本争夺在华利益，因而也有反对日本侵略中国的一面。因此，九一八事变时期的国际关系较为复杂，日本的外交活动亦较为活跃。事变过程中日本外交的第二个特点是：在事变初期出现了日本外交史上罕见的"二重外交"现象。即在事变初期，日本外相币原喜重郎采取"不扩大"事态的外交方针，主张直接与中国的南京政府和张学良进行交涉，其目的是"解决三百余件殖民地悬案"，换言之，币原主张"不扩大"，是要在不受列强干涉的情况下，不以军事力量来扩大殖民地权益。但是，币原的"不扩大"方针，并未能维持长久，在关东军占领哈尔滨前后，其外交方针由"不扩大"发展为"扩大"。之所以有这种转变，是由币原外交的本质所决定的。该书指出，币原外交的出现，是以解决满蒙"悬案"为目标的，也就是说，其目的是要扩大日本帝国主义在满蒙的利益，在这一点上，币原外交与关东军和陆军中央并无二致，只是在具体的实现方法上有差异，因此，币原外交的这种转变是理所当然的。关于事变发生后，该书着重指出了日本外务省对"满洲国"外交的两面性。这种两面性的表现是：在背后，外务省与军部共同调整和建立殖

民地体制，但在表面上，却极力粉饰其傀儡政权的"独立性"。该书指出，事变发生后日本外务省的一项重要工作是争取"满洲国"在国际上的承认，但具体是先让列强承认还是先使中国承认，在承认的方式上，是正式的公开承认还是默认其存在，是随着国际局势和战争形势的变化而变化的。

综上所述，该书把握住整个日本近现代外交史，从列强、日本、中国这样广泛的角度上进行了对比研究，并得出较为全面的结论。通观俞著全书，需要指出以下几点：其一，这是一部全面研究中日外交史的专著，其中填补了不少中日两国学者长期以来研究的空白，并起到了沟通两国研究成果的良好作用。例如，以往对九一八事变的研究，多是侧重于军事史方面，这是因为，日本学者大都认为外务省对于九一八事变采取的是"不扩大"方针，没有看到外务省在国际上为军部侵略作辩护的一面，而中国学者则很少区分外务省和军部的不同策略，往往将军事侵略行动看作是日本政府的政策，没有看到外务省与军部的不同。这也是两国学者在这个问题的研究上长期存在的重大分歧。基于这一点，该书以日本外务省的政策为中心，并将与此相对应的中国南京政府的外交政策联系起来加以考察，认为日本外务省的政策（即外交政策）在国际上代表日本帝国主义的利益，为日本的军事侵略寻求保护。但同时，它又与军部直接以武力去侵略的政策有所不同，它没有直接参与九一八事变。这一结论弥补了中日两国学者长期以来研究的不足，克服了片面性，尊重了历史事实，又容易为两国学者所接受。其二，该书通篇运用"二重性"的理论来解释中、日、列强等各方面的政策立场及其演变过程，"二重性"的分析在理论上是具有一定特色的。其三，该书的资料丰富，而且翔实可靠，该书基本上是利用中日双方的第一手材料和外交档案进行分析论证的。据笔者所知，俞辛焞教授自1983年以来收集了大量日本外务省的原始档案材料，并陆续发表有关论文，1985

年下半年至 1986 年上半年,他在日本国家档案馆查阅了大量刚刚公布不久，日本学者尚未及查阅和使用的有关九一八事变的档案资料。原始档案的充分利用，不仅使其立论分析有了坚实基础，而且使俞教授成为这一研究领域深入发展的开拓者。

该书出版后，在日本引起强烈反响。1986 年 12 月 8 日，由日本著名外交史专家、国际大学副校长细谷千博教授等五位史学专家联名发起，几十名专家参加，召开了该书出版纪念会，会议一致赞誉该书"充分运用了在日本尚未引起重视的各种资料，是一部具有独到见解的高密度的研究成果"。此后，日本主要史学和外交史的报刊纷纷发表评论文章，据粗略统计，至 1987 年底，已达 10 余篇，一些大学已将该书选为研究生的专业教材。日本德岛大学教授铃木隆史在 1987 年 10 月号《日本史研究》上撰文指出，该书"在理论与实证方面，不仅在中国史学界是出类拔萃的研究成果，就是在日本，能如此详查外务省文书、档案，围绕九一八事变至日本战败期间进行日中外交史的系统研究，几乎也是前所未有的。因此，该书具有较高的学术价值，对日本的研究人员是一次强烈的刺激"。这一评论，代表了日本史学界的普遍反映。

该书的出版，不仅是我国日本史研究的重大成果，而且对我国的抗日战争史和中国现代史的研究也将有促进作用。因此，我们期待着俞辛焞教授和我国出版部门加紧合作，尽快出版该书的中文版，以满足国内广大研究人员和读者的需要。

（《历史教学》1988 年第 10 期）